DIANSHI
WENHUA XUE

电视文化学

欧阳宏生 等著

四川大学出版社

特邀编辑:张小娟
责任编辑:徐　燕
责任校对:周　颖
封面设计:米茄设计工作室
责任印制:王　炜

图书在版编目(CIP)数据

电视文化学 / 欧阳宏生等著. —成都：四川大学出版
社，2006.7（2017.7重印）
（21世纪广播电视系列丛书）
ISBN 978-7-5614-3386-7

Ⅰ. 电… Ⅱ. 欧… Ⅲ. 电视文化-研究
Ⅳ. G220

中国版本图书馆 CIP 数据核字（2006）第 063888 号

书名　**电视文化学**

作　　者　欧阳宏生　等著
出　　版　四川大学出版社
地　　址　成都市一环路南一段24号（610065）
发　　行　四川大学出版社
书　　号　ISBN 978-7-5614-3386-7
印　　刷　成都蜀通印务有限责任公司
成品尺寸　170 mm×230 mm
印　　张　24.75
字　　数　439千字
版　　次　2006年7月第1版
印　　次　2017年7月第4次印刷
印　　数　9 001～12 000 册
定　　价　45.00 元

◆读者邮购本书，请与本社发行科联系。
电话：(028)85408408/(028)85401670/
(028)85408023　邮政编码：610065
◆本社图书如有印装质量问题，请
寄回出版社调换。
◆网址：http://www.scupress.net

内 容 提 要

　　全书以电视文化为研究对象,对电视文化的内部和外部要素进行原理考察,探索中国电视文化发展规律,建立了一套具有中国特色的电视文化理论体系。

　　本书在对中国电视文化历史与现状描述的基础上,对西方电视文化的丰富内涵进行系统的阐释并从符号学的角度简述了电视文化的符号学意义,对电视文化的功能和影响,电视文化的人文精神,电视文化的传播载体进行了深入研究。同时,本书还就电视文化的批评及电视文化的审美品格、电视文化的社会环境及媒介环境进行了具体阐述,并立足于学术的当下关怀,论述了在全球化和消费社会的语境中,电视文化与消费社会的关系,全球化与本土化等一系列文化研究的热点问题。

　　该著作既有历史维度的理论溯源及当下情景的理论应对,又有对电视文化发展基本规律的描述;既有对西方理论路径的介绍与借鉴,又有对中国电视文化研究的本土化考察。它可以为电视文化的理论工作者提供较为系统、全面的参考,同时亦可为从业者在应对现实时提供理论思路。

目　　录

绪　　论

　　电视是人类社会物质文明和精神文明发展到一定阶段的产物。经过几十年的发展，它以其强大的传媒势力，给当代人类文明带来了壮丽而璀璨的文化景观，日益影响着人们的思维方式、言行举止。

　　电视文化作为电视研究中的一门重要学科，随着电视影响力的日益增强，越发显示出对这一领域加强研究的重要性和必要性。正确认识电视文化的本质与发展规律，对于不断发展、壮大电视事业，认识各种复杂的电视文化现象，加强节目质量，提升电视节目的文化品位，更好地满足人民群众日益增长的文化需要具有十分重要的意义。

一、文化与电视文化

　　在研究电视文化之前，让我们先来了解一下有关文化的定义。

（一）关于文化

　　文化是一个十分复杂的概念。仅从 1871 年到 1951 年，这 80 年间有关文化的定义就达 164 种。而在 1951 年后的 50 多年时间里，国内外有关文化的定义就达近 200 种，可见该问题的复杂性。现代社会中，随着文化热的兴起，"文化"这两个字眼，诸如报刊文化、休闲文化、民俗文化、饮食文化等等真是无处不见。那么，究竟应该如何来给文化下定义呢？我们从诸多有关"文化"的定义中选择几条来作比较研究。

　　英国著名学者爱德华·泰勒认为："文化是一种包括知识、信仰、艺术、道德、法规、习俗以及所有作为社会成员的人所获得的任何技巧与习惯的复合整体。"① 这一定义偏重于人类思想意识形态领域，将重点放在人类精神层面上，没有谈及物质文化的创造，有些失之偏颇。

　　美国学者 A·克罗伯在前人研究的基础上提出了一个影响深广的"文化"定义。他认为现代意义上的文化应当包含五个方面的涵义：1. 文化包括行

---

　　① ［英］爱德华·泰勒著，连树声译：《原始文化》，文艺出版社，1992 年版，第 1 页。

为模式和指导行为模式；2. 模式不管外观还是内涵，皆由后天学习而得，学习的方式是通过认识构造的"符号系统"；3. 行为模式和指导行为模式物化体现于人工制品中，因为这些制品也属文化；4. 历史上形成的价值观念是文化的核心，不同质的文化，可依据价值观念的不同进行区别；5. 文化系统既是限制人类活动方式的原因，又是人类活动产物的结果。这一定义包括了物质文化层面、制度文化层面和精神文化层面，对美国文化研究有较为广泛的影响。

20 世纪五六十年代，苏联学术界对"文化"这一定义曾进行过广泛的讨论，占据主要地位的观点有四个：其一认为文化是人们在社会发展过程中创造的物质财富和精神财富的总和；其二认为文化是人们的创造性活动，它在这种活动中的一定结果中被对象化了；其三认为文化不仅是业已创造的物质财富和精神财富，而且是创造、分配和消费这些财富的过程本身；其四认为文化是人类活动的特殊方式。这四种观点对中国影响最大，特别是第一种观点，至今仍被广泛应用。

随着西方文化传入中国，"文化"也引起了国内学者的关注。中国对"文化"的认识也同样丰富多彩。著名学者梁启超认为文化者，人类所能开释出来之有价值的其业也。这里所说的文化包括人类历史中一切有价值的内容。

著名学者胡适认为："文化是一种文明的形成的生活方式。"① 这一观点有其独到之处，他认定"文化"是一种"生活方式"。

新中国成立以后较长时期以来，国内对"文化"问题较多地沿用《辞海》中对"文化"的阐述。广义地讲，文化"指人类社会历史实践过程中所创造的物质财富和精神财富的总和"。狭义地讲，文化"指社会意识形态，以及与之相适应的制度和组织机构"②。这种对文化的认识具有普适性，广泛地被运用。

对文化的研究可以从不同角度来认识。何新在《危机与反思》中认为，文化是一个社会系统，它包括四个方面：第一文化是社会的经济形态、生产力、生产资料和工艺体系；第二是这个社会的社会组织形式，人和人的社会关系网络；第三还包括一个社会意识形态，它的精神产品，如宗教、艺术、科学等等；第四指这个社会的价值规范系统，人们在内心中对自我行为约束

---

① 《胡适文存》第 3 集第 1 卷，黄山书社，1996 年版，第 210 页。
② 《辞海》，上海辞书出版社，1979 年版，第 1533 页。

观念以及作为道德要求的伦理规范。① 这一归纳较为全面，将人类社会的物质、制度、精神三个层面的重要内容都涵盖其中。

从以上有关"文化"的定义可以看出：文化所涵盖的范围广泛，上至精神层面，下至具体的物质层面，只要可感知的都可以包括在文化之中。文化在结构上是金字塔结构形式，在这个塔中，处于最顶端的是精神文化，处于中部的是制度文化，处于最底层的是物质文化。精神文化包括知识、信仰、艺术、文学、风俗等方面的内容；制度文化包括政治、法律法规、经济等方面的内容；物质文化则包括大到金字塔、长城等建筑物，小到日常生活用品等内容。

文化研究是目前国际学术界最有活力，最富于创造性的学术思潮之一。有学者甚至认为文化研究是后现代主义之后学术发展的主潮流。文化作为一个最富于变化、最难定位的知识领域，难以对其给予一个清晰的学术界限。也正因为如此，它才引起了无数学者的极大研究兴趣。

（二）电视文化

电视文化既作为电视学研究的分支，又作为文化学研究的重要内容，从电视诞生时便引起了研究者的注意。那么，如何理解电视文化这一概念呢？

西方学者对电视文化从不同角度作出解释。人类学家玛·米德从文化人类学角度，认为电视文化是一种文化人类学意义上的文化现实，他关注电视对新型文化的创造，并说："世界范围的快速航空旅行和全球的电视卫星转播使我们进入了一个共同体，地球上一个地方所发生的事情马上或同时就能够传到其他地方的人群那里。……昨天村里每一位居民还与本国城市生活相隔绝，而今天，收音机和电视机为他们送来了世界各个城市的声音和画面。"②

大众传播学者把电视文化看成是一种新型的公共传播方式。施拉姆认为："电子传播技术为发展中国家提供了潜在的信息渠道，这些渠道可以通向多得难以置信的受众；可以冲破图书馆的栅栏，向平民百姓传播信息；可以通过示范表演来教授复杂的技巧；可以在演讲时几乎得到面对面的传播效果。"③

电视用来传播视听符号，雅各森布认为，电视文化"是人类社会中最社

---

① 何新：《危机与反思》，国际文化出版公司，1997年版，第15页。
② 米德：《代沟》，光明日报出版社，1988年版，第70页。
③ 施拉姆：《大众传播媒介与社会发展》，华夏出版社，1990年版，第96页。

会化，最丰富和最贴切的符号系统，虽然是以视觉和听觉为基础的。"①

西方关于电视文化的定义更多地着眼于一种描述，这同国内学者有很大的区别。据不完全统计，国内有关电视文化的定义达 30 多种，下面就几个有代表性的定义进行研究。

田本相先生是我国第一个系统研究电视文化的著名学者。他在 1990 年 5 月出版的《电视文化学》中认为："电视文化，可以说是人类物质文明和精神文明发展到特定历史阶段的产物，是这两种文明物化现象的特定反映，它不但具有自身的物质结构系统、表现形态，而且具有它特有的产品，并且在社会生活中产生了广泛而巨大的作用。"② 这里，作者强调了电视文化的物质性、制度性、精神性，说明了电视文化有其特有的文化内涵。

苗棣、范钟离在 1997 年出版的《电视文化学》中认为，电视文化是"当代人类在电视传播的高度参与下所形成的新型的群体行为模式和生活方式"。③ 这一定义注重从电视传播影响力的角度去研究电视文化。

崔文华在 1998 年出版的《全能语言的文化时代——电视文化研究》中认为：电视文化是"以作为大众文化工具的电视所做的社会信息生产与传播为起点，以公众日常化接收为社会影响方式，而逐步引发广泛社会效应的一种互动泛文化形态"。④ 作者以"文化工具"作为出发点，引申出电视内部与外部影响的社会动力学模式，概括电视所创生的文化系统的形态。

陈默在 2001 年出版的《电视文化学》中认为："既然电视媒介是用来传播视听觉符号的，那么，我们就可以将电视传播符号内容称为电视文化。"⑤ 这一定义认为，文化说到底就是生活方式的符号化。电视就是将人们生活中的信息加以编码，通过电子传输传播出去。

《社科新辞典》认为：电视文化，是指人们导演电视、操纵电视、接受电视与电视节目的选择表现出的一种普遍的社会心理、观念与行为模式。

《文化学辞典》认为：所谓电视文化，并不是指电视所包容的一般文化内容，而是指作为一种文化现象的电视本身，以及以特殊方式加以组织的文化内容。它的含义需要从人类文明这一最广泛的意义上来说明。

---

① ［英］特伦斯·霍克斯著，瞿铁鹏译：《结构主义和符号学》，上海译文出版社，1987 年版，第 11 页。

② 田本相：《电视文化学》，文化艺术出版社，1990 年版，第 8 页。

③ 苗棣、范钟离：《电视文化学》，北京广播学院出版社，1997 年版，第 5 页。

④ 崔文华：《全能语言的文化时代——电视文化研究》，北京师范大学出版社，1998 年版，第 276 页。

⑤ 陈默：《电视文化学》，北京师范大学出版社，2001 年版，第 7 页。

以上著者从不同角度阐述了"电视文化"的定义，大多能自圆其说，就某种层面上讲，都有其科学价值和客观意义。

电视作为现代文明的记录者和见证者，自诞生之日起便进入了人类现代文化系统。无论从电子科技的发展，还是从对社会、对人类的影响来看，它都具备了人类世界的文化身份。所以广义地讲，电视文化应该包括物质、制度和精神三个层面的内容，即电视物质文化、电视制度文化和电视精神文化。

电视物质文化是指实施电视文化建设的硬件品。电视作为科学技术发展的产物，无疑体现了先进的科学技术水平。电视传播改变了人们对外界信息的接收方式，并改变着这个世界。而这一切，都依赖于高科技和新技术的发展，都依赖于大量的电视基础设施的建设，依赖于节目制作，依赖于卫星通讯等等。电视传播离不开电视硬件设施。即使办一个县级电视台，也需要投入几百万元的资金打造电视台的硬件设施。物质是基础，电子科技作为一种物质文化，为电视的产生、发展和繁荣奠定了物质基础。

电视制度文化是指支撑和维系电视文化运作的相关制度。电视机构的建立，电视的有序、健康发展，电视节目的生产制作，电视的经营、运转，人力资源的合理配置，等等，都需要一定的制度作保障。电视制度文化决定了电视传播的价值取向、节目构成及赢利模式。当一定时期，某些电视节目出现商业化、庸俗化、同质化、贵族化、娱乐化的倾向时，当电视传播的文化品位、艺术标准等受到严重影响、出现堕落时，我们就要对电视的制度文化建设提出质疑。这些都说明了电视作为一种制度文化的重要意义。

电视精神文化是电视作为一种文化的最终目标。它不仅包括电视传播的大量信息，而且涵盖了电视观众通过电视节目产生的精神动能以及由此产生的社会效益。电视精神文化直接体现在各类电视节目形态里，同其相关的电视创作理念、电视现象、电视影响力、观众及创作者等都是以电视节目为中心而产生的。如何体现节目的文化品格，这往往是创作者孜孜以求的。电视的功能，比如宣传导向社会舆论功能、交流对话功能、消费娱乐功能、纪录生活空间与历史同步功能、艺术审美功能、交互功能与生活信息服务功能等都与电视节目直接相关，都与电视精神文化直接相关。

电视物质文化、电视制度文化、电视精神文化构成了寓科学技术、人文科学技术于一体的电视文化。实际上，人文社会科学研究者在对电视文化进行研究时，主要是从电视文化作为一门人文社会科学的角度来进行的。而电视文化作为物质文化与科学技术发展自然属性的一面，已有一些从事电子科学技术研究的专家学者对它进行了深入的研究。正是因为如此，有科技作保证的电视才会迅速繁荣、发展起来。因此，对电视文化的研究重点应放在精神与制度层面上，应放在电视传播以及围绕传播所产生的一切影响上。鉴于此，我们认为，电视文化是电视传播所产生的一切社会效应的总和。从人文学科的视角出发，电视文化研究以电视传播的内容为核心研究对象，包括电视文化理念与电视文化形态，电视文化环境和电视文化责任，电视文化消费与电视文化接受，电视文化审美与电视文化批评等内容。这一切，都是围绕电视传播而产生的系列文化现象而进行。

二、电视文化的多元化

电视叙事主题的宽广性和多声部的呈现方式，使电视展现出无限兼容的多维视角。从政治到艺术，从市井小事到国家大事，电视既是作为意识形态工具的喉舌，也是各类艺术家驰骋的天地，艺术传播的中心。电视既可以作为一张市场经济的晴雨表，即商业化运作的文化产业，也可以作为承担社会责任，具有文化使命感的传播媒介。其功能和特征具体表现出电视文化的多元性。

作为电视节目文本形态上的电视文化实际上是有着高度的开放性和综合性的。它以自身特有的魅力，用丰富的内容、活泼的形式反映广阔的社会生活，并由此而广泛介入社会生活，进而影响和改变着社会生活的方方面面。正因为如此，电视文化表现出其文化的多元性来，从不同角度来认识这几种电视文化的客观存在对于我们更好地发展电视文化具有重要意义。

（一）电视主流文化

主流文化是由特定历史时期占主导地位的生产方式所决定的、处于社会统治地位的思想文化。当代中国的主流文化，就是中国共产党领导下的社会主义文化。主流文化在电视文化中的首要作用是确定整个电视文化的基本价值取向。其力量往往是无形的，电视人的思维和言行都自觉或不自觉地被其操纵。由于它产生并形成于改革开放和社会主义市场经济的历史进程中，所以它始终同社会主义经济制度、政治制度结合在一起，紧紧围绕建设富强、民主、文明的社会主义现代化国家这一根本任务，一以贯之地执行以经济建设为中心，坚持改革开放，坚持为人民服务、为社会主义服务的基本原则。又由于主流文化必须以维护国家与社会中心意识形态的权威地位为己任，所以它必须以深厚的民族文化为基础，对整个社会价值观和价值体系进行略具强制性的规范和约定。正是因为这样，所以任何一个国家都以法律法规的形式对主流文化进行支持。它强调社会的基本道德准则和善恶标准，注重从上而下对受众的引导和教育，是实现电视媒体政治属性的关键所在。

（二）电视大众文化

我们如果从大众文化的角度讨论电视文化，就应将"大众"这一概念从与社会某一特定群体的凝固性关系中释放出来。如果说大众是对当代社会的不确定的多数人的概称的话，那么大众文化则可被视为当代社会中多数人所喜欢的并在其生活中表现出来的文化形式。不过，需要指出的是，此处的"多数人"只能是一种泛指，可以包括任何阶级、阶层、社会角色和各种知识背景的人，谁都可能在其中。如果我们刻意地强调精英阶层与大众阶层的对立就是违背历史潮流，毕竟，多元的另一方面便是相互融合。电视便在这一时代需要中，以不可或缺的文化态势发挥着社会作用——沟通意见、撒播文化。所以，如果从文化层面解析电视大众文化，就应该有通俗化和多样化两个含义。也就是说，电视节目首先应当具有合乎大众审美需求的内容与形式，其次是借此把过去为少数人享用的文化变成为数众多的人所享有的文化。

当代社会，大众文化是直接满足最广大人民群众精神生活需要的活性通道。它所体现的思想意识、价值观念很容易直接作用于广大人民群众的精神世界，并影响其社会行为的方方面面。在这个意义上，我们甚至可以说，大众文化就是塑造社会大众灵魂的文化。首先，是以电视文化为主的大众文化推进了文化的世俗化进程；其次，电视大众文化所表现的生活方式和特点，有利于老百姓结合自己的实际解放思想；再次，电视大众文化还以其特定的媒介实践对人的感官需要和消费欲望作了合理的肯定。正是在这一意义上我们可以说，在文化多元时代，正是以电视为主的大众文化极大地推进了文化的世俗化进程，从而又以其特定的实践形式对人的感官需要作了一种合理的肯定，使"大众"得以从历史性的"无我"状态中解脱出来，自觉而自由地去感受个性和个体的自由与价值。

此外，与精英文化不同的是，大众文化具有以贴近世俗生活的内容及其通俗化的表现形式为前提的普遍的可接受性。这就决定了大众文化无论是题材还是表现手法都不可避免地带有一定程度的世俗化倾向；同时，由于大众文化是一种典型的带有明显功利目的的商业文化，便难免使其生产者和传播者因片面追求商业利润而淡化甚至是不顾自身的道德责任和社会良心，从而使大众文化堕落变质为庸俗文化。所以，我们有必要强调，在电视文化的大众化建设中，保持大众文化的健康与可持续发展非常必要。

（三）电视精英文化

如果我们说主流文化是电视作为社会媒体的政治实现，那精英文化便是其社会道德的实现和社会良心的守望。由于精英实际上是社会所需的各类文化知识的传播、应用和生产者，所以精英文化本质上便是一种自觉的文化，它承担着教化大众、提升社会价值的功能；它为全社会确立了一种普世的信念，并负责向全社会提供高尚的精神文化产品、向民众传递社会理想和理性精神、确立价值尺度和审美标准。出于对社会使命感和对社会价值理想的关照，精英们一般都与社会世俗生活保持一定的距离，进而主张伦理的严肃性、创造性、个性风格、历史意识和言外之意等社会内在规范，故其具有生生不息的精神超越力。正是由于精英文化乃是提高民族文化水准和唤起社会良知的重任承担者，所以依托电视的社会影响力的电视精英文化自然成为社会优质文化的再生器，强势影响力的制造者。同时，由精英们参与的内容解读与话语建构更是提升电视文化品质的关键。毕竟，作为当代先进文化积极的传播者，电视精英文化在很大程度上折射着媒体的社会道德取向和社会人文追求。不过，需要强调的是，由于社会的急剧发展和分化，传统意义上的精英正在被改变，作为一个社会阶层的精英在构成上也因此日趋复杂，"精英"正在被"大众"化。

（四）电视消费文化

作为一种文本存在，电视文化在具有文化性的同时还具有显著的商业性和消费性。电视文化依附于电视的前提性事实本身便显示了这一文化形态对物质消费的强烈依赖。而且，由于电视大众文化在为了商业利润而制作各种文本的同时也在其文本中毫不掩饰地展现对物欲的诉求，于是，电视消费文化诞生并壮大。

正如消费社会学的研究者所说："消费主义往往是一个贬义词，指的是一种价值观念和生活方式，它煽动人们的消费激情，刺激人们的购买欲望。与之相较，消费文化则是一个中性词，指的是表达某种意义或价值体系的符号系统，这种符号既可以是消费品，也可是消费的选择、使用或消费方式，还可以是传统的消费习俗。我们可以说'消费主义'是一种消费文化，但不能反过来说消费文化也是消费主义。"① 迈克·费瑟斯通也认为，消费文化通过形象、记号和符号商品来体现梦想、欲望和离奇的幻想，消费文化在自恋

---

① 王宁：《消费社会学》，社会科学文献出版社，2000年版，第145页。

式地让自我感到满足时，表现的是罗曼蒂克式的纯真和情感实现。的确，在当下的大众媒介中，电视是一种视觉与听觉相结合的媒介，故其拥有强烈的现场感和视像冲击力。所以尽管作为社会消费文化之一的电视消费文化在种类上是各式各样的，但其实际上消费的都是影像化了的文化产品，是或多或少都与艺术性相关的产品文化，特别是电视广告、MTV以及通过电视播报的时装表演等等。

当今社会，大众传媒与消费文化正在走向共谋，是消费主义原则起主导作用的社会。按波德里亚的观点，电视就是世界。电视通过源源不断生产出的各种符号，持续刺激着人们的物质欲望，使人们体验各种消费主义的快感。因为电视在担任消费引导者并不断地提出新的消费概念和消费模式的同时，还以其经过精心设计的诱导或隐喻的方式来发掘消费者的消费欲望，进而有意无意地推动社会消费文化的发展。

特别要指出的是，我们应该立足系统论的视角，把电视文化当作一个整体看待，然后才可能对之作出相应的分类或分析。也就是说，电视文化的多元化绝对不是其中的主流文化、大众文化、精英文化和消费文化的简单相加，而是其相互渗透、相互影响的整合和建构的多元。只有在多元化基础上形成整合性的文化，才可能拥有相对独立的本质特征。

着眼未来，中国电视文化应该是一种多元的、丰富的现代文化，这是一种真正意义上的大众文化，它不仅是那些数量上占优势的大众的文化，而且也是那些在数量上并不占多数的"大"众中的若干"小"众的文化；它不仅要满足人们宣泄、松弛、好奇的娱乐性需要，也要满足人们认识世界、参与世界、变革现实的创造性需要；它不仅要适应受众已经形成的主流电视观看经验和文化接受习惯，而且也要提供新鲜、生动、前卫和边缘的文化经验以促进人们文化接受水平和能力的不断提高。它应该是一种话语多元的文化，一种阶层与阶层、主流与边缘、民族与民族、国际与本土乃至中央台和地方台等多方面相互补充、相互参照的并存、互动的文化。它承认所有人的文化权利，它尊重人们所有的精神需求。只有这样，电视文化才能真正成为现代文化的一个充满活力的组成部分，成为主导把关——社会主义意识形态把关、主流担纲——大众文化担纲、多方对话、和谐共进的活力永恒的大众自己的文化；也只有这样，电视文化的适时性和多元性才能做到真正的两面一体，永不相悖。

三、电视文化的学科体系建设

从电视文化实践的发展与电视文化理论建设两个方面看，电视文化作为一门学科已经有了较为坚实的理论基础，建立一套具有相对完整意义的电视文化学是当前电视文化理论建设中一项重要的学术研究工作。

（一）电视文化的研究方法

尽管迄今为止，我国已出版了一些关于电视文化的研究专著，但由于各自研究的角度不同，就一门学科建设的相对完整性来讲，或多或少存在一些遗憾。随着电视文化实践的日益丰富，电视文化理论建设的日趋完善，这方面的研究成果越来越多，这使我们对建设具有中国特色的当代电视文化学充满了信心。

建设具有中国特色的电视文化学，应该立足中国电视文化实践，在同西方电视文化的比较研究中吸取其精华为我所用。同时，中国电视文化研究必须坚持具有中国特色的电视文化方向，从中国现有的基本国情出发，坚持为人民服务、为社会主义服务的基本原则，致力于用先进的文化影响力推动中国构建社会主义和谐社会的进程。

建立具有中国特色的电视文化学，必须具有理论性、学术性、前瞻性、系统性和完整性。这是一门学科建设的基本要求。学科研究不仅要对电视文化和电视文化学的基本概念和基本理论作出系统的、全面的、科学的理论阐释，而且要对电视文化研究的发展历程作清晰的脉络梳理和较为全面的经验总结和理论升华，还要涵盖电视文化研究的各个领域。因此，要广泛借鉴其他学科，比如符号学、社会学、伦理学、传播学、节目学、经济学、文艺学、美学、批评学的研究成果，使整个理论认识升华到学术层面。

建立具有中国特色的电视文化学，必须运用科学的研究方法。电视文化研究方法关系着电视文化研究的科学性。逻辑研究和实证研究、宏观整体研究和微观个案研究、历史研究和比较研究，是电视文化研究的基本方法。对电视文化这一研究对象，既需要对其文化的界定、研究的范围、文化传播规律进行大胆的理论假定，又需要对其传播影响力、传播效果等进行实证归纳。在研究中，孤立地运用某一种研究方法都可能陷入空泛之中，所以综合地运用各种研究方法，是电视文化学科理论研究寻求科学性的重要途径。

（二）电视文化学的基本理论体系

建设一门完整的学科，首先要有明确的研究对象。毛泽东说："科学研究的区分，就是根据科学对象所具有的特殊的矛盾性，因此，对于某一现象的领域所特有的某一矛盾的研究，就构成了一门科学的研究对象。"① 从人文社会科学角度的研究来看，电视文化的基本定义和它所包括的内容决定了其学科属性和研究范围。

对电视文化学的研究应从电视文化的基本概念入手。文化与电视文化都是一个复杂的现象，只有对它们进行科学的界定，才能确定本学科的研究范围。对中国电视文化发展的研究，目的是更好地理清我国电视文化研究的发展线索，总结几十年来我国电视文化研究的经验，以利于找好研究的角度，拓宽研究的视野。西方电视文化的研究早于中国，经过几十年的发展，已形成不同的研究流派。从葛兰西到阿尔都塞，再到法兰克福学派、英国文化研究派、北美经验学派、后现代、女性主义、后殖民等各种流派是十分宝贵的电视文化学术资源，对中国电视文化的研究具有十分重要的借鉴意义。

符号学是解读电视文化学的重要方法。通过符号学的解读，能够使我们更进一步明白符号在电视传播中的体现和意义，这对于电视、电视文化批评，以及对电视节目形态内容的研究都具有重要意义。通过符号学的解读，我们可以了解到电视文化有何功能；它又是如何通过自己的方式对社会产生影响，才对电视文化进行最终定位，以期最大程度地实现其主体价值的。

大力弘扬人文精神，已成为当代电视文化传播中不可回避的责任和义务。电视文化作为一门学科，系统研究电视传播中人文精神的影响，其意义重大。作为电视文化发展的外围空间，一方面政治、经济的发展状况决定着电视文化的发展方向和活跃程度，另一方面电视文化所表现的内容和形式都离不开政治、经济环境，这是由与生俱来的时代性与现实性决定的。在这个多媒体共生的社会里，任何一种传媒文化的研究都离不开对其他媒介的考察，只有通过与相邻的报刊、网络、广播的互相比较分析，才能认清电视文化的传播特质。电视节目作为电视文化传播的载体，是电视文化的主体部分。目前我国电视节目大体分为新闻、社教、文艺、服务四大类，形式已达近百种。围绕电视所产生的一切都是以电视节目为中心的，电视文化理念始终体现在各类节目形式里，它既以电视文化传播为核心内容，也是电视文化传播的具体形式，这是电视文化研究的重点。电视节目供受众观赏，这是一种消费行为。电视文化处于消费社会的旋涡之中，这是当代电视文化呈现出与传统社会文化生产完全不同的特点：电视文化不仅使自身成为了消费社会发展的助推力，更在消费主义潮流下获得了前所未有的高速发展。

全球化背景给各个民族的文化发展带来了广泛的影响。在这样的背景

---

① 毛泽东：《矛盾论》，见《毛泽东选集》四卷本，人民出版社，1991 年版，第 184 页。

下，电视文化何去何从，电视文化实现本土化的资源和路途何在？这些都是值得思考和解决的问题。电视批评作为电视文化的衍生物，从电视诞生起就行使着对电视文化进行阐释的职责，履行着文化选择的功能。电视是一门艺术，审美阐释是对电视文化品格的审视。从这一认识出发，对电视载体形态的美学价值，包括电视画面与声音所传达的意蕴和情感，作品所凝集的丰富的审美内涵，电视受众的接受心理以及日常生活审美化与电视文化审美泛化之间的相互影响进行探讨和研究，将令电视文化的内涵更加丰富，外延涵括更广。

　　通过以上梳理，使我们对电视文化的研究对象有了更为清晰的认识。从以上内容可以看出，电视文化作为一门学科，其研究对象是十分明确的。学科体系的建立是一门学科成熟的表现；致力于对电视文化学学科体系的整体性描述和理论探讨，是一部专著的真正价值所在。研究中，我们将对大量的电视文化理念、电视文化现象、电视文化传播等一系列令人疑惑的问题，进行综合的考察研究，尽可能地阐明以往一些模糊不清的观点，对电视文化发展中隐藏着的一些规律性问题予以发掘，力求达到建设一门学科的要求。

第一章　历史与现状：中国电视文化研究的发展与视角

　　作为一种文化形态，电视文化是伴随着电视的产生和发展逐步兴起和形成的。自从有电视，就产生了电视文化，相应地电视文化研究便开始起步。20 世纪 50 年代以来，随着电视的普及和发展，产生并形成了丰富多样的电视文化。

　　中国电视文化研究则伴随着中国电视实践的发展而发展。随着电视文化理念、电视文化形态、电视文化现象等研究视野的拓宽，中国电视文化研究也逐步走向深入。本章试图从中国电视文化研究的发展脉络和电视文化研究状况以及电视文化研究的各种不同视角来审视中国电视文化研究的历史与现状，从而更清晰地了解中国电视文化研究的发展进程。

第一节　中国电视文化研究的发展历程

　　与电视业的发展轨迹相仿，我国的电视文化研究也历经萌芽、中辍、起步、发展和繁荣等阶段，走出了一条由感性、自发向理性、自觉的演进之路。由此，我们将电视文化研究分成五个时期。

一、萌芽期（20 世纪 50 年代后期到 60 年代中期）

　　中国的电视文化研究萌芽于 20 世纪 50 年代末到 60 年代中期，与当时的电视实践大体同步。1958 年 5 月 1 日晚上 7 时，我国第一座电视台——北京电视台开始试播，同年 9 月转为正式播出。该台每周播出 4 次，每次播出时间为 2～3 小时。同年 6 月 15 日，该台播出了我国第一部直播电视剧《一口菜饼子》，这是中国电视剧的发端。同时，电视台也收到了不少观众关于电视节目的来信与批评，显示出电视文化研究开始萌芽。接着，电视台在每次节目播出前后，都对播出的节目进行分析、评论，这些零星的对电视节目的分析研究，预示着电视文化研究的萌芽迹象。

当时指导电视台的工作方针及评价电视节目的指导思想是："电视台应根据自己的特点，担负起宣传政治、传播知识和充实群众文化生活的任务。"① 1961 年 8 月，北京电视台播出了相声专题节目《笑的晚会》，播出后收到了大量观众来信，对这个节目进行讨论、评价，并表示支持。1962 年又举办了两次《笑的晚会》，都引起了观众的强烈反响。并且引起了观众对这个节目的争议。这些观众来信，对当时电视节目的发展具有重要的指导意义，标志着电视文化研究的初步萌芽和开始。

这一时期，一些带有对电视节目研究和探讨性质的文章，使处于萌芽状态的电视文化研究在更大范围内产生影响。此时，相关学术刊物也开始出现。1955 年 10 月全国性理论刊物《广播业务》创刊，到 1964 年底，该刊共出版 85 期，先后发表了研究广播电视理论的业务文章和有关材料 1 456 篇，其中有 261 篇是研究电视的文章，而电视文化研究主要体现在对电视节目、电视栏目的研究上。从已经发表的文章可以看出，这类文章大多停留在感性认识的阶段，或仅仅停留在对具体电视节目的探讨上，且主要集中在电视文艺类节目上，谈不上深度和广度，更不用说与真正意义上的电视文化研究的差距。在研究思路上，这些文章大多"沿着一般新闻理论和一般艺术理论的主要理论范畴、理论原则、理论观点来审视电视媒体"；在研究层次和水平上，"基本停留在业务操作层面，大多是在电视工作者的工作经验、体会基础上所进行的'感受性'的、'描述性'的表述"；在研究规模和组织上，"基本停留在个人的、个别性的自发研究阶段，没有统一的理论研究机构、组织，也没有多少公开发行的理论研究阵地，理论研究成果的呈现也是分散的、零散的状态"②。

应该说，此时电视才刚刚进入我们的视野，而且真正能看到电视的还只是少数人，电视本身的社会影响不大，还没有引起理论界的重视。其次，当时电视还没有形成独立的电视文化，各类节目大多"以电影、舞台艺术为主，就电视剧而言，多是遵循'戏剧美学'原理进行创作的，是屏幕上的戏剧"③。此时，专门的电视文化研究机构还未建立，可供交流、研讨的学术刊物也很少，电视文化研究也仅停留在一般个人的经验总结、体会上，缺乏具有普遍意义和学术价值的成果。

---

① 左漠野等:《当代中国的广播电视》(下)，中国社会科学出版社，1987 年 3 月版。
② 胡智锋:《电视美学大纲》，北京广播学院出版社，2003 年 1 月版，第 260 页。
③ 欧阳宏生:《电视批评论》，中国广播电视出版社，2000 年版，第 35 页。

二、休眠期（20 世纪 60 年代中期到 70 年代后期）

1966 年 5 月，"文化大革命"开始，党、国家和人民遭受到新中国成立以来最严重的挫折与损失。中国电视事业的发展也受到严重干扰。全国各地电视台曾一度中断播出，恢复播出后，整个电视也是为"文化大革命"服务。

这一时期，作为"文化大革命"期间文化艺术事业代表的"样板戏"，指导着整个文艺创作艺术层面上的思想观念，如"三突出"、"高大全"之类刻有鲜明"样板戏"印记的戏剧原则。由于受到这种观念的支配，文艺的本体功能与价值在很大程度上被置于次要的位置，而忽视了其长期以来实际上是以大众娱乐的形式存在的，忽视了它千百年来作为普通民众最重要的精神文化娱乐方式的价值。所谓"政治挂帅"以及"为政治服务"的创作思想与演出指向，使艺术创作中大量注入的是对观众进行意识形态教育、宣传的内容。

这个时期，电视屏幕上的文艺节目主要是 8 个样板戏《红灯记》《沙家浜》《智取威虎山》《海港》《奇袭白虎团》《白毛女》《红色娘子军》《沙家浜》和被群众称为"老三战"的 3 部电影，即《地道战》《地雷战》《南征北战》。另外，就是毛泽东思想宣传队演出的文艺节目。而电视台播出的有限的几首歌曲是《东方红》《大海航行靠舵手》《国际歌》《三大纪律八项注意》和根据毛泽东语录谱写的"语录歌"。当时主要的政治性节目是《电视新闻》《电视讲话》等，其内容多为学习毛主席著作的体会。

在这个特殊的历史时期，整个文化极度匮乏，北京电视台也曾拍摄出一批带有那个时代印记的、比较优秀的电视纪录片。其中如《兰考人民战斗的新篇章》《三口大锅闹革命》《当代愚公战太行》《泰山压顶不弯腰》《大庆在阔步前进》《深山养路工》《下课以后》《放鹿》《海空雄鹰团》等，都给人们留下了难忘的印象。当时只有配合重要政治活动的文艺演出，才允许北京电视台转播，其中有首都红卫兵演出的大型音乐舞蹈《毛主席革命路线胜利万岁》，驻京部队战士演出的歌舞《毛泽东诗词组歌》《井冈山的道路》和工农兵文艺节目《热烈欢呼全国山河一片红》等。

这一时期，电视文化研究工作也几乎处于停滞状态，只能在夹缝中生长。如当时新闻纪录片所强调的主要特征是：以国家重大政治事件、各条战线的先进典型为报道的主要内容，以颂扬独立自主、艰苦奋斗的精神为宣传主要基调。受这种纪录片政论化政策的指引，《三口大锅闹革命》《大庆在阔步前进》等多数电视纪录片都具有那个时代鲜明的教化色彩。这一方面确实给后人留下了很多极为宝贵的历史影像资料；另一方面，也造成了宣传意味过分浓重、题材面狭隘、表现形式单一等缺点。

在这期间，电视剧艺术创作几乎陷入停滞状态。北京电视台 1967 年拍摄的《考场上的反修斗争》成为我国电视剧历史上唯一一部用录像设备拍摄的黑白电视剧。由于对意识形态的极度强调，当时的电视创作理念认为电视剧一定要有教育功能，尤其是文艺类节目，它必须是一种宣传。特别是在极"左"理念的指导下，许多观念都受到扭曲，广告被认为是资产阶级社会的产物，在艰难中探索的广告事业也一度被取缔。

从《中国广播电视年鉴》可以看出，从 1967 年到 1979 年，电视研究有一段长达 12 年的空白，既无公开的研究刊物出现，也没有任何篇目或文章入选。可以说，这一时期的电视文化研究处于休眠状态。

三、起步期（20 世纪 70 年代末到 90 年代初期）

20 世纪 70 年代末开始的改革开放，给电视业带来了生机，亦为电视文化发展注入了活力。电视文化作为一种新锐的文化存在形态，以惊人的速度大踏步前进，迅速超越了其他传统媒介而成为极具社会号召力与影响力的主力军。这一时期，中国最能代表电视文化发展的就是电视节目形式多样化，内容更加丰富，电视文化建设有了较好的基础，电视文化研究的视野更加开阔。

（一）各类电视学术研讨活动蓬勃开展，学术机构开始健全壮大

从 20 世纪 80 年代开始，为电视、电视节目而举行的各种电视研讨活动纷纷展开。如 1981 年 2 月，"全国电视剧编导经验交流会"在北京召开。这次会议对《凡人小事》等一批优秀电视剧的创作进行了讨论，提出了对观众加以引导的重要意义。1981 年 4 月，"全国电视新闻工作座谈会"在山东青岛召开，会议针对《新闻联播》等新闻节目进行了研讨。同年 5 月，"全国电视文化生活专题座谈会"在昆明举行，与会人员就文化生活节目的题材范围、表现形式等进行了研究。1982 年 2 月，"全国电视台部分专题节目讨论会"在广西阳朔召开，代表们讨论了办好政治性、专题性节目以及加强电视研究的重要意义。1983 年 1 月，"全国电视剧导演艺术理论座谈会"在北京召开，会议提出加强电视剧的研究和评介工作。1983 年 5 月，"全国电视文艺座谈会"在北京召开，会议就如何办好电视文艺节目进行了讨论。同年 8 月，"全国电视对外宣传工作会"在北京召开，会议就对外电视宣传节目提高思想性和针对性等问题进行了讨论。1984 年 12 月，"全国广播电视新闻

改革座谈会"在西安召开，会议围绕节目改革的内容等方面的问题进行了研讨。1985 年 10 月，"全国提高电视剧质量研讨会"在北京举行，会议就电视新闻的基本规律、真实性等问题展开了研究。1987 年 3 月，在太原召开了"全国电视剧美学研讨会"，会议结合我国电视剧创作，探讨了电视剧的美学特征以及电视剧美学的研究方法。1988 年 11 月，中国电视艺术家协会组织召开了"革命历史题材和当代人物传记电视剧研讨会"，会议就这类题材的电视剧作了较为充分的讨论和评价。

同时，1986 年中国广播电视学会成立，电视文化研究有了组织机构的保障。由此，各级电视媒体也成立了许多分支机构。

20 世纪 90 年代，这类学术研讨活动更加丰富、频繁。1991 年中央电视台的《神州风采》《地方台 30 分钟》等栏目纷纷召开研讨会，对具体的栏目进行了深入的解剖和分析。此外，还有电视艺术片研讨会、首届中国电视节目展播评选、《望长城》研讨会等等。这些研讨活动，大多是针对一些具体电视栏目的探讨，或针对某一具体电视剧等作具体的分析。特别是在对电视专题片的讨论上，取得了很大成就。这些学术交流活动，对电视节目的发展、电视文化的传播、电视文化艺术的提高都有重要的指导意义，也体现了电视文化研究广度上的很大拓展。

（二）电视节目的各种评奖活动蓬勃开展

1981 年，全国性的电视节目评奖活动开始举行。"飞天奖"、"星光奖"等评奖活动相继举行，并产生了广泛的影响。这些奖项包括了各类电视节目，如电视新闻、电视专题类、电视文艺类、电视剧等。1992 年国家单独为少儿节目设立了"金童奖"；同年，还设立了对外报道电视节目奖，并将其作为国家级政府奖。

在评奖过程中，众多专家学者从不同角度分析了作品所体现的思想价值和艺术价值，并指出其优劣。可以说，电视评奖活动既是对电视节目的评价，更是一次对电视节目优劣的经验总结和理论的提升。"评奖本身就是一次电视文化价值的判断评介和选择的过程。"[①] 各类电视节目评奖活动的开展，使许多探讨电视文化的理论文章纷纷问世，促进了电视文化研究多种形式的发展。

---

① 欧阳宏生：《电视批评论》，中国广播电视出版社，2000 年 6 月版，第 40 页。

（三）电视文化研究的刊物与文章大量产生，理论研究阵地开始确立

从 1979 年开始，以电视研究为主要研究对象的理论刊物《北京广播学院学报》（后更名为《现代传播》）、《新闻广播电视研究》、《电视业务》（后更名为《电视研究》）、《中国广播电视学刊》等先后创刊，各省市创办的理论研究刊物也纷纷出现。这些刊物的创立，为电视文化研究建立了理论阵地，找到了有力的载体。如《电视新闻纪录片杂谈》（《北京广播学院学报》1980 年第 2 期）、《电视报道的可信度与权威性》（《新闻广播电视研究》1982 年第 5 期）、《一篇受欢迎的电视评论》（《新闻战线》1983 年第 5 期）、《电视评论写作技巧》（《广播电视战线》1985 年第 1 期）等文章，大多从电视文化的具体节目形态，或电视新闻节目，或电视文艺节目，或科教服务类节目等方面进行了探讨，表明学界对电视文化的研究思考已进入更深的层次。

特别是每次研讨会及评奖活动后，都有一批理论性、学术性较强的电视文化研究文章问世。关于电视新闻，如吴杰的《80 年代我国电视新闻报道方式的变革》、张翔升的《〈新闻联播〉析论》、马超曾的《着力表现电视新闻的思想深度》等，围绕电视新闻实践中的诸多热点及问题进行了探讨；关于电视专题片，如陶皆良的《电视专题界说》、张俊德的《试论电视纪录片纪实风格的新发展》、高鑫的《电视纪录片与电视专题片界说》、路海波的《从昨天到今天——谈纪录片的观念及中国电视纪录片的发展与走向》等，对电视纪录片的思想内涵及艺术形式的创新作了充分的肯定；关于电视综艺节目，如电视小说、电视散文、电视诗歌、电视音乐、电视相声小品等的文章，如宋春霖的《关于电视文艺的几点思考》、欧泽纯的《论电视文艺的编排艺术》、孟繁树的《春节晚会与春节文化》、王若芳的《光、色与电视美学》等，则从文艺与审美的角度去审视电视综艺节目的艺术价值。这一时期，还出现了大量不同风格的电视剧作品，学界围绕电视剧的本质进行了多方面的探索；同时，专家学者们运用美学、符号学、文化学、语言学、心理学等其他学科的研究成果，使电视剧研究上升到了一个新的高度和领域。如蔡骧的《童心、美育、宏观目标——谈儿童电视剧创作中的三个问题》、徐宏的《儿童意识与审美创造》、高鑫的《地域特色电视剧与地域文化》、周金华的《〈渴望〉的轰动效益及其思考》、邹嘉仁的《论表现儿童心态的三个语言特征》等，就是从不同类别题材的电视剧规律入手，窥探整个电视剧发展的文章。

据统计，仅 1986 年，在全国性公开出版的传播类刊物上发表的文章有

2 000余篇，内容涉及理论、业务、历史、文艺和受众研究等各方面，这些文章或就电视基础理论进行研究，或从具体栏目进行探讨。仅电视文艺和电视剧类的文章，便有近200篇，几乎是改革开放前的3倍。

与此同时，电视文化研究的专著也陆续出版。关于电视节目方面的专著，有中央电视台编辑出版的系列丛书《论说电视节目主持人》《电视的采编与创作》《电视新闻论集》《电视专题论集》《电视文艺论集》《屏前点评录》等；在关于电视剧、电视文化艺术与审美等的探讨中，出版了许多个人专著，如高鑫的《电视剧的探索》，徐宏的《电视剧审美特征探索》，汤恒、陈兴编写的《悲剧的魅力》，宋家玲的《电视剧艺术论》，田本相、夏骏的《电视片艺术论》，壮春雨的《电视剧通论》，路海波的《电视剧美学》等。这些研究和探讨已从原来的感性认识达到了更深的层次，开始了理性的思考和审视，并扩展到其他学科领域，使电视文化研究从对电视节目具体形态的研究进入到电视审美层面，其研究广度及深度均有所提高。

1990年田本相推出《电视文化学》，由此表明，作为一种独立学科的电视文化开始得到人们的认可，显现出其理性的光彩。该书成为我国第一部将电视文化作为一门专门的学科来研究的著作，标志着我国电视文化研究开始进入真正学科意义上的研究。同时，这也说明电视文化作为一种独立的文化形态，正越来越多地引起理论界的重视。

四、发展期（20世纪90年代初期到20世纪末）

20世纪90年代，随着我国改革开放和经济建设的快速发展，我国电视事业更是取得了重大进步。丰富的电视实践急需电视理论的指导，而理论研究又进一步带动了电视文化的发展。中国电视文化研究进入了快速发展期。

（一）电视文化研究机构更加健全，学术交流活跃而丰富

为了适应电视事业的发展，1986年中国广播电视学会成立；20世纪90年代初，大学和科研单位的电视研究机构也纷纷组织起来，团结了一大批有志于从事电视批评的理论工作者，使电视文化研究队伍迅速扩大并扩展到许多学科部门及各类高校科研机构。

随着研究机构的建立、研究队伍的扩大，有关电视文化的学术交流活动大大增加，围绕电视新闻、社教、文艺、信息服务四类节目，召开了大量多种形式、不同范围的研讨会。每年都会有由中央电视台有关部门牵头召开的全国地方台行业电视理论研讨会，如新闻类、社教类以及电视剧和一些具体栏目的研讨会等。这些重要的学术交流活动，一方面总结了电视文化传播中

的经验，另一方面更有力地加深了对电视文化的研究，从而大大推动了电视文化的发展。

（二）电视文化研究领域不断拓展，取得了可喜的成果

来自社会学、文化学、艺术学、心理学、教育学、文学等多种学科领域的专家学者以各自的视角关注、审视、解读电视，对电视剧的审美特性、电视新闻、电视专题以及电视文艺节目等都进行了深入的研究，取得了可喜的成绩。

此时，真正意义上的电视文化研究有了长足的发展，严格意义上的电视文化学形成，并出现了一批电视文化研究的专家和专著。如杨河山、曹茜的《电视文化》，严峰、韩玉芬的《电视与电视文化》，张讴的《电视符号与电视文化》，苗棣、范钟离的《电视文化学》，尹鸿的《世纪转折时期的中国影视文化》《镜像阅读——90年代影视文化随想》，冉华的《电视文化与电视传播》，崔文华的《全能语言的文化时代：电视文化研究》，周星的《从文学之隅到影视文化之路》《民风化境——中国影视与民族文化》等。另外，还有如《电视传播理论研究》（叶家铮）、《电视意识论》（刘炘）、《中国电视观念论》（胡智锋）、《电视声画艺术》（张凤铸）、《电视美的探寻》（胡智锋）、《中国电视史》（郭镇之）、《中国电视剧发展史》（吴素玲）、《电视新闻研究》（叶子）、《电视专题研究》（高晓虹）、《纪录片创作》（钟大年）、《电视画面语言》（朱羽君）、《电视新闻摄影》（任金洲）、《电视新闻写作》（张静滨）、《电视节目主持》（赵淑萍）、《影视构图艺术》（高廷智）等专著。

总观这个时期电视文化研究与批评的成果，其范围与领域涉及电视文化的各个方面，极大地推动着电视文化的繁荣与发展。首先是电视文化研究理论文章和专著大量增加，电视文化作为一门真正意义上的学科进入电视研究领域，中国电视文化研究进入全面发展阶段。其次，涌现了大量的电视文化研究的新理念、新方法。日益丰富的电视实践能动地促进着电视文化研究的发展，许多新的观念、新的方法涌现出来。再者，研究领域日益扩展。这一时期的电视文化研究领域，不仅研究日益深入，而且其研究的范围和领域逐渐扩展，涉及电视文化的许多方面。特别是在这一阶段，电视文化研究开始由前三个阶段的大多从对具体电视节目层面的研究进入到电视审美层次、电视传播艺术层次的研究，研究领域更为深入，推动了整个电视理论的发展，这标志着整个电视文化的研究已真正进入全面发展阶段，同时也标志着中国电视理论进入全面建设阶段。

五、繁荣期（21 世纪——　　　）

进入 21 世纪，中国电视业在新一轮的改革开放热潮中加快了追赶世界先进水平的步伐，进入了前所未有的黄金时期。与此同时，电视文化研究也进入一个新时期，视野大大拓宽。这一时期的电视文化研究围绕电视传播所产生的一切效应展开，它包括电视文化理念和电视文化形态、电视文化环境与电视文化责任、电视文化消费与电视文化接受、电视文化审美与电视文化批评等内容，电视文化研究形式呈现出多样化及规模化的发展趋势。围绕中国电视实践中出现的诸多电视文化现象、问题，学界调动各种研究资源，开展大规模的学术研讨，达到了争鸣与创新的目的。同时，在电视领域引入市场机制，电视进入市场后电视的人文精神与市场化的矛盾与对立，如何应对市场机制等问题都成为了电视文化研究亟待解决的问题。电视文化研究进入全面深入与繁荣时期。

（一）电视文化研究形式呈多样化与规模化

一般而言，学术研究大多发表在相关学术刊物上。同样，电视文化研究，在相当长的时间里也是沿袭传统的承载方式，以报刊作为主要的载体。然而，随着传媒的极大发展，特别是网络媒体的出现，电视文化研究的形式出现了很大的变化，呈现出多样化及规模化的格局。

首先，论文仍是这一时期电视文化研究的主要承载形式。这些论文大都围绕各类电视文化理念、创作思潮、创作现象、电视节目、栏目展开探讨、研究、鉴赏、评价。研究的开展分两种形式：一是自发的，作者就某一个节目、栏目展开批评；一是组织的，由组织者组织部分专、兼职批评家或就某一电视热点问题，或某一节目、某一栏目展开批评，以便对问题的研究更加深入。以论文形式出现的电视文化研究或在各刊物上发表，或在研讨会上发言提出，或通过《中国广播电视学刊》《现代传播》《电视研究》《中国电视》《当代电视》等 40 多家专业刊物发表论文。

其次，随笔也是这一时期电视文化研究的一种独特形式。这种文体活泼、轻松、不拘一格，可读性强，具有文学特征。这类随笔大都刊发在各类报纸、杂志上。它并不对问题作详尽的分析和研究，没有大段大段的论述，但它短小犀利，对改进电视节目、净化荧屏起到了十分重要的作用，如中央电视台研究室创办的《观感选辑》就是其中的代表。

再有，观众来信、观众调查也是电视媒体了解观众对电视意见的一种方式，也是观众开展电视文化研究的一种最简单的形式。尽管简单，但它却是办好节目的一个最好依据。目前各电视媒体都十分注意通过观众来信、观众调查等形式了解人们对电视节目的看法和意见，建立了相应机构来处理观众来信，并实施新的管理办法。将来信进行综合分析处理，将新的情况反馈到编委会，然后分流到有关部门、有关栏目，并将其作为改进节目的参考。还有，如运用对话评议形式进行研究，或通过具体某一栏目进行研究等等，都是现在电视文化研究的一些新形式。

与此同时，专家学者还利用一些科研院校的刊物以及社会上各种报纸、杂志发表论文。各种传播媒介的发展，使以论文形式出现的电视文化批评有了更多的载体，进一步推动着电视文化研究的开展。研究者或从宏观与微观，或从具体栏目，或从纯学理把握等等，多角度、全方位地对电视文化进行深入的探讨，使电视文化研究达到了前所未有的研究广度与深度，充分体现了电视文化研究的多样化与规模化格局。如宏观关注中国电视文化未来发展走向及趋势的文章有高鑫的《管窥未来中国电视文化》，张颐武的《论"新世纪文化"的电视文化表征》，欧阳宏生的《中国电视批评的四个阶段》，隋岩的《跨国传播中的文化"贸易逆差"与中国电视文化的自觉》，张鹏、刘刚的《中国电视文化的取向》，周毅的《电视文化新趋势》等。在电视文化的传播理念方面，高鑫的《中国电视文化理念的嬗变和趋向》就对中国电视文化理念的嬗变和趋向作出了自己的梳理，从电视传播的多个角度全面展示了中国电视事业大发展，尤其在理念层面上观照大变迁的全景景观。从电视文化意识形态角度审视中国电视文化的文章，有隋岩的《多重复合的当代中国电视文化意识形态》，潘知常的《新意识形态与中国传媒》，史原的《电视文化对市民意识形态的影响分析》。就电视文化本身身份的界定及其属性进行探讨的文章，有高鑫、贾秀清的《电视文化身份的多维审视》，蔡志明的《论电视文化》，戴剑平的《论电视文化的三种基本形态》，王君梅的《浅论电视文化的二重性》，张敬伟的《中国电视文化面面观》等。从电视文化价值形态建构的角度关注电视文化的文章，有陈利平、包郁盛的《电视文化与文化价值意识建构》，邵俊峰的《电视文化视角中的电视文化》，陈利平、马世顺的《电视文化与市民文化价值秩序》，顾成昕的《电视文化中市民意识价值建构与自组织现象》，史可扬的《论电视的道德意识和文化内涵》等。从电视文化的传播角度来看，俞虹的《当代社会阶层变迁与电视传播价值取向》把对电视传播价值取向的研究与中国当代社会阶层的变迁结合起来，揭示出电视传播与社会发展紧密互动的格局；尹鸿的《冲突与同谋——论中国电视剧的文化策略》从电视文化的传播载体的视角去关注电视文化；贾磊磊的《媒体道德与电视传播/接受的方式》则从电视文化的传播与接受角度进行分析。从西方电视文化研究的资源出发进行研究的文章，有穆宏的《被忽略的性别——用女性主义批评视角重新审视中国电视文化》，张昌旭的《电视文化的后现代性特征分析》，吴素萍的《后现代主义拥抱下的中国电视文化》，孙长军的《论电视文化与大众文化的同质性》。

从对电视文化的审美去关注，张晶、周雪梅在《在审美与娱乐之间——当代中国电视的价值取向》中将当代中国电视的价值取向，放在娱乐与审美这一对悖反的理论命题中，深入探讨了电视的审美化生存的策略问题；欧阳宏生的《电视批评：电视审美的阐释》聚焦电视批评，从审美的角度指出电视批评是电视审美的反应和共鸣，颇有新意与创见；还如温朝霞的《电视文化的审美特征》等文章也从审美的角度分析了电视文化。从电视文化消费角度进行研究的文章有蔡贻象的《合法化的快感：电视的休闲文化策略》等。从电视文化的人文精神及电视文化的责任出发，姜依文在《电视传播的人文精神》中对电视传播的人文精神作了全面的梳理，总结出电视传播人文精神的民族性、时代性、批判性、技术性四个特点。从电视文化产业角度进行研究的文章，则有刘彦超、李志的《我国当前电视文化中存在的问题》，史原的《论电视文化的产业属性》，李耀武的《对电视文化产业若干问题的思考》。

从电视文化的环境，互联网与电视文化的关系及其对青少年的影响、引导的角度切入，如何林、王晓予写了《互联网文化与电视文化的碰撞与重构》，沈荟写有《电视娱乐经济与青少年发展》，王雅洁写了《电视文化与儿童教育方式的转变》。

(二) 研究平台和视野大大扩大

以互联网的形式研究电视文化，是电视文化研究走向现代化的重要标志，使电视文化研究有了更广阔的视野。互联网带来了更大的受众空间，上网媒体面对的是全球受众，它所提供的内容有了更大范围的潜在用户，这使电视文化可在更大范围得到传播。

这里，要特别提及的是网络电视栏目——《电视批判》，该栏目自 2002 年 5 月创办以来，始终立足于对电视批评理论的本土化和民族化的理性思考，坚持以传播先进文化、繁荣电视创作为己任，密切关注中国电视的发展现状，追踪中国电视的发展焦点，努力打造电视人、专家学者、观众共同探讨电视文化、电视现象的网上互动平台。三年来，有近 400 位专家学者走进《电视批判》，进行了近 200 期学术在线交流活动；其中的"大学生谈电视"大型活动先后走进了北京大学、清华大学、四川大学等 7 所高校，特别是

2002 年的主题论坛主要围绕"我们需要什么样的电视文化"、"呼唤高品质的电视文化"进行了探讨；它成功举办了 50 期 CCTV 优秀栏目在线；以图文的形式成功直播了 8 场大型学术活动；推出电视图书 174 部，学者、电视人、网友文章 588 篇。该栏目探讨的话题涉及"电视文化"、"中国网络媒体的社会责任"、"电视媒体与女性"、"电视媒体与未成年人"及我们需要什么样的新闻、经济、农业、法制、少儿、综艺节目等内容。

2003 年，由中华书局正式出版发行的《CCTV.com 新媒体文化丛书》第三卷《电视批判》，标志着《电视批判》已经从单纯的网络话语走向了文本分析，形成了网络媒体与平面媒体相结合的立体传播平台。

可以说，《电视批判》已经成为中国电视学者、电视思想家、电视观众和文化学者以及电视创造者交流对话的舞台和空间，成为电视文化和思想传播的重要阵地。如今，《电视批判》已经成为电视实践的理论园地，是电视从业者相互交流和探讨的精神家园。同时，它也成为电视文化学者进行电视文化研究的重要学术阵地，使学者们能够从理性的层面对电视实践进行研究和思考。它是成千上万观众和网友参与电视文化建设的重要信道，使电视受众能够直接参与到电视文化建设中来，从而使他们所关心的电视真正成为他们自己的电视，并且提高其审美情趣和美学价值。《电视批判》已经成为电视文化建设和电视研究的一面旗帜，促进着中国电视文化研究的发展和繁荣，使中国的电视文化研究更具理性，是回归电视本体研究的有效方式。

由此观之，电视文化研究手段的多样化，是电视实践发展的需要，是电视理论建设的需要，是电视文化发展的必然。随着电视理论建设的加强和日趋成熟，还将会有更多的电视文化研究手段、形式出现，特别是基础理论的发展，将会使电视文化研究更加科学化。

（三）学术争鸣意识和创新意识增强

健康、活跃的学术争鸣意识和勇于创新的理念是电视文化研究走向繁荣与成熟的标志。近几年来，我国电视文化研究的学术讨论大都是围绕着电视文化各种属性、各类热点问题来进行的，论争和讨论非常活跃：如对电视媒介的性质、特征、功能、任务等问题的界定，对电视文化的品格问题的争鸣，对关于电视文化是"大众文化"、"俗文化"还是"雅俗共赏的文化"的探讨，对电视文化与"主流文化"、"精英文化"、"大众文化"的关系的碰撞，以及对民生新闻现象的研究，对电视文化低俗化现象的研究，对韩剧现象的研究等，特别是随着电视事业的飞速发展，电视文化研究更面临着许多新的课题。如对电视文化的环境与责任的关注，对电视文化的产业问题的探讨，对跨国电视传播对民族传统文化的影响的研究，对卫星传播对我国电视的影响的研究等等，都在各个不同范围和层次上引起了学界的争鸣。而这些问题首先表现在具体的电视文化节目形态中。

电视节目是电视文化的具体内容，也是电视文化研究的重点。电视新闻研究一直是电视文化研究的重要内容。进入21世纪以来，电视新闻研究的深度和广度大大加强。自20世纪末期以来，围绕"《焦点访谈》现象"等涉及新闻舆论监督话题的讨论仍然十分热烈。关于"《焦点访谈》现象"的研究使电视新闻的研究进入到更深层次。这一时期，关于新闻及法律界共同关注的话题，包括诽谤指控、隐私权、肖像权、知识产权等在学术期刊和网站上都有深入的讨论。现实中公民"知情权"与报道中所涉及的对个人"隐私权"的侵犯的冲突，使隐性采访成了讨论中主要的争议话题。

新闻直播已成为我国电视新闻的常规性手段。2003年中国有两大媒介事件，即关于伊拉克战争与非典型肺炎的报道，电视理论界对此给予了最集中的关注，这对于中国电视新闻传播研究具有重要意义。不少研究者通过量化分析，阐述电视滚动直播的特点和直播手段运用上的突破。而且在直播中，主持人的角色与功能都发生了嬗变，开始向新闻主播转化。此外，民生新闻和新闻娱乐化也是新世纪以来电视文化研究的热点。电视民生新闻的出现对中国电视新闻改革具有方向性意义，其核心理念就是与广大人民群众的生活紧密相连，倾注真挚的人文关怀，从而实现人本思想和人道主义观念的全面结合。

在电视创作方面，争鸣气氛表现得更加浓郁，新的电视观念表现得更为突出。如对电视文化的具体形态——新闻节目和电视专题节目的研究和探讨，都是通过专家学者的争鸣、探讨而最后界定的。在电视综艺节目方面，中央电视台研究室组织开展了"春节联欢晚会与电视综艺节目特色及走向的论题研究"。通过调查问卷和统计的方式，对春节联欢晚会的传播效果，进行了统计学、社会学、心理学等多方位的科学分析，提示了电视综艺性节目朝民族化、娱乐化、大众化、品格化方向发展的趋势。

在大众文化方面，市民文化应如何定位，如何赢得生存空间？电视界围绕主流文化与市民文化的融合有过一些讨论。随着市场经济体制的建立，市民文化、官方文化、主流意识形态开始有了新的文化格局。在这样的态势下，一种创新的电视艺术观——电视剧的娱乐性出现了。此时，在电视剧领域出现了两种观念：一是电视剧艺术论，这种观念强调"艺术品格"，注重"审美"理念；二是电视剧通俗论，这种观念注重通俗性，倡导大众化，强调电视剧的娱乐功能。

　　近年来，围绕电视文化的产业化问题，如何应对市场机制下电视文化的发展及走向，特别是青少年的健康成长问题成为摆在我们电视人面前的一个重大课题。面对这些问题，王锋在《理性面对电视文化产业的发展》中指出，"在电视文化产业发展日益成为热门话题并人气鼎沸之时，我们更需要用理性的视角看待这一历史命题，并在正确思想的指导下推进实践创新"。①曾庆瑞对近年来我国电视剧的总体性评价："成绩灿烂辉煌，问题十分严重。"②曾庆瑞认为，电视剧批评要起到监督、校正和导向作用。教育工作者应帮助青少年学生增强抵御媚俗的能力。尹鸿在《霸权与文化——新世纪电视文化随想》一文中，谈论到中国电视剧的发展时指出，现今大量毫无质量可言的电视剧充斥荧屏，给中国电视剧发展带来了诸多负面影响。陈明选、高海延、刘瑞儒则在《电视文化的负面效应与对策研究》中对电视文化的负面效应问题作了详细探讨，并提出了相应的对策。鲍海波则在《电视人文谈话节目的价值取向》中从谈话类节目的角度大力倡导电视文化的人文精神。

　　学者们普遍认为，如果片面地认同电视文化消费主义的商品身份，单纯追求经济利益，就必然会导致创作重心由对精神品格的发现和建构滑向对单纯的世俗享乐的追求，从而使电视文化走向虚无，失落应有的认识价值。因此，对于每个电视从业人员来说，清醒地认识电视传播的职责，认识并摆正电视剧所负有的教育、娱乐等各项功能的关系是迫在眉睫的事情，这不仅仅是这一时代这个国家主流意识形态的需要，更是电视传媒本质的一种要求，是电视艺术得以长足发展的先决条件。所以电视文化研究必须研究市场，研究在市场机制下如何把握电视创作与批评的理性与尺度。

　　另外，互联网作为一种崭新的传播方式和一种新型的媒体——第四媒体，正发挥着日益重要的作用。正如前面我们提到的利用互联网这个平台而开办的《电视批判》就是一个没有权威的领地，同时更是一个争鸣的论坛。

　　通过论争和讨论，很多理论问题得到了清晰的界定，有了全新的理念，增强了创新意识。

　　（四）电视文化研究学术成果丰硕，学科建设得以加强

　　我们说，电视文化包括电视节目本身承载的文化内涵以及电视作品的传

---

① http://finance.sina.com.cn　2005 年 7 月 8 日，人民网——北方传媒研究。
② 《守望电视文化的精神家园——北京广播学院曾庆瑞教授访谈录》，《中国教育报》2004 年 2月 19 日第 7 版。

播在受众和社会中产生的文化价值观影响；另一方面，电视文化还包括受众对电视作品的"再创作"——解读，以及受众和社会的文化价值观反作用于电视作品创作的文化现象。以往的电视文化研究多是片断式地散落在一些影视理论期刊中，停滞于随笔式的文字或不系统的论文水平上，离"学"的品格相差很远。直至20世纪90年代，"电视文化学"的概念才被提出，开始了草创阶段，这其中较有影响的专著有田本相的《电视文化学》等，但是终究没有形成规模效应，直到20世纪末，电视文化学仍处于从起步到发展的过渡阶段。进入2000年后，电视研究者对电视文化学的研究倾注了较大的热情，尤为可喜的是许多复合型人才的加盟，使电视文化学科队伍日益精壮，一些中青年学者从新视角和不同的学科背景出发，于各自不同的学科角度，在电视文化理念、电视节目形态、电视文化现象（包括各种正面、负面的影响等）等电视文化研究方面提出了许多新的观点和见解，一批电视文化丛书开始有组织地推出，电视文化类的书籍也纷纷出现，从而推动了电视文化研究走向日程化、正规化。电视文化学的研究也进入了初具规模的发展阶段。

任何学科的建立，都离不开学科研究实践。电视文化学也正是在大量电视文化研究实践的基础上形成的。这一阶段的成果除了大批的研究论文以外，大量的专著出版使电视文化研究进入了一个更高的层次。在此期间具有代表性的论著有：宋家玲的《影视艺术比较论》，戴清的《电视剧审美文化研究》，吴辉、张志君的《电视剧社会学》，范志忠的《影视剧创作理论与实践》，陈晓春的《电视剧理论与创作技巧》，姚扣根的《电视剧写作概论》，杨新敏的《电视剧叙事研究》，宋家玲、袁兴旺的《电视剧编剧艺术》，卢蓉的《电视剧叙事艺术》，高鑫、吴秋雅的《20世纪中国电视剧史论》，苗棣、赵长军的《论通俗文化——美国电视剧类型分析》，肖同庆的《影像史记》，朱景和的《纪录片创作》，欧阳宏生的《纪录片概论》，石屹的《电视纪录片——艺术、手法与中外关照》，高鑫的《电视纪实创作》，肖平的《纪录片与编导实践理论》，黄会林主编的《电视文本写作学》，张凤铸等所著的《影视艺术新论》，周星的《中国影视艺术研究》，丁海晏主编的《电视传播的哲学》，欧阳国忠的《中国媒体大转折》，陈旭光的《当代中国影视文化研究》，林少雄的《视像与人》，邢虹文的《电视与社会》，张君昌的《超媒体时代》，等等。这些著作立足于中国电视实践，从不同角度切入中国电视文化研究，为中国电视文化理论建设奠定了雄厚的基础。

以专著形式开展电视文化研究，是电视理论建设、电视研究日益走向成熟的标志，它至少向社会昭示了电视理论建设已达到一个较高层次。以专著形式开展的电视文化研究就其深度和高度而言是其他研究形式不可比拟的。这一时期，出现了一大批电视文化学科建设研究方面的著作，比如有陈龙的《在媒介与大众之间——电视文化论》，陈默的《电视文化学》，赵凤翔、吴炜华等著的《电视艺术文化学》，欧阳宏生的《电视批评论》《电视批评学》，时统宇的《电视批评理论研究》，李道新的《影视批评学》，刘炘的《电视重构论》《电视生态论》，尹鸿的《尹鸿影视时评》，彭国元的《电视文化新论》，郑征予的《电视文化传播导论》，吕萌主编的《电视文化传播导论》，周星主编的《中国影视美学丛书》（8 本），隋岩的《北京大学影视艺术丛书——当代中国电视文化格局》，胡智锋的《中国电视观念论》《电视传播艺术学》《影视文化前沿》，凌燕的《当代中国电视文化》，彭吉象的《影视美学》，金丹元的《后现代语境与影视审美文化》《影视美学导论》《新世纪影视理论探索》《电视与审美——电视审美文化新论》等。

这些著作，大多是从学理的角度，或从总体宏观把握，或从某一专题入手，或从传播角度着眼，或从文化层面分析……内容涉及电视文化理念、电视剧的制作、电视栏目主持与设计、电视文化的传播、电视文化接受与审美、电视文化环境等许多问题，许多著作已从以前对电视节目、电视栏目的简单介绍、研究上升到从传播学、美学、文化学、社会学、心理学等多角度、全方位的研究，全面展示了中国电视文化研究的丰硕成果，填补了我国电视文化研究的许多不足与空白，对推动具有中国特色电视文化学理论的建立起到了重要作用。

从前面的有关论述，我们已经看到，近几年来，电视文化研究的专著可以说前景看好。已有不少的电视文化理论工作者一方面借助相关学科领域的理论成果，另一方面借鉴国外的有关电视文化理论的研究成果，在电视文化理论研究中创造出了许多符合电视规律的新模式、新方法和新的概念范畴。这些都是电视文化研究者以博大的胸怀，开阔的视野，创新的意识去审视电视文化现象而得出的富含"提升境界"的理论果实。境界感的获得，使电视文化理论研究不仅具备了永远的开放性、广阔的理想性，而且实现了电视文化理论研究体现"时代精神精华"的哲学意义。

六、中国电视文化研究的学理思辨

沿着中国电视文化的发展历程，我们已清晰地追溯了电视文化研究发展的脉络。从电视文化发展的脉络中，我们可以看到，随着电视文化研究走向全面深入阶段，对电视文化的研究逐步从感性认识走向了理性的思辨，从对电视实践的具体研究转向对电视文化的理论探索。下面将通过对电视文化研究的学理探讨，了解电视文化研究现状。

(一) 电视文化理论研究存在的问题

电视文化理论来自于实际的电视工作，同时又会对实际的电视工作具有重大的指导和前瞻作用。因此，加强电视文化理论研究很有必要。但目前，我国的电视文化研究现状并不十分理想，与中国电视实践的繁荣局面相比仍有很大差距。无论是具体研究成果，还是学术影响，都还存在着许多不足与差距。比如说，我国的电视文化研究著述不在少数，但长期以来大多是停留在表面的感性描述上，很多关于电视文化研究的著作均是以介绍电视鉴赏以及审美知识等为内容的，很少从学理的角度对电视做系统的、全面的、深入的研究。同时，在借鉴、吸收国外电视理论时，忽视了跨语境的理论移植原则，有简单化生硬拼凑之嫌，从而不能合理有效地阐释中国电视理论及现状。一些著作虽已开始系统地研究电视文化的相关问题，但没有充分的理论支撑，也缺少方法论的引导。概括来说，当前的电视文化研究中：模糊描述多，准确定位少；既定理论运用多，基本理论创新少，其面临的学术困境是——领域新，论题大，内涵少。具体说，主要表现在以下几个方面：

一是学理不足，就事论事，缺乏学理性、权威性。目前，研究队伍中有相当一部分人是来自电视媒体一线的领导、从业人员，这固然使研究摆脱了书斋气而多了一份来自实践的鲜活体验，但客观上也存在着学理严重不足的先天缺陷。同时，电视文化研究在很大程度上依然处于自发、无序和分散状况，缺乏统筹规划。在具体研究工作中，个体研究、单兵作战仍是普遍存在的主要工作模式，而电视文化研究的整体布局、宏观调控和全方位交流还显得不够；虽然对具体的、微观的课题研究已经达到了一定的水平，但对事关电视文化长远发展的若干战略问题的研究依然明显不足。电视文化学科建设还存在许多空白点，尽管目前已出版几部关于电视文化学方面的著作，但这都是在探索中，还缺乏学理性、系统性和权威性。

目前电视文化理论研究中的一个突出问题是就事论事，严重缺乏前瞻性和超前性。这也是电视文化研究工作在整个电视事业中的地位未有根本提升的关键所在。一方面，在研究某具体节目时，一些研究者往往容易就事论事，评判之后，没有指出原因，也没有提出解决问题的对策，从而背离了研究的目的。另一方面，近些年来，我们的耳目之间充斥着太多的"假"、"大"、"空"式的理论。这些电视文化研究理论的肤浅与功利导致了业界的反应冷漠。这些理论对电视文化的理论建构和实际应用毫无益处，更不用说具有指导价值了。

　　二是在研究方法上陈旧落后。长期以来，我们在电视文化研究中一直存在几个痼疾。具体而言有三：一是对电视文化现象现状关注较多，而从文化层面的开掘较少；二是对电视文化实践中的积累经验有较多的关注，而由此上升至抽象理论研究层次的较少；三是由于资料及方法等原因，从具体的作品切入进行的研究比较多，而从大众传播学、审美学的角度进行考察的研究成果比较少。由此形成了电视文化研究上的学理不足。

　　这一点尤为突出地表现在电视文化的艺术鉴赏与审美批评领域。很多著作由于研究方法上的陈旧与局限，还只停留在初始阶段的鉴赏层面，停留在对具体作品的主题开掘、形象性格、戏剧冲突、叙事方式、整体结构、镜头语言等电影、电视节目元素的简单分析、评价上，缺乏从系统学、社会学、比较学、心理学等角度着眼的科学的批评方法。

　　三是模仿跟风，固步自封，交流借鉴不足。和目前的电视实践一样，电视文化理论研究也同样存在着重复与跟风现象。比如有个时期，专题片和纪录片很受观众欢迎，理论研究就跟着热了起来。于是，这方面的文章便比比皆是，重复、雷同的很多；后来，"纪实电视"被看好，对"纪实电视"的研究便一哄而上，而结果却没有多少新的见解；更有甚者，有些学术著作封面不同、题目不同，但内容、章节却似曾相识，内容、章节交叉拼凑，形成了可谓壮观的不同系列的"著作"。

　　我国的电视文化理论研究在本体论的研究方面，应当说达到了一定的高度，也出了不少好的论文和学术著作，但从目前的情况看，其旁征博引的观念、厚积薄发的意识、交叉创新的胆略等等，还不能适应事业发展的需求。麦克卢汉说："媒介作为我们感知的延伸，必然要形成新的比率。不但各种感知会形成新的比率，而且它们之间在相互作用时，也要形成新的比率。"①现代社会，是一个信息的社会，信息的汇流和整合，往往可以推动和促使电视文化理论研究打开新的视窗，远眺丰富多彩的世界，从而扩展本体论的内涵和外延。

　　四是电视文化研究队伍建设仍然落后于形势的需要。电视文化研究还没有形成一支较专业化的研究队伍，更多的所谓研究者实际上是一批勤于思考的某项具体工作的实践者。这样带来的问题是电视文化理论研究在一定程度上过于具体化和微观化。另外，在电视文化理论研究中，还有种种人为的因素，包括体制、环境的因素等，也在一定程度上限制、约束了"人的延伸"。

---

　　① ［加］马歇尔·麦克卢汉著，何道宽译：《理解媒介——论人的延伸》，商务印书馆，2000年版，第87页。

但电视文化理论研究也不是超然于现实世界之外的玄思和遐想，它应当具有强烈的现实感。"离开历史感的所谓现实感，只能是一种外在的、浅薄的、时髦的赝品；离开现实感的所谓历史感，也只能是一种繁琐的、经院的、教条的说教，它只能作为学究式的自我欣赏，而不能构成'思想中的时代'和'时代精神的精华'。"①

（二）电视文化研究新的格局与特色

尽管电视文化理论研究存在着种种遗憾，但经过几代电视文化研究者的不懈努力，已形成新的格局和特色。

一是研究各具特色。由于文化学牵涉领域极度宽泛，文化的多义性导致了现阶段研究中电视文化概念的多义性，同时文化存在形态的多元化和研究方法与研究对象的多元化，使电视文化自其诞生之日起就产生了各种纷繁复杂的定义，其内涵与外延至今也没有定论，作者们往往又因为研究对象的不同而选择最接近研究内容的表达方式，折射出不同学科背景和学科角度，使得电视文化理论体系呈现出多元的存在状态，因此电视文化研究自成体系但又各具特色，这是当前电视文化研究的一个突出特点。在此基础上，新理论领域正在电视文化学中开拓，如 MTV 理论的系统建构、节目栏目策划研究等。

二是研究队伍与学科建设有了很大发展。原先散兵游勇式的个人"出击"走向了有组织的集团化"作战"，这得益于电视文化学的学科建设和发展。据不完全统计，目前我国约有 5000 多电视理论研究人员，已逐步形成了以科研院校、电视媒体等为中心的电视文化研究队伍。这项工作也越来越得到管理决策者的重视。管理层的重视落实到行动中的结果，是对学科资源和人才优势的整合与开发，在资金和管理上给予科学研究以便利和机会。系列丛书的涌现，保证和加强了学术研究的整体性和系统性，使理论的自觉性与自主性也得以充分体现。此外，各类各级协会、学会和评奖活动也有组织地开展了形式多样的学术研究活动。

三是研究的方法、视角走向多维多元。电视文化研究已由原先单线的、一元的、简单的研究方法、研究视角走向多维的、多元的、系统的理论观照与诠释。如在电视文化学研究中对宏观整体与微观个案、纵向梳理与横向比较、动态跟踪与静态分析、逻辑分析与实证研究等多元研究视角与思路的选择；再如在电视文化的研究方法中，可以运用本文批评、作者批评、类型批

---

① 孙正聿：《哲学导论》，中国人民大学出版社，2000 年版，第 231 页。

评、叙事批评、精神分析、意识形态批评、经济技术视角等多元研究方法。理论的多元存在和发展，鲜明地体现了研究主体的理论自觉性与自主性的充分张扬。

从中国电视文化研究发展的几个时期，我们可以看到，中国的电视文化研究已从感性层面认识走向更深层次的学理研究，从一个概念、一种观念进而成为一门学科，电视文化学的研究日益走向繁荣与自觉。无论是理论研究的广度还是深度，抑或是在对研究方法的使用上，已和过去不可同日而语。在适应实践需要、汲取多学科营养和与世界接轨的三维坐标中，特别在市场化转型的背景中，电视文化研究正不断开阔视野、寻求突破，写下了新世纪的宏伟篇章。

当今，中国的电视业正在悄悄地进行着一场深刻的改革，中国的电视文化理念也正发生着深刻的嬗变和演化。高鑫在《中国电视文化理念的嬗变和趋向》一文中概括了当下中国电视文化理念的七种趋向与态势：电视机构由"单一经营型"趋向"多元经营型"；经营方式由"政府拨款"趋向"资本市场运作"；传播观念由平面的"宣传理念"趋向立体的"传播理念"；传播方式由"综合频道"趋向"专业频道"；传播意识由"频道观念"趋向"品牌意识"；传播思维由"趋同思维"趋向"另类思维"；传播文化由"宣传中国文化"趋向"中西文化交流"①。

电视文化理念的转变必将导致电视文化研究观念的转变以及研究视野的开阔，从而更有效地指导我们发展电视文化。应该说电视文化研究不仅对观众的观赏活动有着重要的引导作用，对电视创作有促进、整合、推动、发展的作用，而且它也是将观众与创作者紧密联系在一起的中介，它们共同推动着电视文化的繁荣。电视实践离不开电视文化研究，只有在科学的电视文化理论的指导下，中国电视文化才能少走弯路，迅速发展起来。

电视文化理论是电视作为一种文化形态的实践积累、总结升华，它具有权威性和操作性，同时又面临着不断的挑战，因为日益多元化的现代化社会文化不断地提出日益更新的课题。这就要求致力于电视文化理论的研究者要时时保持鲜活的心理状态，面对崭新的文化种群，调整思维、选准基点，迸发出高阶层的文化观点，以推动中国电视领域"百花齐放，百家争鸣"格局的日益完善。

由此看来，电视文化研究的当务之急是要从观念上改变人们对电视文化的看法，使这一领域得到应有的重视；除此之外，还应加强电视文化的学理

---

① 高鑫：《中国电视文化理念的嬗变和趋向》，《现代传播》2001 年第 5 期。

化进程。当然，应用西方的概念、理论、学说等尚面临一个消化吸收的问题，完全照搬西方的一套会走向另一个极端，造成学术的变调。中国化的电视文化学理研究应当诞生在本民族的文化土壤之中。

第二节　中国电视文化研究的各种视角

我们已处在一个瞬息万变的时代，当代文化格局发生着重大变化：文化模式从工业文化转向信息文化，文化内容从区域化转向全球化，文化情态从离散时空转向同步时空，文化变迁从稳定状态转向变动状态，文化权力由垄断性的指令文化转向市场性的平等文化，文化层次从精英文化转向大众文化等等。同样，电视文化也处在这样一个多元、复杂的时代语境中。在这个瞬息万变的时代，在这种多元、复杂的语境中，作为综合文化形态的电视文化更是处在交叉科学的前沿位置，对其进行多角度、多学科的观照已成为必然。

特别是当代中国电视文化的发展已经置身于市场经济以及文化全球化的新的历史语境下，它的商品属性使其由以往的高雅艺术文化转变成一种商业的、大众的俗文化，许多新的观念、新的特征由此出现。同时，当代中国的电视文化作为一个复杂的存在，不仅处于复杂的国际政治环境、文化环境、经济环境中，而且处于复杂的、多学科的纵横交错之中。当代中国的电视文化已由以往的一元文化向主流文化、精英文化、高雅文化、大众文化等多种文化形态杂糅并存的状态转变，已超越以往单一的文化艺术领域而横跨政治学、经济学、传播学、国际关系学等领域，成为一种跨越学科的文化形态，它所涉及的范围已远远不是传统的文化艺术所能涵盖的。对待这样一个异质的复杂对象，任何单一的阐释角度或评价尺度都是有局限的。因此，有必要对电视文化从多个视角给予观照与描述，以期全面、客观、真实、准确地理解和把握当代中国电视文化的存在事实。

在这种复杂的状态下，我们从多重研究视角研究电视文化有助于获得对电视文化的多重认识，有助于在矫正操作的失误和寻找正确的发展方向时获得理论上的高度与支持。[①]

---

① 参看隋岩：《电视文化的跨学科存在及其研究视角》，《山西师范大学学报·社科版》2002年第4期。

一、从传播学的角度看电视文化

在人类社会文明发展的进程中，电视的出现开创了人类社会传播史上一个全新的时代，同时这一新事物也成了人类文明进步的一个新动力。电视这一由电视传播技术决定的、以与客观事物运动发展的同步速度纪录并传播，以与客观事物运动发展着的形体与声音作同步录像的仿真符号系统，可在事件发生的同时向外界作传播运动。这种先进的传播媒介，决定了电视传播有着比此前任一其他媒介传播都不曾有过的优越性。

较之于书籍报刊，电视的传播速度更快，内容更直观、具体（尤其是直播节目）；与广播相比，电视的画面形象感更强；与电影相比，电视在新闻、信息的传播上更丰富直接，在文艺节目上更为多样化、家庭化。电视在现代人的生活中扮演着举足轻重的角色。而电视最吸引人、最具广泛意义的是：它为人类的知识传播、文化交流提供了便捷有效的途径。它时时刻刻用自己独有的方式，向大众传播着信息，传播着知识，传播着信仰与价值观念，传播着娱乐与消遣，传播着艺术与审美等等。

可以说，人类文明的进步创造了电视，反过来，电视传播又以其特有的方式、强有力的手段改变着社会，促进人类文明的进一步提升。人类整体文明与电视传播之间的这种互动互进关系，构成了当今人们面临的一个崭新而又内涵丰富的文化哲学问题，值得我们去探讨、去研究。

随着电视这一传播媒介的发展与繁荣，一种由电视所发出的强大冲击波遍及人类社会的各个角落，从而形成了规模宏大的"电视文化"。电视文化不仅包括电视媒介自身所传播的信息内容，包括电视传播过程中传播者之间、传播者与传播组织、传播制度之间、传播者与接受者之间种种错综复杂的关系，还包括由于电视传播而带来的社会、民族、国家以及个人的价值观念、思维方式、信仰追求以及心理状态的深刻变革。因此，电视文化与电视传播有着密不可分的联系，电视文化可以说是电视传播的结果，没有电视传播，就不可能带来电视文化，电视传播是电视文化的载体。

关于电视文化的研究，从传播学层面分析，可涉及电视传播的内容，节目形态，节目美学研究，电视文化传播的本质特征、内容与形式、内容及形式与效果等要素统一的角度，集中围绕电视文化传播当中的一些传播理论进行讨论。这些电视文化传播的理念问题包括：电视文化传播的本质特征，电视文化传播的一般传播结构、传播形态，电视文化传播的理念以及当代中国电视文化传播中影响很大、效应很大的电视剧、电视纪录片问题等等。所以说，从电视传播的全过程来考察电视文化与社会的关系，为电视文化的理论研究开辟了一条更切实有效的新路。正如高鑫先生所说，研究电视理论，首先要研究电视传播学，因为电视本身就是作为信息传播的媒介和载体而存在的，可以毫不夸张地说，所有的电视节目，统统鲜明地烙印着信息的印记。因此，抓住传播也就抓住了电视理论研究的根本。

这一切，都会让我们更加关注电视文化的传播机制及传播理论研究，从而在实践和理性中认识电视文化传播。关于电视文化传播角度的理论研究专著很多，如郑征予著的《电视文化传播导论》，从电视文化传播的角度，宏观考察了电视文化、电视传播，并关涉到电视文化中很多具体的微观分析，围绕电视剧、电视纪录片等展开了详尽、周密的思辨，不仅在理论层面上富有冲击力，而且在实践层面上也颇具启迪意义和参考价值。又如胡智锋的《电视传播艺术学》，将电视艺术和电视传播相结合，开辟了电视传播艺术的研究视角，对电视传播的方式和规则进行了富有成效的探讨，对于探索电视艺术规律，强化传播效果，提升电视品格具有重要的现实意义。

冉华的《电视文化与电视传播》不仅仅将电视当作一种大众传播媒介，更是把它当作一种文化形态进行研究，用作者自己的话说，"是用文化学的理论来研究电视传播"。[①] 作者的眼光，首先是放在"电视符号"的研究上，高屋建瓴地从理论上剖析了电视符号的意义和电视符号的解读，进而阐释了电视对人的生活的影响和电视与其他文化载体的关系。在这里，作者在首先剖析了电视对一般观众的影响的基础上，运用发生学和心理学的理论进行了深层的观众接受心理研究，得出了一些有价值的、独特的观点和结论。同时，它还特别分析了电视对儿童的影响，充分运用数据分析了英、美等发达国家的儿童对电视的依赖状况和我国儿童电视的发展问题，对其中的利与弊进行了恰如其分的分析，因而它对正处于发展时期的中国电视将来的健康发展是具有理论价值的。在电视与其他文化载体的关系方面，作者分析了电子媒介与印刷媒介的优势与劣势以及相互吸纳的趋同趋势，进而分析了电视与电影、戏剧的交相融合，较深入地剖析了电视广告、电视新闻等问题。作者较深入地进行了理论探讨，虽然对有些问题的思考还不够成熟，还不能真正从理论上解决问题，但将其作为问题提出，就已经有了理论价值。

二、从大众文化层面研究电视文化

我们知道，文化研究（Cultural studies）是一个比文化、文化的研究更广阔的概念。它是用批判的观点，创造有用的知识，用一种反思性的方式去

---

① 冉华：《电视文化与电视传播》，武汉大学出版社，1998 年版。

深入自己的研究对象。随着现代科技的高度发展，作为 20 世纪科学技术的结晶——电视，一个在 20 世纪人类文化舞台上最为醒目的大众传播媒体隆重登场，成为人类文化发展进程中的现代文化形态之一。在整个文化系统中，电视文化作为一种技术的出现与存在，其技术性能塑造了其身份的与众不同，明显地体现出了对多元文化的综合与兼容，其身份也呈现出多元文化的形态。

从大众文化的角度而言，电视文化一方面更多地体现着大众文化精神，同时也以大众文化的豁达，熔精英文化与世俗文化、高雅文化与娱乐文化于一炉，从而呈现出一种全能文化的姿态。与此同时，电视文化所表现出的商业性、消费性、大众娱乐性、通俗性（甚至媚俗性）、技术性、可复制性、程式化、无深度感，又是大众文化所追求的基本目标，体现出电视文化与大众文化的一致性、同质性。电视正是通过电视节目中包含的大众文化，左右社会价值、制造社会风尚、影响生活态度和控制行为标准，进而深刻地改变大众生活的。大众文化极为有效地成为了日常生活化的电视节目的构造者和主要承载者，这已是无可否认的文化格局。

因此，在对电视文化的研究中，借鉴西方某些学术理论对大众文化研究的已有成果指导中国电视文化研究及实践便成为可能。如英国文化研究学派，威廉斯、霍尔、莫利及费斯克的电视研究一脉相承却又各具新意，共同造就了电视文化研究的繁荣局面，给中国电视文化研究提供了许多参考和借鉴；法兰克福学派的文化工业批判理论，使我们认识到电子传播作为新的生产力在给电视文化生产带来巨大促进作用的同时，也让我们认识到技术进步对人造成的新的控制，认识到其意识形态的操纵性、隐蔽性；后现代主义理论让我们对电视文化的世俗性、扁平性、游戏性、狂欢化获得了一种哲学上的认识高度；后殖民主义理论则令我们对电视文化、大众文化中的全球化倾向、文化同质化倾向保持高度警惕……这些理论奠定了从大众文化视角审视电视文化的理论基础。

近几年，电视事业的迅猛发展，对原有的整个社会文化格局产生了强烈的冲击，电视越来越成为亿万群众满足精神文化需求的主渠道。由于电视节目制作周期短、投资少、观众多，有强烈、明显的效应和大量广告的经济支持，因而使那些寻找名利双收的投机者趋之若鹜。于是，在火爆的电视热中出现了不少胡编乱侃、粗制滥造的劣质品，影响了电视文化的整体形象。这并不是电视本身的错，而是电视走向新的平衡所必须经历的阵痛。因而加强电视工作队伍建设和法规建设，迅速提高电视的文化品位，是当前的一项重要工作。我们企盼着一个日益成熟的中国电视文化新格局的尽快来临。

目前，电视传播已进入卫星化时代，全球信息竞争已全面展开。我国通过第三颗通信卫星实现了对外传播，参与了国际交流。尔后，中国国内的各地方电视台也纷纷上星，使不甘落后的中国电视出现了前所未有的繁荣景象。随着中国电视文化的日益发展与完善，一大批引导人、鼓舞人、武装人、塑造人的精品应运而生。而具有广泛传播作用的电视媒体的繁荣，使电视文化形成了一种崭新的文化景观，并以其独特的个性，深刻影响着人们的社会生活。

三、从艺术审美视角关注电视文化

电视作为一种以声像合一的手段进行传播的方式，兼容了文化与审美这两种最常见的形态及其挥发功能，它比以往各种传播媒介更易迅速、便捷地传达当代文化的演进和现代人的审美思潮、审美观。在中国电视文化研究起步之际，更多的是沿用西方传统传播研究方法——效果研究，把电视视为艺术作品来加以研究。而电视艺术是以视觉欣赏为主的，总体上带给人的是一种精神享受、一种娱乐消遣。这一点任何艺术都有。古人讲"寓教于乐"，首先应该是"乐"，只是电视在这方面做得更多一些。

而今，大众文化的冲击导致了电视文化的市场化、反艺术化，但并不能因此忽视电视文化的艺术特性。作为影像视听文化的电视文化，在深层次上更需要形象性、艺术性、审美性。同时，电视文化是一门综合的文化形态，需要借助各种艺术门类的长处来完善、丰富自身，例如，电视文化中影响最大的一种样式——电视剧。中国老百姓普遍接触电视就是从看电视剧开始的，而电视剧令万人空巷在20世纪80年代是人们共同的体验。应该说，这与电视剧的发展密不可分。又如电视诗歌散文，它是文学样式的电视化，即以电视屏幕表现诗歌、散文抒情写意的电视文学样式。电视诗歌散文可分为两类：一是文学诗歌散文的电视化表现，它把文学形式的格调、品性和意境用电视特有的艺术手段加以反映，造成动人的艺术魅力。如中央电视台《电视诗歌散文》栏目播出的《名家名作》《中外抒情诗歌》《中国古诗词欣赏》系列等。二是指电视表现内容采用散文或诗的方式，形式比较灵活，追求意境营造，画面优美动人，如《诗意的新疆》系列等。电视诗歌散文是各种艺术表现手段的多轨组合，它几乎调动了所有艺术手法有机地完成这种组合：有字幕，有解说词，有画面，有音乐等等。这种表现手法的多重组合，构成了电视诗歌散文的丰富多彩、意蕴深沉。再如音乐艺术借助旋律节奏作用于听觉神经，造成空间虚幻感的时间艺术；绘画艺术借助画面作用于视觉神经，造成对时间想象的空间艺术；还有而今闪烁在电视屏幕上美轮美奂的电视广告等等。电视文化正是借助它们各自的专长,把本来单方面满足于人的听觉艺术或视觉艺术转化为电视文化的视听艺术,创造出一种综合时空的威力。

这方面的研究专著如戴清的《电视剧审美文化研究》,立足于对电视剧这一当代审美文化最富活力和最具代表性的艺术形式的具体研究,融合了前沿的美学思想,把电视剧研究置于转型期社会文化特定的背景与视野之中,从而对其特殊的文化语境、叙事风格、研究方法进行阐述与讨论,深入地透视电视剧与其相关要素的互动,显示了电视剧深刻而丰富的美学理论。彭吉象的《影视美学》主要运用西方现代心理学分析影视艺术的视觉心理、深层心理和接受心理,重点分析了影视文化的特性和影视美学的视觉心理。金丹元的《电视与审美——电视审美文化新论》从对审美文化的界定开始,分别论述了当代电视文化形态的审美特征,全球化语境下电视审美文化的功能与文化观,并分门别类地讨论了电视审美与意识形态的关系,大众文化与审美消费,电视中各节目类型的审美文化,电视剧、影视中的审美性,电视审美文化的生产、传播与接受等问题,旨在从新的视角对电视文化与当下的多样性审美结合提出自己新的见解。还有如金丹元的《试论影视美学的范畴、困惑与研究视角》《关于当下影视文化背景和审美接受》《论当下影视审美所遭遇的国际性"后语境"》等文章,都对电视文化的美学审美价值作了深入的探讨。

可以说,电视审美娱乐文化的多元共存,是电视审美文化现代化的一个主要标志。近几年电视文化呈现出明显的后现代特征,电视审美文化也似乎向娱乐文化全面靠拢。在新的世纪,我们应坚持现代性的路线,积极发展电视理性,汲取后现代性的合理内核,最大限度地遏制与转化其消极面,全面推进中国电视文化的现代化。

四、从意识形态角度审视电视文化

意识形态批评滥觞于马克思主义的文化理论,主要探讨文化工业如何提供大众特定的社会立场。意识形态批评的基本假设是:文学、电影、电视等文化产品,是由一特定群体借助历史素材为其本身的群体利益所制作的。其根本目的在于,把文化本质视为社会表达思想的形式,对其加以仔细观察。因为文化产品塑造的价值、信仰及观念早已深植人心,所以意识形态具有很强的控制力。就电视文化而言,电视文化具有精神生产的独特性,它是社会意识、社会心理、社会关系等精神方面的文明发展的成果,充分表现了人文关系的品格,具有突出的意识形态特征。

　　电视的意识形态性在于：我们在电视中"看"世界，其实看到的并不是世界，而是世界的"形象"。在这里，并不只有肥皂剧是虚构的，那些仿佛是提供真实信息的节目也是如此。电视的背后并不是一架中立的、无所不在的、有闻必录的摄像机，而是一个无形的文化机器。在运作每一个电视节目背后都有自身的意识形态，都是对个体的一次"询唤"过程。电视乃是"意识形态王国"的连续体，它使我们把虚构的"形象"认定为世界的真实，并最终接受早已设置好的"询唤"位置。

　　目前，第三世界的电视业迅速发展，面对本土观众的口味，本土化的定位也逐步成熟。但它们往往无法在对第一世界传媒的对抗中开拓新的可能性，而是变为对第一世界传媒的"模仿"。它的制作方式和经营方法往往搬用西方业已成熟的模式，于是，它所制作的节目和传播的信息本身就无法突破西方意识形态的限制。它的美学趣味和价值观也不可避免地重复西方式的观念。这些问题导致了电视文化关于世界的刻板模式及刻板的形象定位，它往往创造了若干被彻底模式化的消费对象，在性别、种族、阶层及政治等方面传播意识形态的偏见。如西方电视节目始终把妇女作为广告及节目中被"看"的被动形象，同时将妇女角色定位于家庭主妇的位置上。女权主义学者通过对电视各种表述渠道的研究得出了"女性是被社会建成和构造的"这一结论。

　　同样的，西方电视也是意识形态的重要演示场。如法国学者迪波在他的《奇观的社会》一书中指出，越南战争其实就是一场电视战争，是通过电视创造的影像构造的战争。他的论点曾引起过争议。但无论如何，他的说法对海湾战争来说却是再恰当不过了。人们通过美国 CNN（美国有线电视新闻网）创造的影像了解到了这场"冷战后"的第一场战争。对世界各地的观众来说，这场战争虽然远在海湾，却以真实的电视画面呈现在人们眼前。这里，美国变成了世界秩序的维护者，成了"善"的化身；而伊拉克和萨达姆则成了"恶"的化身，变成神话式的魔鬼。当我们在电视中看到美国飞机不停地轰炸伊拉克时，我们已被构造在古典式的善恶冲突中。"这场战争"的暴力和血腥被电视洗涤成一种古典正剧式因果报应的传奇故事，世界舞台上国家权力的角逐及地缘政治冲突变成了道德冲突。从这里，可以看到电视文化本身的意识形态性。

　　而中国电视的新意识形态的"想象的现实"，同样是通过形形色色的"传媒镜像"传达出来的。同样是伊拉克战争，作为一个重大的世界性事件、一个文化符号、一个意义浓缩的"传媒镜像"，置身不同的意识形态背景，会通过这一"传媒镜像"来构筑不同的关于世界秩序、国家利益和民族身份认同的叙事话语。在这当中，中国传媒对新意识形态的隐形书写中的话语置换与修辞无疑引人注目：从表面上看，中国传媒的报道大多强调作为"第三者"的客观立场，然而，这种从主观立场向客观立场的话语置换尽管强化了"站在客观的立场上"的媒介形象，弱化了"站在主观的立场上"的真实立场，但是作为新意识形态的话语权力的隐形延伸，通过中国传媒的蓄意缝合、修补，高度意识形态化的话语特征仍旧清晰可见。最终，尽管它的每一个细节都是事实，但是这一切都其实是"事先经过选择的"或"事后经过处理的"，由这些事实堆砌而成的整体效果仍旧是新意识形态一次成功的关于伊拉克战争的想象。

还如中国传媒对"申奥"、"入世"的报道，也是如此。它既是一出关于追求奥运、诉求世界的分时段话剧，更是一件力图将奥运会的成功申办转喻为新中国缩影的宣传品。中国的电视传媒将"入世"讲述成了中国在经济战场上对西方国家的一次胜利，这一叙事逻辑无疑是新意识形态民族话语建构的延续和发展。

从上面的分析，我们可以得出这样的结论：电视文化的意识形态是隐蔽的，但却关乎电视文化发展方向的根本性问题。意识形态研究立足于从主流文化、意识形态的属性、任务、要求出发，审视、评价、规范电视文化的发展。从意识形态角度审视中国电视文化，关注研究中国电视文化，这是电视文化研究的一个重要组成部分，也是中国电视文化研究的一个方向。如关于电视新闻理论，以前中国的电视新闻首先强调的就是"党性"原则，后来发展到政治思想性与群众性、新闻性与纪实性等相结合的原则，显示出中国电视文化研究意识形态的理念已发生了较大的变化，体现着鲜明的时代特征。又如，现今中国历史题材电视剧的大量出现，应该说是电视文化冲突的一种必然结果。无论是国家立场，还是市场立场、知识分子立场，几乎都不约而同地选择了"历史题材"作为自己的生存和扩展策略。"历史"远离了当代中国各种敏感的现实冲突和矛盾，具有更丰富的"选择"资源和更自由的叙事空间。因而，各种力量都可以通过对历史的改写来为自己提供一种"当代史"从而回避当代本身的质疑。历史成为了获得当代利益的一种策略，各种意识形态力量都可以借助历史的包装粉墨登场。

关于这一课题的研究，研究比较深入的有隋岩的《多重复合的当代中国电视文化意识形态》，他面对当代中国电视文化的意识形态经济转型、价值多元的语境，从电视文化社会公益事业的地位和大众文化特性的角度出发，对表现出多种层次共存的复合状态的意识形态（包括国家意识形态、市场意识形态、精英意识形态、白领意识形态、平民意识形态等）进行了全面解读分析。而潘知常的《新意识形态与中国传媒》则借鉴西方"极权"与"威权"理论，全面深刻地考察了中国传媒的意识形态叙事的隐秘逻辑。

随着我国电视业构成机制的转化，我们的电视文化理念也实现了从"宣传"到"传播"的重要嬗变。这一电视理念转化，从本质上来说，标志着我国电视理念从"意识形态"的附庸向媒介文化的本体回归，从而形成了一种新的意识形态。这是一个社会民主化进程得到发展的重要标志。

五、从经济视角研究电视文化

在电子传播媒介时代，文化与经济之间的边界开始消失，文化生产本身正在成为最为强盛的经济产业之一。虽然文化、商品、经济利润、意识形态各个环节并非一脉相承，但是，人们不得不承认，文化与经济正在前所未有地交织为一体，共存共荣；文化对于物欲的抗拒意义正在缩减乃至丧失。如电视的影像生产产生了巨额的利润，这无不暗示了电子传播媒介、文化生产与经济的共谋关系。电视传播媒介所传播的内容是一种"文化"，而其运作的方式是一种相当典型的经济活动。

从20世纪80年代中期开始，中国社会政治、经济发生了根本变化，中国民众经久不衰的政治热情开始退潮，消费主义观念开始渗透到文化的创造和传播过程中。90年代，中国电视经历了第三次改革发展浪潮，其实质是，电视不再单纯是社会精神文化的消费性行业，作为一个重要的产业经济部门，电视还要为社会创造经济价值。在市场经济条件下，电视的运营发展，既受作为意识形态工具的"显规则"的支配，又常常作为事实上的产业部门受到市场"潜规则"的制约。90年代以来，随着整个社会的市场化转型，中国的电视文化也经历着从宣教文化向娱乐文化的转型。当娱乐文化与文化工业相结合，文化生产与经济利润相一致的时候，"金钱乃是评判所有这些需要是否得到满足的一个公分母"[①]。娱乐节目渐渐因为其经济利益的诱惑在市场机制的操纵下而成为一种新的霸权文化。

关于电视的产业化发展，人们通常存在一些认识上的误区。面对这个新浪潮，如何在发展电视文化产业中有积极的作为，是摆在中国电视人面前的重要课题。发展中国的电视文化产业，需要按照市场经济的运行规律，改革自身经营机制，不断开拓新的经营领域，充分开掘资源优势，放开搞活多种经营，探求新的经济增长点，把精神文化生产流通发展成为可创造社会物质

---

① ［德］汉娜·阿伦特：《公共领域和私人领域》，引自汪晖、陈燕谷主编：《文化与公共性》，三联书店，1998年，第88页。

财富的经济主体。充分认识电视属性和功能所具有的非单一性，有利于推动电视文化产业的发展。从经济角度对这些问题进行理论上的探问和辨析，有助于在实践上明确中国电视文化产业发展的正确方向；通过经济学对电视行业的发展规模和经营效益进行考量和评价，对中国电视的发展前景及其在未来经济全球化、文化全球化和资讯传播全球化背景下的传媒市场激烈竞争中的命运，具有重要的指导意义。

随着文化市场化步伐的加快和市场化机制的逐步完善，我国的文化传播也已从计划体制下单纯的国家意识形态事业、公益事业转化为既具有国家意识形态事业性质，又具有市场化的文化产业性质的双重属性。文化产业在国民经济中的地位越来越重要，它已成为世界经济中的支柱产业之一，成为未来世界经济新的增长点。随着当今世界的发展，一个重要的全球趋势就是经济与文化的一体化。特别是 2006 年我国出版产业加快转企改制改革的举措即将推出。作为文化产业的排头兵，电视文化更不例外。随着适应、完善市场体制而进行的电视传媒制作生产行业的结构重组和运行机制的改革，有关电视文化产业化的研究，从经济学角度对电视文化进行的研究等越来越受到重视，已有一大批这方面的学术研究成果问世。可见，电视文化也已从单纯的公益事业、喉舌工具嬗变成了与市场经济有着千丝万缕联系的文化形态。

同时，把电视文化真正作为一种产业，重新组合和优化电视文化产业的资源配置，鼓励多元资本介入电视文化产业，以及电视文化产业的国际投资、跨国生产等等，对于当代中国电视文化来说，还有待于进一步的研究和开发。这些新的对未知领域的开拓，不仅会带来巨大的经济效益，而且将极大地有助于电视文化本身的发展。在这一点上，发达国家文化产业发展的经验的确值得我们借鉴。从经济文化的视角来研究电视文化，是向市场经济转型、经济文化全球化、跨国传播等新的历史语境对电视文化的要求。

六、从全球化视角解读电视文化

在全球经济一体化的大背景中，各民族文化融合与多元发展已是世界各国普遍关注的主题。特别是在经济全球化、文化及媒体传播全球化的大趋势下，我们的电视文化如何以开放的态度和宽容的心态来进行国际间的跨文化交流，将世界先进文化介绍给渴望了解世界的中国电视观众，超越以消费观念为主导的一元化的局限，建立中国电视媒体兼容并蓄的多元文化价值观，是我们需要思考的问题。

随着中国电视走向世界的脚步的加快，20 世纪 90 年代，中国电视文化在介绍世界各民族优秀文化、进行国际跨文化交流方面已经迈出了坚实的步伐。1977年10月，中央电视台国际部播出了第一个引进节目《世界各地》栏目；20世纪80年代，中央电视台国际部主要引进了《世界各地》《电视译制片》《外国文艺》《动物世界》等栏目。进入90年代后，中央电视台逐步将关注世界文明的镜头深入到世界文化的各个方面，如至今每周播出的《正大综艺》《环球》《人与自然》《佳艺五线间》《世界名著名片欣赏》等二十几个栏目，从科技、历史、环境、旅游、电影、音乐等方面，逐步扩展了观众的视野，将世界文明与最新动态展现在了中国亿万观众面前，它充分表明了中央电视台在跨文化交流领域中的不懈努力和不断加深的认知过程，体现了中国电视人的国际视野。

　　然而，电视文化作为现代传播的最重要、最有效力、覆盖面最广的文化形态，其意义远不止于大众文化的一般意义。全球化营造了电视跨国传播的总体文化氛围，电视跨国传播则轻而易举地将各种不同文化、不同国家和地区的人连结在传媒系统中，并通过传播与接受，将不同的思想、价值、判断重新整合为同质化的模式和价值认同，使世界趋于模式化、同质化。在这种跨国传播和文化全球化交互作用的历史语境中，存在着严重的不平等关系，即电视跨国传播中的文化"贸易逆差"现象，它极大地影响着国家形象的建构及在国际关系中的成败。

　　随着电视跨国传播的全球化体系的形成，电视文化的"国际贸易"日益频繁。在这场没有硝烟的电视文化的"国际贸易"战中，文化的"贸易逆差"在发达国家与发展中国家之间表现得更为明显，发展中国家始终处于"贸易逆差"的危险境地。而电视的跨国传播在使文化渗透得以更加迅捷、广泛的同时，强化了这种文化"贸易逆差"。现代科技的发展，让电视跨国传媒长驱直入。特别是近些年来，随着信息革命的推广，通讯卫星、光纤电缆、电子媒介、国际互联网等技术的应用，使得电视跨国传媒更可以轻而易举地进入每一个国家。

　　这种跨国传播中"文化贸易"的单向输出，在一定意义上不乏文化渗透倾向和进攻性。这主要是由其传播内容体现的：其一，发达国家已进入后工业阶段，形成了高度发达的大众消费社会，培育了与这种社会经济发展形式相适应的消费主义的商业文化，并运用电视媒体向发展中国家倾销。其二，发达国家倾销商业文化的真正目的，是传播其价值观念、意识形态。西方世俗消费主义对非西方世界的猛烈冲击，构成了对第三世界国家文化主权的侵蚀与同化，文化主权问题由此突出。而对现代传媒所有权和控制权的丧失，意味着国家的文化表述，它的身份、主权乃至生存，都将面临被消解的威胁。第二次世界大战后，美国在欧洲成立了"自由欧洲"电台，而电视跨国传播中的"贸易逆差"在中国电视文化中表现得也很突出。前些年,美国又将"自由欧洲"电台的原班人马移师亚洲,成立了"自由亚洲"电台,专门向中国广播,并将经费增加到每年3 000万美元。2001 年 APEC 上海年会之后,2002 年多家境外传媒集团如默多克的新闻集团、时代华纳等纷纷在广东开播中文版的娱乐电视节目。

近几年来,中央电视台对维也纳新年音乐会、香港回归、澳门回归、"申奥"、在世界各地的各种体育比赛、"9·11"事件等都是进行的现场直播,这充分说明了中国电视文化正在实践着跨国传播与同步传播。由于国际文化交流日益频繁和经济、政治、文化全球化的发展趋势,科技的发展又使跨国传播得以实现,电视文化与国际关系之间的相互影响越来越明显,它关系着国际关系、国家文化安全。一方面,电视文化在国际关系中扮演着极其重要的角色,在塑造国家形象、强化国家文化安全、输出国家文化、加强国家间文化交往、改善国与国之间的关系中担负着重要的使命;另一方面,国际关系的瞬息万变、变幻莫测也成为电视文化的重要内容,在一定程度上影响、甚至指挥着电视文化的发展方向。中国电视文化正面临文化渗透、文化帝国主义、文化霸权等问题,对此我们的电视工作者必须予以重视。

随着科学技术的发展,电视传播日益瞬间化和全球化,电视文化对国际和国内社会生活的影响愈来愈大,跨国传播中的国家形象在国际关系中因而也具有了前所未有的重要性。电视文化在传播全球化的语境中担负着构建国家形象的使命,其建构的国家形象传播与国际关系密切相关,关涉到构造和传播国家形象的根本问题。所以说,探讨跨国传播中国家文化安全战略模式科学化、合理化、艺术化的有效途径,以积极态度抵御外部文化侵略,构建国家文化安全战略,在某种意义上就是高度重视国家形象制造权的问题。为此,中国电视文化必须树立高度的自觉意识,在全球意识中坚持本土独立性,在国际视野中坚持华夏文化的文化策略。特别是随着文化全球化的世界趋势,跨国传播的时代语境已经形成,中国电视文化人应该思考中国电视文化的自觉问题,即在传播全球化的大背景下,凭借现代传媒的优势,走出地域局限,以一种国际视野的高度,深刻地反省民族文化,建设具有中国特色的电视文化,最终使民族电视文化得以在新的历史语境、文化氛围中,发扬民族文化中的精华,对民族文化建设、社会精神生活、乃至国家形象、国际关系产生最广泛、最有效的积极影响。21 世纪的中国电视文化必须融合语言和文化差异所产生的不同文化视野，使之沟通，并最终输出我们的电视文化。[①]

如今的电视，已经涉足非常广泛的领域，几乎正在把所有对象都置于它的传播领地，以电视形式播出的各类文本，具有全面丰富的文化内涵，同时也使得电视媒体具有特殊的产业或商业属性。因此，电视文化研究既要有内容分析又要有形式分析；既需从文化层面去分析，也需从艺术层面去把握；既要有意识形态的视角，又要有政治经济学的高度。要超越现象来考察本质，要面对那些纷繁复杂的表面现象，就不能停留在电视的表层结构，就要求研究者的思维方式进行根本改变，多用联系、对比、发展的眼光看问题，力求通过对表层结构的分析来到达深层结构。

当然，上述研究视角只是几种可能，并不能穷尽对电视文化研究的一切途径。因为任何一扇窗口，看到的都只能是有限的风景。而运用多重视角、通过多个窗口或许就能看到电视文化的整体风貌。对于综合了各种文化艺术形态、跨越了众多学科领域的电视文化来说，从多种角度，运用多种方法，开阔全方位视野不失为一种行之有效的重要方法和对未来的电视文化进行研究的一个趋势。

---

① 参看隋岩：《跨国传播中的文化"贸易逆差"与中国电视文化的自觉》，《国际关系学院学报》2002 年第 3 期。

第二章　理论资源：西方电视文化的丰富内涵

在西方，大众文化与电视的迅速发展，使电视文化成为学者们关注、研究的中心，从法兰克福学派到近年来甚嚣尘上的后现代主义，电视文化逐渐浮出水面，由隐至显，成为学者们研究的重要领域。电视文化是由上至下笼罩下来的"文化工业"还是大众生产快感的场域？它是否是一个意识形态角逐与权力较量的战场？它是真实地再现了我们生活的这个世界，还是真实地再现了"仿真"的世界……如此种种，都是西方的电视文化研究者们关心的问题。电视最早出现在西方，随着电视等大众传媒的发展，西方社会已经由现代社会转向后现代社会。相应地，西方学者对电视文化的研究也一直走在前沿地带。要进入电视文化研究这一领域，我们有必要先熟悉西方的电视文化思想资源。在本章中，我们将试图描绘出西方电视文化研究的学术地形图。

第一节　批判之维：法兰克福学派视阈中的电视文化

法兰克福学派一向以批判立场而著称于世，他们对大众文化、文化工业的种种批判已经深入人心。那么，对带着大众文化和文化工业烙印的电视文化，他们会如何言说呢？我们将在本节对这一问题进行考察。

一、法兰克福学派概说

在当代中国学术界，法兰克福学派一度非常契合众多学者的胃口。特别是 20 世纪 90 年代以来，针对市场化进程中出现的大众文化蓬勃发展的状况，法兰克福学派的批判学说曾是一柄利刃，运用者背后的精英文化姿态彰显无疑。那么，法兰克福学派是怎样产生、发展的，它的真实面目到底如何？我们将在下面仔细勾勒。

1923 年，法兰克福社会研究所在德国法兰克福市成立。它的创办者也许不曾想到，此后长久影响学界的法兰克福学派就由此蜕变而来，其主要代表人物有霍克海默、阿多诺、马尔库塞、哈贝马斯、施密特、韦默尔、奥菲等人。在其发展历程中，法兰克福学派大体经历了四个时期。第一个阶段是西欧时期（20 世纪 20 年代末到 30 年代末）。在这一时期，霍克海默接任社会研究所所长，为社会研究所重新确立了研究方向，这就是研究"社会哲学"，并将"社会批判理论"作为"社会哲学"的理论基础。霍克海默注重吸引人才，他邀请了马尔库塞、阿多诺等一大批有才华的年轻知识分子加入社会研究所，为学派以后的发展奠定了极为重要的理论导向和人才储备基础。第二个阶段是美国时期（20 世纪 30 年代末到 40 年代末）。由于德国纳粹的执政，社会研究所被迫先后迁到日内瓦、巴黎和美国。这期间法兰克福学派的主要成就有霍克海默和阿多诺合著的《启蒙辩证法》，马尔库塞与弗洛姆则在吸收弗洛伊德的学说上志趣相投并取得了成就。第三个阶段是西德时期（前），即 20 世纪 40 年代末到 60 年代末。第二次世界大战结束后，社会研究所应新政府之邀迁回德国，阿多诺出任所长，这是法兰克福学派的极盛时期。在方法论上，法兰克福学派仍然坚持批判理论，与实证主义发生了激烈论战；在社会理论方面，他们从对当代资本主义社会的批判进入到对社会中各种政治力量进行分析，提出了"革命新理论"，其理论直接影响了西方 1968 年的学生运动。第四个阶段是西德时期（后），即 20 世纪 70 年代初到现在。在这一阶段中，由哈贝马斯担任所长，学派中研究者的思想旨趣发生分裂，学派影响减小。

法兰克福学派是连同"批判思想"一起走入人们的视线的。提到法兰克福学派，人们必然想到批判思想。实际上，法兰克福学派也有它成长的历程，它容纳了各种向度的理论，批判思想是其最突出的特色。"从广义来说，'批判理论'（die kritische theorie）是指德国思想家们反思文明历史、批判社会现实的思想学说；但从狭义来讲，它是指法兰克福学派'以辩证哲学与政治经济学批判为基础的'社会哲学理论，以对工业文明进行跨学科综合性分析、研究、批判和重建为己任，对现代性进行反思、对现代文明进行批判构成了它的思想核心。"[①] 可见，批判理论研究的对象并非国家和法律，而是主要指向当代西方发达工业社会的一种文化阐释和文化批判。在经历了纳粹德国的全面控制和商业化的美国语境中，霍克海默、阿多诺、马尔库塞等人

① 王凤才：《批判与重建——法兰克福学派文明论》，社会科学文献出版社，2004 年版，第 15 页。

发现，媒介及其参与生产的大众文化成为一种对人性自由的桎梏，是按照标准化的流水生产作业方式生产出来的批量产品，而文化的个性及其超越性却被剔除。

由此，法兰克福学派转入对文化工业和文化工业所蕴涵的意识形态的批判。在西方，大众文化的兴起，正是以电视的发明及与之相伴的电视文化的流行为发轫的。因此，对电视文化的批判视角的考察，离不开对法兰克福学派关于文化工业及意识形态研究的探讨。

二、文化工业

在法兰克福学派的视阈中，文化工业和大众文化是不可同日而语的。阿多诺曾说："1944 年，我与霍克海默在阿姆斯特丹写《启蒙辩证法》时，我们的原稿中用的是'大众文化'（mass culture），后来我们决定用'文化工业'来取代它，因为大众文化和它字面上鼓吹的含义是有所区别的。大众文化一说总让人误解为文化是从'大众'中产生的，而事实上它只是在大众中自发产生的类似文化的东西，是流行艺术的短期表现形式。在这个意义上，必须用'文化工业'一词来与'大众文化'划清界限。"[1] 可见，在阿多诺等人看来，大众文化是与民主性甚至民粹联系在一起的；而文化工业则是资本主义社会中工业大生产的产物。它制造出千篇一律的产品，将个人独特的个性、丰富的情感纳入同一种形式之中，在为人们提供虚假的、想象中的安慰的同时，又掩盖了社会中异化的严重以及严肃的其他问题。文化工业向人们提供的是虚假的诺言和可望而不可即的幸福，它以"镜中花、水中月"的飘渺承诺安抚大众在现实中的失意和不满。

关于对文化工业的批判，法兰克福学派为我们留下了一系列经典论著，包括：阿多诺的《论流行音乐》和《文化工业再考察》，霍克海默的《艺术和大众文化》及《作为文化批判的哲学》，马尔库塞的《文化的肯定性质》，本雅明的《机械复制时代中的艺术作品》，卢旺塔尔的论文集《文学、通俗文化和社会》等等。可以说，法兰克福学派自始至终都把文化工业批判放在其社会批判理论的核心地位，而大众传媒——主要是电视——在文化工业当中占据了重要位置。大众传媒不仅同文化工业达成合谋，以或隐或显的方式支持文化工业的肆意流行，同时，大众传媒本身也是文化工业的一种：电影、电视播放的电视连续剧、广告，电视和广播播放的流行音乐……这些都是通过媒体生产出的千篇一律的文化产品。阿多诺认为，这些文化产品已经

---

① 转引自石义彬：《单向度、超真实、内爆》，武汉大学出版社，2003 年版，第 26 页。

不是原初意义上的精英文化，也不是从大众内部生长起来的具有民粹性质的大众文化。相反，文化工业使文化成为商品，其生产和消费被纳入市场交换的轨道，服从于市场机制和价值规律，从而排除了文化、艺术的自主性。对此，霍克海默和阿多诺说："由于出现了大量的廉价产品，再加上普遍地进行欺诈，所以艺术本身就更加具有商品的性质，艺术今天明确地承认自己完全具有商品的性质，这并不是什么新奇的事，但是，艺术发誓否认自己的独立自主性，反而以自己变为消费品而自豪，这却是令人惊奇的现象。"① 商品逻辑统摄着文化产品，文化已经不是一种独立的存在，而是被作为欲望的对象、消费物品而存在。今天的电视，娱乐休闲类节目已经是其主要内容，成为观众消费的对象，而这些，正是法兰克福学派疾声痛斥的地方。

在法兰克福学派中，即使一向对文化工业持乐观态度的本雅明，在论及文化产品的商品性时，也对其持尖锐批判的态度。他在一篇未完成的、后来题为《巴黎，十九世纪的都会》的论文中，把巴黎的奢侈品贸易中心称为"拱廊"。在那里，艺术是用来服务于商业的。艺术存在于商品社会的交换关系之中，成为娱乐的一种形式。而娱乐工业又进一步促使人们进入商品社会，商品拜物教体现为一种无生命的快感，这正是资本主义的幻景。

阿多诺则坚决主张，文化工业的产品并不是艺术品，从一开始，它们就是被有意识地作为市场上销售的商品而生产出来的。文化艺术已经同商品属性水乳交融，其生产和接受都受到价值规律的制约，同其他商品毫无二致。由于良好的音乐素养和对音乐的热爱，阿多诺以对音乐拜物教的分析批判了文化工业的商品性。除了先锋音乐外，他将所有的音乐作品都视为商品，甚至认为爵士乐也是一种商品；在音乐领域中，创作和消费受利润动机和交换价值的支配而出现了强烈的商品化趋势。法兰克福学派的另一主要学者马尔库塞则强调，文化工业的盛行是同"消费至上"的原则联系在一起的，是同各种大众传播媒介联系在一起的。他甚至认为，文化工业是意识形态和物质基础相互交织的产物，是资本主义商品制度的有机组成部分。文化产品受市场规律的支配，从而激起人们的消费欲望，而这种欲望是虚假的，同时它掩盖了人本来应有的真实需求，比如对自由、独立、创造的需求。最终，人成为文化工业的受害者。文化工业的商业特性使人们日益"单向度"，日益平庸化，并最终沉溺于现存秩序之中，丧失了反抗的意识和清醒的拒斥，"消费"成为统领一切的关键词。

与文化工业相伴而来的另一特性就是主体与客体的颠倒与互换。表面上

---

① 霍克海默、阿多诺：《启蒙辩证法》，重庆出版社，1990 年版，第 148 页。

看，文化工业宣称它所做的一切都是为了大众，它致力于全力款待大众，将大众奉为上帝。如此看来，仿佛大众享有的是绝对的主体地位，文化工业是作为满足大众需要的客体而存在的，在二者的主客体关系中，文化工业是以一个卑微的、服务的对象的形象出现的。实际上，恰恰相反，在法兰克福学派的视野中，文化工业以貌似卑微的客体地位，执行的却是主体的功能，它以大批生产的方式和各种"大众文化"机构把因循守旧的行为模式当作自然的、令人尊敬的合理的模式强加给人，履行着操纵意识形态的功能。霍克海默和阿多诺在《启蒙辩证法》中对此有形象的说明。他们以从电话到广播带给人们的变化为例，说明了大众传媒和文化工业对人们的控制。在他们看来，在运用电话之时，人们还可以作为主体而存在，可以运用电话自由地表达自己；而在广播时代，人们则只是作为受众而存在，广播把所有人变成观众，并且强迫性地要求他们收听对所有人都一样的节目，是一种单向度的传播，缺乏交流和参与。如此，表面上的客体反过来成为主体，而大众则成为文化工业的被动接受且无处可逃的客体。执行着主体功能的文化工业巩固着现存秩序。作为客体的大众，一方面从文化工业中感受到的不是休闲、娱乐与放松，文化活动成为劳作的延长，旨在让人们恢复精力以备再次应付机械、单调的工作；另一方面，文化工业决定着娱乐商品的生产，控制和规范着消费者的消费需求，最终将消费者形塑为统治意识形态所需要的类型。大众的主体地位不过是文化工业给出的幻象而已，它掩盖了文化工业充当着大众口味的培育者，大众所谓的自由选择不过是在文化工业给出的有限选择中做决定这一事实。

　　文化工业的主导地位、文化工业所依据的大工业生产以及商品逻辑导致了文化产品的一致性，使其缺乏个性与独特性。有了拷贝技术，已经不存在原物与复制物的差别，并且，具体到电视文化，便是在收视率和商业效益的杠杆下，节目跟风与拷贝之风盛行。比如，在电视征婚风靡全国时，《玫瑰之约》《缘分天空》等征婚类节目一时之间遍地开花，但这类节目的创意和形式却大都雷同，缺乏自己出奇制胜的绝招，最终经历了从开始的繁盛到逐渐淡出。究其原因，固然有内外种种不得已，但文化工业本身属性所带来的个性丧失与片面单一不能不说是其致命缺陷。

三、意识形态的言说

　　"法兰克福学派对具体的、经验实用层面的问题不感兴趣，他们善于从大处着眼，对传播体制尤为关注，把'为谁传播'和'为何传播'视为关键。研究中，批判学派主要致力于深层背景的考察，注重传播及传播体制的阶级性和历史性，强调传播与控制的密切关联。他们的立意与旨归，都在于对既定的传播现状和现有的传播体制进行全面、深刻而系统的批判。"①

批判理论的视角使他们时刻保持着对现有秩序和意识形态的警惕与批判，以守望天使的身份对现存社会中貌似合理的一切提出质疑，并进而挖掘出这种貌似合理的事实的根源。因此，很自然的，对社会的批判视角随之带来的便是对意识形态的关注。法兰克福学派的意识形态观念很独特，与卢卡奇、葛兰西等人把意识形态视为描述性概念，认为资产阶级意识形态是虚假意识，无产阶级意识形态是科学的意识形态不同，法兰克福学派的学者们将意识形态视为否定性概念，认为它是与科学对立的虚假意识。在阿多诺看来，意识形态的本质就是虚假意识、是流言。② 在他们看来，以大众传媒为代表的文化工业以一种隐蔽的方式执行着意识形态的功能，成为建构资本主义稳定社会的"社会水泥"，从而保持整个社会机体的顺利运作。

由于大众传播媒介对维护和建构现存秩序的肯定和凝固作用，它开始被当作一种"肯定文化"来看待。在马尔库塞看来，"肯定文化是一种社会秩序的反映，它通过给人们提供一个不同于实然世界的幻想世界，使人们在幻想中得到虚假的满足，以平息人们的反叛意识。如果说肯定文化在早期自由资本主义阶段还毕竟使理想超越于现实，保留了内心自由，因而也保留了批判性和否定性的向度，那么在垄断资本主义时代或发达工业社会，肯定文化则蜕变为意识形态，成为统治和奴役人们的工具。"③ 在已经"意识形态化"这一点上，法兰克福学派实现了从早期肯定文化的研究到后来对文化工业（包括大众传播媒介）研究的合理延伸。在很大程度上，文化工业寄生于大众传播技术、家庭、闲暇和时尚，将日常生活琐事与政治、哲学、艺术相联系。它在闲暇时间操控大众的思想，于不知不觉中按照自身的期望形塑大众对世界的认识和感知，并最终在大众中形成有利于自己、为自己所预期和希望的意识形态。在大众传媒时代，至为重要的一点是：意识形态的构建和传播不仅有直接宣传的形式，同时它也通过娱乐化的文化产品来间接地传达统治阶级的意识形态，并且这种方式是更为隐蔽的方式，它在潜移默化中强化了大众对现实社会的认同。英国影视批评家 A·克拉克在《"你被捕了！"：警察电视剧和法律与秩序的虚构表征》中指出，英国 20 世纪 70 年代流行的警

---

① 徐耀魁：《西方新闻理论评析》，新华出版社，1998 年版，第 289~290 页。

② 王凤才：《批判与重建——法兰克福学派文明论》，社会科学文献出版社，2004 年版，第 63 页。

③ 郑瑞：《法兰克福学派的大众文化批判及其现实意义》，《中国青年政治学院学报》，1997 年第 4 期。

察和犯罪的电视连续剧与统治阶级意欲掀起一场"道德恐慌"有关，通过连续剧中表明的社会混乱及人们生活的不安全感，从而为统治阶级增加对大众生活的控制提供了心理基础，统治阶级的意识形态也顺理成章地得到实现，控制进一步加强。

电视等大众传播媒介之于意识形态的重要性还在于：大众传播媒介愈来愈趋向于以一种轻松娱乐的方式复制现存生产关系及建立在此基础上的意识形态。这种意识形态的表达是多样的，它可以以一种拒斥现实的形式出现，比如音乐中的摇滚乐；也可以以一种无厘头的轻松搞笑的方式出现，比如各种港台喜剧；而它更多的是以一种温情脉脉的连续剧或者流行音乐的形式出现……实际上，早期摇滚表达的是社会底层的人们对"生"的愤懑和不满，其中包含了与主流意识形态相对立的内容。然而，商品社会的逻辑很快就将摇滚"招安"，即使它仍表达着对立与不满，但此时已经被涵纳于主流意识形态中，其原初真切的反叛意识受到市场的驯化，它的另类姿态更多地是为了实现商业效益最大化的姿态。在当代，我们对社会和世界的认知越来越依靠大众传媒的描述。如果说，在大众传媒时代，摇滚等音乐是从反面将人们内在的挣扎与反叛情绪消失殆尽的话，那么温情脉脉的电视连续剧则从正面塑造我们生活的这个世界。在这样的连续剧当中，整个社会以一种和谐、稳定的面目出现，即使偶有冲突，最终都会在皆大欢喜的结局中得到弥缝，所有异质的声音最终消失于无形，而主流意识形态需要的安稳、和谐、秩序尽得彰显，在娱乐与轻松之中统治结构得到强化，人们更加屈从于现实，放弃对现实的个人体验和反思。显然，电视这一最具代表性的大众传播媒介在这一过程中起了重要作用。

在法兰克福学派那里，并没有专门论及电视文化的著作。但他们对文化工业的研究，实际上包含了对以电视为代表的大众传媒的研究，并且这种研究主要是一种理性的批判和思考。毫无疑问，这种批判精神是他们留给后世学者的最可宝贵的财产。他们对文化工业的尖锐指责和对统治意识形态的警惕，显示了难得的知识分子的批判情怀。不过，另一方面，由于这种批判局限在精神和意识领域，这在某种程度上降低了批判力度的有效性。批判理论的视角和精英立场，使法兰克福学派的学者们对文化工业持否定态度。他们缺乏实证研究，很少从受众本身的具体情境对电视这一媒介作出具体的研究，从而将电视等大众传媒作为压制的手段，而非大众可自由利用的解放的工具，有笼统的"一刀切"的嫌疑。关于法兰克福学派的这一理论缺陷，英国文化研究的学者们则做了出色的研究。

第二节 文本之维：文化研究烛照下的电视文化

一、文化研究的缘起

文化研究在 20 世纪 60 年代发源于英国，在 80 年代开始风靡英语世界。具体来说，它所指涉的是第二次世界大战后在英国形成的知识流派，以理查得·霍加特、雷蒙德·威廉斯以及汤普森等左翼批评家为先驱，以《新左派评论》为阵地，在学院内实现了建制化，并在斯图亚特·霍尔、戴维·莫利等人的进一步研究、推进中，颇具声势，很快便成为一种颇具影响的研究范式。1964 年，伯明翰当代文化研究中心（CCCS）成立，它高举文化研究的大旗，更是成为文化研究的重镇。文化研究很快成为一种新的研究范式，对电视的研究和关注，成为他们的特色，也是他们取得重要成就的领域。

文化研究也被称为文化效果研究。"这种方法假定媒介作为文化工业的一部分具有重要的作用。但媒介的这些作用不是短期和直接的（或者说至少它们不仅仅是这样），而是通过它用来表达世界的语言、符号和文化代码来作用于民众意识。媒介不是作为服务于公共利益的中立机构，扮演着某种独立的'第四等级'或'看门狗'的角色，而是作为嵌入现存社会关系模式中的一个机构，它和特定社会系统中的其他权力机构一样，发挥着复制能够在其中运用它们自己的权力的社会关系的作用。"①

在思想资源上，文化研究的兴起离不开两个背景：其一是以法兰克福学派为代表的欧洲批判学派，众所周知，法兰克福学派将文化工业看作"社会水泥"，以居高临下的态度严厉批判文化工业。文化研究学派则不满于法兰克福学派精英主义立场的研究方式，他们更倾向于将大众文化当作是从大众底层自己生长出来的文化，强调具有创造力的主体以及文化生产的决定性力量。同时，他们也反对法兰克福学派将文化分为高雅文化与低俗文化之举，主张取消文化产品中审美标准的首要地位，认为任何文化和文化分析都受制于特定群体的特殊利益，因而是特定群体态度和立场的表现，不存在铁板一块的文化。因此，相较于法兰克福学派，文化研究否定庸俗马克思主义的经济决定论和阶级决定论，强调意识形态的相对独立性和受众的主动作用。文化研究的另一个学术背景是美国的经验学派。对大众文化和大众传媒的研究

---

① ［英］奥利弗·博伊德－巴雷特、克里斯·纽博尔德编，汪凯、刘晓红译：《媒介研究的进路》，新华出版社，2004 年版，第 403 页。

在美国开始得很早，但由于美国的实用主义哲学思潮，美国研究者注重对电视的效果进行实证和量化的科学研究。他们运用统计学的方法来测量电视对人类行为的影响，如电视如何影响政治竞选活动，它所展示的暴力内容会不会影响观众的日常行为，它对儿童与青少年会有什么负面影响，等等。这构成了电视研究早期的经验主义传统，也成了美国电视研究的主流范式。文化研究是对美国经验学派的反叛，经验学派更多的是在现存秩序内为现实的合理性做出解释和辩护，缺少批判的锋芒和反省。这正是文化研究的起点和终极追求。

在现实层面上，文化研究的兴起源于英国现实及左派研究者的思想转向。一方面，第二次世界大战结束后，美国的大众流行文化开始充斥英国大陆，麦当劳、肥皂剧侵入人们的生活空间。这些流行文化对传统的工人阶级的身份认同和文化认同构成混淆和阻碍，从而阻碍了民主化的进程。面对"美国化"的危机，左翼学者逐渐将大众文化当作研究对象，关注文化背后隐藏的意识形态功能及受众的解读策略。另一方面，1956年，苏联入侵匈牙利。这一事件让英国的左派知识分子开始对从现实层面改造社会的前景持怀疑态度，允诺中的美好未来社会（比如前苏联）实质上并未达到根本上的改造。因此，左派知识分子转而放弃从实际政治斗争中改造社会，重新潜首书斋，希望能从学理和研究中重新发现路途。文化研究，便是这种态度的合适表达。它既是一种学术研究的路径，同时又因为文化对现实生活的广泛介入性，可以实现干预现实的目的。由此，文化研究开始蔚然成风。

二、雷蒙德·威廉斯：电视文化的技术性

作为英国文化研究学派的先行者和重要学者，在研究电视文化时，雷蒙德·威廉斯是一个绕不过去的名字。要理解威廉斯关于电视文化的观点，我们有必要先弄清楚他关于文化的创新性的定义。

在威廉斯看来，文化一般有三种定义，分别为"理想的"、"文献式的"、"社会的"文化定义。其中，威廉斯特别倾心于"社会的"文化定义，认为"文化是对一种特定生活方式的描述，这种描述不仅表达艺术和学问中的某些价值和意义，而且也表现制度和日常行为中的某些意义和价值"[①]。因此，他的电视文化研究，便致力于研究技术、社会制度与电视之间的关系。这也是他的电视文化研究的卓著之处。在《电视：技术与文化形式》一书中，他

---

① 雷蒙德·威廉斯：《文化分析》，选自奥利弗·博伊德－巴雷特、克里斯·纽博尔德编，汪凯、刘晓红译：《媒介研究的进路》，新华出版社，2004年版，第408页。

开宗明义地申明："我想试着把电视作为一种特殊的文化技术加以分析，并且在这一批评维度中审视它的发展、它的体制、它的形式和它的后果。"具体说来，威廉斯对以下三个方面的问题做了详尽阐述："1. 对技术与社会中因果关系的种种看法；2. 作为一种技术的电视的社会史；3. 电视技术的运用的社会史。"① 他将技术作为一种社会文化的形式，并在这一维度中探讨技术的发展、形式及后果，认为在技术与文化之间需要一种新的批判性的研究。这是威廉斯带给电视文化研究的新角度和新视野。以往关于传播技术的研究，大都将技术抽空，将其作为一种非历史化的存在。威廉斯的慧眼就在于：他认为必须将技术历史化，考虑它在某种社会内与某些利益集团相结合的因素与形式。从这一点出发，他考察了作为技术的社会史和技术力量的运用的社会史。一方面，电视与技术之间的关系并非绝对的决定关系。电视的出现有赖于电话、电影、摄影、电报等技术的先行出现，但同时，并非有了技术的铺垫电视就顺理成章地出现，而必须等到某一特定时刻，这一时刻即技术发展的历史和社会动因。也即是说，技术是受社会本身发展的制约的。另一方面，关于电视在现代社会的运用，也不是说该种技术一旦成熟就可以得到迅速发展。实际上，威廉斯认为，一种技术能否得到广泛的应用，并不在于该种技术是否合乎社会上的某种需要，需要并不重要，重要的是该需要在社会结构中所占的位置，以及满足该需要的技术是否与决策集团的利益相一致。第二次世界大战结束后，人们的生活日趋安定，相较于军事等需要，日常生活的舒适成了更为突出的需要。因此，电视技术得到迅速发展。

威廉斯对电视文化研究的另一贡献就是提出了"流程"这一概念。他认为，电视的节目日以夜继，没有止息，是一个持续不断的流程，谁想看就看，什么时候想看就什么时候看。这与传统的文化表达形式迥然不同。传统的书本阅读或者视觉艺术欣赏，往往是单一的，不连续的。电视节目就像一条绵延不断的河流一样，信息随时随地都在播撒，转瞬即逝，然而却从不间断。这是一种全新的文化体验，在某种程度上，暗合了波德里亚所论及的后现代性。

威廉斯关于技术、文化、社会制度的论述，将电视技术放置于社会意向、社会意识形态的张力之间，纠正了麦克卢汉传播理论中技术决定论的缺陷。同时，他的"流程"概念的提出，为更好地认识电视文化的特性，提供了一个全新的角度。

---

① 雷蒙德·威廉斯著，陈越译：《电视：技术与文化形式》，http://www.ec.org.cn/old/wen-cui/031020200/0310202003.htm。

三、斯图亚特·霍尔：传者本体的转向

英国文化研究学派最主要的特点——也是他们的优点——就是将电视作为阅读研究的文本，并对这一文本作出了杰出的分析。在对文本的阅读、研究过程中，符号学的方法被借鉴过来，符号代码及其背后所蕴涵的意识形态意义再一次成为学者们关注的焦点。在这一方面，作为文化研究学派的主要干将，霍尔的研究具有重要意义。更为重要的是，由于将电视作为开放的文本，公众虽然不参与电视内容的生产，却可以参加电视内容的读解。因此，从霍尔开始，电视研究实现了由传者中心向受者中心的转移。受众开始摆脱了自法兰克福学派以来被动的、被灌输的刻板印象，而是成为具有能动作用，可以根据自身经验和所处社会情境对电视节目作出自我解读的能动个体。受众的主体作用得到了前所未有的重视。

（一）霍尔的理论资源

霍尔是从文化角度研究电视的大师，符号学资源和葛兰西的"意识形态理论"成为他电视文化研究独辟蹊径的利器。因为从符号学中汲取了大量营养，使得霍尔注重电视意义生产过程中不同观众具有不同阐释的可能性，受众的主体性得到强调；另一方面，由于受惠于葛兰西的"霸权理论"，他又得以从意识形态的角度阐明优势意识形态占据社会话语中心的可能。

具体来看，在罗兰·巴特的符号学理论中，符号可分为能指与所指两个层面，能指与所指二者通过意指关系而构成连接。能指与所指之间并非绝对的一致，意义在符号的自由组合之间产生，并通过转义的方式衍生出更丰富的意义，此即为巴特所谓的"转喻"与"隐喻"。转喻在语义轴的横向上起作用，符号可以在此一向度上自由组合而产生各种意义；隐喻在语义轴的纵向上起作用，通过引申的原则丰富意义。显然，重要的不是符号的能指——也即符号的物质实在性（比如语言、图像等等），而在于符号通过转喻和隐喻作用而产生的意义。由此，符号与意义被连接到一起。霍尔认为，事物本身并没有什么意义，而是存在这样一些表征系统，通过符号和概念产生意义。意义是通过人们的诠释实践产生的，而诠释，就在于每一个个体对符号意义的不同认知与界定。这些各不相同的诠释之所以可能，与符号的以下特性密切相关。在索绪尔看来，符号的能指与所指之间的联系最初是概念上的、随意的。后来，某一符号的公共意义得到承认，与社会惯习的力量密不可分。由此，符号阐释的多义性可以从理论的层面得到解释。具体到电视文化，在霍尔看来，电视是整个社会表征系统的一部分，它充满了无处不在的

各种符号，其传播的是意义与讯息，而形式则为各种类型的符号载体。因此，根据符号学理论，电视节目的生产者可以根据自己对符号的理解赋予电视符号以意义，但由于符号所指与能指的连结是随意的，所以受众在解读的时候也可以根据自己的理解对电视符号给出别样的阐释。可以说，结构主义的这一符号学理论是霍尔电视文化理论的奠基石之一。

对霍尔的理论建构影响甚巨的另一理论来源就是葛兰西的"霸权理论"。葛兰西认为文化霸权也就是一种意识形态领导权，在现代西方资本主义社会，资产阶级的统治不再是通过强制性暴力进行，而是依靠他们牢牢占有的意识形态领导权，依靠他们广为宣传并被大众接受的世界观来维持的。"霸权的概念用到文化研究上面，被认为是力图表明日常的意义、表象和活动，是被精心营构了一番，而将支配'集团'的阶级利益表现为自然而然、势所必然且无可争辩的大众利益，为人人所欲。"① 因此，电视不仅是单纯的信息传输与娱乐，而且同时是意识形态斗争的场所。霍尔认为，在电视等大众传媒的作用下，一种"普遍赞同"或"一致舆论"应运而生，而这种"普遍赞同"是意识形态斗争妥协后的产物。虽然如此，优势意识形态仍在很大程度上占据着主导地位。根据霍尔的研究，电视节目一边在复制、传播着优势意识形态，一边将各种不安分的边缘意识形态收编、"招安"，从而成为一个各种力量众声喧哗的场所。

（二）电视话语中的编码和解码

基于上述两方面的资源，成就了霍尔的代表作——《电视话语中的编码和解码》。霍尔借鉴马克思政治经济学中的理论，将电视话语从产生至受众的这一过程看作是一个生产—流通—消费—再生产的过程。在这一过程中，电视"意义"在其中得以流通或修改。由于电视话语是以各种符号的形式出现的，根据罗兰·巴特的理论，某个符号或符号系统对现实进行意指时，包括了两个意指序列（Orders of Signification）：直接意指（Denotation）序列，指符号与其所指对象间的简单关系；引申意指（Connotation）与神话（Myth）序列，此时符号的引申意义用来代表文化或文化使用者的价值系统。前者让人误以为符号持中性、客观的立场，是对现实经验的本真再现；后者则揭露出符号后所隐藏的意识形态神话，符号客观、中立的面纱被撕破，呈现出与意识形态千丝万缕的联系。具体来说，在电视文化中，承载电视话语的符号在某种程度上总是代表着国家中优势的社会利益，与此相应，代表优势阶级的主流

---

① 陆扬、王毅：《大众文化与传媒》，上海三联书店，2000年版，第40页。

意识形态也就附着在电视话语之中以或隐或显的方式得到传播。比如，在当下中国，白领、中产日益成为社会的中坚力量，电视节目中层出不穷的娱乐形式、肥皂剧在向人们展示繁华的都市、高雅的居住环境、时髦的购物商场时，彰显的是消费社会中这些主流阶层的生活方式与话语空间以及由此而来的主流意识形态。在这些意识形态得到彰显的同时，生存条件更为困苦的底层农民、城市低收入者的边缘意识形态则被有意无意地遮蔽。

如果说，上述所论及的便是霍尔在《电视话语中的编码和解码》中所谈到的"编码"阶段，在这一阶段中，葛兰西的"霸权"理论被借鉴过来，主流意识形态得以大行其道。那么，在解码阶段，霍尔考虑到了受众的复杂反应，符号学的资源成为他对受众主观能动性所作出的乐观判断的依据。与阿尔都塞对意识形态建构主体的钳制力量的绝望不同，霍尔虽然也承认意识形态的强大力量，但他认为主体并非绝对臣服于意识形态，主体仍然具有某种程度的能动性。从开初的渊源来看，符号所指与能指的对应本是自由的，后来则为社会惯习所确定。符号的这种性质决定了对符号赋予多重意义的可能性。换言之，符号从来不是一个自足自立的场域，而涉及接受这一符号的个体所处的具体社会情境与文化关系，符号在与各种情景与关系的交织中会产生出各个不同的意义。就电视文化而言，由于符号被不同受众赋予不同意义的可能性，电视话语所传递的意义也就不再是如传统政治经济学中的"生产—流通—接受"这一过程所能解释的。由于电视话语的生产者与接受者所处社会位置、文化关系不一样，因此生产者赋予电视话语的意义很可能异于受众接收时给出的阐释。也即是说，意义的传输并非是一个从传播者到接受者的直线过程，意识形态的被传输并不等于被接受，相对于意义固定的"制码"阶段来说，"解码"是更为丰富、复杂的阶段。具体来说，霍尔认为解码阶段存在着几种主要的对电视话语的解码立场。一种是"支配—霸权"（Dominant - hegemonic Position）立场。受众在主导意识形态的范围内解码，将主导意识形态内化为自己的解释，传播者与受传者的立场趋于一致。第二种解码立场是"协商式"。受众一方面读解出了主导意识形态，同时会根据自身情况作出适当反应，不会盲目听从主导意识形态的劝诱，从而与主导意识形态处于协商的状态。第三种解码立场是"对抗式"。受众完全有可能理解话语所蕴涵的引申、曲折的意义，但却根据自身利益与背景，作出与主导意识形态相对立的解读。①

---

① 斯图亚特·霍尔：《编码、解码》，转引自罗钢、刘象愚主编《文化研究读本》，中国社会科学出版社，2000年版，第358页。

借助符号学与文化霸权理论，霍尔为电视文化的研究提供了一个新的范式。从此，电视研究不仅要关注电视话语的生产者与主导意识形态的意图，同时也要仔细考察电视文本与电视受众。电视意义不是一个简单的从传者到受者的直线传播，而是在与受众及其所处的社会环境与文化关系的互动中得到修正或产生，电视话语的意义不是被灌输给受众，而是受众自己生产出来的。这改变了法兰克福学派以来的悲观论，使受众的能动作用得到张扬，为电视文化的研究开拓了新的路径。

四、莫利与民族志观众研究

在英国文化研究由文本研究转向受众研究的过程中，莫利是一个无法绕开的人物。正如史蒂文森所说："莫利对电视受众的探索，开创了对受众活动的一种符号学与社会学的分析。"① 运用符号学的方法，莫利对电视内容进行的文本分析，着眼于其内在结构与机制；而在对于受众观看情景与社会背景的描述上，社会学的方法则具有独特的优势。

在莫利之前，电视文化的研究主要有定量研究与定性研究两种类型。前者以美国的学者为代表，后者以法兰克福学派等批判学派为代表。莫利的贡献在于在这两种传统方法的基础上，在电视研究中采用了调查观众阅读文本的方式，引入民族志观众研究，从而在研究方法的革新上开创了先河。民族志是一种实地调查研究方法，主要来源于人类学研究。民族志的方法试图进入一个特定群体的文化内部，观察——甚至与被研究群体一起生活、工作，"自内而外"来展示意义和行为的说明。

莫利的研究成果与思路主要体现在两个阶段。一个阶段是他在1980年就英国BBC晚间新闻节目《举国上下》的观众所作的研究，目的是验证霍尔的"编码/解码"理论，弄清社会文化背景如何影响个体观众对电视文本的解读，这一研究成果最后成书为《全国观众》。另一阶段是他从1985到1986年就18户白人家庭所作的研究，研究结果体现了家庭电视的使用暗存着权力关系，电视加入了家庭性别权力的建构，这一权力又在很大程度上决定了电视的使用情况，并由此加固了关于性别的刻板印象，这一研究成果集结为《家庭电视：文化力量和家庭闲暇》一书。

在研究《举国上下》的观众时，莫利的目的是想阐释受众对电视讯息的特定诠释与其特定的社会阶级或阶层之间的对应关系，也即霍尔认为的观众不同的解码与其阶级立场有深刻关联。莫利的研究分为两个部分：第一个部

① 尼克·史蒂文森著，周宪、许钧主译：《认识媒介文化》，商务印书馆，第121页。

分是对《举国上下》这一节目作文本分析；第二个部分是运用民族志的研究方法对《举国上下》的观众作深度访谈。莫利根据第一个部分的研究发现，尽管根据符号学理论，对文本的意义可以有多种阐释，但电视节目的编码者的工作使得文本意义有所侧重，从而指向某一特定意义。在进行民族志观众研究时，一方面，莫利发现霍尔理论在很大程度上是适用的，大部分观众对电视节目的读解与其所处社会阶层是对应的，但也有意外出现。比如银行经理组与学徒组，前者属于中产阶级，后者属于工人阶级，但他们的解读立场却出人意料地一致。由此，莫利发现了影响电视解读的多样因素，并非霍尔的阶级因素便可完全概括。另一方面，莫利在研究中发现了"话语"在个人阅读中的重要位置，他认为："根据伴随读者而来支持文本的话语，如知识、偏见、抵制等等，文本的意义将会结构于不同形式，而由观众支配的一系列话语将是观众/主体与文本冲突中的主要因素。"[①] 话语是理解一个重要的社会经验区域的社会性的定位方式。人们分别拥有自身的话语，他们背后的结构性因素融合其中，告诉他们如何理解自己的社会经验。在观看节目时，人们是根据其话语来理解文本的，意义的建构也因此不同。

　　莫利第二个阶段的研究主要聚焦于"家庭中的电视"这一主题。他考察了 18 户白人家庭，每个家庭有两个成人，并有两个或者更多的孩子。研究发现，对电视的使用与具体文化情景、性别等密切相关。在"看什么"、"如何看"、"评价"等方面，同在一个家庭中的男人与女人差异甚大。男人倾向于看新闻、纪录片、体育等节目，女人则倾向于看电视剧等娱乐节目；在观看方式上，男人是一种非常放松的闲适状态，而女人则怀有负罪感，宁愿躲在厨房里看黑白电视；家庭对男人而言是一个休闲场所，对女人而言则是工作场所；不同类型的节目也在建构着男女两性关于男性气质与女性气质的认同。从这个研究，莫利认为，家庭中有社会建构的性别不平等关系，对人们观看电视的方式有极大影响。这也纠正了霍尔理论只注重阶级的偏差，实际上，年龄、种族、性别等因素都会在电视观众的解码过程中起重大作用。

　　莫利对民族志受众研究的推崇与实践，其方法论上的意义，给后来的费斯克等人以深远影响。他对受众研究的重视，也成为英国文化研究路途中的一个转折点。

---

① 大卫·莫利：《"举国上下"的观众》，转引自陆扬、王毅：《大众文化与传媒》，上海三联书店，2000 年版，第 75 页。

五、约翰·费斯克：大众崇拜的祭师

费斯克是电视文化研究的集大成者。他一方面沿袭了霍尔、莫利对受众能动地位的重视；另一方面，他的"语符民主"使他在当代学术界更是大放异彩。

我们知道，正如符号学理论所揭示的，符号所传递的意义并不等于受众接收的意义，意义的传递并非一个简单的直线过程，而是在接受过程中可能出现多个新的意义。从霍尔开始，文化研究学派的学者们已经开始摆脱法兰克福学派将受众作为孤独的"原子"的悲观，注重受众在电视解读方面的主观能动性，费斯克更将这一理论路径发挥到极致，主张大众的狂欢，认为大众可以自行从电视文本中建构出意义，并从中得到快感。不同的个体根据自身不同的实际情况，可以对电视文本作出符合自身实际的解读，满足自身的心理需求，实现对主流意识形态符号上的反抗，从而得到快感。此时，电视观众也从实际的社会行为主体转变为心理体验的主体。

他的"快感"理论将以前关于受众身份的阴霾、被动一扫而光，电视受众以主体——甚至是电视的审判者和最终裁决者的身份出现在人们面前。在费斯克看来，在当代资本主义社会中，一方面，主流意识形态仍然存在，并想方设法要吸纳各种边缘意识形态，将其同化，消灭其批判锋芒；但另一方面，大众仍然有反抗主导意识形态的意识与能力，这种反抗包括两种方式：一种为"符号式"的反抗，另一种为"社会"的反抗，前者与意义、快感、社会认同有关，后者与激进的社会变革有关。与此相连，大众的快感也分为两种："一种是躲避式的快感，它们围绕着身体，而且在社会的意义上，倾向于引发冒犯与中伤；另一种是生产诸种意义时所带来的快感，它们围绕的是社会认同与社会关系，并通过对霸权力量进行符号学意义上的抵抗，而在社会的意义上运作。"[①] 由于巴特的符号学理论和德都塞的"抵制理论"都强调居于社会从属关系中的一方拥有阐释和生产意义的能力，在学术渊源上受惠于两位前辈甚多的费斯克更倾心的自然是生产出意义的快感，这种快感，是由大众面对电视等传媒文本时所做的符号学上的反抗而引发的。作为现实社会支配关系中的从属者和弱势者，大众在现实层面处于被宰制的地位，而快感则在意义与符号的层面上对主流意识形态构成威胁，甚至将其解构。这种快感，与巴赫金关于"狂欢节"的论述相似，在一个特定的场域或

---

① 约翰·费斯克著，王晓珏、宋伟杰译：《理解大众文化》，中央编译出版社，2001年版，第68页。

者文本中，现实世界中既定的秩序得到挑战甚至颠覆，大众得以逃避现实中规定的社会身份和角色，从而产生快感，并且是一种生产者的快感。譬如近年娱乐游戏类节目的走红——尤其是《非常 6 + 1》——在很大程度上即是因为这类节目提供了一个暂时狂欢的领域。在那里，人们可以逃避现实生活中他们真正的身份：教师、服务人员、学生等等，而成为星光熠熠的娱乐之星。由此，观众认为自己挑战了现存的主导社会关系与力量，从而产生生产者的快感。

在费斯克关于电视文化的论述中，与"快感"理论紧密相连的另一理论是"两种经济"。所谓两种经济，指的是"金融经济"和"文化经济"。在《理解大众文化》一书中，费斯克指出电视节目在两种经济系统中流通。在金融经济中，电视节目先由生产者生产出来，然后将它卖给经销商，经销商又将节目所预期带来的观众作为商品卖给广告商，由此实现了资本的流通与增值。在文化经济中，情形则另当别论，流通的已不是货币，而是意义和快感的传播，观众也从商品一跃而成为意义的生产者——同时也是消费者。在金融经济中，观众处于无能为力的弱势地位；而在文化经济中，观众则成为意义生产和消费的主体。他们可以通过自己的读解，弱化统治意识形态的钳制。比如，虽然电视上的广告铺天盖地，欲将人们塑造为自己需要的"消费者"，但受众从自己的角度出发，能真正记住的广告微乎其微。大众以文化领域的意义生产与快感抵制了金融领域的扩张。

在电视的功能这一问题上，费斯克有著名的"行吟诗人"之喻。他认为："中古世纪的游唱诗人，利用既有的语言，把当时社会的生活作息，整理组织出一套又一套的故事或讯息，并强化肯定了听者对自己以及对自己文化的感受。"[①] 电视，在某种程度上就充当了行吟诗人的角色，它并非是对宰制者或者观众经验的"原初"表达，而是从社会现实中撷取素材，将其整合到一起，最终构成新闻、广告、综艺等电视节目。"行吟诗人"强调了电视的中介作用，但由于这种中介需在日常生活中的共识框架中运作才能得到观众的普遍认同，因此，中介的外衣仍然掩盖了其意识形态倾向性。

费斯克将受众的能动作用提到空前的位置上自有其毋庸置疑的作用，但社会经济的限定作用仍然是我们考察以电视为代表的大众文化时的重要理论基础。从改变被支配阶级的物质生存条件和现实社会关系而言，费斯克的上述理论颇有阿 Q "精神胜利法"的嫌疑，更多的是一种符号与意义自我指涉

---

① 约翰·费斯克、约翰·哈特利著，郑明椿译：《解读电视》，台湾远流图书出版公司，1993 年版，第 63 页。

系统内的喃喃自语。

英国文化研究学派对电视文化的研究是电视文化理论中最耀眼的瑰宝之一。其开创的对受众研究的重视、民族志研究方法，都具有里程碑的意义。然而，我们也不得不承认，文化研究在某种程度上对经验研究的重视不够，它未能充分而广泛地说明人们所处的社会环境中的政治、经济等因素对电视节目、收看方式、意义解读等方面的影响，这不能不说是一种遗憾。不过，所谓"片面的深刻"，在以文化研究的利器进入电视文化的领域之时，英国文化研究仍是对电视文化阐释得最为深刻的学派之一。

第三节　电视文化与意识形态：从葛兰西到阿尔都塞

一、意识形态理论概说

在经典马克思主义的表述中，关于意识形态的理论认为，既然经济基础决定上层建筑，那么意识形态就是统治阶级提供的虚假意识，统治阶级依靠推行此种意义系统以促进自身的利益，并致力于推进这种意识形态，以使下层阶级将之误以为代表本身利益的观念而接受。当然，这种视意识形态为虚假意识形态的理论一直都受到人们的质疑与修正。于是，后来出现了葛兰西和阿尔都塞的意识形态理论。葛兰西以意识形态为多种力量谈判妥协的产物，从而强调了对抗性的意识形态可以共生共存。阿尔都塞则从结构主义视角出发，认为意识形态是社会架构中的固定结构，它是个人存在状况的想象关系的再现。

时至今日，意识形态已经如空气一样弥漫在我们生活的空间，而我们大多数时候却习焉不察。没有什么外在于意识形态的东西，即使当我们自认为对意识形态已有了足够的警惕，但其实，这很可能只是另一种意识形态的表达而已。换言之，意识形态并不是一种隐藏在文本或表达系统中的"信息"，它就是表达系统本身，对参与者而言，它就是赋予该系统以意义的众所周知的原则。这就是葛兰西和阿尔都塞提供给我们的关于意识形态的真相。而意识形态的研究方法，开始越来越多地运用到对电视的分析中，因而是电视文化学的重要组成部分。

二、葛兰西："文化霸权"与电视意识形态

在马克思关于文化与社会的理论中，"意识形态"一词一直是备受关注

的对象。传统马克思主义对社会结构的划分按照经济基础（包括生产力和生产关系）—上层建筑（包括政治、法律等等）—意识形态（比如哲学、宗教、道德等信仰体系）这一模式进行，经济基础起着决定作用，意识形态直接受制于政治、法律等上层建筑。而在葛兰西那里，社会结构的划分成了如下模式：经济基础—市民社会（意识形态）—上层建筑，意识形态处于中间位置。在著名的《狱中札记》里，他不认为意识形态是"虚假意识"，而将其看作一切社会结构不可少的方面。他提出的"文化霸权"（cultural hegemony），也就是一种意识形态领导权。要理解葛兰西的"文化霸权"，我们需要首先梳理他的主要理论。

（一）市民社会与"霸权"

在葛兰西看来，马克思主义的上层建筑应该包括两个方面："市民社会"和"政治社会"。他认为："我们目前可以确立两个上层建筑的'阶层'：一个可称作'市民社会'，即通常称作'私人的'组织的总和；另一个是'政治社会'或'国家'。"① 市民社会由政党、工会、教会、学校、学术文化团体和新闻媒介等构成，它构成了葛兰西所提出的"意识形态"理论在现实层面的实现；政治社会由军队、法庭、监狱等专政工具组成。前者与舆论有关，后者与暴力有关。

在庸俗马克思主义看来，在经济基础——上层建筑的二元对立中，经济基础作为决定性的力量左右了市民社会的存在及发展，国家就是统治阶级运用暴力手段的高压控制，政治的控制必然导致国家对所有领域的控制，整个社会是铁板一块。而葛兰西认为，"市民社会在国家活动中具有较大的自主权"，它无须'法律约束'或强迫的'义务'就能运转②。并且实质上，市民社会通过日常秩序的维持对整个国家的巩固与稳定发挥着重要作用。因此，各类亚文化团体、青年大学生、教会以及传媒都在社会结构中起着重要作用。国家意志的实现是以得到上述市民社会的赞同为前提的，否则，国家统治的合法性就将受到质疑，并最终陷于危机。如此，统治阶级所代表的国家就必须考虑下层阶级的意见和利益，不能只顾维护本阶级利益而无视市民社会的强大作用力。如果关系处理得当的话，市民社会之于国家，就仿佛战

---

① ［意］安东尼奥·葛兰西著，曹雷雨、姜丽、张跃译：《狱中札记》，中国社会科学出版社，2000年版，第7页。

② ［意］安东尼奥·葛兰西著，曹雷雨、姜丽、张跃译：《狱中札记》，中国社会科学出版社，2000年版，第199页、198页。

壕后面的真正"阵地"一样。葛兰西在论及俄国革命时这样评论：革命之所以会在俄国爆发，是因为"在俄国，国家就是一切，市民社会处于原始状态，尚未开化；在西方，国家和市民社会关系得当，国家一旦动摇，稳定的市民社会结构立即就会显露。国家不过是外在的壕沟，其背后是强大的堡垒和工事：不用说，各个国家的数量有别——但是这恰好说明每个国家都需要进行准确地侦察"①。由此，葛兰西得出结论：国家＝政治社会＋市民社会。对国家的基本认识离不开对市民社会的认识。

从某种程度上说，葛兰西关于政治社会与市民社会的划分，颇类似于中国传统中"政统"与"道统"的划分。在中国传统中，统治阶级握有国家政权，拥有"政统"，然而如果这一"政统"无法得到以知识分子为代表的"道统"支持的话，则国家政权就将陷于合法性危机。同样，在葛兰西那里，由于国家被划分为政治社会与市民社会，那么与此相应，也就存在着两种统治方式：一种是相对于"政治社会"的政治领导权，另一种是相对于"市民社会"的"智识与道德领导权"，也即"文化霸权"。他认为，"一个社会集团的霸权地位表现在以下两个方面，即'统治'和'智识与道德的领导权'……一个社会集团能够也必须在赢得政权之前开始行使'领导权'（这就是赢得政权的首要条件之一）；当它行使政权的时候就最终成了统治者，但它即使是牢牢地掌握住了政权，也必须继续以往的'领导'……甚至在掌握政权之前可能也必须存在着霸权活动，而且为了行使有效的领导权，就不应该单单指望政权所赋予的物质力量"②，这样一种非物质的"智识与道德的领导权"就是文化"霸权"。霸权概念的关键不在于它是统治阶级通过各种暴力措施由上而下地灌输实施，而在于它是统治阶级与被统治阶级谈判的一个场域。因此，霸权就是一个动态的斗争与协调的历史。它既不可能完全是统治阶级意志的体现，也不会完全体现被统治阶级的意志。为了维护政治社会的和谐有序，统治阶级一方面需要将自身的意识形态通过报纸、广播、电视等大众传媒广为宣传，力图或隐或显地控制整个社会的舆论倾向；另一方面，由于市民社会意识形态的强大"堡垒"作用，统治阶级又不得不对它心存顾忌，因此，在一定程度上对市民社会中的反抗、不合作必须采取包容、重构、妥协的态度，将那些不和谐音符吸纳入自身进而消解其反叛性——或

①　[意]安东尼奥·葛兰西著，曹雷雨、姜丽、张跃译：《狱中札记》，中国社会科学出版社，2000年版，第194页。

②　[意]安东尼奥·葛兰西著，曹雷雨、姜丽、张跃译：《狱中札记》，中国社会科学出版社，2000年版，第38~39页。

者在某种范围内任其存在，彰显一种宽容的姿态。与此同时，主流意识形态也得到不断地更新与改变。如此，作为一种调停对立阶级文化因素的结果，资产阶级文化不再是一种纯粹的"资产阶级"文化，它成为了一种从不同阶级取来的不同文化和意识形态的动态的联合，尽管这些不同的文化因素只是暂时的，只是在某一特殊的历史时刻和特殊的历史联系中，被资产阶级的价值、利益和目的所接纳。

（二）电视文化与"文化霸权"

在大众传媒时代，葛兰西的市民社会与"文化霸权"理论对我们认识当代西方社会现实有着尤为重要的意义。霍尔曾说："文化领导权的概念——乃是葛兰西最杰出的理论贡献，霸权的获取，当然不排除意识形态的压抑。但更主要的是通过被支配阶级和集团的积极赞同来取得的。"[①] 在当代西方民主社会，通过大众传媒生产"普遍赞同"或"一致舆论"已是普遍现象。大众传媒作为市民社会的有机组成部分，一直是一个多种力量"角力"的重要场所。无论是 20 世纪 70 年代撒切尔夫人在选举中因工人的支持而获胜，还是 2004 年美国大选中布什的获胜（支持布什的很多州都是以工人和普通市民为主的），都是因为他们通过电视辩论等大众传媒方式，有效利用了"霸权"这一协调、妥协的场域，利用了传统工人阶级文化中的某些重要因素，因而显得其竞选口号和施政主张是一个"普适性"的范畴，代表了全体社会成员的利益，并为人人所欲。那么，传媒在当代西方民主社会到底充当了怎样的角色？它是一种镜子式的对已有意见的表达，还是自身便是形塑这些意见的建构者？霍尔认为："现在考虑一下传媒再现的方式，在其日常的运作中，它是公正和独立的，它不会围着权力的指挥棒转，也不会有意识地使自己对世界的描述符合占统治地位的规定，但它必须是对之敏感的，而且只能在其中才能合法地生存下来，它必须在普遍的范围之内或'大家都赞同'的一致舆论的框架内生存下来，它使自己适应于这种一致的舆论（Consensus），同时又试图形成这种一致的舆论，传媒成了生产'普遍赞同'的一个组成部分。"[②] 具体到电视，则电视便既是生产"普遍赞同"的场地，同时也参与了"普遍赞同"的生产。

葛兰西的意识形态与霸权理论，为我们研究电视文化时提供了新的角度与理论支撑。它让我们得以透视电视的机制与策略，探究优势意识形态如何

---

① 斯图亚特·霍尔：《文化，传媒，语言》，哈钦森出版社，1996 年版，第 85、87 页。
② 斯图亚特·霍尔：《文化，传媒，语言》，哈钦森出版社，1996 年版，第 85、87 页。

与其他意识形态斗争、妥协，并最终在电视上得到表达。"主流意识形态的利益可以建构起这种规范性的结构并且占尽上风。但是，我们却在这条道上遇到了难以用'统治性的意识形态'一词以蔽之的各种各样的问题、观念与价值——'统治性的意识形态'本身就是在矛盾中建构的。"① 因此，虽然电视在很大程度上代表了宰制意识形态，但因为其本身就是一个各种意识形态谈判的场域，因此又使得电视意识形态呈现出多样化的特征。

葛兰西留下的一笔重要遗产是将"国家"这一概念从经典马克思主义的迷思中解放出来。在经典马克思主义那里，国家就是一个暴力镇压的机器，与统治阶级意识形态息息相关。葛兰西对此做了里程碑式的理论创新。他认为，国家可分为两个层面：其一为"政治社会"，这与暴力有关，以警察、军队、司法为基础；其二为"市民社会"，这与舆论有关，以宗教、教育、家庭、新闻传播等为基础。阿尔都塞借鉴了葛兰西理论创新，他赞同葛兰西"国家＝政治社会＋市民社会"的理论，只是他认为还需要对此加以发展和系统化。在一个注释中，阿尔都塞惊叹："据我了解，葛兰西是在走我的这条路上走过一段距离的唯一的人。他有一个'值得注意'的想法，即国家不能仅归结为（镇压性）国家机器，而是像他说的，包含若干'市民社会'的机构：教会、学校、工会等。遗憾的是，葛兰西并没有把他的思想系统化，它们停留在一种尖锐的然而零散的评论状态中。"② 阿尔都塞所做的工作，就是把这些未成系统的碎片系统化，"意识形态国家机器"这一概念于是诞生。"意识形态国家机器"相对于镇压性国家机器而言，包括宗教、法律、家庭、教育、文化、信息、政治、工会等，它们主要以意识形态的/非暴力的方式发挥作用，其特殊功用是保证生产关系的再生产。

三、意识形态国家机器与主体建构

在阿尔都塞看来，凡是某种机构能够执行国家职能的都是国家机器。很显然，"意识形态国家机器"与镇压性国家机器是有区别的。镇压性国家机器只有一个，而意识形态国家机器有多个；镇压性国家机器属于公共领域，而大部分意识形态国家机器属于私有领域。教会、政党、工会、家庭，一部分学校，大部分报纸、文化事业等等，都是私人的。不过，阿尔都塞认为，这种公/私的差别只是资产阶级权利的外在表现而已，更为重要的是这些机

---

① 米米·怀特：《意识形态分析与电视》，见罗伯特·C·艾伦编《重组话语频道：电视与当代批评》，中国社会科学出版社，2000年版，第196页。

② 中央编译局：《马克思主义研究资料》，人民出版社，1988年4期，第251页。

构执行意识形态的实质。从执行意识形态国家机器的角度出发，这些机构是公共的还是私人的并不重要，重要的是它们如何执行那些职能。私人领域的机构也完全可以为国家而执行职能。比如，教育、新闻传播，在某种程度上就在将当前社会中统治阶级的意识形态广为传播，并将之逐渐内化到被教育者以及受众的内心。但是，现在面临的问题是：既然意识形态国家机器是多种多样的，那么它们如何被统一起来呢？阿尔都塞认为，意识形态国家机器大量地和主要地以意识形态方式"执行职能"，那么使它们的多样性统一起来的正是这种执行职能，因为它们赖以执行职能的意识形态不管如何多样化，如何矛盾，总是在事实上统一在占统治地位的意识形态下面的，这种意识形态就是统治阶级的意识形态。

阿尔都塞进而谈到"意识形态"这一概念。在他看来，意识形态不存在真实与虚假的问题，它"是一种'表象'。在这种表象中，个体与其实际生存状况的关系是一种想象关系"①。人们通过意识形态来阐释、感知、体验和生活于他们置身其中的物质条件里面，它建构了我们对现实的体认，是我们赖以感受生活和阐释世界的隐形结构。阿尔都塞认为，"意识形态存在于物质的意识形态机器之中，而意识形态机器规定了由物质的仪式所支配的物质的实践，实践则是存在于全心全意按照其信仰行事的主体的物质行动之中"②。阿尔都塞借助拉康的镜像理论来论述意识形态的运行机制，即意识形态包括双重镜像：一是主体对绝对主体的臣服（Subject）；二是主体间的互认（从词源上考察，英文中 Subject 本身即含有"主体"和"屈从体"两种意思）。在这种意识形态的运作机制之下，个体被询唤为"主体"。欧洲文艺复兴以来，以笛卡尔为代表的哲学家将人类的主体性提到前所未有的高度。而在阿尔都塞的眼中，这种对人类的主体性盲目欢呼乃是一种迷思（Myth）。他指出，主体是被历史地建构的，我们是依赖于教育我们的语言和意识形态来看待自己的社会身份，来成为一个主体的，我们对自我的看法不是由我们自己生产的，而是由文化赋予的。这一论断不啻于石破天惊，人类对主体的自傲和自豪由此坍塌。正如海德格尔所说：不是我们在说语言，而是语言在说我们。在阿尔都塞看来，主体的建构也同样如此。在历史与现实的累积中，个体处在历史之河的链条上，他处身其中的社会和文化将个体

---

① 阿尔都塞：《意识形态和意识形态国家机器》，见《外国电影理论文选》，上海文艺出版社，1995 年版，第 645 页。

② 阿尔都塞：《意识形态和意识形态国家机器》，见《外国电影理论文选》，上海文艺出版社，1995 年版，第 652 页。

建构为某一独特形态。而对建构个体起着最重要作用的便是意识形态。他认为，在意识形态的运行下，主体除了可以自由地接受他的从属地位外，被剥夺了全部自由，并且，在某种程度上，个体是不存在的，个体甚至出生之前就是主体（个体出生前就被国家机器等询唤为主体了）。意识形态从外到内地塑造了主体，甚至连"无意识"这一人类最为隐秘的角落也不例外。因此，我们所谓的本质与自我无非是一种虚妄的幻想，占据它的位置的是主体性的个体。

至此，阿尔都塞关于意识形态与主体建构的讨论可以自然得出一个悲观的结论：面对强大的意识形态力量，个体毫无反抗的机会和可能，它所能做的就是"屈从"。应该说，这一结论的得出，与阿尔都塞早期运用结构主义方法是不可分割的。结构主义者认为在社会现象和文化系统之中，总是潜藏着某一种或者几种固定结构，而具体元素只是填充这些结构的材料而已。在这一思路的影响下，阿尔都塞认为，个体是先在地被镶嵌于意识形态这个结构中的。于是，研究主体的最重要任务便转而为研究塑造、询唤主体的意识形态。

在研究方法上，阿尔都塞创造了一种名为"症候阅读"的方法，这一方法对电视文化研究具有方法论上的借鉴意义。所谓"症候阅读"的方法，其根本来源于精神分析学派。弗洛伊德认为，人的意识有意识、潜意识、前意识之分，由于作为理性的意识阻碍了潜意识的抒发，因而人们日常生活中会有忽略、胡言乱语、遗忘等现象，借助这些症候可以窥见人类无意识的丰富、复杂与人内心隐秘的角落。拉康由此认为，人们没有表达的与表达出来的同样重要——甚至比表层结构更重要。阿尔都塞受此启发，将症候分析延伸到文本的阅读中来，他按照结构主义的方法，在阅读马克思的《资本论》时，从分析《资本论》的显在于文字的表层结构入手，进而挖掘出隐藏在下面的深层结构。换言之，这种分析方法就是要"循序渐进地、系统地把握理论框架，把对对象所作的思考揭示出来，这种思考使得对象成为'可见的'，并且发掘或产生出潜藏在最深层的理论框架，它将使我们看见本来暗藏着或者本来实际存在着的东西"[①]。在这种研究方法的透视下，明确的论述应与文本的省略、沉默、空白连接起来阅读，后者是一种未曾明确言说的论述，是使很多问题得以表现的意味深长的"症候"。

阿尔都塞的意识形态理论导致了轰轰烈烈的"意识形态批评"实践。最初它是在电影理论中得以实践的。20世纪70年代《银幕》杂志的电影理论

---

① 　阿尔都塞：《阅读〈资本论〉》，伦敦新左派书社，1970年版，第32页。

家就探讨了电影文本是如何在观众观看电影的过程中为他们设置了一种主体位置的。在电视文化急追直上的形势下，意识形态批评实践也被广泛应用于电视文化研究。这种方法不同于传统的反映论/再现论：一方面，这种方法虽然也强调政治、经济、文化等对具体文本的制约，但它同时也强调，文本并非被动地"反映"社会，它同时可能是这种社会情境的一种建构性的力量，至少是对社会意识形态的再生产，因此，意识形态批评的前提是把文本看成是镶嵌着或铭刻着复杂的社会脉络、文化论述、历史记忆与不同主体位置的场域；另一方面，它与传统的反映论/再现论的不同在于，意识形态批评不仅关注文本的内容分析和外部社会条件研究，它更关注的是文本的"形式"，即文本是如何被讲述的。这一点与阿尔都塞的结构主义思想脉络有不可分割的联系。

在电视文化研究中，由于意识形态批评的上述特性，电视"反映真实世界"这一观点理所当然地被予以拒斥。虽然有"耳听为虚、眼见为实"的古训，但在电视这一视听媒介中，即使是"眼见"也并非真实。电视技术中广泛应用的剪接、切换等手法使得电视节目看上去是一个流畅并且自然而然的再现过程；实际上，在剪接、切换过程中的"偷梁换柱"，却绝非观众所能在屏幕上观看到的。相反，电视由于其表现内容与观看方式的日常生活性、表现方式的似真性，使观众在观看过程中常常将之等同于真实世界。造成这一混淆的主要原因即在于电视节目被讲述（或者说被表现）的方式已经为我们所习焉不察。我们日复一日地浸淫在这种表现形式之中，从而将之内化到我们的内心，丧失了批判的向度。由此，电视这一表现系统通过这种方式带给我们认识和体验这个世界的方法，这种方法正是它背后的统治阶级所要极力推广的，对现实的认同从此得到产生。

同时，意识形态批评实践还在凸现电视如何建构主体方面具有重要意义。在阿尔都塞的理论中，主体是被意识形态所建构的。在对电视文化的研究中，意识形态批评很好地解答了电视文本与电视观众之间的"动力"机制是如何进行的这个问题。比如，电视文本中充斥了男女两性的刻板印象：女性应该是性感、妩媚的。要么就要宜于室家，做贤妻良母；要么就是风情撩人，成为男性欲望的客体。她们大都是柔弱的、神经质的、喜爱家务的等等。这些品质与形象被作为女性的内在本质被塑造和接受，但根据意识形态理论，这实则只是男权意识形态的建构而已，这一建构有利于现行社会中的秩序稳固，因为在观看这样的电视文本时，女性有可能认同这一形象，而男性则在观看的过程中更加强化了已有身份，安然地享受着主体的位置。一言以蔽之，电视以自身特有的方式加入了社会架构的巩固与意识形态的再生产这一行列。

意识形态批评最主要的策略就是"症候阅读"。在电视文化研究中，症候阅读意味着区分文本中"明说了什么"和"未明说什么"，并且通过探询"已说的"和"未说的"之间的关系来找到意识形态书写的痕迹。比如在分析以《职业阶层》为代表的警察与犯罪模式的电视剧的文章里，阿尔都塞指出电视剧中表现的是社会的混乱与警察保持社会安定的作用，这是电视文本所明确表达的；它未明说的就是目前社会处于不稳定状态，即所谓的"道德恐慌"，因此需要国家镇压性机器的力量对社会加强控制。如此，统治阶级的意识形态得到顺利表达。概言之，在电视文化研究中运用症候阅读法，最为关键的就是要揭示出在场的缺席或者缺席的在场。

葛兰西和阿尔都塞为我们研究电视文化提供了意识形态批评这一视角，使我们得以跳出内容分析和传统再现论的窠臼，对电视的意识形态性质做更为深刻的理解。但是，他们的理论依然有本身固有的缺陷。在葛兰西那里，这种不足表现为实证研究的匮乏，以及后来由于费斯克等大众文化理论家的乐观判断，"宰制论"意识形态在生产控制、文本意义限制及意识形态效果上的绝对优势都受到质疑。而在阿尔都塞那里，理论的不足表现为由于其结构主义的思想渊源，过分夸大了意识形态这一结构的整体决定作用，忽视了人的主观能动性。在阿尔都塞的主体性理论中，个体甚至在某种意义上已经不存在，唯一存在的就是被意识形态建构的主体。从此，人类在历史上的中心和主体位置受到了根本的挑战，人类不复是历史的主体，取代它位置的是意识形态，而屈从于它的个人就此失去了自身的任何目的、计划、意志和理性，意识形态也由此成为一种新的"神话"。

第四节　权力的真相：来自政治经济学的透视

一、政治经济学及其特征

传媒研究有两条路径：其一为经验学派，以美国的经验研究为代表；另一途径即为批判学派，包括文化研究学派和政治经济学派。相较于文化研究近年来轰轰烈烈且愈益有成为显学的趋势而言，政治经济学派颇有门庭冷落之感。究其原因，虽然同是对社会制度或占统治地位的意识形态持批判态度，但文化研究毕竟是一种意识形态层面的书斋里的革命，对现行制度的冲击是一个缓冲带；而政治经济学派，其研究、批判的目标是现行社会制度的经济基础和经济关系，以及优势经济阶层与国家政权、意识形态的复杂瓜葛，这对资本主义社会而言，相当于釜底抽薪，是更为直接而具冲击性的批判。因此，政治经济学一直徘徊在主流研究之外也就不足为奇了。

何谓政治经济学？加拿大传播学者文森特·莫斯克对政治经济学做了广义和狭义上的划分。在广义上，政治经济学"研究社会生活中的控制与生存问题"。但在狭义上，"政治经济学研究社会关系，特别是权力关系，这些关系相互作用构成了资源（包括传播资源）的生产、分配和消费"。政治经济学的研究对象决定了它的批判性质，也决定了它的四个本质特征。首先，政治经济学所要优先研究的对象是社会变迁与历史转型，即对存在于社会生活的政治、经济、文化、意识形态诸要素的历史互动之中的社会变迁过程进行研究，以及对这一过程中的动力——社会与经济之间冲突的研究。依据历史主义的立场，我们将社会结构看作处于一个不断的建构过程之中，它可以以各种不同的方式被建构。在此过程中，拥有权力的团体与下层阶层都在参与新的社会结构的建构，但到底结果如何，则是一个复杂的过程。政治经济学能够提供给我们研究这一过程的独特角度。政治经济学的第二个特征是，它所要研究的是社会整体，它对"研究社会整体或构成经济、政治、社会和文化领域的社会关系的整体性"感兴趣。政治经济学的学者们的出发点往往是社会生活的某一特定方面，但它却可以帮助我们理解社会生活各个方面的复杂关系，进而理解整个社会。第三，它致力于研究道德哲学，对社会道德价值标准和道德原则感兴趣。戈尔丁和默多克认为批判政治经济学的特色在于："也许最重要的是它超越了效率这一技术议题，而去专注于正义、公平和公共利益等道德问题。"它捍卫着民主、平等以及面临强大的私人利益威胁的公共领域。最后，政治经济学具有极强的实践性特征。它来自于现实的社会政治、经济生活，并对社会现实不断作出阐释和批判性指导。①

二、传播政治经济学视野下的电视文化研究：发展流变情况

以加拿大学者达拉斯·斯迈思于 1948—1949 年间在美国伊力诺伊大学传播研究学院开设传播政治经济学课程为标志，传播政治经济学在西方已有快 60 年的历史。从一开始，它就与电视文化研究结下了不解之缘。实际上，这一阶段同时也正是电子媒介迅速发展之时，因此，考察传媒的政治经济学，电视自然是不能被忽视的重要组成部分。斯迈思著名的"受众商品论"

---

① 文森特·莫斯克著，胡正荣等译：《传播政治经济学》，华夏出版社，2000 年版，第 25～34 页。

就是通过对电视等大众传播媒介中的节目和广告的研究而得出的。随后，默多克对英国8家主要电视台以及对美国电视连续剧的考察，乔姆斯基对广告商之于电视的控制等研究，都说明电视始终占据了重要地位。从整体上看，传播政治经济学的发展路程可分为初创时期、蓬勃发展时期以及反思拓展时期。

（一）初创期

从20世纪40年代末到60年代中期的这段时期是西方传播政治经济学的初创时期。这个时期对于传播政治经济学来说可谓处境艰难，这主要是由于它的研究取向和批判立场不但与当时美国的学术环境相冲突，也是当时的政治气氛所不允许的。在美国，20世纪50年代是麦卡锡主义盛行之时，在冷战思维的支配下，政府对左翼思想异常警惕。这样的政治环境对批判传播政治经济学是十分不利的。另一方面，在当时的美国学术界中，占据主流地位的仍然是以实证研究为基础的经验学派。以马克思主义政治经济学和历史唯物主义为研究出发点的传播政治经济学持批判立场，自然处于边缘地位，甚至连发表学术论文都很困难。那么，政治经济学到底研究什么、如何研究，才导致它如此不利的生长环境？传播政治经济学的创始人斯迈思认为，应该关注宏观的传播与社会的关系，即传播作为一种经济力量对社会的影响，以及社会政治活动、经济权力机构对传播的作用。换言之，也就是强调用一种"历史的"、"制度的"方法来研究传播现象，研究传播对社会结构的建构作用以及两者之间的复杂关系。

从整体上看，早期传播政治经济学研究尚处于政治经济学取向的解释性研究阶段，还缺乏理论的深刻性和系统性。尽管如此，斯迈思的论著不仅奠定了传播政治经济学的基本研究取向，而且对加拿大和美国两国的传播政策和传播改革以及世界传播新秩序做出了重大贡献。这表现在：第一，他使得传播政治经济学实现了建制化。斯迈思在伊力诺伊大学传播研究学院开设了传播政治经济学课程，使它得以在大学这一学术研究基地得到生存，从此，研究有了制度保障和延续性。第二，斯迈思开拓了电视研究之路。第二次世界大战以后，在西方发达国家，电视已经日益普及。斯迈思非常注意对电视等大众传媒的研究。第三，他为传播政治经济学以后的发展确定了基本的研究方向和方法。斯迈思把大众传播看作是处于广泛的社会背景中的人类实践活动，认为传播机构与政治、经济机构之间相互作用，因此他坚持从媒介机构与其他机构的关系出发，以历史和制度的方法来理解传播活动，并关注公众利益和人类的发展。他强调研究大众传播活动必须研究有关的政策和机构，特别是权力问题。这种研究起点与方法至今仍被传播政治经济学研究所坚持。第四，斯迈思为传播政治经济学提出了重要的研究课题，如国家权力与媒介的关系问题、媒介政策与公共利益的关系问题、媒介企业的生产过程等。

（二）发展期

20 世纪 60 年代到 80 年代中期，传播政治经济学的学术地形图有了新的发展。一方面，北美的研究进一步稳固发展，并提出了很多新的研究课题；另一方面，欧洲学者开始加入这一阵营，传播政治经济学的发展进入了蓬勃发展时期。北美此时的研究成果硕果累累，其中著名的有斯迈思的《依附之路：传播、资本主义、意识形态与加拿大》、H·席勒的《大众传播与美帝国》、托马斯·古贝克的《国际电影产业：1945 年以来西欧与美国》等。此外，北美还出版了一批传播政治经济学文集及相关文献。早期的研究课题开始形成成熟的理论，比如，斯迈思在 20 世纪 70 年代提出了著名的"受众商品论"；对于国家权力与电视之间的眉目传情或者共谋关系的揭示；对整个媒介工业体系的发展现状及趋势的研究，如媒介集中和跨行业整合对整个传媒行业的后果，甚至对国家权力的影响或关联，等等。这一时期还有了更多有影响的研究专家，包括赫伯特·席勒和苏珊·威利斯。席勒最重要的贡献在于他的研究导向了日后的"文化帝国主义"研究，苏珊·威利斯则研究了资本主义逻辑通过电视等媒介对日常生活的影响。在英国和欧洲大陆，学者们的成果主要有默多克、戈尔丁的《资本主义、传播与阶级关系》以及 A·马特拉的《传播与阶级斗争》。再加上英国的尼古拉斯·加汉姆，这几位学者可谓欧洲学派的几大干将。与北美学者不同，他们更关注电视等媒介的媒介私有化、阶级权力及阶级斗争。从社会方面而言，电视在西方已经很普遍，电视行业之间的集中及电视行业与其他媒介行业的兼并开始出现。比如，在美国，属于集团所有的电视台的数量从 1982 年开始增加。与此同时，集团的数量也在增加，但其中 5 个集团已经达到了每家拥有 12 电视台的法定极限。[①]

（三）拓展期

传播政治经济学在 20 世纪 80 年代末 90 年代初进入了以反思和拓展为

---

① 沃纳·赛佛林、小詹姆斯·坦卡德著，郭镇之等译：《传播理论：起源、方法与应用》，华夏出版社，2000 年版，第 384 页，第 251～261 页。

特征的阶段。这一时期，世界传媒的实际形势发生了如下变化：首先，在全球化的浪潮下，电视行业内部的集中及与其他行业的兼并已经不限于一国内部，开始扩散到整个世界，从以美国为主导发展到多元化，形成了跨国媒介集团。全球媒介文化市场日益被迪斯尼、新闻集团、贝塔斯曼等几家大型媒介、文化产业公司所控制。2004 年迪斯尼收购 ESPN 国际频道，在短短几年内将其打造成世界体育电视频道的领头羊，用 21 种语言向超过 165 个国家播放。可以预想，凭借其雄厚的实力与先进的技术，电视这块蛋糕会日益被这些传媒巨鳄所瓜分。第二，电视业私有化、商业化浪潮出现了全球化趋势，并获得了最充分的发展。传媒发展的实际向电视文化理论提出了新的挑战，因此，此时的传播政治经济学开始关注国际传播秩序中信息的流动，对文化帝国主义的新阐释以及政治经济权利与电视等媒介的关系等问题。

三、传播政治经济学的核心理论与电视文化研究

传播政治经济学的核心理论是什么呢？"政治"与"经济"这两个词表明，它所要致力的是探讨在社会政治经济框架内，国家权力、社会机制、媒介、受众之间是如何相互作用和制约的。换言之，它要研究的是在电视等大众传媒中，谁在控制传媒？传媒的公正与公平是可能的吗？经济和政治力量如何影响甚至控制传媒？在 20 世纪 90 年代发表的《传播政治经济学》一书中，针对传播政治经济学的这些问题，莫斯克提出了三种过程：商品化、空间化与结构化。他认为对于结构化的研究为今后的传播政治经济学提供了新的思路。

（一）商品化

"商品"这个概念在传播政治经济学中成为基础概念，是基于以下原因：第一，资本主义是一个商品堆积的社会，商品是最常见、最普通不过的物品。第二，在马克思创立的政治经济学理论中，他的理论分析基点就是从商品开始的。在莫斯克看来，研究商品化与传播的关系具有两个普遍意义："第一，传播过程和传播科技对经济学中的商品化的一般过程起了推动作用……第二，整个社会的商品化过程渗透到传播过程与传播制度中，使这个过程中所出现的深化和矛盾也对传播这种社会实践产生了影响。"[①] 商品化就是把使用价值转化为交换价值的过程，即决定产品价值的标准由满足个人与社会需求的能力转变为产品能通过市场带来些什么的过程。

在莫斯克看来，商品化包含三个方面：内容的商品化、受众商品化以及劳

---

① 文森特·莫斯克著，胡正荣等译：《传播政治经济学》，华夏出版社，2000 年版，第 25～34 页。

动的商品化。

　　传播是一种相当特殊的、十分强大的商品，因为它除了能生产剩余价值外，还制造了符号和形象，其意义能够塑造人们的意识。内容的商品化是通过传播内容制造交换价值的过程，它把整个复杂的社会关系都纳入商品化的轨道中，其中涉及劳动者、消费者和资本。具体到电视，其过程大致如下：电视工作者是赚取工资的被雇佣者，他们出卖自己的劳动力（即制作节目的能力），资本控制了办公设施、机器等生产工具，然后把电视工作者的劳动力转化成电视剧、新闻等，并将这些产品组合后拿到市场上实现它的交换价值，从中获利（剩余价值）。

　　资本能否实现剩余价值，与劳动者和消费者能否抵制密切相关。对于劳动者而言，一方面，这实际上意味着他们能否成功地建立起自身的相关组织（比如工会）并利用它与资本一方谈判；另一方面，它也与社会技术的更新及新的劳动者的代替密切相关，如果新的技术或者劳动力出现，那之前的劳动者就撤出了这个阶段中剩余价值的实现过程。对于消费者而言，剩余价值的实现与否与消费者的组织和服务替代产品的出现有关。消费者组织（如消费者协会）将会是消费者与资本之间博弈的杠杆，而服务替代产品的出现（比如同类电视节目）则可以抵制先前出现的同类产品的剩余价值的实现。大多数传播政治经济学者——特别是赫尔曼、乔姆斯基、席勒等人将电视等大众媒介看作是通过生产反映资本家利益的讯息，认为它支持并维护了特定阶级集团（一般都是优势利益集团）的利益。因此，很多学者过于强调电视等大众传媒的意识形态功能；后结构主义者则认为生产过程是自发的，与意识形态是相分离的。

　　"受众商品论"这一概念是传播政治经济学的奠基人达拉斯·斯迈思提出的。这一理论认为，在本质上，受众是大众媒介的主要商品，"受众商品是一种不耐用的生产商品，被用于购买广告商的产品，受众为购买他们的广告商所做的工作就是学会购买特定品牌的消费品，并相应地花掉他们的收入。广告商购买了受众的注意力，与此相应，受众所做的工作就是对广告产品的消费，并相应地花掉他们的收入"。具体到电视，就是拥有电视台的资本生产出节目，这些节目仿佛是小酒馆里吸引顾客的免费午餐一样，它无偿地被电视受众观看——受众被生产了出来。但在观看的同时，受众实际上是付出了他们的时间和精力，而这正是广告商要从电视台那里购买的。这才是资本的真正目的。因此，在这个过程中，电视观众作为商品被电视台出售，同时被广告商买进。这一受众商品化的形成过程三位一体，把媒介、受众和广告商联结在一种有约束力的相互关系中。英国传播学者加汉姆也注意到了媒介商品化的现象。不过他与斯迈思的关注点稍有差异。他认为媒介商品化有两个方向：一个是直接生产媒介产品的商业化进程，一个是运用媒介广告完成整个经济的商品化进程。

受众商品论的重要意义在于：它证明了媒介为资本主义经济生产了受众，而不是生产了意识形态，如此，可以跳出长久以来法兰克福学派研究的阴影。但对这一理论的质疑也一直存在着。它最重要的缺陷在于忽视了观众自身的力量。诚然，资本必须积极地建构受众才能实现自身目的，但受众与劳动者还是会决定如何用自己的力量来建构自己。对受众来说，这意味着他可以遵照资本想要的方式观看电视节目，比如接受电视中关于某种产品的推荐；他也可以对电视节目和广告作出相反的阐释，拒绝接受他们要传达的信息；更进一步，他可能压根就不看电视，那么电视这一媒体对他的直接作用，或者说是电视对受众的商品化努力也就付之东流。

莫斯克还指出了一种受众商品化的形式：控制论的商品。这是米汉提出的观点，可分为两种形式：一种是内在的商品化，即收视率；一种为延伸的商品化。就收视率这一形式，莫斯克认为，在商品化的过程中，电视台与广告商交换的不是信息，也不是受众，而是收视率。这个收视率不等同于笼统的受众，而是关于受众的详细信息，比如他们的数量、组成、收入及利用媒介的情况的资料等等，这些才是媒介系统的主要商品。就延伸的商品化这一形式而言，莫斯克认为国家与企业权力的运用过程减少了非商品化可以使用的资源、空间和时间。这一运作过程的结果便是：商品化被表现为不是权力作用的过程，而是天然的秩序，是与生俱来、理所当然的。

另一种商品化的形式是传播劳动的商品化。以前的传播研究主要将其对象置于消费领域，从而使研究集中在受众与文本的关系探讨上，而非媒介产业中的劳动过程。米埃格则认为，媒介产品的类型、企业控制的秩序与劳动过程的性质之间存在着联系。

（二）结构化

结构化所描述的是一个过程，结构在这一过程中由人类的能动行为来组建，并提供了组建所需的媒介本身。传播政治经济学将焦点集中在探讨商业力量与国家之间的结构与暧昧关系，同时，阶级也是结构分析的重要对象。性别、种族等研究进路的拓展，也为结构化研究提供了新的思路。

传播政治经济学的社会阶级研究主要致力于揭示阶级权力的重要意义。这些研究展示了媒介精英们如何创造和再造他们对传播事物的控制权，分析了媒介精英们的阶级成分及他们内部的融合与分化，还兼及媒介资本家与其他精英阶层间的眉目传情。具体到电视文化，我们要探讨的则是：是谁在掌控着电视的所有权？这些掌控电视的精英们的构成成分如何？他们与社会中其他优势阶层的关系如何？经济因素如何逐步影响了电视文化的发展方向？以美国为例，经济因素已经成为影响电视文化至关重要的条件。在其电视文化发展中，政府对非商业性的电视媒体的资助减少，市场的力量被引进并日益强大，而无线电视也纷纷削减新闻——政治方面的报道，更多地增加公共纪录片、广告，这些显然是与经济力量掌控下的阶级结构分不开的。

阶级权力也影响到了当代工作场合，它通过对体力劳动的瓦解和对其他工作者的监视控制来起作用。在电视文化的研究中，这也是一个非常重要的向度。

（三）空间化

空间化是传播政治经济学研究的另一个重要切入点。它主要研究传播业中企业权力的制度延伸、企业规模与企业集中。企业集中主要通过三种方式：整合、经营多样性与国际化。整合分为两种，即水平整合和垂直整合。前者是指整合的公司在同一生产层面上，通过整合可以使这些公司在媒介生产的特定部门内部进行兼并和扩大控制权，实现最大的规模效益和资源共享。垂直整合则指一个处于生产阶段的公司将其业务扩展到原材料供应、资本设备的供应、推销和零售经营等其他阶段。整合的最后结果就是每一媒介部门都由四五家主要的公司集中控制。就电视而言，以英国为例，到 20 世纪 60 年代末，商业电视通过整合集中到 5 家公司手中，它们向英国 73.2% 收看电视的家庭提供服务，其收入占独立电视台毛收入的 2/3。

多样性是指媒介公司扩大其经营范围，涉足大范围的娱乐和信息服务行业。比如，英国的联合电视有限公司既有电视公司，同时也有多种经营的公司，这些公司涉及电影、唱片公司、电影放映集团等。这种多样性经营对媒介公司而言，是一个可靠的安全掣。

国际化具体包括出口、外国投资、外国公司拥有媒介公司的所有权。近年来，美国、韩国等国的电视剧出口已经成为其国家外汇收入的重要组成部分。外国公司加入、掌握某一电视台的股权，已经有很多先例。国际化与集中的其他方面一起，发挥着对电视文化生产加强商业限制的作用。

四、传播政治经济学：代表理论

传播政治经济学经过近 60 年的发展，形成了自己各有特色的理论流派和代表学者，它们从不同的角度建构了自己的理论。北美的斯迈思和席勒，欧洲的加汉姆和莱斯特学派等，都是这一领域不可绕过的研究者。下面将简要介绍他们的研究和成果。

（一）斯迈思与受众商品论

达拉斯·斯迈思是传播政治经济学领域的创立者和集大成者，他 1907 年生于加拿大，1937 年获美国加利福尼亚大学伯克利分校经济学博士学位。曾在美国政府工作 11 年，后进入大学从事教学与学术研究，1992 年逝世。其理论代表作为《依附之路：传播、资本主义、意识形态与加拿大》。

1974 年，他提出了著名的"受众商品论"，其理论的内容为：媒介作为生产者，不仅生产了娱乐产品，而且生产了受众。电视节目吸引了受众观看，然后受众被作为商品卖给广告商。受众通过把他们的时间（一种"工作"）用来消费广告信息和购买其他商品来为广告商创造剩余价值。这一理论在今天已经完全为实践所证明。在中国，很多电视台在市场化的导向之下，节目已经成为为提供收视率而免费发送的甜点，真正的目的则是以高收视率换取广告商的高额投放，以此为电视台创收，同时广告商则通过大面积的受众接受而获益。因此，最后买单的还是看电视的观众。

斯迈思的理论有价值地揭示了媒介、受众、广告商之间的复杂关系。他的深刻洞见在于：在发达资本主义社会，劳动者所有的时间都是劳动时间。即使看起来是休息、娱乐的看电视，观众也是被作为商品来看待和出卖的。受众不仅仅是在消磨时光，他们同时还通过观看电视和具体的购买行为为资本创造剩余价值。

但是，对斯迈思理论的批评也一直存在着。首先，它退回到了媒介效果的刺激—反应模式。认为电视节目和广告必定对观众的行为造成相应影响。其次，它过于强调电视等媒介的经济作用，而忽视了它们的意识形态功能。第三，在加汉姆看来，斯迈思的有些简化主义的论点有排斥媒介政治经济学其他重要问题的倾向。

（二）席勒与文化帝国主义

20 世纪 60 年代末美国加州大学圣地亚哥分校的 H·席勒教授（H. I. Schiller），在经验学派的大本营中异军突起，并一直被视为批判学派的巨擘，他对美国传媒的揭露与批判一向以犀利无情著称。H·席勒的成名作是 1969 年出版的《大众传播与美国帝国》（*Mass Communication and American Empire*）。在这本书中，席勒以"依附理论"为依据，着重探讨了他所说的"军界—企业界联合体"（Military-industrial Complex），分析了由政府、军界和民间企业一同构成的这个盘根错节的利益共同体，是如何促成美国大众传播势力凌驾全球，又如何导致其他国家尤其是发展中国家文化主权的丧失的。此后他的研究思路一以贯之，对国际传播过程中"信息交流的不平等"和世界传播不平等格局进行了猛力抨击。时至今日，这已是不争的事实。美国的影视产品成了其出口收入的重要组成部分。20 世纪 80 年代，电视剧《豪门恩怨》风靡世界；动画片《唐老鸭与米老鼠》已经作为经典形象传遍世界的每一角落，并由此带来相关连锁行业的巨大经济效益；美国大片更是占据了世界电影市场的大半河山。美国电视文化的传播，带来的不仅是经济收益，而且它更是传播美国主导的意识形态的重要工具。电视文化通过潜移默化的形式，将美国的价值观与世界观移植到别的国家与民族中，如此，文化帝国主义得以实现。20 世纪 80 年代后，随着新的传播技术——互联网的出现，很多人认为公平、平等的传播秩序由此成为可能。席勒则认为，这是一种乌托邦思想。新技术的出现不仅没有缩小信息交流的不平等，而且使市场和权力更加紧密地联系了起来，西方的意识形态和话语借助大众传媒进一步渗透到了发展中国家。

在《传播与文化支配》一书中，席勒第一次提出并阐释了"文化帝国主义"这个概念："文化帝国主义是许多过程的总和。经过这些过程，某个社会被吸纳进入现代世界体系之内，而该社会的主控阶层被吸引、胁迫、强制，有时候是被贿赂了，以至于他们塑造出的社会机构制度符应于，甚至是促进了世界体系之中位居核心位置而且占据支配地位之国家的种种价值观与结构。"① 它的锋芒直指西方的文化侵略，尤其是美国将廉价电视剧倾销到第三世界。事实上，经济上的帝国主义容易为人们所认识，而文化帝国主义则容易被忽略，但这却是目前非常重要的课题，它关系到价值观和身份认同。

不过，对文化帝国主义的批判也一直存在。比如，世界电视业状况的改善、第三世界地区性电视中心的出现、电视对人们的影响过程的不清晰等，都质疑着文化帝国主义理论的现实指导意义。

（三）莱斯特学派

1968 年，英国莱斯特大学成立了"大众传播研究中心"，其中 G·默多克（G. Murdock）、P·戈尔丁（P. Golding）、J·哈洛伦（J. Halloran）等人

---

① 魏玓：《至死不渝的左派传播研究先驱——许勒（即席勒——引者注）的生平、思想与辩论》，《当代》第一五三期，第 27 页。

的研究最有影响。1970年，哈洛伦等人通过对1968年伦敦反越战的示威游行报道的研究，出版了批判学派的经典之作——《示威游行与传播：一个个案研究》。通过对报纸、电视等媒介对这一游行示威的报道的研究，他们发现：电视等媒介在价值中立、客观的面纱下，为了突出新闻性以及引起受众关注而歪曲了真实事件。

莱斯特学派非常重视对电视文化的研究。1982年，默多克出版了《大企业与传播产业的控制》一书。他调查了英国8家主要私营电视台的所有权及控制现状，对"所有权分散"和"管理革命论"的实质作了分析。根据他的考察，虽然电视台等企业中的股票也为雇员所拥有，但真正起着控制作用的仍然是大股东，表面的所有权分散掩盖了资本家控制企业这一事实。就"管理革命论"而言，同为雇员的管理阶层似乎取代了资本家而成为企业的决策阶层。可是实际上，对电视台的管理与对它的拥有是两种不可相提并论的权力，控制电视台的还是拥有它的资本家。随后，默多克还考察了美国电视连续剧，研究了广告对传播内容的影响。通过对美国电视剧史的研究，他发现：决定电视节目内容的是广告商。这是因为电视台的主要收入来源于广告商的广告投放，一旦广告商发现节目内容与他们的预期受众的品味不相符合，便会减少甚至停止广告投放，如此，电视台的经营也陷入困境。因此，广告商是操纵电视节目的看不见的手。

莱斯特学派着重于对电视等媒体产品与权势集团的利益关系及其控制权、所有权的关系的研究，揭穿了西方传媒的种种神话。

（四）加汉姆与文化产业

尼古拉斯·加汉姆毕业于剑桥大学，现任教于威斯敏斯特大学，主要著作有《电视的结构》《电视经济学》等，是欧洲传播政治经济学的重要学者。

文化产业（又译"文化工业"）一直是法兰克福学派的关键词，并与他们大力抨击的现代大众文化紧密相连。而在加汉姆那里，文化产业的含义与法兰克福学派的认知有所不同。他认为文化产业是文化行为和公共文化政策分析的中心，应该将"什么人可以在文化生产的过程中对什么人说些什么话"作为分析对象。因此，经济的决定因素是首先要考虑的。

加汉姆认为，电视等媒介的不断发展，导致了文化产业中高度集中化、多样性与国际化、跨媒体所有权等形式的出现。竞争的激烈引起了资本的高度集中，电视越来越为少数几个集团控制，而为了减少文化商品在市场销售上的风险，电视台等媒体都倾向于多样化经营和跨媒体所有权。如此，可以在某种程度上做到"失之东隅，收之桑榆"。不过，加汉姆更强调渠道开发的作用，认为开发潜在的受众市场才能真正立于不败之地。从这个意义上来讲，市场定位、收视人数远比节目品质重要。

传播政治经济学作为批判学派的重要流派，对电视文化研究提出了很多有意义的课题及独特的角度。在目前中国的语境中，经济力量得到了前所未有的强调，电视台面临着市场化的前景，传播政治经济学将为我们提供借鉴与思考的新视野。

第五节　北美经验学派的电视文化研究

西方电视文化研究大体遵循两条路径：一是批判理论，前面提到的法兰克福学派、文化研究学派、"意识形态"和霸权理论以及政治经济学等流派都是从批判的角度对电视文化进行研究的。与此相应，另一研究路径是北美经验研究学派，也称行政学派。与批判学派的批判向度不同，经验学派主要运用实证研究的方法，以量化的归纳主义、因果决定论、诉诸持续的量化分析和统计实验的观点研究电视文化。他们关心电视对受众的影响和效果，但电视的意识形态效果和霸权力量却在他们的视野之外；他们也不关心各种权力组织和媒介结构组织所带来的控制问题，以及电视所代表的文化工业为现行社会制度所发挥的"社会水泥"的功用。一言以蔽之，批判学派所关心的宰制与被宰制、电视传播中的权力控制等问题都不是经验学派的研究对象，他们更感兴趣的是通过实证的方法解决现存问题。

电视文化的经验研究为何会出现在北美呢？这与北美的哲学背景和社会现实有关。首先，美国的社会科学研究传统倾向于运用自然科学的方法论手段进行研究，认为社会科学主要是描述性的而非规范性的科学，较多地使用自然科学的研究方法解释社会现象的有效性，要求把科学知识和对科学知识的道德评价区分开来。美国早期社会科学经验的、量化的、以实际结果为中心的研究方法，对后来建立在这些学科研究基础上的传播经验学派影响至深。其次，在北美的电视文化研究过程中，较多地得到了各种财团、基金会和私人资助，因而在一定程度上要反映这些投资者的投资意图和要求，当然会更多地体现出实用性。同时，电视在实际生活中发挥着愈益重要的作用，美国人平均每天在电视前花费3～4小时时间，因此，对电视在生活中所发挥实际功用的研究迫在眉睫。第三，是由于美国社会的多元主义价值观的影响。英国广播大学的学者就这种多元主义背后的意识形态总结到："在多元主义者看来，资本主义社会并不存在阶级支配现象，而是由相互竞争的各社会集团和利益派别所组成的复合体，这些集团和派别的合纵连横状况是与时俱变的。大众传播媒介是一种保持着自己独立领域的组织体，它在国家、政党以及其他压力集团面前保有某种自治性。控制大众传播媒介的并非传媒企业的所有者，而是独立的、享有相当的自由决断权的专职管理者和专业工作者。大众传播制度和受众之间基本上是一种均衡的、平等的关系。之所以如此，是因为受众可以根据自己的需求自由地选择接触各种传播媒介，自主地决定自己或赞成、或反对、或顺应、或挑战的态度。"①

　　由于这些学科传统和社会背景，北美电视文化研究所注重的是对电视的社会影响和功用的研究，在方法上采用内容分析、受众调查和控制实验的方法以求获得精确的数据并根据统计数据得出研究结果，注重电视文化研究对社会现实的有效性等等。

一、效果研究：经验学派的研究范式

　　电视的效果研究主要研究电视对受众思想意识和行为方式的影响。电视播出了什么内容？电视讯息中暗示了什么样的价值判断？它对哪些群体具有何种程度的有效性？它如何形塑人们的身份认同和建构国家民意？……这些都是电视效果研究的对象。

　　目前，电视已经是我们赖以生存的社会环境的一部分，电视节目已经自然化到我们的生活之中。它在以下层面上发挥着作用：第一，环境认知。"秀才不出门，便知天下事"在当代已经是无可争议的事实。现代人在电视机前坐一个小时所获得的信息已远远超过古代人一生所获得的信息。空间的阻隔和时间的距离在电视那里毫无障碍。"9·11"事件、伊拉克战争，这些远离我们生活的国家和城市的事件，却都在最短的时间内在电视上向我们呈现出来。我们对周围世界的认知和评价，很大程度上来源于电视的信息传播和构建。但是，电视选择报道什么，以何种方式报道，都在影响着我们对世界的认知与印象。换言之，电视并非是绝对客观的记录器，它的背后有一套价值体系和传播意图，这些体系和意图限制了我们对环境的认知和知觉。第二，建构价值标准。在某种程度上，电视是一个充满道德话语的场域。对与错，善与恶，崇高与卑下……这些价值判断是电视最常使用的标尺。电视通过提倡、尊崇某一行为方式，反对、贬低另一行为方式的手段建立了道德美学。由于电视无孔不入的传播效力，它所致力的价值标准得以广泛传播，而

---

　　① ［日］冈田直之：《大众传播研究的展开与现状》，载 NHK《放送学研究》，1984（34），转引自郭庆光：《传播学教程》，中国人民大学出版社，1999 年版，第 268 页。

这种价值标准是与社会上倡导这一标准的阶级的利益相符合的。换言之，普泛的道德标准的建构最终仍是为了满足某一阶级的利益。第三，社会行为的示范效果。与价值标准的建构相联系，一个社会总是要通过尊崇、赋权于某一事件或人物的方式而树立自己所需要的典型，并通过电视等大众传播媒介的作用，使其成为社会中大多数人群起效之的榜样。也许，今日各种眼花缭乱的流行，便是电视通过推举偶像而造成的示范效果的最佳诠释。

电视的效果研究可分为以下三个维度：强大效果模式，有限效果模式以及适度效果模式。

（一）强大效果模式

强大效果模式最初是诺利·纽曼在她的《回归强大的大众媒介概念》中提出的。此后，门德尔松、麦克柯比和法夸尔、鲍尔·若基奇等人的研究证实了这一模式。

门德尔松的一个针对电视的研究是：在洛杉矶，针对墨西哥裔美国人，他向他们播放了一部信息性肥皂剧集，以考察电视对这些特定受众的影响。研究结果显示，有6%的观众报告说，他们已经加入社区的组织，从而达到了播放该电视剧的目的。

鲍尔·若基奇的研究——《伟大的美国价值观测验》——是电视传播史上非常有名的研究。这一研究的结果是，电视传播产生了强有力的效果。研究者的预想是开发出一套旨在改变人们价值观的模式，然后通过电视传播这一新的价值观。他们认为，那些被迫承认其信仰系统不一致的人，体验到一种对自己不满的感觉，而这种不满的感觉导致他们重新评估和改变自己的价值观。

其研究流程如下：研究者们制作了一个半小时的电视节目，名为《伟大的美国价值观测验》，他们邀请了两位有相当知名度的明星作为节目的主持人。节目讨论了某些评估美国人价值观的舆论调查结果。在此过程中，两位主持人质疑这些价值观排列的顺序所暗含的意义。同时，这个节目在华盛顿东部的三城地区由三大电视网同时播出，而控制80英里外的亚基马城（Yakima）的观众不能收看此节目。节目播出后，研究者通过电话和问卷对这两个地区的受众进行了调查。对三城地区，研究者通过电话询问了他们收看节目的情况。问卷调查则同时针对这两个城市，要求他们对18种基本价值观打分。为了测量节目对行为改变的效果，受访者被要求寄钱给三个援助组织。研究结果显示，相较于没有看节目的观众，节目收看者的价值观受到了电视节目的很大影响，在行动上也表现得更愿为这些价值观付出实际行动。

《伟大的美国价值观测验》证实了电视传播的强大效果模式：一个半小时的节目竟可以改变观众的态度、他们对基本价值观的评定以及他们参与政治性行为的意愿。而众所周知，价值观几乎已经内化到人的人格与信仰中了，要改变它的难度绝非一般，但电视却做到了。电视传播的威力由此可见。①

强大效果模式主张电视对人们的思想观念和态度有巨大的影响。但与早期传播学效果研究的"子弹效果论"不一样的是，"子弹效果论"主张传播媒介对受众有决定性的影响，因而陷入了简单的因果关系。强大效果模式虽然也主张电视的强大传播效力，但同时它也注重这一效果的产生离不开具体场合和传播技巧，注重多种因素对传播效果的干预，从而修正了早期的"子弹效果论"。

（二）有限效果模式

在北美的电视研究史上，电视效果研究经历了有限效果这一阶段。与电视具有强大效果不同，有限效果模式主张对不同人群，电视并非权力无可反抗的君王；相反，它的效果因为种种社会条件的限制和不同的接受人群而相异，电视的效果是有限的。在有限效果模式的研究历程中，影响较大的有麦克卢汉在《理解媒介》中描述的电视效果的有限性图景以及"使用与满足"理论。

"使用与满足"理论是北美经验学派电视文化研究的经典研究之一。事实上，"使用与满足"研究在 20 世纪 40 年代就开始了。最初主要研究对广播和印刷媒介的"使用与满足"，60 年代以后，这一研究拓展到电视领域中来：D·麦奎尔等人于 1969 年开始的对电视节目的调查。费斯克对"使用与满足"的理论基础进行了概括，认为这一研究方法的基础是：相信每个受众都有一套复杂的需求，他们会借助不同的媒介使自己的这一需求得以实现，当然这些需求也可以不通过媒介而经由其他方式得到满足，如休假、运动、工作、嗜好等。这一研究模式假设受众与信息的传播者一样是主动的。同时，它还暗示，讯息的意义是由受众产生的，与讯息的发出者无关。②

---

① 沃纳·赛佛林、小詹姆斯·坦卡德著，郭镇之等译：《传播理论：起源、方法与应用》，华夏出版社，2000 年版，第 306～308 页。

② 约翰·费斯克著，张锦华译：《传播符号学理论》，台湾远流图书出版公司，1995 年版，第199 页。

D·麦奎尔对此次研究采用了严格的程序，包括概念界定、受众样本抽选以及数据分析在内的所有流程。调查的范围则包括新闻、知识竞赛、家庭连续剧、青年冒险电视剧等 6 种节目。

麦奎尔通过研究对受众的使用与满足给出了四种划分。他认为，受众利用电视节目达到了以下几种效果：

第一，心绪转移。电视节目提供给人们消遣和娱乐、一个与现实生活有共通性却又不等同于现实的世界，从而让人们带来情绪上的释放；帮助他们暂时逃避他们不愿面对的现实世界以及日常生活的琐屑烦恼，让心灵得到暂时休憩。

第二，个人人际关系。现代社会是个人愈益"原子化"的社会，人们与电视相伴的时间远远大过与隔壁邻居相处的时间。在这种语境下，电视为人们提供了人际交往的效用。一方面，通过对电视节目的熟稔，受众在电视所制造的"拟态"环境中得到人际交往的满足；另一方面，在大众传媒主宰的今天，人们的话题与共识大都来自电视等媒介的建构，通过观看电视节目，人们可以在现实交往中得到话题并分享感受，使社交得以顺利进行。

第三，自我确认。个人通过对电视所表现的人物、事件的处理方法、生活方式等等的观看，可以据此确立或强化个人的身份认同。它为观众提供了一个自我身份建构的框架，观众由此对现实生活中他人或自己作出评价，并在此基础上协调自己的观念和行为。

第四，监视环境。通过观看电视节目——无论是信息类节目还是电视剧，人们都可以从中获得各种与自己生活有关的信息，并及时把握外部社会环境的变化。

"使用与满足"击破了电视传播的绝对霸权与强力的神话。它表明，电视效果的发生与受众的能动性的发挥不可分割，也受制于受众心理和情绪状态等多方面因素，电视传播的效果对不同受众具有不同意义，它的效果的发挥是有限制的。

（三）适度效果模式

在关于电视效果的经验研究中，除了有限效果和强大效果两个极端，有研究者开始探讨电视长期的宏观效果。这些研究结果包括知识沟理论、议程设置理论、沉默的螺旋理论以及格伯纳的教化理论。这些理论主张，电视的效果既不是人们想象的那样强大、可怕，也不是微弱的效果，而是具有适度效果。

知识沟理论的一个重要组成部分是关于《芝麻街》的研究。电视节目

《芝麻街》是美国一个针对学龄前儿童的教育节目，开办这个节目的重要目的是帮助贫困家庭中的儿童。但学者库克及其同事在《重游〈芝麻街〉》一书中表明，在不同经济收入或文化层次的群体之间，试图以《芝麻街》节目缩小知识沟差距极为困难。家庭收入与家长文化程度几乎与孩子从节目中的受益度成正比，最后的结果是：这个本意在缩小贫富两极儿童知识差距的节目反而进一步加大了他们的知识差距。由此带给电视文化研究的课题就是：在同样拥有电视这一普及大众传播工具的时代，电视面对人们所传递的信息是平等的，但如何接受这些信息并加以利用，信息资源占有的不平等如何与经济等因素相关联，这是我们必须回答的问题。电视的效果在这一理论中表现为信息获得和利用的不平等。

议程设置是指电视等媒体可通过反复播出某类新闻，强化该话题在公众心目中的重要作用。由于现代社会的人日益生活在由大众传媒所构成的拟态环境之中，电视成为人们获取信息的重要来源。这样，电视就有可能贯彻它所依赖的阶层的意图：通过反复提及某类话题，强调某种价值判断或者观点，电视使这些话题在受众心目中相应地提高了重要度，如此，电视的媒介议程与受众心目中对现实问题的议程建立了直接关联，有利于传播和实现某一特殊阶层的意图。

沉默的螺旋这一理论由诺利·纽曼提出，它指出了电视等大众传媒的传播活动对优势意见的支持与对弱势意见的无形压制，从而形成了优势意见的大声疾呼与弱势意见的沉默，最后的结果是舆论的诞生。电视不是舆论的原初生产者，但它对舆论的产生却起着催化剂的作用。这突出表现在"流行"的制造上。某一风尚的流行离不开电视等媒体的传播，因为受众是从电视等媒体上来获得对流行潮流的风向的把握，电视的传播使得某些观点成为主流意见，而另一些观点则湮没至无声。最终，流行意见得以顺利推出。

在适度效果模式中，最为人们关注的是格伯纳的教化理论。格伯纳的这一研究可能是有史以来对电视效果所作的最长期及最大规模的研究。在电视已经成为社会文化中心的现实下，电视发挥了什么样的作用？格伯纳的研究指出，对大量观看电视的观众而言，电视实际上主宰和包容了其他信息、观念和意识的来源。所有接触这些相同消息所产生的效果便是格伯纳所称的"教化"作用，或者说电视教导了相同的世界观、价值观和身份认同。电视的这种效果研究包括以下重要结论：第一，电视建构着人们生活的现实。大量观看电视的观众会认为社会非常不安全、充满暴力，自己随时都可能遭受侵害，且这种严重程度远远高于实际生活中的真实比例。格伯纳小组认为，这是电视造成的最主要，并且影响最广的教化效果。第二，电视节目中的暴力会在潜移默化中增长人们的暴力倾向。他们赞同电视暴力和攻击性行为——特别是青少年的暴力行为——之间有因果关系,并经由实验证明。电视的大众传媒性质,再加上它音画一体的逼真感,使得它所传播的行为易被当作广泛发生的范例而被接受,从模仿的角度出发,观众易于为暴力画面所影响。第三,由于追求收视率,各个不同的电视台的电视内容常常出现一致性倾向。这一倾向的结果是让观众生活在同样的文化观念和文化信息之中,潜在地同化他们的文化心理。

上述这些,便是电视的适度效果模式的主要部分。适度效果模式更关注宏观的、长期的效果研究,热衷于在社会与电视、受众之间找到合理的解释方式,认为电视的效果并不能用简单的"刺激—反应"模式来解释,而应该深入到更广泛的社会文化制度、个人接受心理以及观众经济情况等方面来解释。

二、经验学派的研究方法

经验学派电视研究最主要的特点是讲求科学和实证。因此,他们倾向于使用量化和实验的方法进行研究。就研究方法而言,北美经验学派的电视文化研究对内容分析、调查研究、实验研究等方法都有所涉及。

(一) 内容分析

吉多·H·斯坦普尔（Guido H. Stempel）认为,在大众传播中内容分析的地位可以由这样一个公式说明:"谁对谁说什么,有什么作用。"① "说什么"即是传播内容,内容分析要针对的对象即是对电视画面进行归类,就其所表现的意义作出划分,然后要对传播者与受众的社会位置、思想立场及观念等作出分析,通过分析了解某一特定阶层人们的状况和观念。按照贝雷尔森的看法,内容分析具有客观性、系统性、定量性、具有明显内容等特点。美国电视研究一直比较注重对传播的内容分析,诸如电视与儿童、电视与职业、电视与暴力、电视与种族等,从 20 世纪 50 年代以来,内容分析已经取得了很大成果。在电视研究中应用内容分析的主要作用是:第一,描述传播内容。其代表研究有,如 1989 年美国学者西格诺雷利记述的 1967—1985 年中电视节目对精神病患者的描写。第二,媒介世界与现实世界的关系问题。西格和威勒在分析电视剧中描写的职业角色的性别和种族时通过内容分析得出

---

① 吉多·H·斯坦普尔（Guido H. Stempel）:《内容分析》,见常昌富、李依倩编选:《大众传播学:影响研究范式》,中国社会科学出版社,2000 年版,第 464 页。

了一些有趣的结果。就美国黑白男女在电视上最常从事的五种职业而言[1]，研究发现：黑人在电视所营造的世界中受到了比现实世界里更好的待遇。这说明电视企图在推进种族平等中扮演积极的角色。第三，内容分析有利于改进传播效果。比如通过对电视节目中暴力和色情节目的内容分析，以及对受众和这些节目的互动与因果关系进行检验，可以调整传播内容的比例，改进传播效果。

内容分析的一般流程如下：选择合适的分析单元、建立分析类别、内容抽样及编码。

（二）调查研究

内容分析是电视研究的重要方法，但不同研究者的不同划分标准将影响研究的客观性。因此，电视研究中也采用别的研究方法，比如调查研究。所谓调查研究，就是对一部分人或特定人口样本的研究，它主要被用于对特定人口在调查前后感觉、行为的改变等问题。北美的电视研究中，调查研究是普遍的研究方法，并且通常与其他研究方法结合运用。

调查研究的一个困难在于将小范围内对特定人口的调查研究成果推广为普适性的结论的可信度。受众的个体差异、心理状况等等都可能影响调查结果，而这些并没有共同的归约性。

（三）控制实验

控制实验的方法最适宜于处理因果关系。在电视研究中，对这种方法的运用也较多。这一方法一般将群体分为两个组：一个实验组，一个控制组。实验组接受实验变量的测试，控制组则避免接触这些实验变量，然后比较两组的测试结果并得出结论。鲍尔·若基奇和格雷伯在"伟大的美国价值观"的电视研究中就运用了此方法。

三、小结

北美经验学派的电视文化研究与批判学派是电视文化研究的两大高峰。批判学派注重电视研究的社会文化意义和其中所蕴涵的权力维度；而经验学派更注重研究对现实的有用性，他们注重研究结果对实际的传播内容和效果以及传播方式的改进，从而推动电视事业的发展。当然，这些研究，一部分

---

① 约翰·费斯克、约翰·哈特利著，郑明椿译：《解读电视》，台湾远流图书出版公司，1993年版，第20页。

固然是出于社会公众的立场——比如对电视暴力与受众的关系研究——但即使这部分研究也常常流于就事论事，无法对蕴涵在这一表象下的支配模式作出犀利的批判和意识形态的探讨；另一方面，很多电视研究原本就是从各电视网获取研究资助的，研究结果的可应用性和实际效用自然成为重要目的。

　　总的说来，经验学派的众多研究结果得到了广泛应用，对电视形态的改变、电视作用的充分发挥都起到了非常重要的作用。

第六节　繁复的旋律：后现代电视文化研究

　　按照美国学界泰斗 F·詹姆逊的说法，西方社会的发展可分为前工业社会、工业社会、后工业社会，与此相应的主导思潮则为现实主义、现代主义和后现代主义。20 世纪 50 年代后，与电视的普及和大力发展同步，西方社会步入了后工业社会。在后工业社会的语境中，去中心化、消解宏大叙事成为主导潮流，对边缘、差异的强调日益凸现，具体到电视文化研究，就是以前的电视文化研究的下列观点悉数不被认同：电视作为再现系统而起着意识形态作用；结构主义者的电视是一个意识形态场域，观众的主体性是被建构的；经验主义的拟态论。在后现代电视文化的理论维度中，边缘与差异是其关注的中心，因此，对边缘的关注、对宏大叙事的消解和对现代性的反叛是其突出特色，电视与种族、电视与性别等课题被大量研究，女性主义电视文化研究、后殖民主义电视文化研究一时颇为引人注目。当然，在梳理后现代电视文化理论之时，号称"后现代大祭师"的波德里亚更是不可越过的集大成者。

一、后现代主义理论的梳理

　　后现代主义文化思潮是西方理性主义文化传统的反动，它孕育于西方现代文化的母胎中，是秉有西方传统文化基因又在后工业化语境中变异而产生的"文化幽灵"，对当代文化、艺术产生了巨大的影响。可以说，它是西方后工业社会中全面反叛性的思潮，它一反传统文化的一元性、整体性、中心性、纵深性、必然性、明晰性、稳定性、超越性，标举多元性、碎片性、边缘性、平面性、随机性、模糊性、差异性和世俗性，彻底否认了传统文艺的美学追求、文化信念和叙事规则。典型的后现代主义作品呈现出解构理性、躲避崇高、零度叙事、表象拼贴、与大众文化合流的鲜明特点。在我们探讨后现代电视文化理论之前，有必要先探讨与此有关的几个概念。

（一）现代性与后现代性

现代性与传统社会相对立，含有革新、新奇和不断变动的特点。在现代性社会话语中，突出特点就是推崇理性，关注宏大叙事。人们相信国家、民族、集体等宏大叙事作为终极目标的合理性与合法性。而后现代性则赞同"相对主义"的观点，认为理论充其量只是提供了关于对象的局部性观点，拒斥现代理论所倡导的总体性、宏大叙事，赞成微观理论，关注日常生活中的微观政治；拒斥现代理论中的一致性观念和因果关系，推崇多样性、偶然性、断裂和不确定性。

在把电视作为话语的研究中，现代主义的"宏大叙述"集中围绕着拟态（Mimesis）、再现（Representation）、意识形态及主观性等问题（如马克思主义、结构主义或心理分析）。其他现代主义运动，比如先锋派，试图以有力而充满矛盾的形象震撼力来激发这种认识，倾向于以一种固定僵化的理论来解释各种各样外表毫无关联的事实经验。[①]

后现代主义则对上述理论提出质疑和批评，认为上述所有理论都在寻求以某种宏大叙述的方式去理解已经支离破碎的现实，将现实当作是铁板一块的整体。实际上，电视媒介意识已经不是镜子似的再现工具，它本身就成为了现实的一部分。在现代主义时期，电视符号能指背后蕴涵着深层意蕴，意识形态等就潜藏于其中。而在后现代主义时期，能指与所指之间的区隔已经消失，符号不需要所指作为阐释和意义的代言人，它本身就是现实。换言之，在后现代主义中，电视的影像符号已摆脱了拟态与再现限制，不再为现实和意识形态所控制。电视文本（Simulation）内化成为一个"影像—现实—意识形态"三者一体的概念，因此，它本身就已经是真实。

（二）后现代之前：再现论与拟态论

再现理论的核心论点是：无论其表象如何，电视事实上根本没有再现现实，而只是制造或建构了现实。现实并不存在于经验主义客观性中，它只是话语的产物。电视摄像机与麦克风并不记录现实，而只是对它进行编码——编码产生观念中的现实感。因此，再现的就不是现实而只是观念。电视崇拜加强了这种意识形态效果，而媒介也借此声称其真实性建立于真实的客观性上，以此掩盖它所制造的"真实"都是意识形态的，而非现实中真实的事

---

① J·费斯克著，梁虹译：《后现代主义与电视》，译自詹姆斯·卡兰和迈克尔·古拉维奇编《大众媒体与社会》，爱德华·阿诺德公司，1991年版。

实。因此，电视在符号学领域的作用与产业体系在经济领域中的作用一样，它再生产的都不是客观现实而是资本主义本身。

拟态论认为，影像是或至少应当是其参照物的反映，其依据是摄像机镜头是展望世界的窗口。但正因为我们是从摄像机镜头里看世界的，所以影像比现实参照物更重要。这样做的结果是"影像工业"的发展，这种工业致力于再造和传播影像而非它所具有的真实性。

这两种理论共同的核心就是：认为存在着一个与摄像影像本质不同的"现实"，认定摄像机是误现的一个因素。电视建构和制造了我们所认为的现实，真正的现实在电视之外。而后现代电视文化理论则认为，影像与现实（无论是社会的现实还是经验主义世界的现实）就其本体论地位而言，并无任何不同，即在影像与现实之间毫无差异。我们已经生活在一个仿像世界里。如果说，"影像"的含义界定还必须有现实参照物来支撑，"再造"的概念也意味着它还有本源的话，"仿像"则已经是一个再造与本源、影像与参照物相内化、统一的概念。

二、波德里亚的暴风雪

在论及后现代语境中的电视文化时，波德里亚是一个不能绕过的人物，正是由于他对电视的考察和研究，符号意义上的后现代社会才得以揭示。构成后现代社会的一个关键前提，是符号的增值及其无休止的循环。波德里亚认为，后现代社会是一个通过电视等大众媒介而建立起来的传播社会。他描述了从冶金术向符号制造术社会的过渡，在这一过程中，符号本身拥有了自己的生命，并建构出了一种由模型、符码及符号组成的新的社会秩序。这种激进的符号制造术描绘了这样一种情况：符号正在以迅猛的速度剧增，它们已经主宰了社会生活。在这样的社会语境中，电视的作用尤其显著，如今一个人一小时之内从电视中看到的影像或许会远远超过非工业化社会中一个人一生的经历。我们对外在世界的了解和评价不是通过自己亲身感受，而是通过电视等大众传媒而进行的。电视等大众传媒改变了我们感知世界的方式，即影像与其他社会经验秩序毫无区别。波德里亚的理论在某种意义上可称为技术决定论。他认为在仿像社会中，模型和符码构造着经验结构，并销蚀了模型和真实之间的区别。

要理解波德里亚的理论，必须先厘清几个关键概念：仿像、内爆、超真实。这是波德里亚建立其理论的核心和关键。

（一）仿像

在波德里亚看来，随着西方社会和文化的发展，符号、影像或象征越来越趋向于自律游戏和操作性，因而符号演变为一种仿像，与现实无关。波德里亚把仿像描述成用"虚构的"或者模仿的事物代替"真实"的过程，也就是用电子媒介或数字化的影像、符号或景观替代"真实生活"的过程。仿像导致在我们生活的世界上真实和虚幻不可分辨，它们已经合二为一。电视上的撒切尔夫人与实际生活中的撒切尔夫人，二者之间并无任何本质的不同，也无从说起哪个在前或哪一个复制了另一个。每一个都同另一个一样的真实或不真实。换言之，无论是电视上的撒切尔夫人还是会场中的撒切尔夫人，她都不过是一个仿像而已。仿像不否认现实，但否认影像与现实之间的差异。因此，在仿像社会中再来拷问电视符号是否反映了现实，在多大程度上反映了现实已经没有意义。

在此，波德里亚回避了符号是否歪曲再造现实的问题，将其定义为非问题，他认为电视画面与真实之间没有差异。

（二）内爆

内爆是和外爆相对而言的。外爆表现为商品生产、科学技术、国家疆域、资本等的不断向外扩张以及社会领域、话语和价值的不断分化。所谓内爆则指符号在自身的游戏中的内在爆炸扩张，所使用的界限不再存在，所有的界限都被抹平。

在后现代的电视文化中，内爆带来了几种界限的消失。第一是我们前面谈到的电视所制造的仿像与现实之间界限的消失。第二是电视中信息和娱乐之间界限的消失。传媒已经从过去追求新闻的绝对真实感转变为追求新闻的娱乐效果（或娱乐的新闻效果）。比如，湖南卫视的晚间说新闻，上海东方卫视里《东方夜谭》中的新闻，都明显的具有强烈的娱乐色彩；电视纪实节目也越来越多地采用娱乐的形式，用戏剧或者传奇剧符码来组编它们的故事。体现这一倾向最为明显的现象就是"娱讯"的产生。第三是政治和娱乐的界限也模糊不清。最为明显的就是美国大选，总统候选人会为了表现自己的亲民姿态和个人魅力在电视娱乐节目中表演。政治的严肃与娱乐的无厘头交混在一起，无从分辨。

内爆随之还带来了"拼贴"的手法。拼贴是对能指形象的再造，它可以被视为毫无根据的拙劣效仿（parody）。将同一媒介、甚至不同媒介的不同节目中的部分拼凑在一起，在符号自身内部的转换、拼贴中形成新的节目，这是后现代语境中电视及各种媒介主要的生产手法。

（三）超真实

超真实也即比现实本身更像现实。费斯克认为，"超真实"由仿像所产生，它是一个包容影像、现实、搬演、感觉、意义等原本不同概念于一身的概念。超真实的本源既不在于现实也不在于其影像，但它作为一个单一的概念既描述了人们的生存现实，也描述了人们对现状的感觉或经验，从而构成了后现代状态。

在后现代社会中，形象或者仿像与现实之间的界限已经内爆，与此相伴，人们以前对"真实"的那种体验以及真实的基础都已不存在。电视所制造出来的景象，将比我们每天经历的现实世界更让人觉得真实可信。电视中某种职业的扮演者，很可能被观众当作生活中从事此职业的真实个体。比如，电视中一个扮演律师的人，很可能被观众当作真正的律师而收到法律方面的求助信。在媒介环绕我们而形成的符号世界中，真实与非真实之间的区分已经变得日益模糊。对波德里亚而言，在超真实的社会中，媒体充当了理想生活的规划者角色，建构着大众理想的生活状态，而非通过我们自己对生活的切身感受来进行。

三、女性主义电视研究

西方女性主义的发展经历了从现代到后现代的心路历程。"其现代性表现在：争取女性权力，强调性别政治，颂扬女性本质，讴歌女性形象，倡导女性文化，书写女性美学，建构性别理论，以性别与政治关系为中轴开展女性主义批评；进入 80 年代，女性主义走向后现代，其后现代性体现在：抹去性别差异，追踪社会差异，趋向平面和边缘……重视'他者'妇女，反击白人中心而关注黑人妇女文化和文学……反对形而上学而看重阶级、阶层、种族、民族和地理等的分析。"[①]

传统的女性主义电视文化思潮有三个派别：马克思主义的女性主义，激进女性主义，自由主义的女性主义。马克思主义的女性主义关注电视作为一种明确的资本主义体制所占据的位置，并关注电视如何将女性受众作为消费者，满足其资本主义生产体系的需要。激进女性主义主张女性完全脱离父权制度的控制，从性别差异的角度反对男性象征次序。它批评、关注电视中对传统家庭的描写并将其作为解决一切病症的方式，关注在大多数大众叙事中

---

① 张首映：《西方二十世纪文论史》，北京大学出版社，1999 年版，第 493 页。

被强迫的异性爱的结合或者大众文化与现实生活中婚姻形象的差异。自由主义的女性主义电视文化则注重内容分析的方法。下面试就后现代女性主义电视文化研究探讨其特点。

（一）差异性

后现代女性主义首先否定的是传统女性主义中的"男女平等"观念，从对女性生理与心理现实的认知出发，她们认为男女的绝对平等是不可能的，差异才是绝对存在的。不存在完全立场一致的女性主义，或者说，不同的电视文本对不同女性意味着不同的意义。性别与阶级、种族有着错综复杂的关联，并成为一个紧密相连的整体，在不同的语境中呈现出不同的意义。在这个意义上，后现代女性主义与后殖民理论、新历史主义密切相关。比如，安德烈·普雷斯在《霸权过程中的阶级与性别：女性理解电视现实和认同电视人物中的阶级差别》这一研究中，通过研究美国工人阶级妇女和中产阶级妇女收看电视娱乐节目的不同方式，专门比较了这两个群体对电视人物的认同类型，以及这两个群体的成员在判定电视内容为"现实的"的方式上的差别，得出的结论是：工人阶级妇女更可能注意到电视所描绘的中产阶级的物质世界，而中产阶级妇女更有可能从个人方面来认同电视人物及其问题，特别是那些与家庭有关的、处于家庭背景下的人物。① 在电视文化研究中，后现代女性主义借鉴了福柯的话语理论，其焦点聚集于"阐述"上，即谁讲述文本，文本又是讲给谁听的；电视在家庭生活中所扮演的角色；生产方式与接受方式之中所蕴涵的意识形态。根据具体电视文本的不同，具体意义的差异性也由此产生。

（二）受众研究的重要性

后现代主义女性主义电视文化研究是一种反本质主义的女性主义文化批评和性别意识形态研究，其理论主要用在文本叙事研究和受众研究两大方面。它一般预先假设两种特定的实体———一方面是文本，另一方面是读者的相辅相成的关系，认为既不存在文本之外的读者，也不存在读者之外的文本。它着重分析父权制的社会结构或父权制的电视机制对女性的主体性建构的决定性和强制性作用。

在受众解读上，他们更强调解读的过程受到很多因素的影响，包括文本

① ［英］奥利弗·博伊德－巴雷特、克里斯·纽博尔德编，汪凯、刘晓红译：《媒介研究的进路》，新华出版社，2004年版，第519页。

结构、文本解读所在的社会环境、读者所属的文化以及这些文化对解读的多样影响。这些相互联系的因素的复杂性，使得以性别为基础的解读也针对不同情境而更加敏感和不断精化。同时，后现代女性主义电视文化研究打破了传统的控制—建构的二元对立，认为女性观众在电视文化消费的过程中既是对父权控制的逃避，同时也是她们自己话语的建构，但最终是社会层面的兼并和招安。劳拉·斯·蒙福德的《午后的爱情与意识形态——肥皂剧、女性与电视剧种》为从这个角度进行研究提供了可资借鉴的研究样本。

四、后殖民主义的挑战

一般认为，后殖民主义的正式诞生，是以爱德华·赛义德的《东方主义》的出版为标志。它受惠于解构主义思潮、狂欢化理论、福柯的话语理论等理论资源，从而以一种批判性眼光审视国家之间、民族之间的支配与被支配、建构与被建构的关系，对"东方主义"、"文化帝国主义"、"西方神话"等的批判是后殖民主义的主要内容。

赛义德在《东方主义》中界定了所谓"东方主义"的概念，其含义的重要方面是"东方主义是自 18 世纪末以来西方世界用来对待东方的共同规范，西方世界根据这一规范评论、描述东方并对东方进行殖民统治，换言之，东方主义是一种西方对东方的宰制、重建和话语垄断"①。可见，东方主义并非地理意义上的东方，而是西方为了自己的统治而人为构建起来的一个概念，体现了西方与东方之间支配与被支配的关系，是"西方中心论"下对东方的想象、无知、虚构和偏见。在东方主义的背后，是一种优势意识形态的言说和霸权观念。此后，赛义德又出版了《文化与帝国主义》，进一步从知识权力与文化控制的关系这一维度拓展了后殖民主义的研究。同为研究东西方之间权力关系的思潮，文化帝国主义研究则以汤林森的《文化帝国主义》为代表。汤林森指出，文化帝国主义主要是通过各种形式的文化交流——包括各种形式的大众媒介传播"西方观念"，引起第三世界人们的追捧、效仿，从而消解他们对民族文化的心理认同，最终造成西方文化主宰的"世界文化"。"西方神话"指的是后殖民主义者描绘出了西方的幸福图景，将西方塑造为政治经济和文化上的优势区域，从而引起非西方国家人民的向往和渴慕。

影视文化是后殖民主义研究的重要对象。好莱坞电影已经毫无疑问地传

---

① 丛郁：《后殖民主义、东方主义、文学批评——关于后殖民批评语汇的思考》，《当代外国文学》，1995 年第 1 期。

达了西方世界是一个公正、平等、民主、富庶的天堂；而另外的欠发达地区
则以"他者"形象出现在影片中，与愚昧、落后、可笑相联系。同样的，在
电视文化领域，随着经济全球化的推行，西方电视紧随麦当劳、迪斯尼进入
第三世界国家。这些电视文化产品不仅给西方国家带去经济收益，更重要的
是，它从文化层面上潜移默化地将西方的价值标准和意识形态引进并发挥着
"西方化"的影响。后殖民主义电视文化所要关心的，就是西方电视如何塑
造西方中心和优势形象，如何"边缘化"非西方国家和地区或让其陷入"失
语"状态，如何让它们以一种"他者"形象出现在电视文化中并成为西方世
界取笑逗乐的来源。在这种研究中，关注的重心是：谁是言说的主体？什么
样的意识形态得到了表达？"他者化"是如何形成并成为可能的？通过边缘
化、他者化的策略，传达了何种权力关系？后殖民主义电视研究主要利用后
殖民理论，企图回答上述问题，最终在西方/东方、支配/被支配的二元对立
中对它作出解答。

　　当前是传媒盛行的时代，电视等大众传媒已经是人们身份认同的主要途
径和方式，因此，电视这一场域将是不同文化和国家争抢的盛宴。全球化与
民族化、多元化与本土化，彼此纠结而又无法分开。后殖民电视文化研究在
守护民族国家认同、为西方去魅、消除传统的中心与边缘之分等方面作出了
有意义的应答。

　　总体说来，后现代电视文化研究是一个众声喧哗的场域，它们很难在具
体观念上得到前后相承的逻辑描述。但是，在颠覆传统的中心、优势主体这
一反叛态度上，它们取得了共识。对边缘化、被压抑群体和对象的关注，对
传统的高高在上的宏大话语的消解，对已然是统治力量的现代性的反叛，使
得这些彼此差异极大的理论在"后现代主义"这一面大旗下聚集起来，在电
视文化研究中开出绚烂之花。

　　然而，后现代电视文化研究的不足也显而易见。第一，其理论焦点集中
于影像与意识形态、影像与现实或影像之间的宏观结构关系上，完全忽视了
社会影像与不同社会地位人群之间的交叉关系中具体的、打着语境烙印的实
践。换言之，缺少具体情境和对对象研究的精细化。第二，它没有认识到社
会下层人士至少可以创造出意义，可以将意义投入社会传播之中并将它们作
为日常生活的资源加以利用。

第三章　解读电视文化：从符号开始

　　我们知道，文化总是体现为各种各样的符号，举凡人类的器具用品、行为方式，甚至思想观念，皆为文化之符号或文本。作为传播的基本元素，符号从创造出来就要传达某种意义——即表征（Representation）。文化的创造在某种程度上说就是符号的创造。电视作为一种传播媒介，它不是简单地传播，它是文化、是生活。而这种"文化"，又是通过电视的符号和电视观众的再结构来实践的。当我们把电视文化看成纯文本的时候，研究的取向就是将电视视为复杂的符号系统，电视即相当于符号系统中一个变幻无穷的辐射点。电视文化的符号学解析，即是从符号学的角度解读电视文化，解读符号在电视传播中的价值及意义。这对电视、电视文化批评与研究，对进一步研究电视节目形态内容及电视的方方面面，都具有重要意义。本章试图从三个层面解析电视文化与符号学之间的关系，从而更全面、深刻地把握电视文化的符号学意义。

第一节　符号与符号学

　　符号学中意义最小的单位称为符号（Sign）。符号学就是从研究这个符号单位开始，研究符号组合的规则和符号意义的外延和内涵。符号学作为一门研究符号与符号系统的学科，是从使用符号的方式入手研究社会的文化、文学艺术或其他方面。它既是一门学科，又是一种方法论。符号学有两条发展线索：一是美国实用主义哲学体系的创始人之一的皮尔斯（C. S. Peirce）从 19 世纪 60 年代起，从逻辑角度对符号进行研究，直到 20 世纪 30 年代实用主义哲学家查尔斯·莫里斯（Charles Morris）将符号学体系化。符号学的另一始祖是被称为"现代语言学之父"的瑞士语言学家索绪尔（Ferdinand de Saussure），他在对语言的符号学式的研究中发展出结构主义符号学，形成色彩偏浓的法国"太凯尔学派"，此学派还包括了巴特、索莱尔、克里斯蒂娃夫妇等人。在这一节里，我们就符号与符号学的基本原理及符号的构成、分类和意义作一概要介绍。

一、符号的组成及分类

现代符号学始祖索绪尔和皮尔斯，主要从语言学的角度对符号本身进行了研究。索绪尔最早对符号的结构进行了阐述。他将符号划分为两部分：能指（Signifier）和所指（Signified）。能指表现为声音或形象，是符号的物质形式；所指是指由这种声音或形象在人心理所引发的概念，是符号的内容。他认为，任何一种约定俗成的符号都是符号本身的形式和符号形式所"指说"的对象，即表现内容的统一体。索绪尔说，这二者的关系是完全任意的、非自然的，仅仅是习惯的结果——文化的约定俗成。由此得出，符号＝能指＋所指，符号则是一个表意的建构（Signifying Construst）。

根据索绪尔关于"能指"与"所指"的关系，美国的符号学创始人皮尔斯把符号分为标志符号、图像符号和象征符号三种类型。[①]

（一）标志（Index）符号

作为标志符号，其能指与所指之间有存在性关系，同时还依赖于其所指与对象在时间上的共存性。如病症指示疾病，二者有因果或邻近关系。此外，标志符号的意义也是由社会约定后确认的。

（二）图像（Icon）符号

所谓图像符号，是指某种借助自身和指说对象相似的特征作为符号发生作用的一类符号。在图像符号中，能指和所指因为具有共同特征而发生对应关系。如山脉可用三角符号表示。图像符号包括图画、图表以及具有转喻意义的图画，如天安门象征北京。

（三）象征（Symbol）符号

象征符号具有指称功能，其能指与所指之间的关系是任意的，是相沿成习的。一般符号学注重研究的是第三类关系。索绪尔认为，符号的能指与所指关系是任意的，但当符号系统形成时，能指与所指的关系就不再是任意的了，相对固定的社会契约保证了能指与所指关系的确定性，从而保证了信息传达的有效性。

---

① ［英］特伦斯·霍克斯著，瞿铁鹏译：《结构主义和符号学》，上海译文出版社，1987年版，第130～133页。

二、符号的传播及意义

从符号学角度看，传播活动基本上是一种符号的活动，我们每个人从事语言或非语言传播，即是借助各种符号传递意义来沟通、维持或挑战既有社会秩序。约翰·费斯克在《传播学研究导论》（*Introduction to Communication Studies*）一书中认为，如果要连接宏观的社会理论与个别主体的传播行为，则必须吸取结构主义传统中的符号学观点。约翰·费斯克把大众传播研究分为两大派别，即过程学派（Process School）和符号学派（Semiotic School）。"过程学派"关注传播者和接受者如何进行编码和译码，以及传播者如何使用传播媒介和渠道，把探讨传播效果和正确性问题放在首位。如果传播未达到预期效果，则是"传播失败"。而"符号学派"则视传播为意义的生产与交换，关注讯息与文本如何与人们互动并产生意义。符号学派认为，误解并不是传播失败的表征，而应从文化的差异中去寻找原因。在传播研究中，符号学派的最基本兴趣在于"符号化"过程或"意指过程"，而不在于消息传递上的"交流过程"。因此，符号学派对于"意义"的产生、表达和阐释等给予了前所未有的重视。

在传播研究中，符号学派关注的焦点在于"符号化"过程，亦即"意指过程"，而不在信息传递过程。符号学派的这一基本立场，决定了他们对符号、符码、文本以及相关文化问题十分关注。而费斯克所说的"过程学派"则通常只将上述对象视作传播过程中传受双方所必须涉及的相关要素，并未予以特别的注意。这可以被看作是符号学与过程学派的主要差别之一。符号学特定的研究视角和研究领域，特别是其对"意义"的基本认识，决定了符号学派在传播研究中对接收者角色予以特别的关注。

在符号学派看来，接收者在交流中充当着比过程学派所能意识到的更为积极的重要角色。符号学派的研究工作着重在阅读文本，因此更喜欢用"读者"代替"接收者"。读者正是以将他自己的经验、态度和情感、意志带入文本的方式帮助"创造"出文本的意义的。符号学派对传播过程的"文本"、"读者"、"阅读过程"格外重视。法国当代思想家让·波德里亚曾认为，当代生活就是一个符号化的过程，不仅客体被符号化，而且连主体也同样被符号化。任何物品想要被人把握，比如被人消费，就必须首先成为符号，只有符号化的东西，如成为广告的描绘对象从而得到媒介的传播，才可能进入人们的现实生活。在符号如此繁衍、扩张的时代，人们实际上生活在一种由各种符号构成的"超真实"的世界里，所谓现实生活反倒成为对这种符号世界的模仿。符号是一切传播活动的原材料，一切传播活动都离不开符号。

　　符号这个概念实际上牵涉三个东西：一是符号，二是对象，三是意义。以"人"这个汉语符号为例，它有个固定的读音或写法，这就是符号或符号的表现形式；这个符号往往代表着现实里的某个事物，这就是对象；同时，这个符号还包含着一个确定的意思。对此，英国学者奥格登和里查兹在《意义的意义》一书里，曾用一个著名的三角图做了直观的说明，借用当代美国著名传播学者斯蒂文·小约翰的话来说就是："这个三位一体说仍成为符号论思想的核心。"①

　　由此，每个符号系统都有这样一套规则，即符号系统的信码（Code）。使用信码来处理信息，被称做编码（Encoding）；使用信码来解释符号，就是解码（Decoding）。显然，只有编码与解码过程相应，才能"正确地"传达一个信息。

三、符码（Codes）的分类及意义

　　费斯克在他的《传播符号学理论》中指出，所有传播都包含符号（Sign）和符码（Codes）两个要素。符号是各种人为制品或行为，其目的是传递意义。符码则是组织符号和决定符号关系的系统。符码和符号是大家都使用的，而符号/符码/传播的传递和接收正是社会关系的实践。由此而表明：符码的意义在于符号的社会功能，而非符号的结构，因为符码的作用完全出于使用者的共识。为了说清符号与使用者的关系，则可从符码的类型开始。

（一）逻辑性符码和美学性符码

　　符号学依据符码的性质、被感知方式及表达功能，将符码分为逻辑性符码和美学性符码。逻辑性符码一般由任意性符号组成，其符号单位具有可区分性，其所指与能指一般有较确定的对应关系。逻辑性符码往往能较清晰、准确地表达意义、思想。而美学性符码则一般由肖像性符号组成，其符号单位往往不具有可区分性，其所指与能指存在明显的"诱导"、"限制"关系，但一般不具有确定的对应关系。电视的图像画面、音响效果等都属于美学性符码范畴。

---

　　①　[美]斯蒂文·小约翰著，陈德民、叶晓辉译：《传播理论》，中国社会科学出版社，1999年版。

(二) 再现性符码和呈现性符码

根据符码与交流者和指涉对象的关系、存在形态以及交流中的实施和功能状态，符码又分为再现性符码和呈现性符码。呈现性符码指符码不能脱离自身及编码者而代表其他事物。再现性符码是唯一具有指涉性功能的符码，它能脱离与对象的物态性联系，来传达指涉对象的信息。在电视中，两种符码形式是相互渗透的。

(三) 广播符码和窄播符码

费斯克根据符码的受众性质又将电视传播的讯息符码分为广播符码和窄播符码。广播符码面对广大受众，因而必须适合相当异质性的受众。窄播符码只针对某些特定对象，它的意义有时会随着情境的变化而变化。费斯克认为："在广播的讯息中，所传达的是一个文化内在的情感、态度和价值等模式，而这些讯息会重新融入它们所来自的文化中，再度塑造出同样的思想与情感。"[①] 由此，费斯克指出广播话语的电视应以观众的生活为创作源泉，反映观众的情感需求。

(四) 精致符码和限制符码

伯格根据英国社会语言学家伯恩斯坦的研究成果，将语言符码分为"精致符码"(Elaborated Codes) 和"限制符码"(Restrictive Codes)。电视作为一种媒介，沟通了这两种不同性质的符码，使两者互相融合。

符码是极其复杂的联想元素，是人们从特定的社会文化中逐步学习得来的。这些符码或被称为心灵的"秘密"结构，影响着我们的媒介与生活方式中的符号与象征。费克斯与哈特利指出："符码的意义在于符号的社会功能，而非符号的结构，因为符码的作用完全出于其使用者的共识。"[②] 人的社会化与受文化熏陶，说到底就是被授以能使用各种符码的权力，而大部分的符码与个人所属的社会阶层、地理环境、种族等相关。

人们离不开符码，就如同乐曲离不开音符。观看电视节目更是如此，在长期观看电视节目之时，观众已形成一套自己的符码系统。同时，电视制作

---

① [英] 约翰·费斯克著：《传播符号学理论》，转引自陈龙《在媒介与大众之间：电视文化论》，学林出版社，2001 年版，第 212 页。
② [英] 约翰·费斯克、约翰·哈特利著，郑明椿译：《解读电视》，台湾远流图书出版公司，1993 年版，第 45 页。

者所使用的符码与观众所使用的符码在一般情况下是相通的。但是，制作者与观众之间却经常产生误会，因为观众是一个复杂的群体，他们的解读活动也是千差万别的。正如意大利学者艾柯指出："符码与次符码依一般的文化参考架构应用在讯息文本的解读中。所谓一般的文化参考架构，包括讯息接收者的知识总和：其意识形态的、道德的、宗教的立场，其心理态度、品味、价值等等。"[①] 由于信息传送者的年龄、文化程度、意识形态、世界观等方面存在差异，同时接收者也存在着这些差异，因此两者之间的误会是不可避免的。但符码是大多数人在交流过程中共同形成的"规则和惯例"，自然也为大多数人接受。

从符号、符号学到符号的传播，我们可以清晰地了解及把握符号与符号学的关系及符号的意义，并依据符号学的原理解读电视的图像及声音。

第二节　符号学与电视文化研究

我们知道，符号学的中心概念是符号。而今大众传播学与符号学联姻，使媒介传播获得了一种新的范式——表征范式。在媒介上出现的任何内容都是符号的一种建构，是原始概念和经验符号化的过程，而不是事物本身。无论文字、语言，还是画面、图片，都是些符号，而不是事件本身。它是人们摄取外来刺激，通过思维赋之以形式，将之符号化了的，是一种媒介化了的事件。我们通常接触到的媒介内容只是一种表征，它们是加工过的、用符号构建的某种东西。而我们正是通过这些媒介表征来认识这个世界的。电视文化的符号学研究主要是运用符号分析方法来研究电视艺术的方法。而符号学分析的优势在于文本分析或者受众解读。在这一节里，我们从电视符号文本分析和受众解读的权利两个角度来观照电视文化研究。随着新技术的发展，传媒进入后现代主义，符号爆炸成为当今电视发展的一大景观，体现了电视文化的独特性。

①　［意］艾柯：《通向电视讯息的符号学探讨》（*Towards a Semiotic Inquiry into the Television Message*），转引自约翰·费斯克：《解读电视》，第33页。

一、电视符号的文本分析

(一) 电视的图像和声音

何谓电视画面？准确地讲，现代电视节目的画面是图像符号和声音符号的综合容器。电视节目制作人的电视画面观念应该是：电视画面不单是图形性的，还是声音性的，它是图像和声音的高度综合。电视画面展示的连续性，使其不仅具有单幅画面的线条、色彩、情态的冲击力，而且具有连续画面的具象叙述感染力和抽象对白的表述力。

概括而言，电视包括五种传播符号：影像、文字、声音、音乐、音响效果。电视主要就是通过图像和声音来传达符号信息的。电视借助音画符号体系进行传播，如同文学借助语言进行传播一样，因此我们可以运用语言学模式与理论分析电视。从符号学角度分析电视，自然会考虑诸如画面、镜头的问题等等。那么，电视所传播的讯息包含哪些符号？如何分类？代表什么价值？表达什么样的意义内涵？

关于这一问题，美国学者 A·S·伯格有着深刻的认识。在伯格看来，电视表现中的每个因素都体现了符号关系，包括灯光、影调、色调、音响效果、音乐等。这些都是电视符号形式层面的东西，能指有助于我们对电视节目的理解和阐释。同时电视又是高度复杂的媒介，以口语、视觉形象、音乐等向观众表达印象和意念。所以伯格认为，电视符号学家有两个任务：一是如何表现印象和意念，二是如何达到印象与意念的成功表现。

随着电视这种具有现代性标志的媒介深入到家庭的日常生活，并成为人们获知各种信息、享受多样娱乐、接受教育的主要传播工具后，看电视的行为实践本身就是日常生活的一部分内容。电视图像符号像一日三餐一样成为家庭生活的一个重要角色，把人们从现实生活中带出来，带入到一个图像的世界，又将图像的世界带入生活。电视多样、日常与随意的性质，使它在图解我们的文化生活的过程中，也将其自身所形成的意义作为一种文化符号，与其他元符号一起建构起现代文化的含义和解释的系统。

(二) 电视视听符号的意义

电视是综合运用画面和声音两种传播符号的媒介，这两种传播符号各有自己的功能。电视艺术符号是整个艺术符号中的一种具体形式，它以直接诉诸人们的听觉与视觉的形象出现，引发人们的审美联想。

我们知道，符号学中最重要的是"系统观念"。它把符号的意义扩展到了广泛的文化范畴上。一旦我们把围绕着电视的各种信息理解为符号系统的运作所致，那么实际上电视就承担了各种文化载体，起着联系各种文化和与大众对话的作用，担负着中介角色。它能够把文学等审美程度很高的艺术通俗化，高雅的艺术可以通过它进入民间。不懂文学的人也能通过图画和声音掌握其基本内容，反之，文学艺术可以通过电视得到很好的宣传。这个理论框架参照了符号学系统原理的编排和次序，是从电视文化本身研究到外部范围的研究。

从文化学的角度看，电视不仅仅是一个传播信息的场所，每天承载着大量的信息并将其发布到每个家庭，它更是一个生产意义的文化场所，即电视本身就是文化现象。因为电视在传播每一条信息的时候，都有一种行为发生，而这个行为本身是制造意义的。每一个有意义的行为又是在一定的文化前提下发生的。在这样的实践循环活动中，文化被电视图像符号表征（representation），表征过程本身亦是一项文化实践过程。

而符号学研究的重点是利用符号来沟通的方法，以及那些主导符号使用的规则。符号学最重视的问题是"意义如何被创造出来"。而符号系统在电视节目形态研究中的重点则是观察各种文化观念是如何进入电视文化的。我们需考虑：第一，创作者是运用何种理论进行创作的，作品和创作者及观众的关系如何。第二，各种文化是如何在电视节目里共生的，尤其是大众文化和主流文化是如何相处的；娱乐功能和审美功能在这个系统能否共生。

（三）电视符号的全息化和失真化

符码是受众解析现实和解析电视的中介，电视文化就是借助对符码的组织来实现的，但电视符码有其特殊性。正如霍尔所说："电视符号是一个复杂符号。它自身是由两种类型的话语——视觉和听觉话语——结合而成的。此外，用皮尔斯的术语来说，它是图像符号，因为'它拥有所再现的事物的一些特点'。"[①] 学者高小康认为，电视符号中存在着一种全息现象："摄影与电子传音、录音技术对信息传播来说，就意味着一定程度的全息化：摄影比之于绘画，所传达的视觉信息不仅包括了绘画所传达的'特征'信息，而且还具有非特征的'细节'信息。电子传音比起口头传达来，不仅包括了后者所传达的'语义'信息，而且还传达了发音的个人的生理信息……最能显示出当代全息化传播特征的技术手段当然是电视了。电视具备了声音、画面

---

① ［英］霍尔：《编码，解码》，转引自罗钢、刘象愚主编《文化研究读本》，中国社会科学出版社，2000年版，第349页。

和运动等多种维度的信息，而现场采访与报道、实况转播节目等方式更提供了一种环境信息，从而使电视节目特别表现出全息化的身临其境之感。"①

同时，电视符号的全息化，并不意味着电视能够全部真实地再现客观事物的本来面貌，特别是如综合文娱类节目。即便是视真实性为生命的新闻节目，也不例外。因为无论是多么丰富的信息，只要已经经过选择和整合，便不再是真正客观的信息，也就不一定是原始的真实事件了。从这个意义上而言，电视符号又有失真化的特点。②

（四）电视视听符号的神话、隐喻和象征功能

1．神话功能

在罗兰·巴特对符号学的探讨中，有一个重要的概念——神话。神话本指关于神或神化的古代英雄故事，或指不真实的故事。在巴特看来，神话是一种文化思考事物的方式。巴特在《当代神话》一书中认为，神话是一种讲述，是对事物进行思考、理解，进行概念化、理念化的方式。神话的过程就是"掠夺"、"歪曲"的过程。其通常的做法是"变形"，将历史"自然化"。电视观众与符号之间的文化互动，其隐含义与神话是产生第二层符合义的主要方式。观众的神话就是在与电视符号的交流中渐渐形成的。

2．隐喻与转喻

从传播学的概念来看，隐喻和转喻是指雅各布斯和里奇等人的符号学说。他们认为，隐喻和转喻是符号表意的两个基本形式，隐喻意味着所指与能指之间"地位的转移"或变位以及对于移位之间两者地位相等的承认。这样，从某种程度上说，所有的能指都可以归为隐喻。电视符号可以同时以隐喻和转喻的方式运作，只是执行的功能不同。在第一层次的表意阶段，符号的图像式或外延性功能是属于隐喻性的，即是由实体到表象的移位作用；到了第二层次的表意阶段，其潜在的内容意义则主要靠隐喻方式。

3．象征功能

这里所谓的象征是指罗兰·巴特理论的表意第二层次中的第三种方式。当物体由于传统的习惯性用法而替代其他事物的意义时，即成为象征。皮尔斯发展了巴特的象征说，提出了象征指标说。在电视媒介中，象征总是以集体象征的方式出现的。大众传播媒介最大程度地消解了个人化的感情经验，造成精神体验的集体化、公共化、体验"他者化"。

---

① 高小康：《大众的梦》，东方出版社，1993年版，第96～97页。
② 参看李军林：《论电视文化的特点》，《新闻天地》2003年论文版春季版。

（五）电视图像意义的生成

索绪尔对符号的分析表明符号是如何发生作用的。他首先关心的是语言系统，其次才是语言系统和受众之间的关系。索绪尔并不把"意义"当作一种读者—作者和文本之间交涉的过程，他的分析重点在文本。罗兰·巴特接受了索绪尔的学说，在索绪尔学说的基础上创立了意义分析的系统模式。

符号学家罗兰·巴特认为，符号学研究旨在对一切包裹着"自然法则"的现实作揭露；言语的过程就是"神话"（Myth）化的过程。对于文字符号而言，由于其"能指"在形象方面与"所指"几乎没有任何的相似处，所以言说与被言说之物的关系的非自然性就比较容易理解。而像电视画面这一类的图像符号似乎自动地具有自然性，因为画面与现场视觉有一致关系。但是，从符号意义生成机制来看，图像仍然是以意指作用的方式运作的，其能指和所指之间具有复杂的居间功能。因此，罗兰·巴特通过图像符号解读他的"现代神话"理论，并且认为其神话性在"自然法则"的包裹下，要比语言符号隐蔽得多。

罗兰·巴特认为，符号产生意义的运作过程可以分成三个层次，也就是说符号在完成意义的运作过程中，有三个不同的"表意层次"。①

1. 外延义

所谓外延就是指物体的形象延置到影像（如画面、照片）上，这时候影像符号与意义（所指）之间形成一种自足完满的关系。如电视屏幕中的某个人的画面，就代表着这是某一个人。这个层次符号意义的产生，通过外延的形式而形成：能指即影像本身，所指则是形成符号形象的那个物体。

2. 内涵义

当一种符号放置在这种符号的整体类别中时，其所指便发生了变化。如曼德拉的照片，其外涵义是指曼德拉本人；而此时，曼德拉则代表反种族歧视的运动，同时也象征着人类争取自由的精神。这时候，符号表达意义的运作就到了第二个层次。第二个层次符号意义的产生是由其所指移位的无限性所致，即符号能指与所指的第一个关系确定后，以第一层符号外延的意义为基础，并将另一层意义附加其上，同时也掏空第一层的概念，构成另一个所指。

---

① 参看李岩：《揭开电视图像的"神话"面纱——图像意义生成过程演示》，香港《中国传媒报告》（China Media Reports）2004 年第 1 期。

3. 相互主观

这里强调的是编码者与译码者的文化身份在符号意义生成过程中的作用。不论编码者还是译码者，他们首先同属于一个文化群体，共同的文化背景为他们提供了主观的意识——他们在各自的文化身份中。因此，他们对符号意义的感知在本质上并不是因人而异，符号的意义只有在文化平等、同一的成员之中才能产生，这就是所谓的相互主观。

在这里，符号的外延义的本质是符号的指涉性、直接性意指。符号的内涵义的本质是符号含蓄性、联想性的意指。人们对符号外延义、内涵义的把握过程，是符号使用者在一定符号规则的支配下，对符号进行编码和译码的过程，即相互主观。由于符号使用者在采用何种符号规则上，受制于个人、社会、文化等等因素和条件的影响，所以，对符号外延义、内涵义的解读，使符号使用者和文化之间有一个互动协商的过程。

在第二个层次上，由于符号意义生成首先掏空了第一层次上所指的意义，才得以将新的意义置入其中，如果要达到符号最终诉求点，还需要编码者和译码者文化上的共识。在符号意义运作的此次终点，我们解读的意义从其非自然性讲，就是一种神话。

在第三个层次上，符号淡化了其外延的意义后，使我们把关注点放置在当它出现在这个位置上时，象征了什么、代表着什么。这便是一种神化过程。符号的外延意义是透过影像和声音再现的机械过程产生的，内涵义则是人为介入的结果。因此，内涵义也是无限制的、主观的经验。作为内涵意义的因子，植入符号使用者的意识形态，便可能引发使用者的个人的主观感情。

所以，符号意义不论在哪个层面上运作，其表达意义的主要手段都是隐喻和转喻。任何的符号都会被置于一个文本之中，使它与其他符号一起构筑文本的意义——一个完整的言说。符号与符号之间仍然是在已经确定的规则中建立关系的。从这些规则中解释每一个文本的解释，即对解释的解释，是符号学揭开图像符号"神话"面纱的又一种演示。

总之，电视的本质是视觉的"画"和听觉的"声"有机结合的形象传播。"画"和"声"是视听艺术的两条腿、两个侧面、两个组成部分。它们共同承担着传播功能，两者相互配合，各显神通，缺一不可。电视中的声音包括语言、音乐和音响。声音的作用与地位在电视创作中是不容忽视的，我们要在创造"最丰富最复杂的视觉形象世界"的同时，创造"最丰富最复杂的声音世界"①。电视文化给我们提供了一个建构更公平，更充满包容性的文化语境的契机。而符号，就像视觉世界里具有生命的细胞，由它们的组合，化生出一个五彩斑斓的生态圈。

二、电视受众解读的权利

随着高科技的发展，我们的电视所处的境况和语境完全不一样了，如新兴的网络媒体、光纤传输、数字化技术、多媒体制作、DV 革命等，改变了以往的电视传播方式和接受方式。由此传播理论和理念也发生了改变，传播者与观众之间的关系已不是自上而下的导向关系。以往的理论核心是注重传播者对观众的导向性，观众是被动的，观众处于"你播什么，我就看什么"的模式下。这一模式在今天的媒体格局中已经失效，观众可以在众多的电视节目中或网络媒体中选择"我要看什么"。可以说，这是电视受众解读的权利，也是电视媒体的一次权力转移，从传者中心转移到观众中心——话语权的转移，从一种声音转移到多种声音，一个多元化的话语权得以确立。这种转移，消除了传播者与受众之间的强制关系，受众不再只是被动的接受，从而进入了积极参与、主动接受和交流的语境中。电视文化真正成为了人人都参与游戏的文化广场。由此，我们这一时代才进入平等、平行、互动的传播时代，进入多元化和差异性并存的宽容时代，进入 21 世纪全球话语交流的时代。

对电视文化的受众进行研究以及运用符号学研究电视文化，首先以英国的文化研究学派为代表。如霍尔的符号学与文化霸权，戴维·莫利的电视观众的民族志研究，约翰·费斯克的走向快感的电视文化理论等。正如费斯克所说，英国的文化研究派属于研究意义产生和交换的"符号学派"。符号学理论强调连接微观的符号意义构建与宏观的社会权力运作，因此对符号学基本内容的研究是传播批判研究深入的必要过程，也是构建批判观点的传播理论的基础。对于英国文化研究派而言，符号学的探讨具有方法论意义。同时，文化研究学派将电视技术的发明、电视节目的制作及受众的收视行为都放在一种历史的、社会的、文化的语境中来考察，引入了符号学、意识形态霸权理论及民族志等诸多理论资源及研究方法，在电视研究领域取得了令人瞩目的成绩，特别是从受众角度探讨电视文化，摆脱了之前的法兰克福等批

---

① 格来米永在 1947 年发表于《法国银幕》里的一篇文章说："第七艺术把最丰富、最复杂的形象世界和最丰富、最复杂的音响世界结合在一起；它的各种有节奏的结合是无穷尽的，它蕴含的源泉几乎还没有被发掘……"这里"第七艺术"是指电影艺术，本书将延伸到电视。

判学派大多专注于电视文本分析而忽略了电视受众的研究理念，具有积极意义。在文化研究学派中，威廉斯、霍尔、莫利及费斯克的电视研究一脉相承却又各具新意，共同造就了电视文化研究的繁荣局面。① 关于这一内容，本书第二章《西方电视文化的丰富内涵》中专辟了一节《文本之维：文化研究烛照下的电视文化》，阐释受众对电视符号的解读与运用，兹不赘述。

三、电视与"符号爆炸"

（一）符号的真实与"超真实"

我们知道，在马克思主义里，物品呈现为商品形态；而在后现代主义看来，物品则呈现为符号形态。我们的消费是在符号层面而不是在物质层面进行的。使用价值与交换价值都让位给符号价值（不是消费物品，而是消费符号）。这意味着，社会从生产社会向消费社会转移，而"符号"无疑比"资本"更能破译消费社会的实质。

后现代的符号语境体现了大众传媒的全新属性。在这当中，真实、真理、形象、意义的消解，无疑会成为后现代主义的传媒研究所关注的重点。例如，先有真实再有反映真实的符号，符号因为真实而具备意义，这无疑是此前的传媒批判理论研究的共识。然而，现在的符号却脱离了真实而独立存在，而且连符号本身也已经被认定是一种真实，甚至只有符号才是真正的真实，即所谓的"超真实"。同时，人们只在符号指涉层面上面对世界，而不是在人与意识形态的互动层面上面对世界，而且，正是在这场与符号的互动中人们偏偏丧失了自己的主体性。因此，事物的非真实化、作品的非真实化以及形象与可复制的形象给世界带来的非真实化，这就是后现代主义的传媒研究所不能不去关注的新的"超真实"。而且，由于传媒并不制造意义、意识形态和主体，而只是不断地进行自我指认，因此，也就终结了意义、终结了主体性、终结了意识形态、终结了历史。这就是说：事实上所谓政治、经济乃至意识形态都并不重要，重要的只是符号。进而，"文本之外无他物"（德里达语）。而且，在后现代主义看来，符号生产的急剧扩张，使得权力核心发生了急剧的转移。可以说，谁控制了信息网络，谁就控制了社会权力。而符号的运作一旦脱离了真实的事物，其所传播的内容即使是以事实为基础的，也会因为加了许多人为的歪曲、理解，而变成了媒体的"超真实"。这

---

① 参看蔡骐、谢莹：《文化研究学派与电视研究》，香港《中国传媒报告》（*China Media Reports*）2004 年第 4 期。

样剖析符号，就是剖析大众传媒、批判符号，就是批判大众传媒、解构符号，也就是解构大众传媒。

（二）"符号爆炸"

根据符号学的观点，有线电视、数字摄录设备、电脑、（有线电视）网络等相关技术的发展，引发了信息爆炸，导致了符号的增殖及无休止的自我复制和循环，这是构成后现代主义条件的一个关键前提。经过一系列巧妙的再制作过程，电视透过技术形象展示在受众面前。"符号的轰炸"让电视最大可能地成了文化与趣味的主宰者。依托独特的技术手段，电视及其形态各异的网络相对于其他媒体，具有了一种特权：信息被源源不断地复制，于潜移默化之中"填鸭式"地迫使人们在不同的层面对它们给予高度关注。

从文化的大众化这点来看，电视的确是成功地终结了"精英文化"一统天下的局面，并最终成为大众文化的代言人。一方面，电子媒介以其强有力的"符号暴力"摧毁了一切传统的边界，文化趋向于同质化和类型化，但它又为各种异质因素的成长提供了某种可能。如电视新闻资讯在今天大肆泛滥，造成的消极影响便是历史感的消失：大量的新闻信息，让整个当代社会开始渐渐丧失保留它本身的过去的能力，开始生存在一个永恒的当下和一个永恒的转变之中，而把从前各种社会构成曾经需要保存的传统抹掉。媒体的资讯功能是帮助我们遗忘，是我们历史遗忘症的中介和机制，时间被大量的媒体资讯割裂为一连串永恒的当下。另一方面，电子传媒的高度发展，使影像替代了现实世界，也替代了传统的文字符号，消除了从符号的所指到能指之间的思维过程，导致人们越来越不假思索地接受外来的信息，迷恋于直观的复制形象而丧失了思考和想象能力。

电视符号在快速增长的同时，带来了观众主体性的丧失，使他们沦为工具理性的奴隶，造成主体缺失的状态。特别是当代人习惯快速、频繁地转换频道，从而形成了无数被切割的影像。传统意义上的丰富性、细致性在我们眼前消退。观众看似拥有丰富的选择，可实际上却往往什么都没看到。他们沉浸在永无休止的视觉轰炸中，主体的自觉意识已经衰减，在一种无所事事的状态中，满足于视觉、听觉的感官刺激，陷入一种欲罢不能、看过就忘、似曾相识的尴尬境地。最终导致的结果便是主体对于各种先进技术的膜拜，对于文化霸权的警惕消失殆尽，而发展成"单向度的人"。

（三）消费主义陷阱下的受众

在文化工业推崇的消费主义陷阱中，受众犹如一群戴着镣铐跳舞的囚徒，沉溺于狂欢式的庆典中，却无视文明背后吞噬人性的贪婪目光。不仅受众的物欲受到文化工业的塑造，就连受众意识也无法逃离文化工业一致性的过滤。随着新的传播技术、媒体工具的普及，整个世界作为地球村或部落化的特征愈加凸显，重大事件的发生会在瞬间传遍世界各个角落。正如布西亚曾戏谑道，由于电视虚拟了战争环境，营造了一种超现实的演示氛围，因此海湾战争对于电视前的受众来说实际并没有发生。如今媒介领域的受众每天都在接受大量同质的丧失意义的信息符号的轰炸以及所谓的专家权威评述。与此同时，另一媒介悖论也渐渐浮出水面：多元化的媒体资源实则是少数媒体巨头的商业触角在不同媒介领域的延伸、翻版，由此可见，多元化的图景并非对应多样化的选择。一切媒介都赋予我们的生活以人为的感知和武断的价值，于是相同的思维模式、相同的认知判断、相同的话题选择作为文化工业流水线上的产品被源源不断地生产出来。

以电视服务资讯为例，信息类快餐蜂拥而至；新闻被切割、被碎化，有关新闻的背景报道被削砍或忽略；各类电视节目充塞着每一个时间点，有限的时间内尽可能多的连续播放矫情的大众化节目，而这类节目大多忙于讲述、拒绝停留，因此受众被汹涌的信息浪潮所裹挟，无暇思考；更多电视节目的设计则是为了把观众吸引到广告商赞助提供的信息，而不是提高受众欣赏旨趣的高质量节目。

电视节目以收视率等一连串不带感情色彩、意义甚微的数字幻觉掩盖节目质量的瑕疵，从而隐藏了受众真正获取的信息量。而节目内容的常规化、可复制化，使受众自认为拥有了解读更多文本的能力，但实质上不同节目表现出的"伪个性化"正是以牺牲真正的个性为代价的——标准化的文化产品生产模式置换了受众的独立思考能力，这体现出媒介的可预测性。而媒介通过设置议题、控制话语探讨领域、对各种时尚及生活方式的传播、种种虚假的殷勤试图将受众纳入更大控制范围内（如通过电视包装操纵选票人的媒体政治秀），又折射出媒介对受众强势的可控制性。

消费文化挤压与覆盖了受众的民主空间，消费主义将人变成了消费机器，鼓励受众逃避现实困扰，竭力满足物欲及自身偏好；它使受众的关注焦点偏离了为促进社会进步及改善现有社会条件而努力，并使受众的行为变得分散化、经济化，政治意识随之淡出了人们的视野，这一切均与民主的要义相悖。

这一切也导致了公共冷漠主义，进而在消费享乐主义与社会整合间造成深刻的裂痕。而受众缺乏民主意识的直接后果就是对现存社会秩序的强烈认同与对个人民主权利的漠视，甘愿固守奴役自身的意识形态。对物欲的虔诚信仰、对思考能力的剥夺，将受众深深嵌入文化工业编织的一致性谎言中，安于享乐、无力挣扎。一群顺从的羔羊，以文化工业允诺的美丽泡沫为前方真实的影像，渐渐迷途，终究注定在自己的影子中流浪……

（四）电视语言符号的能指倾向

结构主义者把符号分为能指与所指。文字符号的能指是音、形，所指是对应的"义"；电视符号的能指则是图像、声音，所指是音像传达的"义"。如果说从20世纪80年代中期到90年代中期，电视语言符号呈现出明晰的音像能指与意义所指的二元对立结构的话语形态的话，那么从20个世纪末至今的电视语言符号则出现了明显的能指化倾向，即注重制造视听快感，消解意义深度。①

在当下的电视语境中，电视话语最明显的特征便是对意义深度的消解，浅表化、能指化已经成为现实。对所指的疏离意味着对能指的青睐。当下电视语言通过能指的精心制造，达到一种制幻效果，让受众在欺骗性的幻觉中得到本能满足。强化视听冲击，制造能指快感是当下电视语言的流行特征，这一特征是应当下文化消费主义环境而生的。在后现代主义文化全球渗透的时代，人们消费的是电视符号的能指而非所指，因此精心制造能指的视听幻觉王国是当下受众的普遍心理需求。

在今天各种电视节目类型中，综艺娱乐节目最典型地体现出当下电视语言能指的倾向。在综艺娱乐节目中，现场闪烁的灯光，现场的哨声、口号声、怪异的音响声，在后期制作中加进的音响效果以及每隔几秒出现的特技、字幕等视频效果，都是在疯狂制造一种能指的诱惑。电视商业化程度的标志就是收视率。为了收视率，电视人不断研究如何在电视语言的能指上下工夫，如何根据人的生理特性制造最能引起人的无意注意的音像构成。甚至一些收视调查公司在研究人对同一刺激的"注意"到底能持续多久后，推论出了音像构成每隔多少秒必须发生变化。今天的电视制作实际是根据观众理性休克的接受状态来设计自己的电视语言的，即电视人以何种能指才能最大限度地吸引并保持观众的注意力。

如上所述，符号学作为电视文化研究的一个重要方面，为我们展示了电视文化理论的丰富性及深刻的理论基础。电视符号的文本分析及受众解读，为我们打开电视文化研究提供了新的视野。

---

① 黄海：《中国当代电视总体性叙事特征》，《新闻前哨》2004年10期。

第三节　符号传载的想象性认同

从前面的论述可知，电视是一个复杂的符号系统，透过这一系统我们体验并认识世界。符号学的学者们试图研究这些符号系统的运作及其之间的关系，以及这个系统在我们对世界的认知过程中所产生的决定性影响。虽然我们对电视内容司空见惯，不存在阅读上的障碍，然而我们与电视的本质关系是什么，我们却不清楚。电视如同电影、绘画和摄影一样，不仅以某种直接或间接的方式反映世界，而且更以复杂的成规为基础，建构对世界的"再现"体系——这些成规的运作却被其透明性所隐蔽。这样，电视文化的真实性问题也就变成电视的再现体系问题，再现的真实与现实世界是一个什么样的关系，已是一个讨论多次的话题。再者，我们表面上好像都理解电视，事实上却是我们都习惯于电视成规的表现，这种电视在我们大脑中所建构的成规实际上已成为我们意识形态的一部分。

一、符号的意识形态

(一) 符号意义的建构

根据索绪尔对符号内部构成、意义产生过程的分析，我们可以看出符号与意义、与其客观指涉物之间存在很大的偏差，这样就为意识形态的侵入留下了空间。或者说，统治阶级利用对符号资源的占有权，优先利用这种偏差，以传达有利于维护现存秩序的意义。因此，传播批判理论从符号学的角度对意识形态重新加以定义：意识形态就是符号意义的建构，或者是说能指与所指的连接。正如霍尔所说，意识形态不是单一意见的运作，而是透过论述串联语意形成论述的场域。尽管符号能指与所指之间存在的活动空间很容易就被掌握符号资源的阶级所优先利用，但是，能指与所指关系的任意性，也保证了符号的多义性，使符号权力之争成为可能。沃洛希诺夫曾提出"符号的多声部"，认为正是因为符号的这种性质才使得符号在阶级斗争中起到能动的作用：其潜在的多义性始终在统治阶级内部活跃着，并抵抗着统治阶级结构，而统治阶级的策略就是控制多义性，把多声部减缩到单声部。在沃洛希诺夫看来，"统治阶级努力把一种超阶级的、外在的性质强加在意识形态符号之上，平息或内驱在这个符号内部发生的社会价值判断之间的斗争，把符号变成单声部的"。他们坚持"意义的政治策略"①——话语的斗争由此而展开。

在符号学看来，符号的意义本来是多元的、变化的，是意识形态使之单一化、固定化，并让人认可这种经过意识形态选择后的意义是"自然而然的"。同时，这也是符号权力的一种重要表现。而传播批判理论则认为符号学实际上就是一种"陌生化"解读，它反对认为符号的意义是自然的，鼓励大众争取符号权力，寻求意义的解放。其途径和方法是，在对符号、文本进行解读的过程中，颠覆、篡改、曲解、对抗意识形态的意义，而其后的后结构主义干脆就提出通过进行能指的游戏以创造新的消解意义中心的符号文本。

（二）符号的意识形态本质

借助符号学的观点，巴特、霍尔、费斯克等人从符号产生意义的过程重新解释了意识形态的本质。他们认为意识形态是一种符号建构，是由日常符号表现出来的，符号的意义是与受众发生互动而产生的，由于不同的受众有不同的文化经验，多元解读以及意义抗争成为可能。

罗兰·巴特作为法国当代杰出的思想家和符号学家，他对传播批判理论最大的贡献就在于他对传播媒介和广告进行了陌生化解读，批判了意识形态对符号意义的"自然化"。在《神话学》一书中，他运用了布莱希特的陌生化效果来分析当代社会，特别是分析传播媒介和广告。巴特认为，弥漫于大众媒介的这些"天然感"隐藏着意识形态价值的运作。意识形态在媒介文本中的具体表现就是建构了符号文本的特定意义，或者说，防止了意义的无限扩散。巴特把渗透了意识形态的符号文本称之为"神话"，而他的使命就是要揭示出意识形态在神话中的运作方式，并对此进行批判和解构。这样的解构过程叫做"去神话"，其实就是陌生化。

巴特的批判武器就是符号学分析方法。巴特说："任何符号学都要以两个术语——能指和所指之间的关系作为出发点。"② 根据索绪尔关于能指与所指关系的任意性的观点，符号意义是人为建构的，并且在理论上，谁都可以建构新的能指和所指。但实际上并不是所有的人都可以平等地建构能指和所指。历史上总有一些特权阶级，他们拥有建构的优先权，并采取各种手段

---

① ［英］约翰·费斯克：《大众经济》，罗钢、刘象愚主编《文化研究读本》，中国社会科学出版社，2000年版。

② ［法］罗兰·巴特著，王东亮等译：《符号学原理》，生活·读书·新知三联书店，1999年版。

来让其他阶级认同他们的建构，以维持自身的统治。巴特的符号学研究深化了索绪尔的思想。

巴特符号学理论的核心就是认为符号含有两个层次的表意系统。在巴特看来，索绪尔的"能指＋所指＝符号"只是符号表意的第一个层次，而将这个层次的符号又作为第二层次表意系统的能指时，就会产生一个新的所指。巴特称第一层的意义为"所指意义"，而第二层是"内涵意义"。意识形态的运作正是在内涵意义的层面上发生的。巴特认为内涵意义固定或冻结了所指意义的多样性：通过将一个单一的，通常是意识形态的所指归为第一符号，从而使第一符号的意义减弱。因此，大众传媒传递意识形态的主要途径就是内涵意义。巴特也称这种意义为"隐喻"，而其所谓的神话也就是符号的文本的"内涵意义"。

巴特认为："神话肩负的任务就是让历史意图披上自然的合理的外衣，并让偶然事件以永恒的面目出现。现在，这个过程实际上就是资产阶级意识形态的过程。"① 也就是说，神话自然化了它所建构的符号关系，将符号"锁定"在某些特定的意义上。但为什么锁定这些意义，而不是那些意义，只能从意识形态而不是一般文化的角度来加以解释。因此，费斯克和哈特利在《解读电视》中认为，还应有第三层次的符号系统，即能指是第二层次的符号系统（符号＋神话），所指是某种意识形态。巴特对所指意义和内涵意义的区分，揭示出我们在解读视觉符号时必须十分小心。按照皮尔斯的符号分类，视觉符号属于图像符号，"拥有所再现的事物的一些特点"，因此很容易被认作是"自然的"，然而这却只是"自然化"的结果，是"隐藏在场的编码实践的（意识形态的）效果"②。

对符号和符号组成符码或语言的方式的研究，是任何传播研究的基础。在符号学看来，几乎所有的传播都包含了符号和符码两种要素。符号作为一种表现概念和情感的表象，是表达信息蕴涵的基本元素。但我们在日常生活中更多的看到的不是单个的符号，而是一套套有组织的符号系统——符码。在媒介信息的意义流通之前，先要将原始事件编码成具体符号。这些符号既包括一种明确的意义层次，即信息发源地的事实、音响、影像的再现。同时，由于媒介表征是意识的载体，意识不可避免地带有国家、阶级和阶层的烙印，这就使得信息符号又包含了一种隐在的意义层次——媒体的立场以及

① ［法］罗兰·巴特著，许蔷蔷等译：《神话学》，上海人民出版社，1999年版。
② ［英］霍尔：《编码，解码》，转引自罗钢、刘象愚主编《文化研究读本》，中国社会科学出版社，2000年版。

传播的目的。"隐在的意义层次往往是意识形态话语介入最活跃的层次。"①
一方面，大众媒介在政治及社会文化层面上利用编码和解码的规则制造着各
种各样的神话，宣扬符合本阶层利益的生活方式、价值理念和文化内涵；另
一方面，大多数媒介都难逃商品大潮的充斥而成为商业产品，媒介信息也因
此承载着强烈的商业动机。这样，经过编码的媒介信息文本就是一个多义而
开放的系统，面向受众的读解，即受众对其中的意义进行解码的过程。"我
们借以了解社会形貌的信息往往掺杂了许多的政治与商业的力量。"②

二、电视符号的本质存在——想象的真实

通过前面的论述，我们知道，电视符号是一个复杂的符号。它自身是由
两种类型的话语——视觉话语和听觉话语——结合而构成的。用皮尔斯的话
说，它是图像符号，因为"它拥有所再现的事物的一些特点"③。而视觉话
语将三维世界转译为二维的层次，它当然不能成为它所指称的对象或者概
念。现实存在于语言之外，但它永远要依靠并通过语言作为中介。我们所能
知道的和所说的一切不得不在话语中并通过话语来产生。话语"知识"不是
以语言明晰地再现"真实"而获得的产品，而是通过符号来表现的。正如艾
柯所见：在文化中，所有的存在物都成为符号……文化完全可以用符号学的
框架来研究。

这里，电视画面是否等同于现实、等同于"真实"呢？杰姆逊（又译詹
姆逊）说："语言的物化，即以为描写世界的字句就是世界，相信关于世界
字句和概念，而没有意识到这些东西的语言本质……你读着一本哲学著作，
最后相信其真理性，以为这些思想及其语言是物，也就是现实世界了。"④
对于电视画面而言，它属于一种"符号的物化"。将画面等同于现实是忽视
了从现实到画面之间极其复杂的"编码"过程。那么，符号化的"编码"过
程，在电视制作中究竟是如何体现的呢？

其实，从电视制作者拿起摄像机摄像那一刻起，"编码"就已经（甚或
是早已）开始了。首先，电视制作主体的"创作"并不是"自由"的。他本

---

① 参看蔡骐、谢莹：《文化研究学派与电视研究》，香港《中国传媒报告》（*China Media Reports*）2004 年第 4 期。
② 张冠文、于建：《浅论媒介素养教育》，《中国远程教育月刊》2003 年 7 月。
③ ［英］霍尔：《编码，解码》，转引自罗钢、刘象愚主编《文化研究读本》，中国社会科学出版社，2000 年版，第 349 页。
④ ［美］杰姆逊著，李自修、钱佼汝译：《语言的牢笼：马克思主义与形式》，百花洲文艺出版社，1995 年版。

身就是意识形态建构的结果。他并不能随便地抓拍"现实"，他必须选取那些对其主体来说是可以注入"意义"的"现实"。这样，现实就已经被喻体化、寓言化乃至叙事化、故事化了。这既是一个意识形态的运作过程，又可以在某种程度上对其作为"生产/流通"的环节加以考察。读者反馈、市场定位、消费需求及其背后的种种权力关系，都与摄影主体形成了一种"互动"。

电视画面之所以总是给我们带来某种"真实"的诱惑，在很大程度上是因为它作为一种视觉符号，对指称对象的表达太过清晰。这使得它们仿佛不是建构的，而是"自然化"了的。斯图亚特·霍尔在论及电视的视觉符号时说："……尽管有证据表明，明显的'先天'视觉符码甚至都是文化—具象。然而，这并不意味着没有符码介入，而是意味着符码已经被深深地'自然化'了。对被自然化的符码操作并未指证语言的透明性和'自然性'，而是揭示了使用中的符码的深度、习惯性及近似的普遍性。这些符码生产明显地'自然的'认知，这就产生了隐藏在场的编码实践的（意识形态的）效果。但是，我们一定不要被种种表象所愚弄……利用指称对象的概念清晰地表达一个任意的符号——无论是视觉的还是语言的——不是自然的而是约定俗成的产物，话语约定论需要符码的介入和支持。因此，艾柯认为图像符码'看起来像真实世界里的事物，因为它们再造了电视观众感知的各种条件（即符码)'。"① 阿多尼和梅尼也曾把真实分为主观真实、符号真实和客观真实。从中，我们可以得到一个横向的坐标，人类的传播活动都可以在这个坐标中找到自己的位置：纯粹的客观真实对于个体来说是不可见的，它们表现在人类的符号真实上。电视无疑是符号真实的一个承载工具。

在今天这个到处标榜"纪实"、"写真"、"实景拍摄"的"文化镜城"（戴锦华语）中，"现实"本身已越来越符号化、虚拟化、类像化，现实、仿真、复制乃至幻象之间已无所谓原型/摹本的关系，已无法用真/伪二元对立的话语来加以言说。当面对一幅巨型广告（比如上面印有实景拍摄的高尔夫球场）时，你能说清它是现实的，还是复制的现实亦或是现实的幻象？法国的波德里亚告诉我们：在现代，所谓"真实"、"现实"已经消失，剩下的只有仅存表象而无内涵的符号。

所以，我们在电视中所看到的"现实世界"其实并不是世界的原貌，而是世界的"影子"和"形象"。我们无法事事都亲身参与实践，我们只有依

---

① ［英］霍尔：《编码，解码》，转引自罗钢、刘象愚主编《文化研究读本》，中国社会科学出版社，2000 年 9 月版。

赖电视，但电视的背后并不是一台客观中立的无所不在、有闻必录的摄像机，而是有一个巨型的文化机器在运作。每一个电视节目背后都有自身的意识形态，都是对观众个体的一次次的召唤。①

三、符号与权利——电视文化的"隐秘之脸"

（一）电视符号的意识形态

在符号学看来，几乎所有的传播都包含了符号和符码两种要素。符号是指各种人为制品或行为，任何意义都须经由它来传递；符码则是指一套有组织的符号系统，它的使用规则建立在社会成员的共识之上。② 而电视是通过其文本形式传达意识形态的，其文本符号是一套潜藏的意义系统，这些意义能被不同社会环境中的不同读者所激活。由于电视文本符号在统治阶级的机构中生产，它必定承担着那种意识形态。所以，霍尔由此进行分析，认为在电视话语的"意义"流通之前，先要将原始事件编码成电视符号。

在罗兰·巴特看来，某个符号或符号系统对现实进行意指时，包括了两个意指序列（Orders of Signification）：直接意指（Denotation）序列，指符号与其所指对象间的简单关系；引申意指（Connotation）与神话（Myth）序列，此时符号的引申意义用来代表文化或文化使用者的价值系统。因此，电视符号不但包括了视觉符号和听觉符号，而且涉及两个层次的意义，即明确的意义层次（它再现事件现场的种种影像和音响）以及隐含的意义层次（传媒的立场以及传播的目的）等等。引申意义与神话得以协调地结合为一个整体，表明了某种潜在的、微妙的组织原则——意识形态的存在。因此，在电视符号隐含的意义层次，往往也就是意识形态话语介入最活跃的层次，主流文化的"文化霸权"隐而不彰地附着其中，期待借着这一温和的方式得到被统治阶级、集团的"自由赞同"。这样，经过编码的电视文本就是一个多义而开放的系统，面向受众的读解。如果受众能够读出其中的意义也就是解码，那么这一流程便有效地完成了。

如果说揭示出电视传播内容的意识形态本质展示了优势话语如何同化社会的话，那么把电视机构生产出来的产品当作一个意义开放的文本，研究其在流通、消费阶段的诸种可能，就显示了意识形态的微妙之处。

---

① 陈龙：《在媒介与大众之间——电视文化论》，学林出版社，2001年12月版。
② ［英］约翰·费斯克著，张锦华等译：《传播符号学理论》，台湾远流图书出版公司，2001年版，第89页。

英国学者库勒指出："假如想要了解我们的社会和文化，我们所要思考的不是独立的物体，而是符号的结构，也就是使物体和行为产生意义而创造人类宇宙的关系系统。"① 如何界定电视文化的意义？事实上每个作品的意义已经不可避免地涉入复杂的传播网的符码、成规、优势和期望之中，甚至连作者也无法控制。关于电视文化的批评经常环绕在"真实"与"非真实"的主题上。电视节目的完成不是个人的作品，而是集体的创作：集体是社会的成员，不管他是否具有理性，他都始终受社会主流意识形态的影响，而他又把他从社会中习得的成规不知不觉地渗透进电视文本的创作中，真实与否在电视文本的创作中，对于电视文化其实并不重要，重要的是，占统治地位的意识形态是什么。

"一个具有媒体素养的个人，不是被动地接收媒介讯息，而是能自生活、文化、政治、经济等因素，以及媒介讯息背后隐藏的意识形态掌控权、广告等等因素间，发展出自主性的解读。"② 由于图像话语将三维世界转换成二维平面，它自然就不可能成为它所指的对象或概念。同时，"现实存在于语言之外，但又不断地由语言或通过语言表达：我们所知所言必须由话语或通过话语产生……"③ 从社会文化视角来看，电视文化反映了一个社会的存在方式，尤其是精神生活的存在方式，是一种话语系统或者说是一种符号环境，这本身就是一种意识形态。因为"话语并非'自由言语'，它不是一种说话者的意向的完美陈述。其实，我们根本无法将交际意愿看成先于语言约束（Constraints of Language）的思维活动"④。可见"话语"作为沟通活动有着一定约定俗成的系统，并制约着任何文化交往活动，这就是"语境"，或进一步说是"意识形态语境"。美国宾夕法尼亚大学安南伯格传播学院教授、电视"教养理论"的代表人物乔治·格伯纳也认为，电视是我们生活中的共同的符号环境的主流。"每一种话语都熟悉并代表一系列具体的利益。"⑤ 每一种符号环境也同样具有对世界观的整合作用、同化作用。电视文化作为一

---

① Jonathan Culler, *The Pursuit of Signs*: *Semiotics Literature and Deconstruction*, London: Routledge and Kegan Paul, 1981, p. 25

② 陈启英：《媒体素养教育——E世代之新公民教育》，载于香港《中国传媒报告》*China Media Reports*，2004年第1期。

③ ［英］霍尔：《文化，传媒，语言》，转引自陆扬、王毅著：《大众传媒与文化》，2000年10月第1版，2001年9月第2次印刷。

④ ［美］艾伦·塞特：《符号学、结构主义和电视》，［美］罗伯特·C.艾伦编，麦永雄、柏敬泽译：《重组话语频道》，中国社会科学出版社，2000年版。

⑤ ［美］艾伦·塞特：《符号学、结构主义和电视》，［美］罗伯特·C.艾伦编，麦永雄、柏敬泽译：《重组话语频道》，中国社会科学出版社，2000年版。

种话语系统或符号环境，所代表的"一系列具体的利益"，所蕴涵的整合作用、同化作用，就是它的意识形态的体现，并且这种意识形态是先在的。尽管符号形式的交换始终是人类共有的特征，但由于当代技术的进步，信息交流的快捷，文化发展的需要，电视符号已如 J·汤普森所言："符号形式的传播无论在性质上还是在规模上都表现出新的质变。技术手段的发展，加之面向资本积累的制度的确立，使符号形式的生产、复制、传播能以前所未有的规模进行……"①

（二）电视媒体的权力

我们知道，电视是电子技术与影像符号系统结合的产物。对电视符号的占有与展示在某种程度上就是拥有权力的表现，也即拥有话语权。因此，电视媒体经过精心选择而呈现在受众面前的各种符号也就代表了某一阶层、国家等宏大叙事想要表达的意识形态。布尔迪厄在论述符号与权力的关系时，赞同这样的观点：社会共同体依赖于符号体系的分享。因此，符号不仅具有沟通功能，而且具有一种真正的政治功能。布尔迪厄认为："符号权力是建构现实的权力，是朝向建构认知秩序的权力。"②

1. 关于话语权

话语权是目前文化与传媒研究中出现频率甚高的一个词。传统意义上，对话语的研究主要在修辞学和诗学领域里。而西方马克思主义者葛兰西较早从意识形态斗争的角度涉及话语及话语权的问题，他认为，"社会集团的领导作用表现在两种形式中——在统治的形式中和'精神和道德领导'的形式中"③。福柯进一步指出，人类的一切知识都是通过"话语"而获得的，任何脱离"话语"的事物都不存在，人与世界的关系是一种话语关系，"话语意味着一个社会团体依据某些成规将其意义传播于社会之中，以此确立其社会地位，并为其他团体所认识的过程"④。葛兰西的"领导权"、福柯的"权力话语"、哈贝马斯的"合法化"、罗兰·巴特的"泛符号化"、波德里亚的"仿像"等思想极大地丰富了话语理论，为研究媒介话语提供了理论基础。

作为多种话语力量的共用空间，无论是电视新闻、情景喜剧，还是电视

① 转引自［英］尼古拉斯·阿伯克龙比著，张永嘉、鲍贵、陈光明译：《电视与社会》，南京大学出版社，2001年版。
② ［法］皮埃尔·布尔迪厄著，吴飞译：《论符号权力》，载贺照田编《学术思想评论》第五辑，辽宁大学出版社，1999年版。
③ ［意］葛兰西：《狱中札记》，人民出版社，1983年版，第316页。
④ 王治河：《福柯》，湖南教育出版社，1999年版，第159页。

广告，电视的每一文本都是不同政治、经济、文化和意识形态力量交流、碰撞、斗争、妥协的产物。我们需要对权力机制和话语力量进行一一指认，如果不对它们的策略进行剖析和审视，那么在具体的阅读实践中，这种认识便等同于零，一切的权力机制都会畅通无阻地将我们裹挟其中，使我们在不知不觉中成为权力运作的被动者。福柯曾说，哪里有权力哪里就有反抗。然而，权力在哪？当下，3 亿多台电视机分享着十几亿中国观众的余暇，中国电视业已成为各种意识形态（国家意识形态、市场意识形态、精英意识形态、大众意识形态等）力量彼此交锋的舞台。当不同的权力话语处于共谋状态时，亿万观众便松开了反抗的拳头，"在快乐中沉没"。于是，站在文化研究的立场，透过可见的电视解读不可见的权力、拆解影像与权力机制之间错综复杂的关系引起了许多电视学者的研究兴趣。天津社科院出版社 2000 年10 月推出的《电视与权力》（《先锋译丛》第二辑），就分别从文化形式、政治权力、心理情感、形象建构、声音图像等方面对电视的运作过程及电视的影响进行了探讨，对电视符号或文本进行了具体分析。

大致说来，西方学术界对于电视及其权力的批判不外有二：一是使用经验研究方法，对现实情况做客观观察、记录，分析其社会影响，对负面影响加以批判，如拉斯韦尔、拉扎斯菲尔德等；二是持精英立场，视电视为阶级统治工具，以理论话语对之加以批判，比如阿多诺。但这二者都外在于媒介机构，属于外部批判。与上述二者都不同的，是法国社会学家布尔迪厄进入电视内部，利用电视媒介的优势传播对电视自身进行了分析与批判。在布尔迪厄《关于电视》一书中，作者用独特的"场域"概念，直接揭露了法国电视业和新闻场的重重内幕并予以深刻批判，而且还以超乎寻常的批判姿态从内部以电视本身为媒介对其进行了"祛魅"。

布尔迪厄对新闻场的构成、运作及影响进行了分析。其理论假设是：新闻场是一个特定场域。它和其他场域一样，是一种不断生成的客观关系结构，时刻处于和其他场域的关系互动中。新闻场的特殊性在于其与权力场域（经济场）的特殊联系以及相对于其他场域的特殊位置。简单说来，布尔迪厄的"场域"就是一种不断生成的关系结构，在不同场域的相互影响中，场域内受控于结构的个人在其间进行或有形或仅仅是符号性的利益争斗，从而改变关系结构，使场域不断地处于由平衡到失衡，再到新的平衡的动态过程中。据此，布尔迪厄指出，电视媒介表面上是反映现实、代表民意的民主工具，而实际上具有反民主的暴力性质。这就揭穿了所谓电视作为大众媒介能够宣扬民主、促进民主进程的美丽谎言。

2. 媒介的权力膨胀

传媒创造出以影视形象为主要象征符号的符号系统，并借助特定的话语形式，从而形成了对人们的日常生活和自我意识具有习惯性的支配作用的"话语权力"。这种"话语权力"表现为极强的渗透性和最大的普适性，既是现代化过程中的全球性文化背景，也是人们日常生活中习惯性的支配力量。[①] 作为当代人生态环境的重要组成部分，传媒不仅为人们提供信息资源、娱乐资源，而且建构着人们几乎所有的常识：关于真实与虚假、善良与罪恶、美好与丑陋，甚至它建构着我们对于国家、民族、阶级、阶层、社团、社群的所有认识。因此大众传媒像一双巨大的看不见的手，时时刻刻暗示着、拨弄着、控制着我们的日常生活——精神和物质双重意义上的日常生活。正如许多学者所指出的，媒介构成了当代社会的"新的权力核心"。媒介作为一个话语场域，其实正是当代社会权力较量的一面镜子、一个角斗场。

由于电视行业本身的高投入、重装备，制作与播出体制的垄断性，以及电视人的努力追求和对电视文化的专业性的渲染，使电视成了一种垄断性的媒介权力。电视媒介权力在电视符号生产的垄断中逐渐成为高度组织化的实体力量，成为各种社会利益集团的意志冲突与平衡妥协的产物。电视媒介权力通过控制信息载体，来传播特定的"符号意义"体系，建构人们的认知概念世界、价值系统，从而形成对人们社会行为的隐性支配。

中国媒体的发展总是和现实政治、社会变革联系在一起的。在反映社会舆论、促进社会变革方面，充分体现着媒介的重要功能。但在相当长的时间里，我国传媒的主要功能是宣传，采取的是"我说你听"的灌输式传播，属于传者本位的新闻观，关注的是党政意志、媒介意见，传播的是主流意识形态的信息，对受众的意见、对弱势群体缺乏应有的关怀，受众处于缺席地位。意识形态本身可容纳一系列的价值与态度，而电视则在其协调多种声音的过程中，凭借着它与消费主义强有力的联系，起着支撑占主导地位的社会文化的意识形态的作用。[②] 甚至可以说"意识形态国家机器"——如宗教、教育、家庭、法律和工会，特别是文化与大众传播媒介——以散漫的、各具特色的独立方式加以运作，直接影响到每个社会个体。而媒体的功能在于把

---

① 田杰：《传媒、权力与权利——现代青少年社会问题的媒介背景及防护策略分析》，《当代青年研究》1999 年第 5 期。

② ［美］罗伯特·C. 艾伦编，麦永雄、柏敬泽译：《重组话语频道》，中国社会科学出版社，2000 年版。

个体"询唤"为主体，使其臣服于主流意识形态。① 另一方面，媒介不仅表现暴力，而且因为独霸而使自身成为整合、调节人和社会的权力，当它成为人和社会的唯一中介时，就成为媒介暴力的一元独霸。而传媒的意识形态已造成新的"文化霸权"，它意味着消费观念和生命价值体系的改变，形成了大量的词语符号暴力。

波德里亚在他的后现代理论中阐述了媒介和社会的断裂。本来媒介是社会参与的手段，但是，由于媒介自身越来越带有垄断的、统治的霸权性，因而导致了媒介和社会之间的对抗出现。波德里亚指出，媒介信息如今广泛地渗透在社会的各个方面，信息和意义开始脱节，公众已经对媒介信息符号的狂轰滥炸日益厌烦，并对那些呼吁请他们投票、消费、购买、问卷、参与的各种活动越来越抵触。于是积极的社会公众转变成消极的、冷淡的公众，各种意义、信息、符号对他们来说已变得毫无意义。这就进一步导致了社会、意识形态、政治、阶级等各种因素的消失。② 法国政治学家阿历克谢曾对大众媒介作过这样一番描绘：媒介就像一双充满权力的眼睛注视着我们的生活。这形象地揭示了目前的一个基本事实，即当人们日渐依赖大众传媒与其生存环境建立关系的过程的同时，权力因素正活跃于人与媒介无法回避的联系之中。

3. 受众自我理性化过程

在文化工业操纵下的媒介领域中，媒介文本的解读同样需要受众积极的解码与甄别。消费主义所传递的认同与媒介产品丰富的符号象征系统建构了受众所处世界的意义指涉。媒介产品的编码可以说是一系列符号体系的确立，而其背后则隐含着表达媒介控制权力的话语系统。受众的解码过程即是与媒介工作者沟通、理解其编码理念的过程。只有在双方使用符码一致的前提下，才能达到不存在任何沟通障碍的"理想沟通情境"。编码与解码的博弈过程，是受众接受与认可媒介产品传播意图并对其进行积极反馈的过程；但博弈的结果不是"双赢"，而是媒介系统对受众话语权的软性钳制与绝对控制。对于受众而言，解码从主动的意义建构行为经过"沟通"的过滤变为一种软约束，为了与编码背后的符号支持体系相契合，受众首先须认同媒介产品传递的话语霸权，并将其内化为解码时的规范，由此实现受众"自我理性化"的过程。

---

① 罗岗：《"百姓"叙事的意识形态分析》，《文化研究》2003 年第 2 期。

② 陈默：《电视文化学》，北京师范大学出版社，2001 年版。

（三）电视话语权的力量

1. 电视媒体隐含的意识形态

迄今为止，电视仍雄踞传媒的霸主地位，被认为"是最有影响的大众媒介"。因此，我们说，传媒的"话语权力"亦即以电视为代表的"话语权力"；电视媒体的话语权指的就是电视媒体所传播信息内容所隐含的价值观及其所起的现实作用。电视，是传媒权力实现的主要和基本途径。

在所有的媒体中，电视最能有效地表达意识形态的影响力。在西方国家近几十年的发展中，电视几乎统治了文化的发展，不管受众是否活跃，他们都处于媒介信息的包围之中；电视以其独有的特性，对受众进行着信息刺激。随着时间的推移，电视对大众的影响是长期、细微和隐蔽的，它以日积月累的形式向受众灌输观点，使受众在无意识中采纳了它们的解说，接受了它们的立场。受众在电视持久的信息冲击下，不可能不受影响。他们处在优势意识形态中的接受位置，这种被动位置决定了他们不能免受优势意识形态的影响。

格伯纳认为，电视展示的是虚幻的内容，这一内容介于"虚构"和真实之间，并有周期性的表现形态，长此以往，人们会接受电视所虚构的世界。"电视不断创造幻觉的虚拟世界，以神话、意识形态、'事实'等等为这个世界下定义。""电视是现代社会的文化指标。文化透过大众传播媒介与其自身沟通，而这样的沟通则维系或修正出文化内一致的价值观。媒介的特质不在于其具体某一个节目的影响，而在于其整体的长久的影响，观众长期依赖媒介，毫无知觉，他就必然在价值观念、意识形态上受到影响。电视可以制造现实，控制受众对事件的理解，并达到特定的目标。电视可以把一切事件都非政治化，也可以把非政治事件政治化，使得电视成为民主社会一个危险的符号暴力。"[①]

布尔迪厄曾引用柏拉图的话说："我们都是受上帝操纵的木偶。"在电视领域，我们始终无法摆脱受无形的"上帝"操控的境地，这个上帝就是"新闻场"。同时，新闻场利用自己手中巨大的信息量和独有的占绝对优势的传播工具，逐渐对其他领域产生控制力量，这对其他"场"发展的自主性和独立性都提出了挑战。[②] 布尔迪厄提出的"新闻场"概念，既强调了新闻界自身的结构，又注意到了它与其他"场"的相互作用，如经济场、政治场、法

---

① 吴卫华：《话语权：电视媒体的力量》，《传播学论坛》2004－06－19。

② ［法］皮埃尔·布尔迪厄著，许均译：《关于电视》，辽宁教育出版社，2000年版，第7页。

律场等。布尔迪厄在《关于电视》中剖析了新闻内部循环所导致的同质化问题和文化生产场与商业逻辑的互相关系，并得出结论："电视是一种极少有独立自主性的交流工具。电视在当代社会并不是一种民主的工具，而是带有压制民主的强暴性质和工具性质。电视是一种极少有独立性的交流工具。"①电视已经从文化和交往的传播手段沦落为一种典型的商业操作行为。

在大众传播媒介的渗透和控制下，社会中的每个人都难以逃脱大众媒介的操纵和控制，这种影响是全面而深入的，是在不知不觉之中完成的，进而言之，使大众丧失了自由选择的空间和自我决断的能力。如 2005 年的《超级女声》，就折射出中国当代电视文化的复杂图景和各种话语权力之间千丝万缕的牵连。

从前面对电视文本的符号分析，我们可以看出，对电视文本的意识形态的分析就是要解读出文本的意识形态讯息。而意识形态不只是一种形而上的声音，即声音中的声音，它还是一种阶级的声音，或一种权力的声音。大众媒介从表面上看是一种传播信息和提供娱乐的工具，但实质上却发挥着思想引导、政治控制等功能。大众媒介作为传播信息和娱乐群众的过程，同时也是国家权力对群众进行灌输和操纵的过程。说到底，大众媒介是国家的"话筒"，是权力的工具，它的运作过程是受国家控制与操纵的。所以，大众传播媒介的意识形态本质一方面体现在它作为"话筒"传达统治阶级的意志，对大众进行思想灌输；另一方面还体现在，大众传播媒介作为一种技术手段，其本身便是意识形态。

葛兰西的文化霸权理论被广泛运用于媒介分析。所谓文化霸权，实质上就是意识形态的领导权。大众媒介被视为受社会统治阶级控制，帮助那个阶级控制社会其他人的工具。霍尔引进葛兰西的意识形态争霸理论，他认为霸权是一个抗争、沟通、妥协、转换的循环过程。统治阶级为维护其统治必然通过市民社会（教育、文化、传播机构）散布其统治阶级的意识形态，而受众因为拥有能动性，又可以进行双向度的抗争、沟通、妥协、转换，从而达到一致性。在此意义上，也可以说霸权是一种谈判的过程。从争霸的角度来看，任何一种意识形态都面临着其他意识形态的挑战，都必须依靠有效的抗争来赢取自己的合法性和霸权地位。

美国学者阿瑟·A·伯杰在《社会中的电视》一书中指出，电视是一种思想统治的工具，是意识形态国家机器的连续体，它操纵在资本家手中，反映资产阶级的意识形态，维护的是资本的统治秩序和道德价值。在现代社会

---

① ［法］皮埃尔·布尔迪厄著，许均译：《关于电视》，辽宁教育出版社，2000 年版，第 7 页。

里，大众媒介发挥着越来越大的影响，它不仅是一个巨大的产业，而且也以其强大的渗透力创造了一个无形而又庞大的言论空间，并在很大程度上形塑着人们对于生活的想像力。

应该说，现在我们生活在以电视为主的传媒所建构的共同符号环境中。"视觉符号内涵的层次，以及在意义和联想的不同话语领域中语境指涉和定位，就在已然符码化的各种符号与文化的深层语义符码相互交叉的地方，并呈现出附加的、更为活跃的意识形态之维。"① 人们可以自由地在报纸、广播、电视中获取信息，指点江山，欣赏娱乐。特别是在电视普及的时代，看电视成为人们日常生活的仪式。作为一种现代传媒，没有其他任何一种方式提供了社会精英与普通百姓共享的日常仪式。电视媒介包容了与宗教相似的社会功能核心，它可以通过仪式的文化符号的象征、浸染作用，制造本民族、本国家的"神话"，从而确立客观化、普遍化、秩序化、机构化、成熟化的现实原则，最终将其内化为社群共同的行为准则和道德风尚，使文化得以延续，传统得以发扬，社会得以进步。

在社会生活中，似乎媒体具有空前的话语生产权力和自主性，但实际上，媒体话语生产中的主体仅具有非完全的自主性。福柯的话语理论认为，话语是受内在控制、外在控制以及主体控制的。电视媒体所传播的信息内容实质上具有明显的外在控制特征。如文字、声音、图形是电视媒体传播信息的物质基础。各种符号遵循各自的语法规则和现实逻辑组合成文本、语言和图像传输信息，构成阅读、倾听、欣赏的物质材料。权力与话语的结合取决于话语生成的不同程度。当符号单单进行意义的现实活动而不起意识功能时，符号屈从于客观实在，充当它们表征性的物质存在，任何意志都无法插手、左右言语。可是多数情况下，符号为积极从事有意义的活动而进行表达。尽管有内在秩序和规律的严格管理，但语言的表述已非全然按照既定的路线行进，而是应不同的要求同时接受政治、经济、意识形态等新的指导，安排出微妙的言说方式。各种政治、经济、文化关系也自行设置入话语，来应付复杂的生活情景的需要。

电视作为大众传播媒介，不仅是娱乐休闲工具和信息交流平台，还是一种强有力的征服人心、影响舆论、建构社会的手段。在电视的"客观"报道面前，观众往往容易陷于集体无意识，不知不觉跟着媒体的调子走。随着科学技术的进步，大众传媒在政治生活中的影响越来越大，尤其是电视出现以

---

① ［英］霍尔：《编码，解码》，转引自罗钢、刘象愚编《文化研究读本》，中国社会科学出版社，2000年版。

后，成为现代传媒的主要手段，广播失去了往日全国性媒体的主导地位。作为一种大众传播的工具，电视掌握在人的手中，电视的影响也就是人的影响，并反映着统治阶级控制和操纵大众传媒的政治意识。在大众传播媒介中，电视被看成是"第二位上帝"。

　　根据阿尔都塞的意识形态国家机器理论，电视新闻也以一种淡化的、隐蔽的、甚至是象征性的意识形态方式发挥着功能。统治阶级利用电视这一传播工具向每个观众灌输主流意识形态，虽然这种意识形态在人类社会中无处不在，它已经把个体询唤为主体—臣民，而且这种询唤是在无意识中完成的。久而久之，正如马尔库塞所说：在现代资本主义国家，"人们正在把受支配的生活当作舒适的生活，把社会压制的需要错当成他们自主的需要，把社会的强制误以为是个人的自由"①。

　　2. 电视媒体传播的信息内容所能产生的现实作用

　　电视媒体在很大程度上改变了人们的思维方式以及生活方式，它热衷于在一切领域发言并施加影响，只要它认为有这种必要。它建立了一个大众文化疆域，这一文化疆域突破或某种程度上突破了传统的国家、政治地理范畴以及社会范畴。汤林森说："大众媒介正以平稳而快速的步调扩张其技术能力，在西方社会当中，它们对于公私领域的生活，挟其渗透、报道及再现的能力，已经具备非凡的影响效果。"②

　　相对于传统的国家权力，电视媒介的权力主要体现在电视媒体实施权力的方式上：电视媒体本身并没有权力，更多的只是通过舆论的影响来陈述客观事实，以影响政府职能部门的决策，是在"述说"之中完成权力的实施。如中央电视台的《焦点访谈》是以深度报道为主、舆论监督见长的电视新闻评论性栏目，它所进行的舆论监督推动了中国的改革开放和民主法治的进程。在这一栏目里，媒体并没有权力去解决什么问题，而是通过舆论影响政府职能部门进而解决问题。从中我们可以看出新闻舆论的力量以及电视媒体话语权中电视媒体传播的信息内容所能产生的现实作用。

　　应该说，话语权作为一种潜在的现实权力，更多程度上体现的是一种社会关系。对于权力的理解，以科尔曼为代表的"信任—权威"模式认为，权力只能存在于群体中，权力是个人基于利益的权衡由信任（尽管在具体个体上并不总是表现如此）而出让对自身一定行动的控制所形成的外部管理约束

---

　　① ［德］马尔库塞著，李小兵译：《现代文明与人的困境》，上海三联书店，1989 年版，第 120 页。

　　② ［英］汤林森著，冯建三译：《文化帝国主义》，上海人民出版社，1999 年版，第 45 页。

机制，也就是说权力是个体出于对自身利益的考虑，出让自身的一部分利益由他人掌控的一种社会行为。媒体的话语权就是受众出于对自己个体或整个社会发展的形势的考虑，将自身的一部分利益由媒体来间接控制（尽管有时候是非自愿的），而这种控制是潜在的，它通过社会的职能部门来完成最终的行为，因为人们并没有给予媒体直接的权力，它只是影响了社会行为。电视媒体80多年的发展历史使之与社会有十分紧密的联系，而这种联系越紧密，这种媒体话语权的声音也就越大。

（四）话筒的神话——权力的批判

电视时代是反文字、反阅读的时代，那么怎样能够留存我们的声音，话筒就成为了另一种书写工具。通过话筒书写出来的声音形象，被大规模地复制成电视产品并流通起来。话筒是聒噪与沉寂相冲突的产物，是现代性的主客体对冲的产物，而文化暴力的基础就是对抗性的普遍存在。因为一旦人听见自己在说什么，他就会用耳朵去限制嘴巴，他所听到的也就不会完全是自己，而是另一个陌生人，是依附在肉身之上的一种寄生物。电视由此成为这个时代真正的无冕之王。

社会共识把话筒拥戴到了权力的巅峰。"说"从口腔运动变成一种控制口腔运动的文化暴力，这种暴力在大众文化中，窃取了民主程序里"多数人"的概念，对这个"大多数"做表面的模仿，并且将其意识形态化，以一种带有普遍性的意识形态话语，建构起了社会的象征网络，而话筒仅仅是这个网络中极其微小的次级权力网络。因此，话筒神话实际上是口腔运动工具化、符号化的结果。

当然，话筒神话背后的文化暴力已经不被体验为一种直接的暴力，它带上了消费时代和媒介时代的特殊色彩，建立在社会需要的基础之上，并把这样的需要欲望化、风格化。我们假定话筒能够满足我们对真相、对快乐、对智慧的需要，电视媒介就在不知不觉中，悄悄地摒弃了真相、摈弃了快乐、摈弃了智慧，让需要自我指涉，将需要符号化，并告诉你，这个符号里面有真相、有快乐、有智慧。一旦真相、快乐和智慧得以显形，就是真相、快乐和智慧真正缺席的时刻，正如人民一旦掌握了政权，人民就彻底地消失了。而人们似乎也忘记了最初的需要，需要成为空洞的欲望姿态——我们需要这需要，最后变成我们需要话筒。

通过破解符号的编码，阐释符号背后所蕴涵的意识形态之"场"以及符号所传递的电视的本质：一种并非真实的，对某一现实秩序或意识形态的想象性认同，我们可以更深刻了解电视文化的意识形态特性和本质特征。电视符号作为符号学理论的主要研究对象，随着电视网络等媒体的相关技术的发展，引发了信息爆炸，导致了符号的增殖及无休止的自我复制和循环。"符号的轰炸"让电视最大可能地成了文化与趣味的主宰者。特别是随着后现代电视批评的出现，通过对电视符号的丰富多彩的本质分析，更多地体现了电视文化的特殊性。

第四章　功能与影响：电视文化的传播定位

当电视已经不仅仅是一种技术，而成为一种备受公众关注的文化现象时，它对人类的深刻影响力理应得到足够的关注和重视。今天，电视文化已经逐渐渗透进人们的生活细节中，以令人眼花缭乱的功能发挥着无处不在的影响，强有力地证明着自己的存在。因此，我们首先必须搞清楚电视文化有些什么样的功能，它又如何通过自己的方式，对社会产生了怎样的影响，才能对电视文化进行最终的定位，以期最大程度地实现其主体价值。下面，我们就将从电视文化的功能、电视文化的影响和电视文化主体价值的实现三个方面来对电视文化的传播进行定位。

第一节　电视文化的功能

对电视的功能研究是电视媒介研究的一个重要范畴，同样，对电视文化的功能研究也是电视文化研究中不可或缺的组成部分。今日的电视文化已经不是一个封闭性的系统，而是更为明显地体现出对多元文化的综合与兼容，其文化角色的定位跨越了主流文化、精英文化、大众文化及边缘文化的领域。对应于其文化结构的开放性和互动性，电视文化的社会功能也呈现出多层次、多元化的特征，在本书中，我们选取了电视文化最主要的五个功能进行论述。

一、舆论导向功能

作为最具影响力的传播方式之一，电视对舆论的影响力一贯受到重视。电视文化的一个重要角色定位是主流文化，这本身就意味着电视文化的生产与传播在很大程度上必须适应主流意识形态的需要，体现主流意识形态的意志，因此，与主流文化相对应的舆论导向功能，正是电视文化的重要功能之一。

简单地说，电视文化的舆论导向功能包括两个方面的内容：一是舆论引导，二是舆论监督。我们国家提倡的电视"喉舌论"，主张电视既是党和政府的喉舌，也是人民群众的喉舌，这一理论鲜明地反映出电视作为舆论工具的存在以及电视文化的舆论导向功能。

电视文化的舆论导向功能首先是对舆论的引导。在现代信息社会里，电视文化作为大量信息集中和流通的强势文化形态，处于社会舆论的中心地位。一方面，电视在信息的传播流通中，起着把关人的作用，会对将要传播的信息进行筛选、加工，对某些内容加以过滤，对某些内容加以强化，从而形成自己的倾向；同时，它还能将大众的意志和呼声汇聚起来，客观反映社会舆论，实现舆论引导的功能。相较于其他媒介文化，电视文化在实现舆论引导上的优势，在于它能通过图像，将信息加以形象化地渲染，更容易潜移默化地影响全体社会成员的信念和态度，使社会逐渐形成对"主导意见"的认同，从而起到塑造和影响舆论的作用。这种舆论引导，无论是在中国还是在一些西方国家，都是广泛存在的，最典型的便是美国的总统大选，竞选双方都将电视视为自己引导舆论、拉拢群众、争取选票的有力工具，并利用电视文化的普及性和亲近性大肆进行舆论攻势，攻击对方阵营，美化自身形象。

我们强调电视文化的舆论引导功能，但这种引导并不是强制性的，而是利用电视的文化氛围，对人们的思想、行为进行的潜移默化地渗透和影响，从而为人们提供引导。这就要求电视文化的创造者要站在社会进步和时代发展的高度，开掘生活的真、善、美，针砭时弊的假、恶、丑，奏响时代的主旋律，只有这样的文化，才能引导人们去正确地认识生活和社会，维护社会的稳定。

除了舆论引导，电视文化还通过舆论监督来实现其导向功能。电视既然是形成舆论的一个重要阵地，那么，通过舆论影响实现人民群众对政府工作的监督，对社会行为的监督，对企业工作的监督，反映民众疾苦，揭露丑恶现象当然应该成为电视责无旁贷的任务。由于电视文化受众的广泛性和影响的深入性，在社会监督和批评上，往往快捷而有效。例如中央电视台的《生活315》节目，就是一档专门对企业商品销售和服务进行监督的栏目。通过这个栏目的曝光，那些损害消费者利益的行为一方面成为了整个社会公众谴责的对象，需要承受巨大的舆论压力；另一方面，这些错误基本上能得到迅速纠正和查处，从而发挥了电视文化良好的舆论监督作用。

电视文化在行使其舆论导向功能时，应该充分发挥电视的优势，而避免一些不良倾向。首先，舆论引导要避免僵化教条，而要充分发挥电视文化的优势。今天的舆论引导不能等同于我们过去认知当中简单的宣传教化，那种呆板、僵化的方式已经不符合现代社会的社会文化心理，因此也很难为今天的受众所接受。舆论引导也要符合传播规律，契合受众审美心理，正因为如此，我们才要提倡"主旋律的多样化"，以丰富多彩的方式来唱响主旋律，实现舆论引导的目标。其次，在进行舆论监督时，要注意把握正确的舆论，防止错误导向。舆论监督的目的是为了促使问题的解决，最终实现社会的安定和进步。如果无助于解决问题、改进工作，甚至反而对问题的解决起到反作用，那这样的舆论监督是否适合就值得我们的把关人权衡斟酌，好好考量一番了。

二、资讯服务功能

我们常说今天的时代是一个信息时代，随着市场经济的发展和群众生活水平的日益提高，普通大众对各类资讯的需求日益强烈，而电视文化既然定位于大众文化，适应大众需求的资讯服务功能在信息时代也就显得越来越重要。

电视文化的服务功能，历来便有广义和狭义之分。广义说认为电视台的宗旨就是方便受众，一切节目为受众服务，因此没有必要单列出来；而狭义说则认为电视的新闻、社教、文艺等各类节目都有信息服务的功能，而服务性节目则直接为观众提供各种生活资讯服务，给日常生活和工作提供便利，如天气预报、法律咨询、生活常识等节目就集中体现了这一功能。随着传播观念的变革，贴近生活、贴近受众的呼声不断高涨，电视文化的资讯服务功能也得到了更进一步地开发，相较于以前显得更加丰富多彩。具体看来，电视文化的资讯服务功能主要通过以下一些方式来实现：

第一，为百姓的日常生活提供服务。现在的电视越来越强调生活的实用性、贴近性，一些电视服务类节目通过充满人文关怀的创作理念、亲近而务实的创作风格，给受众提供细致、切实的信息，赢得了很好的社会效益和收视率。如中央电视台的品牌栏目之一《为您服务》，经过改版后内容紧贴老百姓的实际需求，风格轻松亲切，成为深受欢迎的服务节目。可以说，在电视文化的丰富功能中，生活服务的重要性正在日益凸显。从世界趋势来看，西方的电视文化更加重视生活化，重视信息服务，关注与普通人日常生活相关的事物，如交通、健康、天气、度假、流行、时尚、旅游、求职、购物等等，相比而言，我们的信息服务在内涵和外延上，在为受众提供多元化信息方面，都还有极大的拓展空间。

第二，为经济交流服务。经济信息在社会生产和生活中是一个极其重要的部分，在传播经济信息、推动经济发展方面，电视起到了巨大的作用。电视台的经济信息节目通过提供经济信息，沟通经济交流的渠道，成为为生产发展提供参考、联系生产者和消费者的重要纽带。例如《经济半小时》《市场行情》等栏目便深受观众欢迎；中央电视台农业频道也常常播出一些实用性的农村致富信息，为农民朋友的经济发展提供帮助；有些电视台还有专业的经济频道为人们提供各种经济信息；甚至还出现了专门播出股市行情实时动态和股票分析的专业频道，这些都是应市场经济潮流而生的，鲜明地反映了电视为经济信息交流服务的功能。

第三，广告作为一种特殊的信息，是电视文化资讯服务功能的重要体现形式。电视广告是商品经济的产物，它以直接或间接地促进销售，树立产品或企业形象为目的，以电视为媒介向公众进行商品或劳务性质的有偿的宣传活动。广告对于激活商品流通、调节供需关系、拉动消费需求、繁荣社会经济有着巨大的促进作用，同时也为电视的发展提供了巨大的财力支持。例如2003 年我国广告营业总额为1 078.68亿元，其中电视的广告份额最大，达到255.04 亿元（电视行业统计为 274.12 亿元），占营业总额的 23.64％[①]，为社会经济的发展作出了巨大贡献。但是，作为一种带有商品性质的信息服务，我们在看到广告繁荣经济的积极影响之时，也不能忽略这把双刃剑所带来的负面效应。例如有偿新闻、虚假广告和低俗广告等等，这些行为破坏了新闻道德规范，对社会造成了不良影响，应该引起我们的警惕。

增强电视文化的资讯服务功能，是时代的需求，对于电视在传媒市场中提高竞争力，吸引受众，都具有重要意义。为了更好地发挥这一功能，我们要加强服务意识，防止一些不良倾向。首先是要强调多元化、加强针对性。为受众提供多元的信息服务是电视人的职责所在，为了更好地达到信息的有效性，就必须加强针对性、突出重点，根据不同受众群体的需要进行传播，做到让受众喜闻乐见。其次，还要切实转变观念，从"传者本位"转变到"受者本位"，把为广大受众服务作为自己的宗旨，确立受众在电视传播中的主体地位。最后我们还要注意防止一些不良倾向，主要是避免过分商业的倾向以及不健康的信息需求和信息引导。

三、娱乐游戏功能

娱乐是社会文化的重要组成部分，在我们的整个人类文化进程中，始终

---

① 本数据采自国家工商行政管理总局网站，http://www.saic.gov.cn。

充溢着某种游戏娱乐因素，电视出现后，人们的生活娱乐方式发生了某种革命性的变化，可以说，娱乐功能是电视文化的一个基本功能。波斯特曼认为："电视交谈助长了无条理性和琐碎性；严肃电视这一术语自相矛盾：电视用一种不变的声音——娱乐之声说个不停……换句话说，电视正把我们的文化蜕变为娱乐的大舞台。"[①] 电视文化角色定位于大众文化，意味着其生产与传播要围绕大众的普遍情感心理诉求，满足其普遍情感心理需要，如通俗性、娱乐性需求等。改革开放以来，随着社会转型，中国的电视文化也经历着从宣教文化向娱乐文化的转型，娱乐化倾向越来越明显。《还珠格格》《天龙八部》这样的消遣性电视剧风靡一时，《快乐大本营》《欢乐总动员》一类的综艺节目花样翻新，甚至一直以严肃面孔出现的新闻节目也披上了娱乐化的外衣。电视文化的感官刺激功能、游戏功能和娱乐功能被置于一个前所未有的重要地位。我们说娱乐功能是电视文化的一项基本功能，是与电视本身的特性以及整个社会的文化背景分不开的。

首先，与其他社会文化范畴相比，电视文化在发挥娱乐性方面拥有自己的天然优势。视、音频信号结合的传送方式使得电视具有声画同步的特点，能够将信息以一种较为浅显和形象化的方式传递给受众，这种传真性的信息可以更大程度地调动起受众的感官参与，而娱乐本身就意味着全身心的投入与尽可能多的感官体验。因此，电视文化在某种意义上讲是一种官能文化，以最直接、最感性的方式给人们带来愉悦。与印刷文化等相比较，电视文化在娱乐性上无疑具有更强的先天优势。同时，电视文化还具有极强的兼容性，从内容上看，它可以包容古今中外、天上地下、世界各地发生和人们头脑中想象的事情；从品种上看，它可以兼容音乐、舞蹈、戏剧、游戏、绘画等各种娱乐方式……这种兼容性既是电视文化的娱乐功能的一个特点，也是其娱乐性得以充分发挥的一个必要条件。

其次，从整个社会的文化背景来看，我们看到，当代审美文化呈现出一种雅俗共享的文化空间，这是一个众声喧哗、权威不再的时代，而娱乐成为一种不可抗拒的强大力量，正在渗入人们的日常生活之中。在这样一个开放的公共空间里，在时代与社会发展的语境下，中国的电视文化也在与时俱进，与整个社会娱乐文化当道的语境相辅相成。精英文化和大众文化之间的界限在电视文化中逐步模糊，这种模糊并不意味着精英文化的消失，而是一种互相融合的趋势。后现代的娱乐性、世俗性取代了传统美学的严肃性、神

---

① ［英］尼古拉斯·阿伯克龙比著，张永喜等译：《电视与社会》，南京大学出版社，2001年版，第6页。

圣性，多样性、差异性取代了统一性、决定性。如此，娱乐的快感成为电视文化的基本功能之一便成为一件极其自然的事情。

作为一个习惯于"文以载道"的国家，在过去很长一段时间里，中国电视文化的娱乐功能一直受到排斥，因此在经济和文化转型的背景中，市场经济蓄积的能量一旦释放，遭受压抑的娱乐功能便以迅捷的态势爆发出来。电视"娱乐化"浪潮的兴起，实际上是对许多年来我们对娱乐功能过于忽略的一种"拨乱反正"，这种爆发冲击着传统的电视传播观念，其正面和负面的影响同样惊人。因此，我们不能不对电视文化的娱乐功能有一个清醒的定位和认识、明确的目标和对策。

首先，我们必须认识到，娱乐化并不是电视文化唯一的追求，受社会历史条件和生活现状、民族文化传统和人们接受心理等多方面因素的制约，人们的"娱乐"需求应当被满足，更应当使其契合这种特定的历史和现实语境。要想达到这一目标，电视文化的娱乐功能还必须注意以下一些方面：

（一）注意引导，远离媚俗

在发挥电视文化的娱乐功能时，不要排斥和疏远对受众的引导。大众文化的世俗化、娱乐化倾向以其开放性、宽容性及丰富多彩的文化产品，在给文化生产与消费注入了新的活力的同时，也出现了感性欲望的泛化、精神价值的消解、审美思维的平面化，使得人们在摆脱旧有人性桎梏之时又面临着新的问题，在享受丰富多彩的大众文化的同时又渴盼更加丰厚的精神境界。若仅仅寻求电视文化的娱乐消遣价值，而排斥其引导教育等功能，终究会把电视文化以及大众都置于平庸甚至低俗的境地。电视文化的娱乐，给予观众的应该是一种审美的娱乐，一种以文化艺术的魅力来感染观众的愉悦和享受。如中央电视台的《幸运52》《正大综艺》等节目格调清新健康，既有娱乐性、趣味性，而且"拥有主流媒体的风范，保持了追求主流文化形态的自觉性"[①]。

（二）对严肃话题的娱乐化要慎之又慎

现在电视的娱乐化中有一种倾向就是将一切话题泛娱乐化，将严肃文化以娱乐的方式加以消解。2004年发生的"短信事件"就是一个很好的例子。在报道9月的俄罗斯别斯兰市绑架人质事件时，某电视台竟然进行关于死亡人数的手机短信竞猜，结果引起公愤（国家广电总局此后迅速下发了《关于

---

① 汪文斌：《我们需要什么样的益智节目》，《电视研究》2001年第2期，第22页。

切实加强手机参与和有奖竞猜类广播电视节目管理的紧急通知》，对于电视
节目中的手机有奖竞猜节目做了严格限制）。如此关系到人的生存与尊严的
话题竟然成为电视台的娱乐对象，这难道不是电视文化莫大的悲哀吗？这种
置社会效益、传媒伦理于不顾，无所不用其极的所谓"娱乐化"是每一个有
社会责任感的电视人所坚决摒弃的。

（三）细分对象，多元共生

在现在的电视文化的娱乐化中有一种让人担忧的倾向，就是对同类节目
的简单克隆。放眼荧屏，同类节目在同一时段的不同频道争夺观众的现象比
比皆是。例如，曾经泛滥大江南北的电视红娘节目一度在各个地方电视台的
屏幕上都占据了周末的黄金时段，其节目形态、游戏过程和整体氛围惊人的
相似，完全没有一点自己的创意和个性。好景不长，这种不加改造、全盘移
植以致毫无个性的节目果然很快便走到了生存的尽头，纷纷从荧屏上消失。
所谓"慷慨者逆声而击节，酝藉者见密而高蹈，浮慧者观绮而跃心，爱奇者
闻诡而惊听"[①]。随着社会的发展，文化娱乐的品格和要求更加呈现出多元
化的倾向，传播者应该针对不同的受众群体和不同需求层面实施特定的传播
策略。

总之，电视文化在发挥娱乐功能时应该遵循主旋律与多样化共生、大众
文化与高雅文化并重的原则，防止过分追求商业化的倾向。电视是娱乐的，
也必须是娱乐的。但是这种娱乐并非拒绝责任的无为嬉戏，而应该是潜藏着
建设力量，渗透着鲜明精神特质的娱乐。

四、艺术审美功能

将电视文化定位于精英文化，意味着其生产与传播围绕着主体个性化乃
至个人化创作与思考的需要，体现着个性化的意志，即"创造性"、"独特
性"、"经典性"等，从这一意义上讲，电视文化更多地蕴涵着艺术性特质。
电视文化以艺术化的方式传播人类的审美体验，通过艺术方式所传达和刻画
的审美情感和审美形象来感染受众，以达成自己的一项重要功能——艺术审
美功能。事实上，观看电视都包含着审美的过程，电视文化对于提高人们的
审美水平有着显著的影响。许多电视节目，包括电视剧、纪录片、音乐电
视、综艺节目甚至广告，都蕴涵着自己的艺术审美特性，能使观看者得到艺
术上的审美享受。

---

①　刘勰：《文心雕龙·知音》，见周振甫：《文心雕龙今译》，中华书局，1986年版，第435页。

电视艺术是一种综合性的艺术，具有极强的包容性，它兼容了音乐、诗歌、小说、散文、绘画、雕塑、建筑、杂技等众多的时间艺术和空间艺术，以及戏剧、电影、舞蹈、歌剧、话剧等时空艺术。这种较强的兼容性，使它融汇了各种艺术门类的精粹，综合了多样艺术元素的美，展现出这些艺术元素统一和谐中的综合的美。因此，电视文化能带给人们多方面的审美体验。

电视文化的艺术审美功能，主要在于它能通过声画合一的艺术魅力使受众直接得到审美的愉悦。电视艺术将直观可感的图像、声音、文字等审美符号集中并通过屏幕展现出来，直接作用于受众的眼睛、耳朵、大脑等各种审美感知器官。它成为视觉与听觉的综合和延伸，极大地开拓了人类的审美视野和功能。例如现在的音乐电视，以抽象美与具象美兼具的综合表现形式，达到审美感性意象与审美感知意象的完美结合，满足了接受主体不断提高的文化艺术欣赏需要。所以说，电视文化可以直接促进人们的审美思维运作，提升人们的审美水平。

电视文化审美功能应该以多元共生、雅俗共赏作为自己的目标。电视文化要想实现自己的审美功能，就必须充分尊重观众的审美需求和审美心理，由于电视收看的随意性和各电视台之间日益激烈的竞争，电视节目审美价值的实现越来越取决于审美主体——观众的审美感受。而随着社会的多元化和大众文化主体地位的逐渐确立，电视文化也趋向多元化，因此，要想追求更广大的社会审美效果，实现最大的艺术审美价值，就必须把审美主体的需求纳入考虑的范畴。这就决定了电视文化必须以雅俗共赏为自己的追求目标，以适应不同受众的多元化的审美需求为自己的宗旨。

五、知识教化功能

传播学理论认为，大众媒介的许多效果可以通过社会学习的过程产生，这就是班拉杜提出的社会学习理论（Social Learning Theory），这一理论认为，许多人类的学习是通过观察他人显示的各种行为方法而产生的，大众媒介就是一个很好的学习媒介。[①] 事实上，传授知识、进行教化正是电视文化的一个重要功能，因其影响的普遍性和接受的容易度，电视文化已经成为一种被广泛接受的社会教育方式。中国影视文化最传统的价值取向和功能特征就是它的教育、教化，这与我们民族几千年来文化的整体价值取向和功能是一脉相承的。尽管随着大众文化的兴起，这种教化功能的内容和模式已经发

---

① ［美］沃纳·赛佛林、小詹姆斯·坦卡德著，郭镇之等译：《传播理论：起源、方法与应用》，华夏出版社，2000 年版，第 305 页。

生了很大的改变，但事实上，电视文化在知识教化方面的重要性随着电视的影响力日增而有增无减。电视文化的知识教化功能主要通过两个方面来实现：一是直接进行知识传授，二是潜移默化地感染和熏陶受众。

电视文化具有出色的知识传授功能。它形声俱全，能克服时空限制，这种跨时空的传播优势，为更多的人提供了终生学习和平等享受教育的机会，因此电视的远程教育被称为空中大学、开放大学。1979 年成立的广播电视大学使数十万青年获得了接受高等教育的机会，电视大学使传统的教学方式及效果都发生了深刻的革命。一个教师可以同时对无数的学生进行讲授，节省了大量的人力、财力；镜头的自由切换，能够给教学提供形象化的资料，又使得教学方式更加生动、活泼。正是电视的教育功能，为最广泛性的社会性教育普及开辟了现实可行的光辉前景。中央电视台和教育部联合举办的中央电视大学，就拥有数十万学员。除了电视大学的系统教育，电视还能够通过各种节目，为受众提供所需要的知识，其影响也同样不可小觑。在电视节目中，有直接传授科学文化知识的专栏节目，如《走近科学》《百家讲坛》等等，中央电视台于 2001 年开办的科教频道，更是电视文化知识传授功能的鲜明体现；而且在其他类型的电视节目，如新闻、服务甚至文娱节目中，也会有知识传播方面的内容。

从传播效果来看，电视的社会教育功能是其他传媒和文化样式不能相比的，因为除了直接的知识传授，电视文化还能通过对人潜移默化的影响达到威力巨大的社会教育目的。电视本身具有高度的兼容性、综合性、即时性、普及性，使电视文化高度社会化了，因此它所发挥的社会教育功能也就在很大程度上成为一种独一无二、难以取代的方式。传播学者格伯纳在对美国电视观众的研究中提出了著名的教养理论（又译涵化理论），他认为，对大量看电视的观众来说，电视实际上主宰和包容了其他信息，在电视文化的世界中所展示的人、观念和意识的来源，教导了共同的世界观、共同的角色观和共同的价值观。悲欢离合、家长里短，实际上都是对社会和人类的人性、道德、情感的各种表现，因此，就算是一部讲述凡人琐事的电视剧或者一档惊险刺激的"真人秀"节目，也能通过这种表现与评判对受众的人生观、价值观以及道德取向甚至生活方式产生影响和冲击，从而成为培育世界观和人生态度的重要途径。电视文化的这种教化具有不同于书本和课堂的特点，它是"寓教于乐"的，是在满足人们消遣娱乐心理需求的基础之上进行传播的，因此对人们的影响是潜隐的、感染的，是一种大而化之的文化氛围的感染。它不受时空限制，可以将大众中的每一成员都置入世界性语境中，在一瞬间跨越不同的领域、不同的民族、不同的国度、不同的阶层，使观看电视节目的人能够放眼世界、见多识广，潜移默化地接受丰富的社会教育。不论是人们的思想倾向、见解认识，还是生活方式、行为方式，都在不知不觉地接受着电视的冲击。著名的主持人张越曾经说过这样一件事情：在山西一个很富裕的农村，家家都盖了二层的小楼、买了农用车，然而那里文明的提高、生活方式的改变却非常缓慢。当地一个农村媳妇在接受采访时，她说我就总想为什么城里的女人一个一个都那么好看，可是那衣服如果要让我穿上就一点都不好看，那肯定不是衣服的事，还有别的什么事。她太想知道了。张越说，可以看书嘛。她说，不可以，我们不能买书，我们这儿女人不能买书，买书会被人笑话的。张越追问道：那你用什么方式？她说我可以读电视。她用了一个"读"字，她说我可以通过电视了解人生、了解外面的世界。① 可见，电视对人们潜在的教化功能是多么巨大，它已经变成生活的一部分。人们从电视中学习知识，学习生活的方式、人生的态度，也正因为如此，我们的电视文化能够给人们提供什么、让人们学习什么就成为每个电视人都应该深思的问题。

在大众文化的疆界内，电视文化一方面更多地体现着大众文化精神，同时也以大众文化的豁达，熔精英文化与通俗文化、高雅文化与娱乐文化于一炉，从而呈现出一种全能文化的姿态。它是一种多元的文化，在这多元并存的领域中，主流与边缘、大众与小众、精英与大众、正统与前卫相互补充、相互调和。与之相应，电视文化的功能也早已超越单纯的教化或娱乐功能，而呈现出多层次、多元化的特征，它既要满足受众宣泄、放松的娱乐性需要，也要满足人们认识世界、改变生活的创造性需要，还要满足人们提升精神境界、获取艺术快感的审美需要。只有这样，电视文化才能充分发挥自己的作用，真正成为现代文化的一个充满活力的组成部分。

第二节　电视文化影响辨析

电视文化对社会和生活有着巨大、广泛而深刻的影响，这种影响已经完全渗透甚至融入到了人们的生活当中，使得人们在不知不觉中将电视作为生活中的一个重要角色，将电视文化视为社会文化不可分割的一部分。2000年8月，540米高的莫斯科奥斯坦基塔电视塔失火，广播电视中断使1 500万

---

① 张越：《电视为生活方式的改变提供什么功能》，新浪网，http://cul.sina.com.cn/s/2002-08-07/16606.html。

莫斯科人无法收看电视。对于没有电视的生活，当地人发出了这样的感慨：
"我发现，没有电视，好像我们突然与世隔绝了一样"，"没有了电视，我的
生活突然出现了一块空白"，"电视是我唯一负担得起的消费。我不知道这么
长时间看不到它，我怎么过得下去"，"如果没有电视的情况持续下去，人们
会十分烦恼"。可见，人们对于电视的依赖已经达到了怎样深厚的地步，这
种依赖实质上正是电视文化对人类生存的影响所带来的后果。

在中国，电视文化的影响力也毫不逊色。在第十届上海电视节首场白玉
兰国际电视论坛上，与会专家指出：中国已有3亿多户的电视家庭，其中有
线电视用户已经突破1亿户，电视人口的覆盖面已经达到了94%，也就是
说已经覆盖了12亿人口。① 这个惊人的数据揭示了电视已经如何深入到中
国的每个角落，影响着几乎全体中国人的生活。

一、"天使"还是"恶魔"？——关于电视影响的几种理论

中国关于电视文化影响和效果的理论主要来源于西方的大众传媒研究，
而由于研究者的立场、角度和研究方式的不同，各种理论对电视文化的社会
影响评价有着巨大的差异，甚至会有几乎截然相反的结论出现。追根溯源，
我们有必要梳理一下跟电视文化传播效果及影响相关的几种主要研究理论。
我们把这些理论大致归纳为三种研究范式：一是法兰克福式的批判理论，将
以电视为代表的媒介文化作为大加鞭挞的对象，他们"探究对媒介进行意识
形态歪曲的各种系统性形式以及媒介与更广泛的所有制、权力与权威体系的
联系"②；二是文化研究学派所关注的文化层次和受众研究的分析；三是麦
克卢汉开启的对技术媒介本身影响力的研究，包括麦克卢汉、波德里亚以及
詹姆逊等人。③

法兰克福学派对以电视文化为代表的大众文化抱着激烈的批判态度，其
理论观点明显带有对现代传媒的批判色彩。他们认为在资本主义社会中，大
众传媒在貌似中立的技术形态的掩盖下，对普通大众起着"奴化"或"教
化"的意识形态功能。马尔库塞认为，社会可以借助各种媒介和舆论工具加
强对人们心理的控制和操纵，使人最终丧失"内在的自由"，成为"单向度

---

① 高露斯：《我国电视人口覆盖面已达12亿，电视媒体必须营造纯净氛围》，见 http：//
www.mediacc.net/ReadNews.asp? NewsID=2706。

② ［美］尼克·史蒂文森著，王文斌译：《认识媒介文化》，商务印书馆，2001年版，第3页。

③ 关于这三种研究范式的分类和分别阐释，在《认识媒介文化》一书中有着详尽的内容，书
中对整个媒介文化研究的理论系统进行了条分缕析的梳理，是一种得到了传播学界较多认同的分类
法。

的人"。丹尼尔·贝尔在1978年出版的《资本主义文化矛盾》中，尖锐地指出"整个视觉文化因为比印刷更能迎合文化大众所具有的现代主义的冲动，它本身从文化意义上说就枯竭得更快"，对电视文化的影响持一种极其消极的态度。

英国文化研究学派矫正了法兰克福学派有些极端的批判精神，将注意力更多地集中在对大众媒体接受者的研究上，从早期的威廉姆斯、霍加特到当代的霍尔、莫利的编码解码理论，以及约翰·费斯克的研究观点，主要是通过对电视接受者进行跟踪研究，进而发展了媒体的大众接受理论。文化研究是研究文化通过意识形态间的斗争产生的方式，其主要目的是"揭示权势集团的意识形态被不知不觉地维持下来的方式和抵制他们的方式，从而破坏这种剥夺了某些集团权利的权力制度"①。这种研究通过对微观层面的追踪和分析，一方面深刻地揭示了电视文化对社会的消极影响，"媒体，尤其是电视，一方面造成一种多样性与客观性的假象，而实际上它们却是统治秩序的工具"②；另一方面，他们也看到了由于意义解读和选择的不同，对立的意识形态产生的可能性，因此，这些学者在更为全面的视野中对电视文化所代表的媒体文化的巨大影响进行了阐释。

而以麦克卢汉和波德里亚为代表的观点基本上是技术决定论式的。20世纪60年代电视机在西方社会已经广泛普及，对社会文化和生活产生了深刻的影响。在对电视的社会影响进行深入思考的基础上，加拿大学者麦克卢汉提出了"媒介即信息"的观点，并做出了未来全球将变成一个"地球村"的预言。这一观点强调的是，媒介的重要效果来自于它的形式而非内容，即文化载体本身，"媒介塑造和控制着人际联系与行动的尺度及方式"③。在此基础上，波德里亚进行了更进一步的分析，他认为电视带来的不仅是画面，而且是它所造成的新的关系和感知模式、家庭和集体传统结构的改变。他的理论虽有偏激之处，但其理论核心中所谓的"漂浮的能指"和"仿真"现象等抽象的概念，在现代电视和网络媒介的发展中已经越来越得到验证。

从这三种有关大众媒体的研究范式可以看出，在批判理论的视野中，电视几乎成了扼杀个性、压制民主的罪魁祸首；而文化研究者更多地注重接受

---

① [美]斯蒂文·小约翰著，陈德民、叶晓辉译：《传播理论》，中国社会科学出版社，1999年版，第423页。

② [美]斯蒂文·小约翰著，陈德民、叶晓辉译：《传播理论》，中国社会科学出版社，1999年版，第422页。

③ [加]麦克卢汉：《理解媒介：人体的延伸》，见张国良主编：《20世纪传播学经典文本》，复旦大学出版社，2003年版，第374页。

者自身的主动性；技术研究者则将注意力放在媒体技术的决定作用上。虽然对电视文化的影响究竟是好是坏各执一词，然而不管研究者们认知中的电视文化是带来灾难的恶魔，还是给人类的发展进步送来福音的天使，至少在所有的研究理论中，电视文化深入影响到人类社会和人类本身的事实已经得到广泛的承认。作为20世纪最伟大的发明之一，电视不仅在不知不觉中改变着人类的生存方式、价值观念和文化体验，而且对社会的政治、经济、文化等各个领域产生了巨大影响。因此，在美国有这样一则漫画：一位父亲坐在起居室的大沙发上看电视，儿子站在他身后问道："爸爸，如果森林里有一棵大树倒了，而电视没有把它报道出来，那么，这棵树算不算真正倒了？"这真是对电视文化深刻影响力的绝佳写照。作为一个电视覆盖人口达12亿，覆盖率居世界首位的国家，电视文化对中国的影响和改变也是空前的。然而，如同一柄双刃剑，电视文化的传播效果具有明显的两重性，既可能起到正面的积极作用，也可能产生某种反面的消极作用，在其作为一种强势文化形态的前提下，正反两面的效果同样令人震惊。和电视朝夕相伴的我们已经深深浸淫其中，既享受到了电视文化带来的诸多好处，同时也因为沉迷电视而患上了各种古怪的"电视病"，甚至成为"无所不知"的思想盲人。很明显，电视所创造的既有文化的绿洲，又有文化的荒漠；它既给人间带来了天使，却也释放出了恶魔：

电视使家人之间的直接交流减少，疏离了家庭关系；但电视又使全家人有更多机会围坐在一起，从另一意义上来讲密切了家庭关系。

电视的直白性使书籍对人们的吸引力越来越低，但同时又因为其浅显易懂能够促使人们通过荧屏对文学名著产生兴趣。

电视减少了人们走亲访友的时间，使人与人之间的交流减少；但电视又为人们之间的交流与交谈提供了大量话题，使得人们有更多共同语言。

……

以上种种令人对电视又爱又恨的悖反现象都提醒着我们，电视和电视文化带给人们的绝不仅仅是某种单一的消极或积极影响，而是具有复杂的双重性，不管对社会、家庭还是个人，这种双重属性都时刻存在并发挥着巨大的影响力。

二、电视文化与社会

电视文化对人类社会进行着规模浩大的塑造、影响与改变，超过了以前的任何一种传统媒介文化。它全方位地介入了人们的社会生活中，无论在社会政治、经济还是文化上都深深打下了自己的烙印。

（一）电视文化对政治的影响

从电视作为一种科学技术发明出现，到逐渐形成一种文化形态并成为一种强势文化，电视文化已经广泛参与和影响到社会政治，与一个国家的政治形势和社会的稳定发展密切相关，对社会变革也起着越来越大的推动作用。电视文化与社会政治之间的影响是互为宾主的，一方面，电视能够推动社会政治的发展，为政治民主化开辟道路；另一方面，政治的稳定又是电视能否良性发展的先决条件，"凡是大众传播发达的社会，政治体系都相对稳定；而政治体系动荡不安的，大众传播均不那么发达。这个现象告诉人们一个道理：广泛传播和深入人心的政治体系的稳定和发展有一定的逻辑关系"①。中国电视的发展历程便清晰地向我们证明了这一点。

电视文化对社会政治的影响主要体现在两个方面：一方面，电视文化可以起到清明政治、推动社会变革的作用。电视文化强大的舆论监督功能使得它能够对政治形成有效监督，又使政府能根据电视反映出来的群众意愿及时调整政策、改革政治。在某些特殊时期，电视甚至可能成为社会政治重大转折的促发者，在政权更迭中的作用令人不敢小觑，所以托夫勒称电视为"颠覆性传媒"，他认为"在全世界各地，人们在利用新的传播媒介或使用老传媒的新方法来对国家的权力提出挑战——有时是推翻这种权力"②。在东欧剧变中，电视文化便扮演了一个重要的角色，以电视为主的新的传播手段，使许多来自西方的信息大量涌入东欧各国，改变了人们的政治信念和观点，在一定程度上推进了这一剧变的发生，而且在斗争的关键时刻，政治力量的对峙双方都争相抢占电视的控制权，以发布对自己有利的观点和信息，争取民心。另一方面，电视也是增加政治透明度的一大手段。电视文化无所不包的兼容负载能力使它成为保障人民知情权的重要途径，各种与人民群众密切相关的政治信息和决策都可以通过电视发布出来，使政府活动更加公开化。

由于政治制度的区别和具体国情的不同，电视对国家政治的影响方式和影响程度不能一概而论，它既可以成为政治民主的推动力，也有可能成为遏制民主的阻力，这种双面性早已为历史所证明。"文化大革命"期间，在"阶级斗争工具论"的鼓噪下，电视成为某些政治阴谋家压制民主、鼓动内乱的工具，各种批斗"走资派"的"电视斗争大会"，现代迷信式的"早请示"、"晚汇报"、"忠字舞"、"语录操"等种种拙劣表演充斥荧屏，电视成为

① 王沪宁：《比较政治分析》，上海人民出版社，1987年版，第187页。
② 阿尔文·托夫勒著，刘炳章等译：《力量转移》，新华出版社，1996年版，第383页。

一片文化的荒漠，非但没有担当起政治民主的推进器，反而阻碍了人民的知情权，成为遏制民主的工具，令人痛心不已。国外这样的例子也屡见不鲜，早年在菲律宾电视台从事过导演工作的詹姆斯·雷特尔说："马科斯不相信事实胜于雄辩这一朴素的道理。……他认为掌握了媒介的领导人才具有真正的威力。而独裁者是最善于这样做的。"① 然而，无论正面还是负面，消极或者积极，可以断言的是，电视对政治的影响是巨大、深刻而广泛的。在中国，电视始终处于党和政府的领导之下，已经成为连接党、政府和群众的桥梁，对推进社会民主政治、保障人民知情权发挥着重要作用。

（二）电视文化对经济的影响

历史发展到今天，经济与电视的关系也是相当密切的，经济的振兴与发展，都离不开电视文化的影响。从生产、流通一直到消费环节，电视媒体在经济生活和市场运行中始终扮演着不可或缺的角色。

第一，传递经济信息。电视能为我们传递各种经济信息，为我们的经济活动提供参考和指导。它首先是传达和解析政府的经济政策，迅速有效地将各种重大的经济方针、政策传达给社会大众，并对这些政策进行深层次的解析，帮助民众理解和执行。同时，电视还能起到交流和沟通各种经济信息的的作用，如沟通市场行情、发布供需状况、阐释经济法规、告知经济决策、解说资源情况、分析消费习惯等等。通过这些信息的交流，能帮助人们更合理地从事经济活动，活跃市场，繁荣经济，而且这也是政府做出各种经济决策的依据之一。

第二，传播经济知识。传播经济知识也是电视文化影响经济的一种方式。电视能够直接传播经济知识，包括从事经济活动的业务知识以及与经济活动相关的历史、地理、科技等背景知识。电视还能够分析各种经济现象，及时对经济形势进行深入的分析和研究，以解除人们的困惑，帮助人们正确认识各种经济现象，从而对经济生活起到指导作用。

第三，监督经济行为，反映经济成就。电视能够在对各种经济行为进行报道的过程中，反映经济建设的成就，激励合理的经济行为，同时对不合理的经济行为进行监督和批评。在这方面，电视文化有着强大的影响，在某些领域、某些时期，电视甚至既可以塑造一个品牌的信誉，也可以销毁、打击一个品牌。所以，在电视对经济行为进行监督的过程中一定要十分谨慎，以免扰乱正常的经济秩序。

---

① 张讴：《世界电视史话》，中国文联出版公司，1992 年版，第 40 页。

最后，电视媒体自身也构成了经济市场系统中一个重要的产业领域和部门。从 1979 年播出第一条广告，到今天中国电视逐渐走上制播分离、产业经营的道路，无论是内容生产还是营销推广，乃至于电视自身的品牌打造，几乎电视运行的每一个环节都可以构成相应的产业链而营造出整体的电视产业。电视已经成为经济大潮中的一个弄潮儿，我们有理由相信，未来的中国电视文化对国家经济、市场的贡献会越来越大。

（三）电视文化对社会文化的影响

透过光怪陆离的电视荧屏，我们会发现，几乎所有的文化门类都在电视中找到了自己的位置：小说、戏剧、音乐、绘画……这些人类在漫长的发展中用智慧和灵性凝积而成的文化形态在小小荧屏上各展风采，你方唱罢我登场，热闹非凡。"从文化发展的意义上说，电视传播是文化传播的革命性变革，电视文化对人们的影响已经远远超过了当今其他任何文化形态，电视成为改造社会的一种全新的文化力量。"①

从社会文化的整体视阈中看，电视文化最重要的影响，在于它与大众文化的相生相伴，我们甚至可以断言，如果没有电视的参与，大众文化的发展将完全不同于今天的局面。尤其值得注意的是，电视文化在中国大众文化发展进程中更加具有不同寻常的意义。与西方不同的是，在现代大众文化发展起来以前，中国的思想文化意识形态长期处于一种由上而下的、统一的、政治文化控制中的一体化状态中。在长期文化单一和压制状态之后，随着国门的打开、经济的发展，以现代传播媒介主要是以电视为载体的大众文化开始勃兴，它强调"百花齐放"、强调人性与人情，将个性化放到了中国历史上前所未有的高度。这种特殊历史条件下具有中国特色的大众文化显然与法兰克福学派所批判的大众文化有着极大的区别，它不能说是一种思想文化上的集权与统一，反而是一种思想文化上新的自由和解放。因此，对中国而言，电视文化的发展兴盛是对长期以来大一统的文化意识形态进行的一种反拨，它带来了丰富多样的多元文化形态的繁荣，如果简单地把它们斥之为剥夺人们自由思考的总体化意识形态，未免失之偏颇。

其次，电视文化为人类文化交流与传播创造了一种前所未有的，规模巨大而又极其迅速、便捷的手段，使大规模的文化传播成为可能。不论东方还是西方，现代还是古代，全球各地的各种千奇百怪的文化形态，甚至包括史前文明、宇宙奥秘，都可以通过电视而为全世界的人们所熟知，它使各民

① 时统宇：《电视影响评析》，新华出版社，1999 年版，第 152 页。

族、各国家、各阶层的不同文化之间的跨时空交流得以实现，使世界上一切优秀文化成果，都能通过电视文化得到展现、传承和弘扬。大量事实证明，在文学、电影、音乐、舞蹈等文化形态的普及性传播中，电视文化起到了不可忽视的作用，借助电视的影响力，一些原本是"旧时王谢堂前燕"的艺术形态，如今也通过电视荧屏飞入了寻常百姓家。电视剧《围城》的成功以及引发的连锁效应向我们很好地阐释了这一点。原本学者意味颇浓，长期以来并不为老百姓所熟知的一本非畅销小说，以电视剧的形式，由大众熟悉的电影明星演绎出来，便一时之间引起轰动，风靡神州大地。类似的情况还有很多，如《橘子红了》《雍正王朝》《康熙大帝》等小说都是先通过荧屏展现，才为民众所熟知的。

　　然而，在看到电视对社会文化的积极作用之时，我们的批判精神也是绝对不可缺少的。随着市场经济大潮的冲击，法兰克福学派所抨击的消费文化的种种弊端也开始出现在我们的电视文化中。电视文化的直观和浅显一方面给文化的普及带来了好处，另一方面又限制了语言和文字的发挥，限定了人在审美体验中的自主性与创造性，限制了人们思想和心灵的自由飞翔。长此以往，便降低了人的思维能力，出现了许多现代意义上的文盲、半文盲。一篇题为《美国是文盲之国吗》的文章就曾经指出：对电视的极端依赖剥夺了青年人的良好阅读习惯，使他们严重缺乏从印刷文字上进行形象思维的能力，约有3 200万美国人缺乏进行日常生活所需的最起码的读和写的能力。

　　我们的电视文化应该体现出这样的审美文化价值，既要表达国家主流意识形态的话语，又要符合后现代多元文化语境下的公众审美心理，尊重人的尊严与个性和多重情感需求，以相应的方式多层次地满足他们审美心理上的需要，在形式上体现出与中国现代化进程相适应的、开放的、文明的、民主的、平等的、多元的和富强的价值诉求与文化诉求。

三、电视文化与家庭

　　人们观看电视，多半是以家庭为单位在家里收看的。电视这种特有的家庭收看方式，从本质上决定了电视文化对家庭生活的深入渗透和重要影响。电视文化依托于家庭，而家庭文化的主要内容则是电视文化。电视文化对家庭的影响主要表现在以下几个方面：

（一）电视文化改变了家庭的生活方式

　　随着电视机的普及，人们的家庭生活方式越来越受到电视文化的影响，几乎所有的城市家庭和大部分农村家庭都拥有了电视，人们把它作为家庭娱乐与文化的共享载体。电视由此成为了家庭日常生活的一部分。

第一，电视文化延伸了家庭的生活空间。电视打破了公共领域和家庭空间之间的界限，将家庭的生活空间延伸到社会的公共空间中。在传统社会，个人与相隔遥远的外部世界比较隔绝，生活空间比较私人化和家庭化。而电视为人们打开了一个外面的世界，把公共生活领域内的重要信息以一种家庭化的方式传达给大众，并且将发生在世界各地的重大事件——展现在大众眼前，使得普通家庭与社会之间的距离感大为缩短，让个人能够以观察、评论甚至实际参与等多种方式及时地对公共事件进行反应，从而把家庭空间延伸到了社会公共领域之中。因此，电视传播媒介本身是一种社会化手段，对个人的社会化起着极其重要的作用。

第二，电视影响了家庭的生活作息模式。在生活中，我们常常碰到这样的事情：家庭成员里的某个人说"我要赶在几点做完某件事，好看八点档的电视剧"或者"我今晚要晚点睡，以便看完电视上的某场体育赛事"。这一切都向我们说明，一些家庭的生活规律开始以电视为中心，家庭生活节奏围绕着电视节目的安排而进行。尤其是一些固定播放的节目已经成为了人们安排生活作息时间的依据，成了人们生活中某种确定的"时间链"的一环。而一些原本生活作息时间十分规律的老人和小孩，也可能因为自己喜欢的电视节目而改变生活规律，甚至影响到休息。

第三，电视文化使家庭娱乐室内化。传统的娱乐方式多是在室外进行的，随着电视的普及，人们开始更多地将娱乐活动安排在家里，丰富多彩的电视娱乐为人们呆在家中提供了充分的理由和条件，使他们足不出户而遍览名山大川，安坐家中参与集体游戏，眼观荧屏体味人生悲欢，电视由此而成为了许多家庭娱乐和文化的中心。电视文化密切关注家庭娱乐生活的需求，用各种情节曲折的电视剧、打闹逗笑的综艺节目、刺激惊险的"真人秀"等种种娱乐形态，来迎合受众的心理需求，从而使人们的娱乐空间日益转移到室内，转移到方寸荧屏之前，改变了传统的娱乐模式。例如每年一度的春节联欢晚会，使得除夕之夜全家人围坐一起看晚会成为无数中国人贺岁的一种方式，而许多年来人们度过这个传统节日的娱乐方式完全被颠覆了。电视，构成了家庭娱乐的新形式，它丰富了家庭的娱乐生活，填充了家庭空闲时间，为家庭成员的交谈提供了更多话题。但是，这种家庭娱乐的新方式也带来了诸多弊端。表面上家庭成员在一起的机会增多了，但实际上，这种家庭成员之间的聚会常常缺乏情感的交流，而是各自沉溺于电视制造的虚拟世界之中。同时，它减少了人们的户外活动，使人们可能过分囿于家庭的小天地，助长一种不够健康和积极的生活方式。

（二）电视文化改变了传统的家庭关系

首先，家庭中传统的父母—子女的二元交流模式在电视文化成为家庭文化主要内容的情况下，转换为父母—电视—子女之间的三元交流模式。在过去，家长作为子女最早的启蒙者和日常的监护者，往往担任着家庭信息的把关人，负责对家庭中未成年人所接收到的信息进行过滤和控制，以避免子女接触到被认为对成长不利的不良信息。而在电视诞生后，这种控制很难再维持下去，家长对子女的信息垄断被打破了。传统上由家长和学校起着决定作用的未成年人的社会化过程现在加入了电视的作用，变得更为复杂和难以把握，电视承载的大量信息加速了未成年人的社会化进程，他们知识广泛、前卫新潮而又十分自信，有时将电视中的"现实"混同于生活现实，因此他们未必会信服家长的权威，而倾向于相信自己从电视传播中获取的丰富信息，使家长的权威地位受到了挑战。

第二，家庭成员之间的直接交流更多地加入了电视的影响。一方面是电视为家人之间的交流提供了更多共同感兴趣的话题；但另一方面，人与人的交流成了人与机器的交流，家庭成员之间由于缺乏真正而直接的沟通交流，反而变得疏远。尤其是在电视的私人化倾向增加以后——更多家庭开始拥有多于1台的电视机，这一弊端变得更加明显：家庭成员各自在封闭的空间中收看自己喜欢的节目，家人之间交流的机会日益减少。电视在无形中成了家庭成员关系的一道屏障，削弱了人与人的感情交流。正是深感于电视越来越成为人们情感交流的障碍，1995年，美国芝加哥"白点"组织与其他社团联合，将每年4月的最后一个星期定为"关闭电视周"，他们在这一星期开展一系列的活动，呼吁美国人不看或少看电视。到2005年，这项活动已经进行了整整10年。①

总之，电视文化已经成为现代社会越来越重要的生活情状、思维框架和文化景观，无论对个人、家庭还是社会而言，电视已经是我们生活中不可缺少的一种存在。这种巨大的影响力已经引起了越来越广泛的关注，其中既有高唱赞歌的乐观主义者，也不乏忧心忡忡的悲观主义者。在美国沃特孙维尔市，曾举行了一场别开生面的葬礼：一辆车拉着一具灵柩在缓缓前进，灵柩后面却跟随着一支欢声笑语的送葬队伍，人群里不时有人欢呼着向外投掷鲜花……这位被人们兴高采烈送走的"死者"，原来是躺在棺材里的一台电视机！人们是在为电视这个剥夺了家庭生活乐趣的"家庭魔鬼"送终。显然，

---

① 王霄飞：《美国兴起"关闭电视周"》，见2005年5月10日《环球时报生命周刊》第2版。

这只是一场象征性的葬礼，葬礼过后，电视还会继续存在于我们的生活中，电视文化也不会就此消失在坟墓中。文化都是由人创造的，电视文化的影响，归根到底并不是媒体的影响，而是人的影响，电视文化扮演的，到底是天使还是魔鬼的角色，也并不是由电视这个机器来决定的，而同样是由人来决定的。那么，电视这个魔鬼与天使的混合体，这个令我们又爱又恨的小小机器，何时才能保留自己纯真的天使面孔，脱去魔鬼的外衣，显然，这是一个值得我们每个人深思并为之努力奋斗的目标。

第三节　　"引导"与"狂欢"

——电视文化主体价值的实现

电视文化，是一个各种力量、各种话语交汇的"场域"，它讲述并直接参与社会中各种力量之间的角力。在这一场域中，既有主导话语引导受众的欲望，也有受众不甘心被引导，而自己生发出意义的"狂欢"企图。共谋、冲突和妥协，这几个词可以清晰地描绘出新时期中国电视文化的基本状况。

一、"狂欢式"的电视文化

（一）"狂欢"理论考源

"狂欢"是随着巴赫金的文学理论被引入中国后而逐渐为人所知的一个文化美学的批评术语。巴赫金对流行于欧洲民间的狂欢节进行了研究，他认为狂欢节是官方世界下的法治外假期，在狂欢节期间，所有的民间力量都尽情地进行情感宣泄，形成一种以"感官愉悦"为主要诉求的文化奇观。接下来，他将一切狂欢节式的庆贺、仪礼、形式总称为"狂欢式"，赋予其独特的、复杂的象征意义。进而视之，"狂欢式转为文学的语言，这就是我们所谓的狂欢化"[①]。在巴赫金的视野中，"狂欢式"的实质可以追溯到人类原始制度和原始思维。在狂欢节上以嬉笑的方式给狂欢国王加冕和随后脱冕的仪式中，所蕴涵的交替与变更、死亡与新生的精神，正是"狂欢式"的核心所在；而"戏仿"则是"狂欢式"的本质。作为一个文学批评家，巴赫金从民俗研究中找到了文学作品中隐抑或显露的狂欢精神，得出了文学狂欢化的结

---

① 巴赫金：《陀斯妥耶夫斯基诗学问题》，三联书店，1988年版，第175页。

论，最终从"文化的狂欢"到"文学的狂欢"的过程中提出了一整套"狂欢化诗学"理论。根据巴赫金的狂欢理论，有学者提出，"狂欢是人类生活中具有一定世界性的特殊的文化现象。从历史上看，不同民族、不同国家都存在不同形式的狂欢化活动。它们通过社会成员的群体聚会和传统的表演场面体现出来，洋溢着心灵的欢乐和生命的激情"①。那么，作为一种源远流长的古老文化形式，在工业化的当代社会中，在传统民间活动的生命力日渐黯淡的背景下，这种狂欢文化又通过什么样的形式来表现和释放呢？研究蕴涵在电视文化中的人类狂欢热情，再看看诸多的电视节目是如何试图调动起受众的狂欢心态的，我们惊奇地发现，电视在很大程度上正是一场利用现代传播技术精心营造的集体狂欢。正是因此，我们说，同世界上许多文化现象一样，民间狂欢在现代社会里也找到了自己的电子复制版——电视。

在巴赫金的理论中，狂欢节的特点在于：文明与戏谑、荣誉与失落、歌颂与诅咒、严肃与纵欲、高尚与卑微，都是"正反同体"和"互为嘲讽"的。而"狂欢式"文化则表现出全民性、诙谐性、双重性、平等性和贬低化等特征。对照电视文本，我们发现，这些元素都可以如此轻易地在电视文化中找到它们的对应点。

（二）《超级女声》：一个"狂欢化"的文本

风靡一时的《超级女声》正是一个带有狂欢印记的典型文本。这档由湖南卫视推出的平民化的歌手选秀节目，对参赛者不加任何限制，不论外型、年龄或者水平如何，只要发出的是"女声"就可以参加，这样一档以互动性和平民性为基本特征的节目，掀起了一场全民动员的参与狂潮，其基本精神和文化内蕴正是"狂欢式"文化的真实写照。首先，节目具有典型的平民化风格。不问出身，不讲条件，《超级女声》以一种"英雄莫问来处"的气概发动了一场平民的游戏，参赛选手体现出完全平民化的特征，而这一特征又可以促使观众在观看的时候产生一种情境换位的心理感受，出现类似于"她们的水平跟我差不多"或者"如果我去参加可能比她们还好"的想法。同时，由于将对选手生杀予夺的大权交给了观众，使普通观众拥有了对评判权的部分掌握，更进一步地加深了这场游戏的平民化特征。在《超级女声》的狂欢节上，所有的人都是参加者。"狂欢节不知道何为舞台，换言之，它根本不承认演员与观众之间有区别……狂欢节不是供人观看的奇观：人们就生活在其中，而且每个人都参与，因为狂欢节的观念本身便将所有人都拥抱在

---

① 钟敬文：《略谈巴赫金的文学狂欢化思想》，见《光明日报》，1999 年 1 月。

一起。"① 其次,《超级女声》的演绎过程,蕴藏着一种草根文化对精英文化的戏仿,而戏仿正是"狂欢式"文化的本质。一名选手从参赛开始,便踏上了一个类似于狂欢节加冕的对明星的模仿过程,而基于贯彻节目始终的平民精神和娱乐精神,这一模仿过程又带着几分戏谑的味道。从报名到海选,热烈的气氛、对成为焦点的憧憬,使得这个漫长的等待过程弥漫着一种快乐的加冕氛围,海选中一些千奇百怪的演唱者和评委戏谑、轻松的评论更为这一氛围添上了戏剧色彩。等到最终的决赛,气氛一步步高涨,最终的胜利者真的如同明星一般成为大众关注的中心,并举行了隆重的"加冕仪式",真是何其热闹的一个狂欢游戏!第三,《超级女声》贯彻了狂欢文化的平等精神。在巴赫金的狂欢化理论中,狂欢的一个重要特征是取消等级,使人趋向亲昵。《超级女声》在一种大众共同参与的气氛中,取消了人们之间的身份差别,无论选手、现场观众还是电视观众,都沉浸在特定的狂欢氛围里,感觉到一种身份和人格上的平等意味,体验到一种游离出日常生活之外的身心自由。它让平民重估了"下与上"的社会关系,传递了一种平等主义意识。一切都表明,这不是一场选秀,而是一次交由观众和选手自由发挥的狂欢。

(三) 中国电视文化的狂欢化倾向

《超级女声》这个电视节目,已经在我们面前清晰地呈现出了一个电视文化的狂欢化文本样态。而扫描整个中国电视文化的现实表现,也同样生动地反映了市场经济条件下中国文化的"众神狂欢"。这样的状况与中国的经济、文化发展历程是分不开的,大众文化在 20 世纪 90 年代初期迅速勃兴,一跃成为社会的主流文化,"人们迅速抛弃了所有的传统,整合社会思想的中心价值观念也不再有支配性,偶像失去了光环,权威失去了威严,在市场经济中解放了的'众神'迎来了狂欢的时代"②。"狂欢"迎合了中国后现代文化潮流下种种"中心"神话消解的现实,满足了民众想要打破文化敬畏的游戏心理,让民众在平等、自由的气氛中获得了身心的解放。在巴赫金看来:"狂欢节弹冠相庆的是暂时的解放,即从占统治地位的真理与既定的秩序中脱身的解放,它标志着对所有的等级地位、一切特权、规范以及禁律的悬置。"③ 无论是狂欢所推崇的颠覆性、狂欢所追求的平等化、狂欢本质上

---

① 巴赫金,转引自 [美] 约翰·费斯克著,王晓钰、宋伟杰译:《理解大众文化》,中央编译出版社,2001 年版,第 104 页。

② 孟繁华:《众神狂欢》,今日中国出版社,1998 年版,第 13 页。

③ 约翰·费斯克著,王晓珏、宋伟杰译:《理解大众文化》,中央编译出版社,2001 年版,第 99 页。

的游戏性，还是狂欢内蕴的自由精神，都让人们体味到了曾经遭受压抑的感性与愉悦之花的绽放。于是，众多的电视游戏节目、电视剧、"真人秀"、知识竞猜、综艺晚会等狂欢化电视文本被制造出来，中国的电视文化在某种意义上已经成为了狂欢文化的电子版本。

　　然而，这种狂欢化的电视文化在给老百姓带来愉悦和自由的同时，其弊端也是显而易见的。在巴赫金看来，狂欢为人们提供了一次暂时拒绝官方世界的机会，社会等级、财产、职业、家庭、性别以及年龄差异的障碍被暂时逾越，而提出了一种让人们平等、富足和自由生活的乌托邦式的承诺。"狂欢式"的电视文化为人们提供的正是这种具有普泛性的大众情绪的宣泄场域和想象空间。然而，既然一切都是暂时的，那么所有的狂欢注定只能是一个空泛的美梦。这样的"狂欢"结束后，给人们留下的是什么呢？在狂欢中，关注的是感官的愉悦、身体的快感，而理性思考和救赎精神的缺席是毋庸置疑的事实。霍克海默和阿多诺在《启蒙辩证法》一书中提出，在现代资本主义社会，文化工业时刻利用媒体自身的技术优势及其商业背景进行"公开的欺骗"，从而使大众获得一种"摆脱思想的解放"。这虽然是在资本主义的特定文化语境下进行的一种解析，但对于在市场经济与政治宣传的双重逻辑下运行的中国电视文化来说，其实更加应该引起高度的警惕。法兰克福学派的现代资本主义理论认为，文化工业所生产的各种商品，受到了在市场上实现其价值的需求的支配。市场经济中的中国电视文化必然会受到商业逻辑的控制，透视狂欢表象的背后，一张牢固的文化工业之网在有条不紊地通过快感的生产收罗着工业所需要的金钱和利润。而在缺乏实质的物质和人文基础的狂欢表象下，隐藏的是文化内蕴的苍白和想象褪色之后遗留的精神空虚。为了达到最大的利润目的，我们不能不承认，一些看似丰富多彩、热闹动感的电视节目，实质上迎合的是大众最低的共同文化和素养。大众狂欢的场面掩饰了社会的真实问题，在令人眼花缭乱的图像和欢声笑语中，观众从现实中被分离出来，处于暂时的"失忆"状态，成为一个被电视操控的木偶。这种在流水线机制下所制造出的后工业文化现象，对受者而言，往往意味着传统价值观的崩溃，意味着失去独立的判断能力，失去自己的见解和主张，失去求知和创造的愿望。留下的，不过是失重的快乐和远离现实的幻梦。

二、"引导"与"狂欢"的共生

　　关于电视的引导功能，在本章前面已经有所论述，然而，在电视文化的狂欢化倾向中，当人们沉迷于一种自由、抵制中心、消解意义的氛围之中时，电视文化中的主流意识形态在其中能够拥有多大的空间，电视的引导力量又从何发挥，电视文化主体价值又如何实现，这些都是值得我们思考和研究的问题。

(一) 电视文化场域中的角力者

事实上，电视文化是一个经济、政治、社会及文化势力交汇的冲突性文化场，而在这个场域中，既有主导话语对受众的引导欲望，也有受众的"狂欢"欲望。二者受怎样的力量控制，如何在同一场域中共生共存，搞清楚这个基本问题，那前面我们提出的电视文化主体价值的实现问题也就迎刃而解了。为了对此进行一个较为系统而科学的研究，我们借用一个系统解构的方法，将作用于电视媒介的力量分为投入者、媒介自组织者、接受者来进行研究。

首先是投入者。这包括权力投入、财力投入、文化投入，与此对应的是政府、广告客户、文化精英。三者既有合作的必要和愿望，但又部分地存在矛盾和冲突，这种复合身份直接造成为数众多的节目制作主体的身份认同危机与角色冲突。其次还有媒介从业人员，即媒介自组织者。一方面，媒介从业者是拥有话语权的人，在文化身份认同上，他们将自己视为精英，常常有抵制市场霸权或官方意志的意识；另一方面，这种精英地位来自对资源的占有，这种占有是临时性和赋予型的，因此他们又很容易将自己视为弱势群体，这使他们在现实中往往毫不反抗地服从于市场逻辑和官方意志。除了以上两者相互作用的力量外，作为接受者的观众也在这一角力场上扮演了重要的角色。每一个观众在收视之前，就已经被所处的现实的政治、经济关系建构过，与改革开放初期相比，中国的社会阶层结构已发生了深刻的变化，个体生存环境的突变，使他们的心理需求及使用电视的动机也不尽相同。①

通过上面的分析，可以看到，在电视文化的场域中，多种力量在其中交汇并互相角力，试图争取自己最大的主动权。造成这种现象的重要原因之一，正是中国目前电视改革的模式，也就是以市场经济为原动力，经由政府发动与认可，在政府的控制下，由传媒机构具体操作的改革。市场与权力在立场、目标之间的种种矛盾自始至终存在于这一改革的全过程之中，而社会转型期各种社会力量的此消彼长，又使得矛盾、冲突和妥协的过程更为复杂多变。显而易见，在这样的大裂变中，由于参与者的复杂性和改革过程的不可知性，各种力量要想取得最终的平衡，势必要经过一个艰难的冲突和协调

① 凌燕：《矛盾的电视——变革中的中国电视体制矛盾与话语冲突》，见 www.yhlz.net/read.asp? id=3434 40K 2005-7-10。

过程。市场逻辑所要迎合的是观众的眼球和注意力，而作为权力投入者的政府，则有着自己的话语需要和政治控制要求，所以电视文化场域中角力各方错综复杂的斗争归根到底是要解决市场逻辑和主流意识之间的和谐共处问题，从而做到以最佳的资源配置最有效地实现电视文化的主体价值。

（二）"引导"与"狂欢"的共生共谋

在市场因素与意识形态因素的共同夹击中，"引导"与"狂欢"不是简单的此消彼长关系，电视文化的主体价值必须同时考虑到两方面的因素，才有实现的可能。如果忽视受众的"狂欢"而企图单纯强调主流意识的"引导"，则市场经济的强大力量必将以受众和广告客户对电视文化的抗拒和排斥来作出回应；而如果没有了主流意识的"引导"，听任受众沉浸在缺乏理性和文化深度的电视"狂欢"中，其后果也同样堪虞。

在全球化的广阔视野下，中国已进入一个全面开放的时期。一方面，来自西方的消费文化观强烈地冲击着中国传统的"文以载道"的文艺观，同时随着中国民主政治进程的加快，娱乐性、平民性的大众文化逐渐成为了社会审美心理趋势，在这样的文化背景下，目前的中国电视"既经历着从国家文化向市场文化的过渡，又面临着国家文化与市场文化的共存"[①]。经过长时期的摸索和调整，中国近两年出现了一批以"主旋律的通俗化"与"通俗化的主旋律"为特征的电视作品，在这种新型主旋律电视中，主流意识形态所希冀的引导和教育作用在通俗化的包装中以潜隐的方式得到了表达。如电视剧《激情燃烧的岁月》，把故事的重心从战场和工作中转移到展现家庭生活的私人空间：个人的婚姻选择、与子女的代际交流等生活琐事，点染出家庭生活背景下个人化叙述的魅力。这类作品有着主流意识的主题和线索，但是又对受众的审美心理给予了相当的重视，在一定程度上达成了市场需求和官方意识形态的平衡。由此我们看到，达成妥协和平衡的关键点在于将意识形态的引导"自然化"，将主流意识形态话语与民间话语相调和，使精英文化与大众文化相互渗透和整合，既要呼应大众审美文化中的一些焦点和热点问题，同时又保持与主流意识形态的共谋关系。这就要求我们突破过去电视艺术表现风格上的单一化、严肃化倾向，打破题材决定论的评判标准，不仅以题材的大小和内容价值的高低划线，而且注重电视艺术的审美功能和满足当下中国社会受众审美心理诉求的需要。此外，在改革开放的今天，在中西文化交流与融合的背景下，电视文化要想健康地向前发展，受众的审美需求已

---

① 尹鸿：《冲突与共谋——论中国电视剧的文化策略》，见《文艺研究》2001 第 6 期。

远远超出了现实主义原则所能承受的范畴，要想整合精英意识与大众审美的平民意识，就要做到在保持传统现实主义的创作原则原有生命力的同时，必须以更加开放、多元的心态融入现代意识的创作理念。因此，在处理主旋律与多样化的关系时，要能够很好地把主旋律的通俗化与通俗化的主旋律，主旋律的多样化与多样化的主旋律结合起来；在处理艺术审美的雅俗关系上，要能够雅俗结合，以雅俗分赏的方式给不同层面的受众以不同的审美感受。同时，在将多元文化视野下的"多样化"作品渗透、融入主流意识形态价值观的同时，也应该保持民族自觉与文化自觉的清醒判断，正视与主流意识话语的距离和张力，融入更多的反思与批判意识。只有在矛盾冲突中寻找到一个恰如其分的平衡点，把主流意识形态的"引导"功能与大众文化的"狂欢"心态融合起来，最终取得市场因素和主流意识的妥协与共谋，才能在最大程度上实现电视文化的主体价值，为社会的发展建设作出更大的贡献，在世界范围内为自身的生存与发展赢得更大的空间。

第五章　人文精神：电视文化
传播的责任

在我国电视发展的现代化进程中，在电视产业化、技术化的双重冲击下，电视文化的建设面临着前所未有的挑战。"人文精神"作为中国当代电视文化的核心理念，在应对这一挑战中起着决定性的作用。大力弘扬电视文化中的人文精神，成为当代中国电视文化传播不可回避的责任和义务。然而，"人文精神"是一个历史十分悠久、内涵极其广泛的概念。中国电视文化中人文精神的独特内涵是什么？为什么说弘扬人文精神是电视文化传播的责任？怎样才能在电视传播实践中更好地弘扬人文精神？本章将通过对这些问题的阐释，对电视文化中的"人文精神"这一命题作较为系统的梳理。

第一节　人文精神与电视文化的人文精神

虽然学界对"人文精神"的理解莫衷一是，但总体来看，无论古今中外，人们对人文精神的理解仍然有一些基本的共同点。人文精神主要表现为世界观、价值观和人生观，其要旨在于尊重人的价值，肯定人的作用，关注人的生存和发展，它提供方法论和对人生的终极关怀。具体表现为对人类自身的一种普遍关怀，对人的价值的尊重和肯定。其一，对人本身的一种关注。这种关注主要集中在物质层面，主要关注人在现实社会生活中的生活需求和生存状态。其二，对人性的关注。这种关注主要集中在精神层面，表现为对人性中一些美好的方面，如人的尊严、价值、命运等的追求和弘扬，强调一种对理想人格的肯定和塑造，是一种更高境界的人文精神。

一、"人文精神"的含义

"人文精神"（Humanism）这个词起源于西方，有狭义和广义之分。狭义上的"人文精神"是指欧洲文艺复兴时期的一种思潮；广义上的"人文精神"则是指由西方哲学所培育的精神文化传统，它的主要精神就是尊重人，尤其是尊重人作为一种精神存在的价值。人文精神起源于 14 世纪欧洲文艺复兴时期，当时的进步知识分子为了对抗愚昧、迷信的经院哲学与神学，借助于希腊哲学与艺术等古典知识，提倡人的个性发展与思想解放，高扬人性大旗。反对神权、以人为本成为那个时代的主题。

此后，这一思想在西方得到了广泛的继承和弘扬，如以孟德斯鸠、伏尔泰、卢梭为代表的人道主义，以费尔巴哈为代表的人本学辩证法，以马克思为代表的人本主义哲学，直至当代西方现代哲学的人道主义。在西方，人文主义、人本主义、人道主义与人文精神通常是同义词。西方思想主要有三种模式：其一，宗教模式，以上帝为重心；其二，人文模式，以人为重心；其三，科学模式，以自然和技术为重心。而从文艺复兴时期开始建立的人文模式则成为了近千年来西方思潮重要的主旋律之一。

人文精神在 20 世纪中国的先进思潮中也是一个关键词。新儒家学派认为，人文精神在我国源远流长。"人文"二字最早出自《周易》："观乎天文，以察时变；观乎人文，以化天下。"徐复观先生在《原人文》中考证"人文"一词的传统含义时说："中国之所谓人文，乃指礼乐之教，礼乐之治而言。"人文精神指社会中能使民众受到教化，从而培养美好德行，使天下和谐、繁荣的高尚美好的思想意识。刘勰在《文心雕龙》中说人为"天地之灵"、"五行之秀"，意思是人是天地的心灵，排在五行的首位。中国传统文化的人文精神，核心是承认人为万物之灵，"最为天下贵"，认为每个人都有潜在的能力，因而人有崇高的价值，人应当受到尊重。这一学派认为，以儒家学说为代表的中国传统文化中具有一种提倡天下为公、人格尊严、独立意志和以民为本的人文主义精神，这种人文主义精神可以成为新型民主政治的基础。

应该说，人文精神有其深厚而复杂的底蕴，但是很多学者认为，当代中国的"人文精神"不能简单地等同于西方的"人文精神"和新儒家学派的"人文精神"，人文精神应该是特定时代、特定社会背景的产物。

首先，我国的人文精神不能简单地照搬西方，因为人文精神作为具体大文化背景的折射和体现，不可避免地带着特定历史、文化背景的烙印，有自己生存、发展的传统。中国人文精神传统从先秦到明清，经历代文人的思辨、论争形成了儒道互补的人生价值取向，天人合一的终极价值追求。西方人文精神则体现了理性与信仰的对立统一，崇尚自由，追求平等，注重人的主体性、创造性和行动性的思想内涵。具体表现在观念上，就是中国人重集体利益，注重和谐和团结，讲究集体利益高于一切；西方人重个人利益，讲竞争，讲个人利己主义的生活态度和道德原则。在思维方式上，中国人讲究诗性思维，重视言有尽而意无穷的韵味；而西方人讲逻辑，讲理性，追求条分缕析的严密。在审美上，中国人喜欢素朴、率真、自然，追求一种飘逸旷达的美；西方人喜欢热烈、神秘、豪放，追求一种悲壮和崇高的美。

此外，中国"人文精神"的出场与西方"人文精神"的出场的语境完全相反：西方人文主义是针对神权社会而提出的，其核心是从天国走向人间，从神权走向人权，世俗化是其最核心的诉求；而中国20世纪90年代提出的"人文精神"则把矛头指向世俗化，其核心是从人间走向天国，排斥世俗性诉求，用道德理想主义与为艺术而艺术的审美主义拒斥文艺的市场化、实用化与商品化。因此，在把握人文精神的内涵时，我们应该结合本民族的文化心理，才能在与实践结合时被受众理解并引起感情上的共鸣。

其次，人文精神也不能完全沿袭新儒家学派推崇的传统人文精神。不可否认，中国传统文化的"天人合一"、"仁者爱人"等观点，倡导的是人与天地和谐共存，人类互爱的人文精神，与我们现在论及的"人文关怀"、"人文理解"、"地球是人类共有的家园"等思想一脉相承，具有很强的现实意义。但是，一方面传统文化中有些观念在今天已经不合时宜，另一方面随着我国政治、经济、文化的迅速发展，人文精神被注入了新的内涵。

江泽民同志提出的"三个代表"理论对21世纪我国的发展具有重要指导意义，其中"始终代表中国最广大人民的根本利益"强调的就是要"以人为本"。新一代领导人强调和谐社会，强调保持共产党员的先进性，强调"情为民所系，利为民所谋，权为民所用"。这些理论为人文精神增添了现代理念的内核，也为电视工作者指明了节目创作的方向。

当代学者对人文精神的理解也更为宽泛和深刻。著名学者周国平认为，"人文精神"包含三个层面：第一个层面是人性，就是对人的尊重，强调人的尊严，实际上也就是广义的"人道主义"精神；第二个层面是理性，是对真理的追求，也就是广义的科学精神；第三个层面是超越性，就是对生命意义的追求。不少学者认为，应该从纵横两个维度拓展人文精神的内涵。这种理念不仅应关注人类当前的生存与发展，还应对人类的悠久历史和灿烂文明进行继承和发扬，为人类未来的生存与发展拓展更为广阔的空间。不仅应关注物质财富的创造，还应关注创造物质财富的人，关注支配这些行为的人的精神、品格、信念、理想与尊严；不仅要关注自己，还要关注他人；不仅要关注经济的增长，还要关注社会的全面进步；不仅要关注人的人文环境，还要关注人的生态环境，从而实现整个社会的可持续发展。

当代中国的文化背景、价值取向、发展历程都决定了当代中国的"人文精神"与西方的"人文精神"、新儒家学派的"人文精神"不能简单地等同。

因此，我们应该根据中国现实的国情，汲取西方人文精神和中国传统民族文化中人文精神的精华，重建并弘扬一种符合中国国情，具有强烈时代气息的"人文精神"，而这也是推动社会全面进步和促进人的全面发展的客观要求。

二、电视文化中"人文精神"的内涵

电视是一种文化载体，是当代文化的晴雨表，文化的嬗变肯定要对电视的传播内容和方式产生深刻的影响。同时，电视又以自己独有的方式折射和反映着现实人生。"媒介人"通过和"受众个体"或"受众人"之间的对话、沟通、调节，传达一种"以人为中心"、"以人为对象"的思想，体现出对人的本质和精神的关注，使作为历史主体的人的力量得以现实展开并提升到"现代化"的程度。①

人文精神与当代中国电视文化的契合在上世纪出现了两次高潮。第一次高潮出现于改革开放初期，电视节目突破了内容单一、贫乏的、生硬的宣传创作模式，开始在电视传播中强调对人的关注。第二次高潮出现于 20 世纪90 年代初，以 1993 年 5 月 1 日中央电视台大型新闻杂志《东方时空》的正式开播为标志。从此，中国电视不仅对普通人的命运倍加关注，还实现着中国电视人对人文精神的更高追求：人的尊严、价值、命运，使人类生存的意义从更多的角度上和更深的层面上得到表现和弘扬。

从对人文精神历史内涵的梳理中我们已经看到，人文精神与具体的民族、时代、地域密切相关，具有鲜明的时代精神和当代特色。那么，当代中国电视文化中的人文精神，又具有哪些独特的内涵呢？

（一）开放性的人文批判精神

人文精神虽然十分关注人性中美好的方面，注重理想人格的塑造，但是，这并不意味着它对大众传媒就是一味的肯定和赞扬。当代电视文化中对人和人性的关注，在很大程度上体现为强烈的批判性，以破代立，通过对世俗化、庸俗化的批判来弘扬人文精神。强调电视的人文精神，从这个意义上来讲，也就是强调对电视传播的监督和校正。

伴随着社会主义市场经济的发展，中国电视也开始逐步走向市场，随之而来的是电视的娱乐化、庸俗化、商业化现象，针对中国电视市场化进程中出现的"文化滑坡"、"文化失衡"现状，20 世纪 90 年代初，中国的思想文化界出现过一场有关人文精神的大讨论。"人文精神"的话题由王晓明等人

① 参见向才志：《人文关怀：当代大众传播的时代使命》，《当代传播》，1999（5）。

在 1993 年第六期《上海文学》上的对话——《旷野上的废墟》发起，受到了学术界的高度关注。新闻界从这场大讨论中受到启示，引发了另一场颇具规模的关于"媒介批评"的讨论。

在这场批评中，电视成为被批判的重要对象，"电视批评"几乎等同于"媒介批评"。其对电视的批评主要集中在两点：第一，电视节目内容缺乏人文精神，倾向于标准化、模式化、浅显化。电视为追求大众认同，不惜丧失高雅文化中应有的人文精神、艺术品格和审美属性，为迎合大众的感官刺激而设计肤浅内容，降低了大众审美水准。第二，在电视制作中拒绝人文精神，使电视文化坠入了纯粹的技术主义。随着电视的普及和技术的进步，在电视制作的实际操作中，出现了过于依赖技术和形式，而忽视思想和内容的庸俗化倾向。不少有识之士对此进行了严厉抨击。有学者认为："这种对技术的大规模批判的确存在着很多激情的、义愤的，甚至是非理性的成分，但对技术的真正的、学理的批判一直作为主流而存在——这种真正的、学理的批判关心的是技术与人的关系、人类前途与命运。""而在这种作为主流的学理批判中，一个最重要的方面就是人文主义。"①所以，电视文化中"人文精神"的出场语境带有强烈的批判色彩。

人性是一个矛盾体，真、善、美与假、恶、丑并存。对于假、恶、丑的无情揭露，正是为了更好地弘扬真、善、美的人文精神。在中国电视世俗化的过程中，建立在文化工业和文化消费主义盛行基础上的中国电视出现了庸俗化、娱乐化、实用化的现象。因此，电视人用人文精神为批判武器，重新反思电视的作用，调整电视的功能，对电视文化具有十分重要的意义。通过对电视领域内不良行为的揭示和批判，可以加强电视人对人文主义追求的自觉性，在更高的层面上体现电视的自身价值和理性精神，促进高质量的电视文化产品的发展。

（二）与节目水乳交融的民族精神

中华民族的人文精神源远流长，在长期的历史发展中，儒家成为华夏固有价值体系的重要代表，形成了以儒家为支柱的传统文化。儒学提倡"德治"，强调"和谐"，主张由正心、诚意、修身、齐家进而治国、平天下。简言之，以儒学为代表的中国文化有两个基本精神：一是"以人为本"，一是"以和为贵"。"以人为本"体现了人文精神。孔子说"天地之性人为贵"，强调"人"；《礼运》曰"人者，天地之心也"，认为人是天地的思维器官，人

---

① 黄亮华：《人文主义视野中的技术》，中国社会科学出版社，1996 年版，第 2 页。

表现了天地的自我认识；孔子还说"为人由己，而由人乎哉"，这些观点都强调了人的价值，人在宇宙中的地位，在一定程度上可以说是"以人为本"。概括而言，民族精神中人文关怀的主要特征是重视人的道德修养，主张人们通过自身的修养和学习，成为积极进取、扶危济困、尊老爱贤的高尚、有理想的人。可以说，人文精神一直是我国的文化基石，影响深远。

电视作为反映现实生活的大众传播媒介，应该继承和弘扬我们民族的优秀文化和优秀传统，成为民族精神的火炬和人民奋进的号角。目前在电视文化传播实践中，这种人文精神的弘扬主要体现在以下两个方面：

1. 以人为本，通过对传统历史文化的展示，弘扬人文精神

中国电视自 20 世纪 90 年代开始，话语权从政府下放到人民，平民意识大大加强，老百姓的生存状态和权益受到重视。更为重要的是，电视传播理念从传者中心转向受者中心，受众本位思想得以确立。从电视的栏目定位、节目选题、角度选择、采访方式、表现手段等方面注意以受众需要和爱好为出发点，电视人进行了各种合理、有效的活动，体现出了对受众的关怀、理解和尊重，体现出了以民为本的人文精神。

文化底蕴是中国电视节目人文价值的重要体现，电视创作者往往立足于多元的文化视野去审视电视文化的意义。《神鹿》通过讲述大兴安岭一个鄂温克的驯鹿部落里三代女人的故事和命运，表现了现代文明冲击下传统文化的状况。《德兴坊》通过拍摄上海弄堂小人物的琐碎人生，表现出中国的文化、习俗、道德、伦理，而其中的文化形态也正是人的一种生命体验方式。《东方时空》《中国人》等电视节目上播出的人物所体现出的精神与中华民族的传统精神是一脉相承的，体现出了十分崇高的精神境界。电视节目通过对中华民族特定文化的发掘和表现，使受众在潜移默化中感知我们优秀的民族传统，接受民族精神的熏陶，从而提高思想境界，增强民族自豪感。

而与文化内涵交相辉映的是电视节目中的历史意识，历史意识使电视节目获得了一种与生俱来的厚重感。《阴阳》以对宁夏乡村一个风水先生一家及全村人、事的记录，深入挖掘了处于现代文明边缘的农村社会中，传统文化的存在意义及这种意义在现代社会的危机。《三节草》则以双线条交织的结构讲述了一个极具历史内涵的传奇故事。这些节目不仅通过对个人化生活内容的表现，营造出一个充满人文关怀的人类生活空间；同时还充分注意挖掘人物表层下面厚重的历史内涵和文化底蕴，不仅拓展了节目信息量的广度和主题的深度，更以鲜明的民族性体现出人文精神的独特性。

2. 以物为桥，深入挖掘出历史、地理背后的人文底蕴

中国五千年的文明历史里包含着浓重的人文色彩，是当代电视人取之不

尽、用之不竭的人文源泉，以此为资源的电视节目被称之为人文历史地理节目。这类电视节目的代表有中央电视台第十套节目的《探索·发现》《猜想祖先》《中国史话》《留住手艺》《幼童》等栏目，上海东方卫视的《东方全纪录》，福建电视台的《发现档案》，浙江卫视的《风雅钱塘》，广东电视台珠江频道的《粤韵风华》，河北卫视的《中国河北》，贵州卫视的《发现贵州》，山东卫视的《城市名片》等。

这些节目不是简单地就事论事，而是让历史文化的纵深感和充满人文关怀的故事细节水乳交融，深入挖掘出历史背后的人文底蕴，解读历史传承的源流变迁，节目中始终洋溢着强烈的人文情怀。如《中国史话·复活的军团》中讲到秦帝国的兵器制造时，编导重点反映的不是冰冷的兵器制造过程，而是着力表现制造兵器的工匠的命运，并对之作出人文阐释。地方电视台的人文历史地理节目则多致力于区域文化的人文解读和构建，努力揭示区域文化对生活在其中的人的潜在影响以及人对生存在其中的文化的积淀、传承和重构，注重在沉稳的纪实中，把文化化为人事，把历史融入现实，由此把生活、生存、生命、人生紧紧地拴在了一起。纪录片《太湖上最后一条古船》以古船为线索，串联起历史和现实。历史上，南宋岳飞英勇抗金，当地渔家主动操舟助战，留下千古佳话；现实中，老渔民蒋乾元怕"国宝"古船漂洋过海，拒绝了英国商人的重金购买，时空跨度很大。片子结束时的解说词是："公元2000年，太湖上少了一个世代打鱼为生的船家，而无锡多了一道风景。"历史感、文化感十分强烈，强化了全片的人文特色。福建电视台《发现档案》的节目选题很大部分来自考古。近年来，考古题材在电视上多有出现，甚至出现了现场直播，但是多数考古题材的电视节目都比较新闻化、平面化，只注重揭示某次考古对历史文化的意义，而忽视了反映考古背后的活生生的人的历史。《发现档案》节目就很注意挖掘考古背后的人生故事，注重从历史文物的碎片残简中还原历史上的真实人生，让节目以其故事性、延续性、悬念性贴近老百姓，具备强烈的人文关怀精神。

（三）与时俱进的时代精神

人文精神是一个开放的、发展的概念，随着时代的变化，它的内涵会得到充实、超越和提升，具备一个时期最能代表时代发展方向的思想和精神。同时，为了满足老百姓在千变万化的市场中的各种需求，电视节目生产需要高度重视社会的时尚、潮流、风气、动态，不断创新，做到内容的对症性、实用性。电视节目中人文精神的时代性主要体现在两个方面：

1. 主旋律与多样化的辉映与互补

我们的时代是一个开放的、发展的时代，"对内搞活、对外开放"是符合国情民意的大势所趋，与之相对应的中国电视也应具有开放、包容的特色。

在当代中国，执政党"代表着最广大人民群众的根本利益"，它所推行的国家意识形态也是广大人民群众根本意志的体现。因此，传播国家意识形态是当代中国电视文化的基本要旨。其中"主旋律"就是这种国家意识形态对电视艺术的总体要求，电视文化中"飞天奖"的设立、"红色经典"电视剧的提倡等都是其具体措施的体现。这些措施的有效实施，不仅传播了健康向上的生活态度，倡导了现实中的理想人格，而且规范了电视文化的发展方向。

与此同时，当代中国电视突破了改革开放以前那种意识形态"一体化"、"一元化"的状况，在实践层面上适应了多样化的时代要求，借助电视文化的娱乐性、通俗性等功能，使民众在轻松娱乐中潜移默化地接受了国家意识形态。如体现历史英雄主义的《太平天国》，反映古典伦理精神的《三国演义》《水浒传》，表现变革时代中国现实生活的《情满珠江》《和平年代》《牵手》，再现革命战争历史的"红色经典"《长征》《日出东方》等电视剧，不仅具备较好的观赏性，还有着较高的收视率，是电视通过大众娱乐文化传播国家意识形态的有力证明，也是国家意识形态对电视文化进行规范的成功范例。

2. 电视栏目的不断创新和改版

随着时代的发展，电视观众的欣赏水平、欣赏口味也在不断地发生变化，这对电视的发展提出了更高的要求。为了吸引观众的眼球，在激烈的市场竞争中夺取一席之地，从中央到地方的各电视台都对节目进行了创新和改版。CCTV-2继《开心辞典》《幸运52》的火爆之后，又推出了《激情创业》《绝对挑战》《鉴宝》《非常6+1》《梦想中国》等快速走红的新栏目。CCTV-3则随着《综艺大观》的退出，实施了全面性的频道改革，推出了一系列讲求节目互动性和时尚性的新栏目，《欢乐中国行》《联合对抗》《快乐驿站》等成为继《艺术人生》《同一首歌》《梦想剧场》等栏目群出现之后的又一亮点栏目群。湖南卫视则继《快乐大本营》《玫瑰之约》《新青年》的快速走红之后，又连续推出了《背后的故事》《真情》《谁是英雄》《娱乐无极限》等诸多观众叫好的栏目。旅游卫视、东方卫视、湖北卫视、辽宁卫视、内蒙卫视、安徽卫视的兼并整合性改版更预示着创新性在电视节目生产及播出机制中的重大作用。节目创新和改版成为新世纪众多电视台主动开拓市场，谋求更大发展的重要策略。

这种创新意识不仅表现在电视栏目的改版上，还渗透在电视节目的选材和制作上，不少电视节目把创新精神作为一种新的价值标准加以大力弘扬。如《东方之子》所报道的许多人物，他们的思考和行为都体现出强烈的创新精神，表现出电视人对理想人格的追求。

就电视发展的前景看，由于第四媒体——互联网的出现，不少人预言电视将在竞争中逐渐萎缩乃至消亡。实际上，互联网长于借助文字及图片来传播与交流各类社会化或个人化的互动信息，长于智能化的应用服务。而在形成规模化的影像审美，即直观、动态地"表现人"方面，电视依然占有绝对的优势。互联网要对直观活动进行影像信息传播，最经济的办法就是借助电视业所掌握的影像信息资源。特别是互联网要传播审美档次很高的规模化的电视节目，在很大程度上必须依靠电视业的市场流通或其直接设立在互联网上的网站，这意味着在新的世纪，电视不但不会被互联网消融，反而要被互联网尊为贵宾，贵就贵在电视"表现人"的规模化影像审美功能。人类不能放弃对终极价值和人生意义的追求。因此，跨进 21 世纪的中国电视应清醒地看到自己的市场优势与历史责任，自觉运用人文精神的价值标准调节电视节目的生产，努力制作出更多的富于审美内涵的精品电视节目，使中国电视在 21 世纪的公众媒体竞争中焕发出新的青春。

第二节　人文精神：电视文化传播的责任

电视在扮演传播中介的同时，也孕育和发展了自身的文化——电视文化。"电视文化不能像任何一种文化形态，可以边界清晰地归属某一文化区域，但政治文化、经济文化、艺术文化都有机会在其身份证上签名；它也不能由一种相对稳定的文化思维方式来支撑，它是四维，即全能的思维方式；它也不具备相对稳定的某一种属性。"[①] 从文化角度来看，电视是一种相当复杂的文化形态，它不仅与政治、经济、伦理、道德相联系，而且与社会心理、思维方式、民族传统、民俗风情以及时事形势相关联；它既有文化的意识形态性、审美性，又有商品的物质性、消费性；既有强制性，又有迎合性；既有娱乐功能，又有教化功能。电视文化所具有的这种既相互融合又相互排斥的双重性，以及电视作为传播工具本身又孕育文化的双重角色，使得

---

① 　高鑫、贾秀清：《电视文化身份的多维度审视》，《现代传播》2000 年第 4 期。

电视在呈现社会文化时，往往造成顾此失彼的现象，因一味迎合大众而呈现出庸俗化的倾向。但是电视如果给予受众的只是单薄的娱乐，不能给观众一定的思考、引导与回味，不能保护与培植观众的眼球，最终将造成注意力资源的枯竭，影响电视的发展。因此，在电视文化传播中提倡人文精神是社会的需要，也是媒介的责任。

一、人文精神之于电视文化传播的意义

电视文化的涵盖面广、渗透力强、影响力大，对提高国民素质，促进我国的社会主义精神文明建设起着举足轻重的作用。同时，在市场化、技术化的冲击下，电视文化又面临太多的诱惑和陷阱。而人文精神以其高扬的人和人性的大旗，带来了人类的发展与进步和人性的完善与丰富。因此，中国当代电视文化只有以人文精神为核心理念，才能够在迷茫中把握正确的方向，才能在高文化品位的起点上，建设出有中国特色的电视文化学体系。弘扬人文关怀的传播理念，对于中国当代电视文化传播具有重要的现实意义。

(一) 更好地发挥电视导向作用，促进社会和谐发展

中国影视文化在"转型期"所体现出的一个鲜明特征就是在传播与创作理念上注重人文关怀，体现了对人的生存状态的关注，对真实社会生活的关注，对真实社会心理的关注。按这一理念创作的电视节目，把镜头对准了百姓的生存空间，满腔热情地"讲述老百姓自己的故事"，讲述民众关注的事。人文关怀的题材涉及的内容很广，如扶贫济困、救死扶伤、抗灾抢险、保护环境、爱护动物、关心儿童妇女老人、倡导社会公益公德等等，其报道也不局限在浮光掠影、就事论事的层面上，而是对人们的生活状态、生存方式、生存体验进行叩问。通过这种人文关怀让人们科学地认识人与社会、人与自然环境的关系，促成人们思维方式的转变，从而产生一股强大的凝聚力、感召力与积极的导向作用。实质上，这也是一种弘扬社会文明的精神文明建设，反过来必将能动地促进物质文明建设。

随着社会的改革和发展，出现了数量颇大的失业下岗工人，以及在中国都市化、非农化过程中涌入城市的打工族等等，由此形成了社会中的弱势群体，他们迫切需要大众媒体提供社会伦理甚至政治意义上的人文关怀。人文关怀体现在电视节目中，主要表现为贴近百姓生活、倾听百姓心声、表达百姓意愿。在以电视纪录片为代表的电视节目中，往往对弱势群体倾注了更多的关注和呵护。如对《远在北京的家》里的保姆，《舟舟的世界》里的弱智者，《最后的山神》里的少数民族，创作者没有居高临下地俯视他们，而是

自始至终从关注与他们生活相联系的社会大背景出发，感受他们的生命状态和深层的思想情感状态。电视文化传播中人文精神体现出的关怀能使人对自我价值的认识有所提升，有助于他们自信心的建立和心灵的开放，对振奋人民精神、增进社会各阶层的相互理解起着关键作用，对创造和谐社会有着重要的意义。

（二）帮助电视更好地弘扬核心文化价值观，使电视在社会主义文化发展中具有重要地位

文化的核心是价值观念，正确的、先进的价值观念是电视节目的灵魂。而我国的民族文化中有极其优秀的文化价值体系。中华民族具有团结统一、独立自主、爱好和平、自强不息的优良历史文化传统。这些文化传统正是建设中国社会主义现代文化所必须的，是我国文化价值观的核心，体现出社会主义精神文明的本质。

但是，要实现这种核心文化价值观的导向，不能靠抽象化和概念化的说教，而应把核心文化的思想内涵和电视节目的观赏性、艺术性完美结合，创造富有吸引力和感染力的电视精品，用观众喜闻乐见的形式达到价值观导向的作用。如西部频道的《魅力12》栏目通过产生于西部的一种文艺形式、流派、现象或一首广为流传的歌曲进行多方位展示与追溯，以小见大，折射出绚丽多彩的西部少数民族民间文化的无穷魅力。这些节目用人文关怀的精神去解读这些民族文化，去透析民族文化的无穷内涵，去追溯民族文化的历史渊源，有利于民族文化遗产的保护，有利于优秀民族文化的弘扬，有利于中华民族文化的繁荣。通过电视节目弘扬这些优良历史文化传统，能有效地促进核心文化价值观的建立，有利于我国的社会主义建设。因此，以人文精神为核心理念的电视文化学作为一门学科虽然还处在孕育奠基阶段，但其在民族文化建构中的意义却十分重大，正如田本相先生所说："电视文化事业是一个伟大而影响广泛深远的事业，它承担着提高全民族文化水平和文化素质的历史使命，在整个社会主义文化发展中具有举足轻重的战略地位。"[①]

二、电视产业化、技术化不能弱化人文精神

电视文化是市场经济的伴生物，并以科技进步为依托。人们今天如此推崇人文精神，是中国社会转型期市场经济和高科技两大洪流猛烈冲击的必然结果。一方面，市场经济的迅猛发展在推动社会巨大变革的同时，也造成对

---

① 田本相：《电视文化学》，文化艺术出版社，1990年版，（前言）第3页。

社会肌体的健康和稳定的威胁；另一方面，日新月异的高科技以神奇的力量改变着人们的工作和生活，却容易导致技术霸权，物欲至上，因忽视人的力量而造成人的精神失落。因此，人们迫切需要通过人文精神对此加以整合，给予提升。

（一）电视产业化不能弱化人文精神

社会主义市场经济经过 20 多年的发展，使市场意识实现了从经济领域向文化领域的全方位渗透，让我们在文化上进入了商业快餐性的消费时代。电视文化已不再是纯粹的艺术，而是文化产业为大众消费者制造的意识形态消费品。正如市场经济培育了利润原则和消费主义意识形态一样，作为市场经济伴生物的电视文化，也同样制造着商业原则和消费主义意识形态。市场意识就是消费意识，它对文化艺术领域的渗透意味着文化艺术产品将像商品那样只有通过"消费"这一环节才能实现其使用价值和社会价值。这个时代最大的特点，就是大众成为中心，商品领域的生产、策划、销售、消费以及服务都必须以它为核心，它挤兑了人文知识分子曾拥有的神圣中心位置，并以现实主人翁的姿态藐视其价值意义。中国的文化艺术似乎已不可逆转地踏上了从事业到产业的机制转型之路，这在中国文化发展的历史上是前所未有的。

因此，市场的实用性诉求既确定了现有机制下电视节目所走道路的客观必然性，又不可避免地暴露出了将电视节目未加理性管制地投放于完全的商业标准下的潜在危险。在传统、现代、后现代、东方、西方、后殖民话语共存的当代中国，市场意识形态的推销改头换面为各种时尚观念、消费观念的推销，在电视文化中则具体表现为消费主义的时尚追求与后现代语境的文化征兆引领着荧屏。消费时代的许多大众不关心精神、灵魂、意义或超越，他们只关心物质、欲望、现实，对意识形态以至一切人文价值的冷漠成为一种风尚。一些试图在市场中以文化本位立足、以历史品格求生的频道或栏目纷纷陷入困境，如阳光卫视、教育频道、西部频道等，它们不得不在市场面前放弃初衷，向那些凭娱乐性、实用性、社会性取胜的频道或节目定位靠拢。

电视文化商品化带来的结果是电视文化传播中人文精神的缺失。在电视创作中按照市场的需要来考虑人文精神的需要，把人文精神仅仅作为一种商品来关注。为了获取利润，电视可以全力投入对人文精神的文化生产和倾销，也可能同样无条件地抑制和贬斥人文精神。一切以市场赢利为标准，使电视失去了作为社会上层建筑的文化传媒的性质，其产品的社会价值和文化价值就难以实现。其突出表现为：第一，淡化主旋律，一味迎合低层次审美。狭隘地认为政治片属于说教性，起宣传舆论导向作用，缺乏市场价值；而商业片才符合自身利益，创作节目趋向娱乐化、庸俗化，有迎合低层次审美要求的现象。《话说长江》《话说运河》《唐蕃故道》《望长城》等能给予观众心灵激荡的文化性电视节目类型正不断萎缩，仅仅留置于国家、政府的重要纪念活动或节庆活动的媒介配合行为当中。第二，急功近利，粗制滥造。一档叫好的节目一面世，别的制作部门便争相效仿，加以"克隆"，形成频道越多，而可看的节目越少的局面。为追求利润最大化，有的电视台在创作上抢时间，拍摄上争速度，粗制滥造，缺乏精品意识。和20世纪90年代初期相比，虽然现在荧屏上出现了一些新的节目样式，诸如"真人秀"、脱口秀等，但具备鉴赏价值的电视节目样式不断减少，其审美含量远不及那时丰富，电视音乐艺术片、电视舞蹈艺术片、电视风情艺术片、电视民俗艺术片、电视文学艺术片、电视文化艺术片等几乎消失殆尽。

虽然在市场文化意识形态中，高雅文化在消费文化的冲击下处于困境。然而，电视文化作为一种大众消费文化，仅仅反映了现代社会大众心理需要的一个侧面，绝不是今日中国社会精神生活发展的主流。市场意识形态虽有其魅力，却仍然无法替代人类对精神家园的向往和对终极关怀的追求。国际上主流的发展观念是经济与社会均衡发展。全面而科学的发展观，用邓小平同志的提法就是，物质文明和精神文明都要抓，两手都要硬。针对经济发展和社会代价的关系，中国共产党在十四届六中全会《关于加强社会主义精神文明建设若干重要问题的决议》中，已多次严厉批评"以牺牲精神文明去求一时一地的经济效益"这种短视行为，一再强调"任何时候都不能以牺牲精神文明为代价换取经济一时的发展"。决议还针对中国新闻出版业存在的一些问题，提出了更加符合综合发展观的基本思路："加强对新闻出版业的宏观调控，采取有力措施解决目前总量过多、结构失衡、重复建设、忽视质量等问题，努力实现从扩大规模数为主向提高质量效益为主的转变。认真整顿违反规定屡出问题和不具备基本条件的新闻出版单位，达不到要求的必须停办。"

电视的发展，归根结底并不是它的融资和挣钱能力，电视事业的综合能力中最重要的是它的信息传播和文化娱乐功能。用丰富多彩、生动活泼、雅俗共赏的电视节目去不断满足观众的文化娱乐需求，这才是电视事业发展的根本所在。电视应作为一个弘扬文化、提供精英话语空间、重塑人文精神的传播斗士，而不应该伴随着消费时代的到来，一味地迎合商业化、娱乐化和低俗化的需求。因此，当中国电视进入文化转型的特殊阶段时，需要更多的媒介机构和媒介从业人员能够跳出局部的市场利益看待市场、理解市场，大力弘扬人文精神，进而培养出有益于发展中华民族文化、提升中华民族精神的具有中国特色的电视文化和电视艺术市场，让宝贵的精神财富与电视传媒完美结合，在当代中国重塑人文精神。

（二）电视技术化不能忽视人文精神

现代高科技带来的新浪潮冲击着人们，电视作为 20 世纪电子技术的结晶，是所有大众传媒中最依赖于技术的媒体，技术对电视的发展起着举足轻重的作用。人文内容依靠电子技术得以传播、弘扬，技术通过传播具体的内容发挥作用。但是，技术的发展也是一把双刃剑：一方面，它的日新月异为电视传播提供了方便，使电视的影响力越来越大；另一方面，如果一味迷恋技术，过分强调技术带来的形式美，就会忽视思想的开拓和对人的关怀，陷入法兰克福学派所竭力批判的"工具理性"，抛弃真正具有审美意义的艺术追求。加拿大学者麦克卢汉甚至认为：传播技术决定着历史发展的轨迹和特质，媒介就是信息，具有支配力量的是科技本身，而不是它所传达的内容。"技术决定论"在如今这个科技日新月异的社会中颇有市场。这种工具理性作用下的非理性创作倾向和情绪，导致技术的丰富和思想的贫困形成鲜明的对照，带来的直接后果就是科技理性侵入文化领域，文化被冷冰冰的技术所控制。比如纪实手法，它能充分利用拍摄技术真实记录人们的生活。但是如果仅仅把它理解为一种手法、一种方法，而忽略它本身就是一种观念、一种思想，那么纪实手法就会成为没有灵魂的空壳。

电视本身是一种高科技的产品，因此我们不可能排斥技术，也不应该排斥，毕竟，技术的发展和更新使电视魅力无穷。然而，麦克卢汉"媒介即信息"的观点只能说明一点：那就是媒体（科技）本身的形式之发明，便是变革的动力，不一定要靠"内容"才有作用。① 但是真正使它长久地焕发光彩和魅力的，绝对是内容而不是形式。技术和手段只是外在和表象，而强烈的人文精神才能真正打动人、感染人。只有把技术的魅力体现在丰富思想的表现过程中，即把技术的使用融合在人文关怀中，技术才能真正发挥其作用。《望长城》《远在北京的家》《毛毛告状》等优秀电视作品的可贵之处在于它们从来没有放弃对民族命运和生存的整体性、个体性思考，并屡屡触及人类诸多永恒命题和根本性困惑。只有这样，才算是真正理解了电视手法的作用和意义，而不仅限于对手段的展现。

我们在重视改进电视传播中的技术手段的同时，绝对不能弱化和忽视人

---

① 罗浩：《媒介与社会》，风云论坛出版社，1996 年版，第 80 页。

文精神。电视是一个视觉媒体、展示媒体，对视觉的满足是它无可非议的追求目标。对一个高质量的电视节目来说，不管它的思想内容如何丰富，其形式的完美性也至关重要。但问题的关键在于对技术的理解应与人文精神统一起来，形式的运用是为更好地展现内容。哈贝马斯说："只有作为生产力的科学技术为作为解放力的人文社会科学服务的时候，那它才是福音；相反，如果我们用技术手段蛮横地将其他知识完全置于自己的支配之下，那就只可能带来灾难。"① 如果技术的运用让内容更具感染力和吸引力，那就是锦上添花；如果完全为技术而技术，会使电视节目的生产走上工具化、标准化、操作化的道路，造成技术统治下的冷冰冰的非人文倾向。因此，我们在实际的操作过程中，切勿坠入纯粹的"技术主义"，而应利用电视技术从形式上更好地为受众服务。电视声画同步的优势提供了人类直接感知现实的可能性，实现了人类跨时空交流的愿望，这是最符合人类需求的传播方式，如果在传播过程中充分发挥人的主观能动性，就能最大程度满足人们的需求。

电视的重要功能就是生产精神食粮，满足人们日益增长的精神生活的需要。在当代，科学与人文的融通已经成为社会各界的共识和一种日益普遍的精神文明活动。人文精神应具有兼容性和宽容性，它是多元性与多层、多面性的。我们不能把人文精神同技术对立起来，认为凡是技术必然导致人文精神的失落。问题不在于技术，而在于使用技术的人。对于电视人来说，技术的合理使用可以使节目本身更具魅力，只有在技术和人文之间建立一种和谐的关系，使节目内容和形式并驾齐驱，才会诞生真正的电视精品。

因此，在中国电视发展的进程中，产业化和技术化都不能弱化电视文化传播中的人文精神。一方面，中国电视的现代化必须重视经济尺度，围绕事业办实业，办好实业促事业，不断增强电视事业的综合实力。同时，工业化的电视节目生产绝不能以牺牲电视的美学属性为代价，任何商业化的包装也不应该使电视传播失去应有的人文关怀和诗性品格。中国电视要在传播方面体现出自身的文化层次和文化底蕴，绝不能离开人文尺度，必须把实现电视传播的全面进步作为自身发展的真正内涵和终极目标。另一方面，中国电视不仅需要强大的科学理性精神，而且必须要有充满人文精神的价值判断。这对文化技术时代的电视提出了人文性方面的更高的要求，应通过电视人的真诚和智慧，使一种人格、一种人道、一种超越技术的人文关怀，通过形象、具体的电视节目进入人们的思维，潜移默化地影响人们的思想观念。总之，弘扬人文精神应成为中国电视现代化过程中必须坚守的原则和必须承担的

---

① 黄亮华：《人文主义视野中的技术》，中国社会科学出版社，1996年版，第87页。

责任。

三、坚守和弘扬人文精神是电视人不可回避的责任

电视与人文精神密不可分，弘扬人文精神是电视文化传播的责任。因此，对人的生存状态、人的本质的关注，应该成为电视文化人不可置疑的品格。电视节目的人文关怀首先应体现为一种电视人的心态与人格，体现为电视人的一种理念，作为一种精神、一种文化渗透在栏目定位、节目选材、采访制作、节目主持、解说以及节目编排等整个电视节目制作、播出流程，通过创作者对世界和人生的体验及认识，为观众提供一种人文远景和审美理想，使人的心灵变得高尚，使人的勇气、希望、自尊心、同情心、自我牺牲等高尚情感得到升华。

从许多创作者的经验中可以看出，具有强大人格力量的艺术创作者才能够"不动声色地用心去体验悲欢岁月中的每一个情结、每一缕思潮和社会情绪的每一次骚动，用一种形而上的方式去关注着那些与他相干和不相干的人，关注他们的命运、情感乃至归宿。而一旦形成文学或诉诸作品，由此产生的辐射源将笼罩他和他周围的人，并因此而显出一种本质的力量"[①]。如上海电视台制作的纪录片《不平凡的心》，真实地记录了一家医院为一九岁儿童吴青做一起危险性极大的手术的全过程。在这部纪录片摄制的整个过程中，记者极其自然地和吴青的父母一起焦虑，和医院的医生一起忙碌，和现场的人一起期盼、等待。这样，观众在收看这部纪录片时，也会理所当然地经历这种焦虑和期盼、兴奋和喜悦，与片中人的心一起跳动。这种关怀不仅产生了纪录片的动人魅力，也增进了纪录片的思想深度。

人文关怀作为电视人的一种重要理念，在具体的传播实践中，主要体现在两个方面：

（一）感悟生活的真诚感

人文关怀对电视人而言，不是局外人的冷眼旁观，而是融会着满腔爱心、充满善意的真诚关怀。这种真诚感应体现在电视制作的各个环节。

1. 平等、平和的关注视角

关注人实际上有一个从什么角度去关注的问题，是居高临下还是平等亲切，其产生的效果截然不同。电视人应该采用平等的对话，以平民的视角、平等的意识、平实的内容、平和的语言、平易的播报方式唤起观众的情感认

---

① 马莉：《纪录片：体验真实与表现真实》，《电视研究》，1999（6）。

同。如《生活空间》以"老百姓"来替代"人民"与"大众"，"老百姓"既突破了政治中心话语框架，将抽象的"人民"还原为具体的个体，又突破了时尚文化的话语框架，将消费社会商业化的"大众"还原为具有民族亲切感的"老百姓"。这一话语的转变本身就是对新闻领域宏大叙事的政治乌托邦和时尚文化乌托邦的一种解构，体现了一种人文精神的立场态度。

2. 在节目选题上体现人文关怀

当代中国电视节目在题材上已开始涉及社会生活的各个层面，触及人类活动的各个角落。《远在北京的家》里的小保姆，《半个世纪的乡恋》中那对失散多年的老夫妻，甚至于离婚、弃婴、告状、扫黄、吸毒等诸如此类的阴暗面题材进入了公众的审美视野。在切入这些选题时，不可避免地会涉及一些贫困落后的现象。电视人的人文关怀应体现在对此既不是廉价的同情，更不是消极的曝光，而是着眼于弘扬那些为改变困境而顽强抗争的人们的精神、品格、信念、理想与尊严，着眼于积极促使这些现象逐步消除。从众多平民化的题材、平民化的视点里，可以感受到创作者真诚地与生活、平等地与他人进行交流、对话的心愿和思想意识。

3. 在节目制作中体现出人文关怀

真诚的电视人应在节目制作中使参与者体会到尊重和关心。谈话节目《艺术人生》在对待明星的态度上，本着同情、平等和人文关怀的精神，不像某些媒体一样故意去取笑、捉弄嘉宾，故意去打探他们的隐私、揭他们的伤疤。同时，在现场气氛的营造上，《艺术人生》使嘉宾们一走入演播室就能深切地感受到来自编导和观众的热情，脱去紧裹在自己身上的包装，把真实的自我展现给观众。人文关怀体现在创作中，还应把观众当作有独立思考能力和判断能力的人，用平和、平等的方式与他们交流。纪录片《望长城》第一次改变了空洞的说教式专题片的模式，用大量的跟拍、长镜头、随机采访等手法，用老百姓亲口说的、用主持人亲耳听到的、用摄像机亲眼看到的尽管不是最完美的镜头，组接成一部影响中国电视发展的纪录片。这种拍摄因尊重客观存在，展示真实的个体，因而显得真实可信，显示了对人性的尊重。

4. 在节目的深入开掘中体现人文关怀

创作者为拍摄《我们的留学生活——在日本的日子》这部片子，在日本历时4年，采访了300多人；跟踪拍摄66人，拍摄了1 000多盘、片长共达700多小时的磁带，最终完成了这部感人的纪录片。要是没有这种扎实、勤奋的创作态度，绝对拍摄不出如此感人、动人的作品来。从中我们可以体味到精品创作关键在于人，在于创作者的创作态度和创作理念。

（二）关注社会的责任感

如果说感悟生活的真诚感属于人文关怀的感性层面，那么关注社会的责任感就属于人文关怀的理性层面。在一个文化素质尚待提高的社会环境中，大众趣味特别需要加以引导。因此，电视人应该具备关注社会的责任感，不应用人性的某些弱点去推销格调低下的文化产品，从而对公众和社会造成危害。

电视是长于表达形象而不善于传递观念和理论的，但是这并不意味着电视无法体现理性的关注和思考。钱钟书先生说："理之于诗，如盐溶于水，有味无痕。"电视的理性思考也是这样，它能够将作者思想里的人文精神关怀不着痕迹地融入记录本身。纪录片《英与白》选取的素材看似非常简单：一台电视机、一只熊猫、一个女人、一扇窗户，但是正是这些看似简单、枯燥的构成，深刻地表达了镜头背后需要传递的理念与宽泛性的思考，在对人与自然、人与社会的反思与无助中流露出人类社会的共性症结：孤独，并且无法改变。曾经荣获最佳摄影奖的纪录片《空山》，用跟踪纪实的手法，通过一个深山的农家缺水、盼水、引水的故事，表达了人类生存的危机。为了更好地表现电视的理性思考，我们需要逐步地在传播结构上进行更合理的设计，以建设起更加健全、开放的现代人格，更加富于灵活、创新和顺应求实风格的文化意识。

第三节　电视文化传播中人文精神的弘扬

虽然在电视文化传播中弘扬人文精神是电视人不可回避的责任，但在实践过程中体现的情况却并不乐观。长期以来，在我们的新闻媒体中，对"人"的忽视一直是非常突出的问题。如在我们的体育新闻中，大量存在的是赛事直播、赛事报道，体育专题和新闻节目中的大部分是在报道比赛的结果和比分，而比赛的主体——人，却被放到无关紧要的位置。而在新闻传播中更广泛存在的现象是，新闻中缺少一种真正的人文主义关怀，缺少一种对人的命运、情感、生存状态等真正的体贴、关心、重视乃至思考。比如在报道车祸时，新闻往往关注的是现场的惨状——破碎的玻璃、变形的车体、满地的鲜血以及惊恐的人群，而事故中受伤的人，他们的伤情、他们的感受、他们的境况，往往被忽视。奥运冠军刘翔曾经说过，在冲过终点的那一刻及其后的很长一段时间里，"我已经精疲力竭，脑子一片空白，甚至连说话的力气都没有了"，而我们的记者却非要在那个时刻追着他们提问，希望得到些豪言壮语。这种为报道而报道，忽视人文关怀的现象，已经失去了新闻的本意。

总体来看，我国电视文化传播中的人文关怀在内容上缺乏一定的广度和深度。从广度来看，目前的电视文化对现实的关注主要集中在情感和个体的人生经历，对友情、亲情等的关注不够，对种族乃至整个人类的关注不够，对人类生存其中的环境关注度不够；从深度来看，目前的电视文化缺少对人类心理特征、思维方式等深层文化积淀的思考。人文类节目在形式上也呈散兵游勇状态，栏目类人文纪录片没有形成规模，人文、历史、地理节目不够系统，缺少对区域文化的系统解读。电视传播中人文精神的缺失，其危害是相当严重的。它不仅误导受众，影响社会稳定，同时也败坏了媒体自身的形象，断送了媒体赖以生存的公信力和影响力。因此，作为一个有责任感的传播媒介，电视必须在文化传播实践中有力地弘扬人文精神，充分发挥电视的舆论引导和文化引导作用。

一、如何在电视节目内容中弘扬人文精神

节目内容是电视节目的立足点和出发点。要在电视文化传播中有效地弘扬人文精神，必须在电视节目的内容选择中深刻、广泛地体现出"以人为本"的意识。

（一）以人为中心，关注普通人的现实生活

人是信息的接受体和发射体，我们在关注人的时候，似乎放弃了对社会的关注。但实际上在认真关注人的时候，也就关注了整个社会。《东方时空》的《生活空间》，把镜头对准社会弱势群体，打出"生活主体是人，而人的主体是普通人"的理念，通过关注普通人生活的纪实性报道，用充满人文关怀的电视追求，构造出一部由"小人物"构成的历史。普通的小人物虽然并无多大的政治价值，但他们的喜怒哀乐却和所有人都是相通的，从他们身上我们可以看到自己的影子，从他们的被尊重中，我们可以体会到人的尊严和价值。这类以人文主义的视角，关注现实存在的人的电视样式，使人们的情感需求、生存境况得到满足和关怀，从而得到人们心理上的认同，备受广大观众喜爱。《生活空间》正是以其强烈的平民意识使电视这一大众传播媒介具有了现代人文精神的深度。《生活空间》的成功在全国掀起了一股"平民故事"热，各地方电视台及其他媒体纷纷效仿，上海电视台的《纪录片编辑室》、重庆卫视的《人文天下》、安徽卫视的《东方纪事》、广东卫视 2004 年

改版后推出的《人在他乡》等都以拍小人物见长，重视反映普通人的喜怒哀
乐，普通人的生活从此在各种媒体上冠冕堂皇地占有了重要的一席之地。

中央电视台推出的体育纪录片栏目《体育人间》，将注意力从比赛结果
转移到运动的主体——人上面来。湖北电视台也做出了一些有益的探索，
2002年，湖北电视台体育频道拍摄制作了一系列注重人文关怀的电视体育
节目，其中获得全国优秀电视体育节目二等奖的专题片《我的同桌》以一个
9岁的小跳水运动员和他在小学的同桌为拍摄对象，用一个普通孩子和一个
小运动员相互的目光来细致地勾勒运动员在成长过程中的喜怒哀乐、追求和
理想，在他们之间的对比和矛盾冲突中揭示主题，透过儿童的眼光来展示竞
技体育运动员艰辛的成长历程。湖北电视台的《往事》不以大人物为描述历
史的切入点，而是关心在大的历史背景下，尘封的历史背后小人物的命运。
中央电视台《健康之路》栏目在2003年制作的一场名为《光明行》的大型
直播中，将进藏医生娴熟的白内障复明术与参加手术的西藏人民术前与术后
的命运对比交织在一起，牵动了电视机前亿万观众的心。这些节目的成功都
得益于对普通人的心灵和命运的关注，是人文精神非常独到的体现。

讲究人文关怀，还要求创作时把人放在中心位置，使事件、环境最终都
服务于人。中央电视台在2000年悉尼奥运会的节目报道中，让《东方时空》
栏目著名主持人白岩松客串体育节目主持人，他的解说紧紧围绕"人"这个
中心和主题，体现出体育节目中少有的深刻，闪现着人性的光芒。白岩松
说："对我而言，体育就是人，就是情感，就是人对自我极限的挑战。像体
操男团小伙子们'打死他们'的壮语；像占旭刚在奥运会上创造个人最好成
绩、完成对自我的超越；像张军、高凌在胜利后喜极而泣、紧紧相拥的场
面，无一不让人心潮澎湃、热血沸腾，我热衷于关注和报道这类'人'的题
材。反之，如果体育比赛变成了生硬数字的比较，变成了单纯姿势的量化考
评，变成了受到各种繁杂规则束缚的高深游戏，相信不会得到大多数观众的
认同，这样的体育报道就是失败的。"[1] 2000年全国有线纪录片一等奖获奖
作品《太湖上最后一条古船》讲述的是太湖风景区收购苏州无锡老渔民蒋乾
元家有100多年历史的古船的故事，因为是"太湖上最后的一条古船"，又
加上双方有分歧，故事性自然很强。但作者把重点放在一代渔民生活方式变
迁的大背景和人物的内心活动上，深入挖掘人物在事件发展中情感心态的变
化，通过很多细节把老渔民矛盾而又达观、精明而又纯朴、遗憾而又充满希
望的性格和心态表现得淋漓尽致，给人留下了很深的印象，事件的意义也通

---

① 李欣、彭晖：《电视体育节目的人文精神》，www.xwqs.com.cn。

过人物表现出来了。与之相反，一些事件性很强的纪录片，往往把重点放在具体的事件上，放在对戏剧性的追求上，其结果往往事与愿违，缺乏打动人心的力量，原因就在于它们没有以人为本，没有走进人的内心世界。

（二）尊重人性，弘扬人的精神

《生活空间》的主创人员在总结成功经验时，总是强调栏目的一个基本定位：《生活空间》所要表达的是对每一个人的尊重，是那种需要以平等和真切才能体现的尊重。纪录片《舟舟的世界》的主人公是一位先天愚型患者，他的思维处于完全的混沌状态，但他对交响乐有特殊的爱好和天赋。他虽然生活都不能自理，但他的父母没有抛弃他，社会也没有轻视他，他仍然有滋有味地生活在自己的世界里，拥有自己的人格尊严。正如片首语所说：每一个生命都是一种存在，每一种生命状态都值得尊重。

人在社会中的角色是多元的，但人性具有人类的共通性，通过个人的命运、体验、挫折、痛苦来呈现蛰居心灵深处的人性，是电视文化作品最震撼人心灵之处。纪录片《我们的留学生活——在日本的日子》讲述了一个叫李仲生的留学生，为了圆他的博士梦，在日本苦读 13 年。期间，他为了集资在国内办一所学校，被骗去全部家产，结发 15 年的妻子也因此和他分居。祸不单行，他呕心沥血地写的 48 万字的论文，也没被通过。但他没有倒下，也没有放弃，而是一边打零工，一边又重新开始。片中给人留下最深刻的印象是李仲生虽然历经坎坷，但他的脸依然平和、安详，写着对生活的自信。李仲生的故事只是这部纪录片中的一个，与他类似的中国留学生在日本所遇到的生活上的困苦与精神上的磨难令人难以想象。然而，他们中的一些人就是凭着这样一种精神与信念坚强地挺了过来，体现了人的精神与尊严，体现了一种人格的力量与人性的光芒。真正能打动人的正是这样一些人心相通的深层次的东西。电视节目的发展方向应该是在关注社会现象的同时，把更多的目光投向社会中的"人"和人的精神，宣扬人们百折不挠、勇于拼搏、敢于超越、相互协作和关怀的精神，表现人格魅力，体现人与人、人与社会之间的美好与和谐。

表现人性的另一重要方式就是通过人与人的矛盾冲突来揭示人性。人在社会上不是孤立的存在，离不开人与人、人与社会、人与自然、人与未来这些范畴，尤其离不开人与人的联系。纪录片《重逢的日子》中男女主人公分别是台湾老兵董万华和上海妇女邵玉华。40 年前两人因董万华被拉去台湾当兵而分离，40 年后两人重逢。与我们通常想象的大团圆结局不同的是，他们经历了一系列的波折。其中有政策、制度的限制，有众多相关人事的阻挠，但更多的是当事人自身的因素阻碍了两人的团圆。这部片子通过错综复杂的人与人之间的冲突联系，通过当事人自身的矛盾冲突，深刻地揭示了人情、人性，不失为一部在生活的真实矛盾冲突中深入表现人性的好作品。

电视节目中人的精神不仅仅表现为单个人的精神，还应该表现为具有全人类关照的超越性终极关怀，表现为关注人的生命存在与人类的共同命运。如曾获 1991 年亚洲及太平洋地区广播联盟（亚广联）纪录片大奖的《沙与海》，通过对一户牧民与一户渔民的生活的讲述，反映了不同的生活方式，国际评委的评价是："出色地反映了人类的特性以及全人类基本相似的概念。"其他如《藏北人家》《深山船家》《龙脊》《摩梭人》《阴阳》《远去的村庄》《马班》等纪录片都是透过个体的生存层面开掘历史文化的内涵的。这类纪录片不仅具有超越性的史料价值，同时也具有现实的意义和价值，体现出广泛的人道主义精神。

（三）重视从人与自然的关系去表现人性

人文关怀不仅要关心人，还应关注人的生存环境，因为人的生存环境与人类的生存和发展直接相关。为了人类的可持续发展，必须保护环境、爱惜资源、保持生态平衡与生物多样性。这种人文关怀以有利于人本身的发展作为价值尺度，从宏观上体现了对人类命运与归属的终极性关怀和思考，更多地体现了人文关怀的理性精神。如中央电视台的《沙尘暴》和凤凰卫视的《穿越风沙线》等，对人类生存环境的关注突出体现了创作者的冷静思考和节目的反思精神。中央电视台的《人与自然》本着"保护自然环境的目的就是为了自身的生存和发展"的宗旨，向人们宣扬保护自然环境的观念和意识。让观众在了解到许多自然奥秘的同时，也在潜移默化中认识到人类应与自然保持和谐。这类节目站在更高的境界关注人类群体的现实命运和未来归宿，把一些关系到全人类命运的问题渗透到每个人的心中，是一种更深层次的人文关怀。

人是一个多元复杂的综合体，如果仅仅就人论人，讲述人的故事，未免单一。而如果从人与自然的关系，从人性与自然界的对比中表现人性，不仅能展示更为真实、丰富的人性，还能为电视领域拓展一片新的天地。日本纪录片《小鸭子的故事》讲述了一个以东京的高楼大厦为背景的一群鸭子的故事。一只母鸭在一座大厦门前的水池中养出自己的小鸭，小鸭长大后它们决定举家搬迁到 200 米外的皇宫护城河。在它们全家穿越车水马龙的街道的过程中，小鸭子因为记者们的干扰和街上车辆过多，历经 20 多次尝试才终于搬迁成功。创作者在片中发出令人深醒的追问："我们能说我们已经创造了天堂吗?""人类必须消除他的傲慢自大，不仅学会给小鸭子让路，而且要向大自然让路。"这部片子通过人对动物的态度展示了人性的另一个侧面，让人们回味无穷。

电视在表现人与动物的关系时，应从人文关怀的视角出发，做到物我平等，即充分认识到人类和动物是平等的，地球不仅是人类各种族的共同家园，也是人类与各种生物的共同家园。目前这一理念已体现在一些电视节目中，如《黄金时刻》在报道大连动物园为瘸腿的小斑马接腿时，细心的记者拍到这样一组镜头：小斑马在接受治疗前，紧张地在笼内走来走去，相邻笼内的斑马爸爸凑过头去，在他的耳边磨蹭，好像在喃喃安慰。记者就从动物界的亲情出发，编发了一条十分人性化的消息，深受受众好评。从这一例子可以见出，记者和受众的接受前提都是动物和人类平等。目前动物类新闻在新闻中所占的比例越来越大，反映人与自然关系的栏目也越来越受到关注，成为了电视节目的一个新亮点和广大受众新的精神栖息地。

二、如何在电视节目形式中弘扬人文精神

电视是一种典型的展示媒体，它不仅应具备一切文化精品的内在规定性，即作品内涵的社会价值和文化价值，还应在形式的表现方面达到技术手段的完美性。只有同时具备丰富的思想内容和完美的形式的电视节目才是真正的电视精品。

(一) 注重传播方式的多样化和创新性

随着电视的发展和观众文化欣赏水平的提高，单一的传播方式已经不能满足他们的要求。为了使信息更丰富、更深入，电视也在发展过程中对传播方式不断进行创新：除了消息外，出现了专题报道、新闻评论、调查报道、谈话节目等深度报道，引起了观众多层次需求；在节目编排上，根据观众的收视心理，出现了栏目化、板块化等结构方式，使信息更加集约化。进入21世纪，利用电视的创意开阔观众的视野，给观众创造新的视觉方式，是电视人以观众为本，体现人文关怀的重要途径。在这方面，从中央到地方的各电视台都进行了有益的探索。

首先，在传播方式的多样化方面，特别值得一提的是现场直播的异军突起。现场直播是最具电视特点，十分符合人的心理愿望的表现形式。它以即时收看，全方位展示的优势，给人以身临其境的感觉。特别是许多现场直播配上演播室评论，主持人采访以及运用多点、多向直播等方式，多角度、多方位、多方式地展示现场，使事物的共时性、丰富性、深入性得到最佳的展

示，充分满足了观众的观赏需求。在中国加入世界贸易组织的现场直播中，不仅有白岩松在演播室的介绍、访谈和董倩在现场的传播，并且还让山东、广东、四川三地的省长同时出现在屏幕上，与主持人对话，畅谈对未来的设想，多点的转播给予了观众丰富的信息量。

其次，将"硬"题目做"软"。2004年的"两会"报道从帮助观众理解的角度出发，在议程设置上体现出了人文关怀。以往的"两会"报道涉及很多抽象议题，如"以人为本"、"科学发展观"、"亲民意识"等，让观众不容易理解和感受。2004年中央电视台在做"两会"报道时，把抽象议题分解为具体议题，如"降低农业税"、"增加农民收入"、"重质量不重数量"等，使观众容易理解并产生共鸣。

第三，注重节目的叙事手法。电视剧之所以长盛不衰，十分吸引人，就是因为它有情节，有悬念，别的电视节目同样可以借鉴电视剧的叙事艺术。为吸引观众，提高电视节目的收视率，有的电视台正在探索将科学知识故事化。每个科普节目都围绕一个科技核心，制造几个悬念，设计系列情节，在叙述过程的中间，尽量做到一波三折，把抽象枯燥的科学知识表现得紧张、形象，以提高科普节目教育的可视性。

（二）注重细节的捕捉和挖掘细节的内涵

对于电视传播来说，抽象的说教无疑是苍白无力的。艺术作品最打动人的是细节，电视作品同样如此。因此，电视的人文关怀不应是一种概括性的、抽象性的说教，而应通过带有典型意义的事件、人物、场景、细节记述表现出来。可感可视的细节描绘正是电视用来吸引和打动观众的最佳武器，如《讲述》镜头中的那些个人表情：主人公嘴角的一丝蠕动，热泪似流非流的状态，手指不自觉的轻微颤动等，这些细节所反映出的人无意识的心理状态，是其他的视觉形象无法代替的。电视新闻常用特写来表现细节，在视觉形象上具有强烈的感染作用。如《葛洲坝工地大江截流》的新闻中，一位卡车司机趁翻斗卸石入江的间歇，从口袋里掏出半个馒头咬上几口，又匆匆驾车离去。又如《警民奋力拦惊马》的新闻，惊马被降服后，记者在采访一位参与拦马的警察时，注意到他竟然光着一只脚。这两个细节的运用给人留下了极其深刻的印象，虽然没有半句说教，但让受众从心底感受到他们的高尚人格，其效果胜过千言万语。

电视作品中的人文关怀不仅仅体现在在现场发现细节、捕捉细节的能力，即有一定的预见性、敏感性；同时，不能满足于细节的真实再现，还要能够深入挖掘细节中隐藏的那种历史和文化的内涵，并将其与电视作品表现的思想感情有机地融合，才能为细节注入生命。纪录片《太湖上最后一条古船》有一个很有意思的细节：古船载着老渔民蒋乾元离开世代居住的苏州吴县，在开往无锡的途中，中午烧饭时，蒋乾元的老伴到船头拎起网，里面有几条鱼，记者及时拍摄下了这个细节，并向蒋乾元提问。蒋乾元说：鱼是自己打的，带着，怕到无锡吃不到新鲜的鱼。这个抓拍的细节内含的信息十分丰富，如生活经验的积淀、社会发展带来的生活方式的变迁及其影响、人的纯朴等等，提升了片子的人文含量。

（三）重视电视画面的具体形象

1. 充分利用电视新兴技术

电脑绘画、视频特技制作、数码特技等新技术的出现，使电视人可以自由运用绘画、制图、动画、数字特技等，完成三维时空的造型，还可以对摄像机输出的图像进行任意修改；可以运用三维数码特技，产生立体透视的画面、物体在三维空间里的运动等效果。总之，新技术的运用使那些用传统手法不可能做到的事情得以变成现实，可以给人们难以想象的强烈视觉效果。鄂西电视台创作的电视歌舞艺术片《鄂西土家人》运用了丰富的电视手段，如字幕推出时的旋转变型，版画式的画面构图，舞台时空中的光影特技，舞姿慢镜头的反复推进，"苗山火"中的光效、定格等电视化手段，使得电视屏幕产生了千变万化的奇特功效，让形式给内容增添了无限魅力，极大地满足了观众的收视期待。

2. 综合利用电视化的电视语言

电视语言是多元化的、复合式的完整语言系统，包含画面语言、有声语言、造型语言、镜头语言、特技语言、编辑语言等语言形态。电视艺术这些不同的语言元素，在电视艺术作品中承担着不同的表意职能。从受众接收习惯出发，注意对电视语言的综合运用，才能创作出真正电视化的电视艺术作品，使老百姓喜闻乐见。在中央电视台的"两会"报道中，CCTV-2《经济信息联播》就综合运用电视语言，将原本枯燥抽象的政府工作报告、计划报告和预算报告表现得生动形象，体现出强烈的人文关怀精神。2004年3月5日中午的《经济信息联播》播放了特别节目：《解读〈政府工作报告〉》。节目开始，可爱的动画小人伴着欢快的音乐将一本白皮书拖进画面，封面一翻，出现"政府工作报告"六个大字，动画小人开始看书，"政府工作报告"的内容介绍也就此拉开序幕。整个节目根据报告内容，通过大量的动画和漫画加以表现和串联，一会儿用砖砌成的墙表示2003年的成果，一会儿动画小人进工厂，一会儿动画小人去农村。由于画面设计新颖、形象，音乐表现力强，渲染到位，解说活泼亲切，让不少观众耳目一新，收到了良好的传播效果。

（四）注重节目摄制过程中的镜头规避

市场化进程中的中国电视，由于过分急功近利，强调对高收视率和高利润的追求，导致在电视传播中出现了一些漠视人文精神的现象，其典型表现就是出现一些给当事人带来伤害、让观众产生厌恶的镜头。如小贩被市场管理部门同志赶得满街跑的镜头，无助的盲流被一车车遣送回乡的镜头，被拐卖的年轻妇女的正面镜头，车祸、事故现场过于血腥直露的画面等。安徽电视台《记者档案》节目的一个记者曾经谈到，他们同有关部门一起千辛万苦解救回来的被拐卖妇女，在回到家乡后，有相当一部分选择了回到原来的被卖的人家去，或者干脆选择了堕落。出现这种令人痛心疾首的现象，在很大程度上就是因为这些妇女无法忍受家乡人的白眼和不理解。可以想象，如果记者缺乏职业道德和人文关怀，在电视节目中不加处理地播出这些妇女的正面镜头，会给她们带来怎样的伤害。这些为追求视觉冲击力而对血腥、刺激场面进行细节描述，以暴露别人的隐私去满足个别受众的窥视欲的做法也许可以获得暂时的高收视率，但势必丧失媒体的公信力和记者的人格。

事实上，只要真正关注人、尊重人，我们可以在前期的拍摄和后期的制作过程中，在很大程度上做到合理的镜头规避。"所谓镜头规避指的是电视镜头应该设法避开一些不雅或不宜公开的画面，明确什么是该拍的，什么是不该拍的，什么是该播的，什么是不该播的或是该经过技术处理后再播的。"[1] 只有以博大的同情心和对现实的真诚关注去理解我们的采访对象，才能真正与受众达成心灵的融合。

在镜头规避方面，国内外的一些优秀节目给我们做出了榜样。日本广播协会 NHK 拍摄的新闻专题《日本的监狱》，虽然拍摄的对象是犯人，但片中自始至终看不到一个完整而清晰的犯人屏幕肖像，有关犯人的镜头是由模糊的远景、背影或只显示人物下半身的构图组成，人脸的正面像全部回避了。从中可见他们对人的价值与尊严的理解和维护。中央电视台《实话实说》栏目在做一期关于艾滋病的话题时，请来了几位艾滋病患者。为了不让节目的播出影响他们的生活，编导细心地在摄像机与病人之间隔了一层幕布，观众看到的只是他们的剪影。从《实话实说》编导的良苦用心中我们可以体会到他们对人的尊重和理解。

---

① 许东良：《镜头规避与人文关怀》，《电视研究》1999.9，第118页。

　　虽然目前对电视传播中的镜头规避还没有明确的标准和规范，但是，作为一个真正优秀的电视人，应该从人文关怀的角度出发，结合相关法律、文化传统、社会伦理、人情人性对镜头作出合理的处置。

　　人文精神是人类本质美的显现，真正的电视精品无论在内容和形式上都需要人文关怀。人文关怀给电视的内容带来厚重充实的思想内涵，给电视的形式带来丰富多彩的艺术魅力。真正充溢人文精神的电视精品不仅能赢得观众和市场，而且能以其高品位、高起点对受众和市场进行有益的引导，使宣传的思想性、市场的实用性、精品的艺术性三者在对人文精神的追求中达到完美的融合。因此，无论21世纪的电视怎样发展变革，人文精神都将是不变的主旋律。

第六章　社会环境：电视文化
的外围空间

　　作为社会文化的一部分，电视文化自诞生之日起就与政治、经济等社会因素有着千丝万缕的联系，它们构成了电视文化生存、发展的外围空间。一方面，政治、经济的发展状况决定着电视文化的发展方向和活跃程度；另一方面，电视文化的表现内容和表现手段都脱离不了当下的政治、经济环境，这是由其与生俱来的时代性和现实性决定的。在当今文化媒介化的大背景下，电视以其生动、快捷的优势成为了多数受众的第一媒体选择，电视文化的发展也日趋多元化。但处于上层建筑上端的电视文化却始终无法脱离经济基础和处于上层建筑底端的政治的影响。对于电视文化来说，其限制和制约力量是客观存在、不容忽视的，而其强大的推动力也是有目共睹的。因此，要全面、深刻地理解电视文化，就必须充分结合其所处的社会环境，尤其是对它与政治、经济的关系作深入的考察。

第一节　电视文化与政治环境

　　政治环境包括意识形态、政治体制、政治氛围、国家政策等内容，它是塑造电视文化最重要的外力之一。电视文化与政治环境的关系包括三个层面：政治环境对电视文化的影响，政治题材的内容是电视文化的重要构成部分，电视文化的意识形态性及其政治功能。

一、政治环境对电视文化的影响

（一）国家政治氛围对电视文化的影响

　　电视文化总是处在特定的政治氛围中，国家的意识形态、政治体制对电视文化的内容形态、表现方式、基本特点都有重要影响。

　　在西方资本主义国家，标榜民主、宣扬自由的政治传统长期浸润着电视文化，使其成为带有明显政治色彩的公共领域。最典型的是美国四年一度的"驴象之争"，它把电视声画兼具、实效性强的媒介优势发挥到极致。早在20世纪50年代，电视就成为了竞选工具。1956年是美国大选年，全国广播公司则在那一年推出亨特利和布林克二人担任《晚间新闻》的节目主持人，负责报道竞选活动。多年来，每到竞选季，候选人就包租电视时段播放竞选宣传片、竞选演讲，与竞选对手进行电视辩论，一时间举国关注、全球瞩目。这样的政治氛围使竞选季的电视文化成了美国电视文化一道独特的风景线。

　　出于营造民主、活跃的公共领域的需要，谈话节目、新闻评论节目成为西方国家最重要、最典型的电视节目形态，成就了很多著名的电视人和著名电视品牌。号称"美国电视脱口秀女王"的奥普拉·温芙莉主持的《奥普拉脱口秀》每天可以吸引700万美国电视观众。在以超级大国自居，密切关注国内外局势的政治氛围下，美国哥伦比亚广播公司（CBS）于1968年开办了以"硬新闻"为主，主打新闻评论的电视新闻杂志栏目《60分钟》。在数十年里，丹·拉瑟、迈克·华莱士等记者主持人见证了数届美国总统的起落沉浮和几代中国领导人的风采英姿，通过他们的采访、评论，这些首脑的政治见解被传遍世界，人格魅力被永烙人心。他们与该栏目共同成长，在《60分钟》成为全球知名的电视新闻评论节目之时，他们也成为电视界著名的政治评论家。多年来，《60分钟》不但是全美最赚钱的电视节目，还对美国甚至全球的电视文化都产生了不可小视的示范作用。其新闻杂志的包装形式、记者与主持人合一的做法被广为借鉴，尤其成为各国主流意识、主流文化进行电视媒介传播的重要形式。

　　在我国，政治氛围对电视文化的影响也是相当巨大的。尤其是改革开放以来，重大的社会变革不断对作为上层建筑的电视文化提出新的要求，改革意识的渗透使电视文化产品的内容和形式始终处于变动和调试之中。改革开放的总设计师邓小平同志十分重视电视文化的建设，早在改革开放初期就提出"社会效益"这一衡量精神产品的标准，强调主流意识形态的导向作用。在1992年南方讲话中，邓小平同志严肃批评了电视中会议新闻太多、太长、太老套的问题。在他眼中，改革开放的意识是全方位的，不论是经济还是文化都应与时俱进，顺应社会和群众的要求。邓小平同志南方讲话发表不久，电视界连续召开了两次全国性会议，协商开办新的经济新闻栏目《经济信息联播》。1992年8月31日，《经济新闻联播》在中央电视台第二套节目开播，邓小平同志几乎每天观看。他说："《经济新闻联播》专门谈经济，开办得及时。《经济新闻联播》时间虽不长，只有 30 分钟，但每期内容丰富，节奏明快，信息量大，对我国的经济发展、社会主义市场经济的发育，将会起到积极作用。"这表明了决策层对电视新闻节目的基本价值取向。自此以后，我国的经济类电视节目多了起来，改革意识在电视文化领域也更加深入，节目形态日益多样化。1993 年 5 月 1 日，大型电视新闻杂志《东方时空》的开播，成为了中央电视台乃至全国电视文化建设中具有里程碑意义的重大事件。一方面，它对话精英，高屋建瓴，评述时政；另一方面，它以世俗化的视角表达真切的人文关怀，使人文精神不再局限于精英分子深刻的话语空间，而更具生活真味。"讲述老百姓自己的故事"的《生活空间》很快在全国电视界掀起了一股纪实热潮。电视纪录片迎来了新的发展机遇，纪实性叙事手法也在新闻、专题片中被普遍运用，至今不衰，这从当下流行的民生新闻中就可窥见一斑。以《东方时空》为母体，还诞生了众多的著名节目主持人和知名栏目。这成为现今我们谈论中国电视文化绕不开的话题。这些电视文化的新气象都与当下的政治氛围有着直接或间接的关系。

　　国家的民主化程度越高、政治越开明，通过电视媒体进行信息公开的速度就越快、透明度就越高，电视文化对社会生活的反映就更有广度、深度和力度，电视媒体在舆论引导和舆论监督方面也更能发挥效力。《焦点访谈》之所以能成为电视文化产品中融会主流、精英、大众文化的典范之作，是与日益开明的政治氛围紧密相关的。党和国家领导人曾多次亲临中央电视台《焦点访谈》栏目组视察题词。1997 年 12 月，当时的国务院总理李鹏曾题词写下 16 个字："焦点访谈，表扬先进，批评落后，伸张正义。"1998 年 10 月，当时的国务院总理朱镕基也写下 16 个字："舆论监督，群众喉舌，政府镜鉴，改革尖兵。"

　　为了响应我国政府"信息公开、政务公开"的号召，电视媒介逐渐加大了新闻直播的力度，缩小了录播的范围，还形成了直播新闻发布会的惯例，国家的重大时政新闻得以迅速发布，人民的知情权得到了保障。尤其是在 2003 年"非典"、2004 年"禽流感"疫情期间，在电视媒体上及时发布相关信息，宣传防治知识成了凝聚人心、战胜困难的重要保证。难能可贵的是，针对媒体对某些话题的顾虑，胡锦涛主席在对中央电视台的批示上提出"无害就是有益"的观点。正是由于政治的日渐开明，电视报道的禁区减少了，电视媒体对负面报道的处理才由过去的"不闻"、"旧闻"变为了真正的"新闻"，使内部消息变为了全民共享的公众信息。政治、经济、社会等话题日益成为媒体的主要内容。在信息公开、上情下达的同时，政府还加大了务实爱民的力度，深入实践"三个代表"，强调"三贴近"（贴近实际、贴近生活、贴近群众）、"三性"（体现时代性、把握规律性、富于创造性），要求"说群众想说的话，讲群众能懂的话"。它带来了媒介话语权的下放，直接催生了电视民生新闻，使之成为了老百姓下情上达的重要渠道。这两种信息的上下互动形成了中国电视文化的新景观。

伴随着媒介话语权的下放，电视文化不再是受众被动接受的文化，而成了大众参与共享的文化，有着极强的互动性。这不仅体现在新闻节目中，还体现在娱乐节目中。尤其是在综艺节目里，场内场外激情互动、集体狂欢的场面成了受众和制片人共同追求的目标。此外，电视台还为展现普通人生存状况的 DV 自拍设立了专门栏目，如中央电视台的《讲述》。

电视文化处于各种社会文化交集的位置上，是一种吸纳力、包容力、承载力特别强的现代文化。因此，宽松有序的政治氛围有利于增强电视文化产品在质和量上的丰富性，有利于促进电视文化的多元发展，更好地满足人民群众日益增长的精神文化需求。

改革开放以来，中国电视人克服了以前极"左"思潮的影响，按照"解放思想、实事求是"的原则大胆引进了国外某些发展成熟、广受欢迎的节目形态，如新闻杂志、谈话节目、有奖益智节目、"真人秀"等。在依据国情进行改造之后，这些节目形态已成为中国电视文化的亮点、热点，出现了一批精品栏目，如《东方时空》《实话实说》《面对面》《艺术人生》《幸运 52》《开心辞典》《非常 6 + 1》等。这些栏目对活跃人民群众的精神文化生活，激发社会思考和深层活力有一定的推动作用。

（二）国家传媒政策对电视文化的影响

国家传媒政策主要指国家对媒体的性质、运作机制、发展方向等重大问题的规定。传媒政策构建了电视文化生存、发展的具体空间，规定了电视文化具体的生存方式和游戏规则。为了对电视文化的发展进行合理的规范和引导，国家颁布了《电视剧管理规定》《广播电视广告播放管理暂行办法》《广播电视节目出品人持证上岗暂行规定》等政策法规。

在任何国家，媒介都是巩固主流意识形态、进行对内对外宣传的有力工具，因此，媒介政策对国家的安定团结和国际形象的塑造有重要作用。此外，媒介政策对于维护本民族文化，抵御外来文化侵蚀也有重大意义。在我国，传媒政策一直比较严格，党和政府始终强调媒介的喉舌功能，要求媒介为宣传国家方针政策、促进社会的繁荣稳定服务，为构建和谐社会、实现国家的可持续发展服务。近年来，随着社会主义市场经济的发展，全球化步伐的加快，国家对媒体的产业性质有了更深刻的认识。这不是单纯的经济利益问题，它还涉及媒体话语权。倘若不对传媒政策进行及时、合理的调整，一旦媒体不能实现经济的良性循环，媒体的话语权就无法保障，就电视来说，有中国特色的电视文化也就无从构建。皮之不存，毛将焉附？因此，与时俱进，制定适宜的传媒政策是维护国家的信息主权，弘扬民族文化，壮大媒介的产业实力和市场竞争力的必要条件。

党的十六大把文化体制方面的创新作为了社会改革的重要方面，把包括传媒在内的文化政策调整作为增强党的执政能力的必要手段。2004 年 9 月召开的中国共产党第十六届四中全会提出："深化文化体制改革，解放和发展文化生产力"，"适应社会主义市场经济的要求，进一步革除制约文化发展的体制障碍"，"以体制机制创新为重点，增强微观活力，健全文化市场体系，依法加强管理，促进文化事业全面繁荣和文化产业的快速发展，增强我国文化的总体实力"①。加之在 2001 年 12 月加入 WTO 时中国就承诺：三年内必须开放传媒领域。在这样强大的外在压力下，中国必须积极调整传媒政策，以应对入世后传媒格局的变化，最大限度把握主动权。在内外合力的作用下，近几年国家传媒政策出台频繁，对电视文化影响巨大。

从政策上说，在 2004 年前，我国的电视媒体是外资和国内民间资本的禁区。此后，为促进电视文化的发展，国家对传媒政策作了一定调整，这些政策无非包括限制和鼓励两方面。例如 2004 年 9 月 21 日国家广播电影电视总局颁布的《中外合作制作电视剧管理规定》。它规定凡以中国特色为表现主题的中外联合制作的电视动画片，可视同国产电视动画片播出；中外联合制作的电视剧（含电视动画片）应制作普通话语言版本。2004 年 10 月 28 日，国家广播电影电视总局颁布了《中外合资、合作广播电视节目制作经营企业管理暂行规定》，允许外资参与制作除时政新闻和同类的专题、专栏节目以外的其他电视节目。但规定不得设立外商独资的广播电视节目制作经营企业，合营企业中中方所持股份不低于 51%；合营企业每年应当制作不少于节目总量 2/3 的中国题材的广播电视节目；国家鼓励聘用中国专业人员参与合营企业的节目制作。这就保证了外资进入电视节目制作领域后既能活跃中国电视文化的生产创作，又不改变电视事业的民族化发展方向。另一方面，传媒政策是维护电视文化生态平衡、实现电视媒介资源合理配置的必要手段。电视文化的生态平衡首先是保持电视节目中民族文化与外来文化的恰当比例。2004 年 6 月 18 日，国家广播电影电视总局颁布了《境外卫星电视

---

① 《中共中央关于加强党的执政能力建设的决定》（2004 年 9 月 19 日中国共产党第十六届中央委员会第四次全体会议通过）。

频道落地管理办法》。2004 年 9 月 23 日，为了规范引进、播出境外电视节目的管理，促进中外广播电视交流，满足人民群众精神文化生活的需要，国家广播电影电视总局颁布了《境外电视节目引进、播出管理规定》。它规定：凡侵害中国民族风俗、习惯的境外节目，危害中国社会公德或者中国民族优秀文化传统的境外节目不得播出；各电视频道每天播出的境外影视剧，不得超过该频道当天影视剧播出总时间的 25%；每天播出的其他境外电视节目，不得超过该频道当天播出总时间的 15%。未经国家广播电影电视总局批准，不得在黄金时段（19：00~22：00）播出境外影视剧。这样规定之后，一方面中国电视文化的内涵更加丰富；另一方面，电视文化中民族文化的主导地位更加巩固，避免了外来文化冲击下中国电视文化发展的失衡。

对内，电视文化的生态平衡主要表现为处理好多元文化之间的关系，实现电视媒介资源的合理配置。也就是在保证多元共存的同时，突出主流文化，重视公众尤其是弱势群体的文化需求。为了强化电视文化中主流意识的特殊地位，在 2004 年 10 月中央电视台第一套节目改版后国家广播电影电视总局专门发出《关于做好中央电视台第一套节目（CCTV－1）转播工作的通知》。出于维护国家形象、关怀少年儿童发展的考虑，国家广播电影电视总局出台政策，把"涉案剧"、"反腐剧"赶出黄金时段。为满足农村地区人民的精神文化需求、提高当地人民的媒介素质，从 1998 年起国家投入巨资实施了"广播电视村村通"工程。2000 年 9 月 16 日，江泽民同志就加强西藏、新疆等边远省份的广播电视覆盖作出了重要指示。随后，根据中央的部署，"西新工程"开始实施。国家广播电影电视总局和各级广电部门投入大量资金，新建、扩建了一大批发射台。这大大增强了西部省区的广播电视覆盖能力，收到了良好的社会效果，得到了各族群众的衷心拥护。"村村通"、"西新工程"有利于扩大电视文化的传播范围，增加电视文化的影响力。为了促进未成年人的全面发展，国家广播电影电视总局于 2004 年下发了《关于开办少儿频道的通知》，它要求：到 2004 年底，1/3 以上的省级和副省级电视台要开办少儿频道；到 2005 年底，再有 1/3 的省级和副省级电视台开办少儿频道；到 2006 年底，全国所有省级和副省级电视台开办少儿频道。这对于改善目前电视文化中少儿节目不合理的供求关系有重要意义，也有利于营造与未成年人数量相称的专属于他们的电视文化。

政治环境对电视文化的影响是强大的也是长期的，它是把双刃剑。一方面，它会促进电视文化与社会发展的和谐共生与良性互动；另一方面，在特殊时期的政治高压下，电视文化的发展也会受到一定的抑制。当然，前者是主要的。

二、政治题材的内容是电视文化的重要构成部分

电视文化包罗万象，一切社会题材在国家允许的前提下经过提炼都可以成为电视文化的有机组成部分。其中，政治题材占据了相当的比例，在电视文化中有着特殊的地位。

政治题材主要涉及政治事件、政治活动、政治人物、政治机构、政治问题等。从题材所反映的年代背景上看，有些属于历史的政治题材，有些属于现实的政治题材，但二者都具有现实的政治意义和文化价值。在电视媒介中，政治题材的表现形式多种多样。新闻、专题片、纪录片、电视剧、谈话节目、综艺节目等都可以成为政治题材的载体。因此，属于政治题材的电视作品不可胜数。

新闻是电视媒体的生命线，政治题材又是其中的重中之重。在电视文化中，时政新闻是最敏感的一根神经，也是各大电视媒体较量的最前沿，较量的成败决定着媒体新一轮的竞争格局。每天有数以万计的电视时政新闻，涉及国内国际诸多政治问题。许多知名的电视媒体正是本着"新闻立台"的理念，密切关注政治大事，一旦发生，立即跟踪报道。如果说海湾战争成全了CNN，"9·11"成全了凤凰卫视，那么2003年的美伊战争就成全了中央电视台。当时，中央电视台在国际频道每日跟踪播报，还邀请政治、军事专家到演播室分析战况和国际形势。"在这场前所未有的直播报道中，央视经历了从理念到行为近乎脱胎换骨的进步。""以美伊战争为标志，中国电视在新闻报道的口径、时效、质量上全面提升。"[①] 以此为契机，新闻频道成功开播，它树立了中央电视台在国际电视媒体中的新形象，也极大地增强了中国电视文化的时代性。

一些电视栏目有着明确的政治指向，凤凰卫视的《李敖有话说》、中央电视台第四套节目的《海峡两岸》就是典型的论说两岸问题的电视栏目。时时更新的时政新闻为栏目提供了新鲜的话题，但它始终离不开政治这个核心。在电视纪录片中，政治题材占据了重要位置。大型文献纪录片《百年中国》《周恩来》《邓小平》《邓小平军事生涯》等就是其典型代表。

在我国，政治题材尤其是与党和政府当下的宣传需要相应和的媒介内容常常被称为"主旋律"。其实每个国家都有自己的主旋律，都在发掘合适的政治题材，来构建顺应民族感情、符合国家利益的电视文化。这在电视剧中

---

① 钟大年、于文华主编：《凤凰考：建构一个新传媒》，北京师范大学出版社，2004年3月版，第253页。

体现得最为突出，如《长征》《新四军》《走向共和》《记忆的证明》《江山》《这里的黎明静悄悄》《台湾首任巡抚刘铭传》《忠诚》《任长霞》《陈云在临江》等。在近几年，一些"红色经典"还被重拍改编为电视剧，如《苦菜花》《红旗谱》等。尽管对此尚有争议，但政治题材在电视文化中的地位还是可见一斑。

我们对政治题材与电视文化的关系要有辩证的认识，防止以下几种不良倾向：

其一，脱离时代政治环境，流于生活表面，一味追求单纯、肤浅的娱乐；其二，只讲艺术美感，缺乏历史的、政治的厚重感；其三，重视政治性，但流于说教，泛政治化。

政治题材是对国民进行国情教育、加深民族记忆的特殊教材，但不顾受众的接受心理，盲目灌输是不会取得良好的效果的。可喜的是，目前国内一些政治题材的电视作品已经能较好地处理这些关系，内容感人而真实，风格朴实而大气。电视剧《任长霞》就是其中的代表，因而在中央电视台第一套节目首播时，其收视率占据了电视剧收视榜第一位，于是紧接着又在中央电视台电视剧频道进行了重播。

政治题材的内容是电视文化的重要构成部分，也是打造知名电视媒体的宝贵资源。面对政治题材，电视工作者要保持一颗平常心，把实效性和深刻性的统一，艺术性和思想性的统一作为自己的最高追求。

三、电视文化的意识形态性及其政治功能

电视文化的意识形态性及其政治功能，体现着政治环境对电视文化最深刻的影响。

（一）电视文化的意识形态辨析

意识形态是通过各种符号来传播的价值系统，它是表意层面上的政治，是关于某一特定集团和阶级利益的价值观念和信仰体系，它总是试图引导舆论，影响人们的思想。从广义上说，所有的电视文化产品都具有意识形态性，电视媒介在为受众提供媒介内容的同时，也为受众提供了独特的政治视角和解读方向。从狭义上说，电视文化的意识形态性是指它代表的社会主流意识形态。经过统治集团多次的议程设置，电视媒介中包含的主流意识形态信息就会被绝大多数受众认可，并作为界定其他事物的准绳。通过电视媒体，统治集团可以对社会舆情进行控制、引导，对偏离主流意识形态的道德观念和政治观念进行及时的修正。所以电视文化既有社会教育功能，又有政

治宣传功能。其中，后者除了正面的宣传服务，还有对负面现象进行监督批判的任务。当然，二者的目的都是为了巩固现有社会的政治格局，批判的力度也必须控制在主流意识形态许可的范围内。

（二）电视文化的政治功能

电视文化的政治功能主要体现在两个方面：当它代表社会主流意识形态时，具有文化整合和舆论引导的功能；当它在社会主流意识形态范围内对其进行反思、批判、矫正时，具有舆论监督和自我疗救的功能。

社会越进步、政治越开明，越利于文化多元化的发展。而这种文化的多元化必将反映在电视媒介中，形成电视文化的多元化。其实，当电视媒介在成为多元文化的载体的同时，也是对其自身进行整合、规范的重要途径。

多元化有助于将边缘化纳入被关注领域，只有这样才能真正实现媒介资源的合理配置，营造健康的媒介生态。各类文化在电视媒介中的多元共生有利于激活社会文化，促进不同国家、不同地域、不同民族、不同阶层的沟通融合。一方面，主流话语以自信、宽容的心态包容多元化的社会思想；另一方面，它也以各种手段使边缘的、民间的、个人的话语在纳入自身、进入公共领域的过程中有了一定的规范。比如为 DV 入选作品设置主题，中央电视台就曾举办"托起明天的太阳"DV 征文活动、"公民节约"DV 作品大赛。通过 DV 主题征文，那些充满公益力量、饱含恬淡温情与进取激情的优秀之作通过媒介这个公共平台为广大受众所共享，同时，那些反主流意识形态的作品或虽新颖离奇却浅薄庸俗的作品被剔除在外。可见，在电视文化多元化的进程中，社会融合与社会思想整合是并行不悖的。

根据中国国情，电视文化的多元化不能冲淡主流文化，淡化主旋律，必须保证主流文化占有相当的比例，让主流意识形态在社会舆论中占有强势地位。主流文化是主流意识形态的主要体现，它强调正确的舆论导向，弘扬主旋律，这一点中外皆然。电视文化的多元化可以包容非主流文化（边缘文化）、非主流意识形态的存在和适度活跃，但不能容忍反主流文化、反主流意识形态的存在和挑战。电视因其信号覆盖率广、与受众接触时间长、现场感强等特点，是主流文化传播、扩散的重要渠道。反过来，如果处理不慎，也将对主流文化造成巨大的冲击，不利于人心的稳定和国家的安定团结。因此，在电视文化多元化的进程中必须保证主流文化占有足够的比例和较高的质量水准，防止主流文化被其他内容冲淡甚至颠覆。这不仅要确保相关内容的播出占有充足的节目时间，还要动用各种艺术手段丰富主流文化的内涵，使之充满民族文化气息和时代力量，而不是将其简化为赤裸裸的政治宣传。

可见，电视文化身上负载的不仅仅是一般意义上的信息传播使命和提供文化消费品的使命，它还肩负着重大的政治使命，要为维护既定政治制度服务。

（三）对电视文化意识形态性的态度

电视文化不可能存在于逃离意识形态的真空之中，所以，其意识形态性是无法回避的。不过，其意识形态色彩因其所处的政治环境差异而有所不同，这也正是进行国际电视节目交流时面临的主要问题之一。不同时期的电视文化体现出的意识形态色彩会有所不同。就是在同一国家的同一时期，不同电视节目形态体现的意识形态色彩也有深浅差异。比如，《新闻联播》《焦点访谈》的意识形态性最为突出，而同样是中央电视台制作的新闻类节目，《新闻会客厅》《央视论坛》的意识形态性就表现得含蓄得多。所以，对于电视文化的意识形态性，我们要用历史的、辩证的眼光具体问题具体分析，决不能概而论之。

从前面的分析可以看出，意识形态在电视文化中的存在有其现实合理性，脱离国情，妄图超越意识形态的束缚是不明智的，也是难以做到的。但是，不顾节目类型和受众心理，对任何电视节目都进行泛意识形态的处理是不可取的，而且，对意识形态色彩深浅的处理，具体手法的运用都应"因片制宜"。倘若把一档意识形态色彩极淡的娱乐节目弄成赤裸裸的政治宣传片，那么该节目不但在艺术上有明显缺陷，其传播效果也是不理想的。尤其是在对外宣传节目中，对意识形态的处理更为关键。当年唐家璇外长在全国对外宣传工作会议上提出八个字："突出外字，淡化宣字。"国家新闻办公室主任赵启正也提出把对外宣传的"宣传"定位在"说明"这个意义上，所谓"宣传中国"，就是要实实在在地"说明中国"。[1] 因此，要让电视媒介圆满地完成政治任务就必须从科学的态度出发，尊重艺术规律，尊重受众心理，使电视节目既有艺术美感又有思想感染力。只有这样，才能从电视文化建设出发，切实加强"软国力"。

第二节　电视文化与经济环境

经济是人类社会最重要的范畴之一，是人类自进入文明社会以来最基本

---

① 张振华：《对外宣传——用什么说话》，载《电视研究》2005年第2期。

的生存活动，它涉及商品和服务的生产和分配：生产什么、生产多少、用于生产的资源和技术、分配方式等。经济是整个社会活动的基础，它决定着作为上层建筑的电视文化的发展，反过来，电视文化对经济基础也有巨大的反作用力。本节就拟从这两方面展开讨论。

一、经济环境对电视文化的影响

考察任何一个国家的电视文化都可以发现，其发展是与本国经济的发展共同进退的，它的每个阶段也与当时的经济环境大致适应。这可以从两个方面来理解：电视文化作为上层建筑，其发展水平总是受经济基础制约；而电视文化产品的生产机构和播出机构在市场经济条件下已成为文化产业的重要组成部分，因此，电视文化的构建已不仅仅是信息和文化的传播，同时也是一种复杂的经济活动，这种经济运行的态势直接影响着电视文化的繁荣程度，影响着电视媒介的资源配置和整个电视传媒生态。

具体来说，经济环境对电视文化的影响主要体现在宏观和微观两方面。

（一）经济环境对电视文化的宏观影响

经济实力决定电视文化产业的生产力。就我国来说，改革开放前，我国经济的总体实力较弱，全国拥有的电视机数量极少，其受众只限于有一定级别的高级干部。伴随着改革开放，电视机在中国迅速普及，电视台的数量也急剧增长。与此同时，电视事业拥有的财力、物力不断壮大，创作空间也逐步扩大。有了资金的保障，电视工作者不但可以全面、深入地反映国内社会面貌，还有条件走出国门，比如派出驻外记者，制作异域文化游记类电视节目。此外，经济实力的增长也为改进技术、提高电视节目的制作传送水平提供了物质支持。

经济的发展不断为电视文化产业生产出与时俱进的消费者；而消费也会反过来刺激生产，促进电视文化的繁荣。经济实力的增强带来了人们物质生活水平的提高，电视机的迅速普及是最明显的标志。它使电视媒体的受众大大增加，形成了一个庞大的电视文化产品消费市场，而这个巨大的市场空白反过来也会刺激电视文化产品的生产。考察各国电视文化的发展，我们不难得出这样一个结论：电视文化的繁荣程度与电视受众的数量成正相关关系。的确，没有一定数量的电视受众，何谈电视文化？另一方面，经济条件的改善使人们的闲暇时间增多，它带来了人的精神需求、信息需求的相应增加，使人们对电视文化产品的数量、质量不断提出更高的要求。伴随着经济水平的提升，恩格尔系数降低，人均消费水平提高，人们对电视文化产品的消费能力增加，付费电视等新事物才有了生存、发展的空间。经济的发展带来了文化的多元共生，刺激了受众的分化和多元需求，扩大了电视媒体的分众化趋势，这对电视文化的发展有直接的影响。

经济的发展带来社会生活的全面变化，它直接导致了电视文化产品所反映的对象的变化，并影响着电视文化的规模、内容、风格和电视人的传媒观念，也带给受众更多、更新的心理期待。随着经济水平的提高，人们不但渴求从电视媒介上及时了解时政消息，对社会资讯、生活服务类节目的需求也与日俱增。在我国，很长时期内只有《为您服务》等少数几个生活服务类电视栏目。近几年来，随着经济的快速进步，我国的电视人已经开始正视受众需求，及时调整传媒观念，从以往单纯的重宣传转化为在加强宣传的同时重视服务。因而，资讯、服务类电视节目不但数量大增，而且颇有制作水准。伴随着经济的发展，社会生活日益丰富，受众更加重视电视的娱乐功能。湖南卫视正是看准这一社会需求，大胆改革，喊出"快乐中国"的口号。也正是因为如此，目前在全国的电视屏幕上，娱乐节目才多如过江之鲫。市场经济的发展使我国消费社会的特征越来越明显，电视影像与商品的联系日益紧密，消费的指向性成为当代电视文化最重要的特征之一。这集中体现在电视广告方面，而电视剧中不露痕迹的"软广告"和许多主人公大肆宣扬的消费主义对受众的影响也不可小视。由于有了经济实力的支撑，从20世纪80年代以来，我国除了将四大古典名著拍成电视剧，还拍摄了《康熙王朝》《雍正王朝》《汉武大帝》等历史题材的电视剧，以及众多现实题材的电视剧。这不仅构建了内地电视文化的繁荣局面，还打开了我国台湾地区和东南亚、北美等电视市场，体现出我们作为东方大国在电视文化产品上的生产规模和制作实力。而且在电视剧的风格方面，已不再是正剧、悲剧一统天下，喜剧、神话剧等在电视文化市场也颇受欢迎。就连电视广告都风格多多，不一而足。

（二）经济环境对电视文化的微观作用

经济的三大基本要素是生产资料、生产力、生产方式，它们在现实的经济活动中可具体化为资本、科技和市场化，下面我们就从这三方面入手来讨论经济环境对电视文化的微观作用：

1. 资本对电视文化的影响

电视文化以电视文化产业为载体，该产业需要大量资金的持续投入；否则无法保持正常的运转。在国外，大多数电视台是商业电视台，它们依靠私人投资运营，采用收费电视的方式赢利。美国传媒巨头默多克旗下的新闻集团就是国际著名的商业电视集团。其商业电视的性质决定了它是以最大限度地获取市场利润为目的的。而少数的公共电视则依靠国家拨款，制作播出一些公益性的节目，承担着社会教化的责任。不同的资金来源和生存方式决定了二者性质的差异，它们在电视文化的构建上走着两条不同的道路，扮演着不同的社会角色。

经济的发展带动了社会文化的发展和信息流动的加快，而电视是当代大多数人的第一媒体选择。资本具有天然的流动性、趋利性，越来越多的人看到了电视行业蕴藏的巨大商机，一度有人说电视传媒行业是投资低、回报高的暴利行业。资本不断向电视媒介汇聚，这对电视文化的发展有直接影响。

从正面来看，充足的资金注入使电视节目的策划、制作有了更坚实的经济基础；而资金投入方对经济回报的看重也会在很大程度上促使节目质量的提高。在我国，当外资和民间资本获准有限进入该领域后，电视文化获得了更大的活力。尤其是在娱乐节目制作领域，由于所受政策限制少，创作空间大，又广受群众欢迎，因此出现了《幸运52》《开心辞典》等品牌栏目。

从负面来看，首先，节目的制作播出方更加看重经济效益，这容易导致传媒生态的失衡和电视媒介资源配置的局部不合理现象。比如，对农民传播的弱化、对社会弱势群体的忽视。因为在投资方看来，他们购买力太低，无法成为广告主理想的受众，为其带来直接的经济利益，这使电视文化的发展处于一种不健康的状态。目前，这种现象在我国已经出现了一定的苗头，需要警惕，而且在外资和民间资本进入电视行业以后，这种趋势还有可能进一步扩大。我国本土的电视台基本属于国有事业性质，但仅靠国家拨款又无力维持其正常的运转和发展，因此，广告收入就成了电视台的命脉。在这种形势下，全国的农村频道寥寥无几，占人口大多数的农民所得到的电视媒介资源配置与其所占人口数明显不成比例。在下岗工人、山区农民面对人生的无奈苦苦支撑之时，电视节目中的豪华风却盛行不衰。在社会转型时期，当原有的价值体系受到强有力的冲击，而新的价值体系尚在重新建构时，充分考虑社会的承受能力和媒体传播内容可能造成的负面影响，这理所当然地是媒体的责任。① 因此，即便是外资和民间资本进入电视领域，我们的电视人仍然要心忧天下，而不能只是对投资方负责。

其次，出于对利润回报的急切追求，电视媒介中难免出现庸俗化、同质化等不良现象，这不利于电视文化的健康发展。一些电视节目的投资商、播出机构在经济利益的驱使下片面追求收视率，受众喜欢什么就提供什么。近

---

① 时统宇：《电视批评理论研究》，中国广播电视出版社，2003年版，第194、195页。

几年来，豪华风、滥情风、戏说风等充斥国内荧屏，大款美女们的多角恋、皇帝大臣的野史成了最受宠的卖点。这些无非都是取悦庸人，以博一笑，没有多少社会价值。另外，在对受众眼球的争夺中，同质化现象很严重。一旦发现某种电视节目样式受欢迎，投资者就蜂拥而上。一时间聊天风、猜奖风、破案风盛行，但节目质量却普遍不高，受众很快就产生了厌弃情绪。投资商追逐大众趣味，走大众化路线本来无可指责，但不经过审慎策划就匆忙克隆、盲目模仿是不会获得长期、稳定的经济收益的，同时这也会使电视文化陷入畸形发展的路子。

再次，外资的进入将加剧电视文化的全球化，弱化电视文化的民族性，带来"文化殖民"的危险。对此，我们必须加以警惕。

2．科技对电视文化的影响

电视技术本身就是现代科技的产物，按照麦克卢汉"媒介是人的延伸"的观点，电视就是人的耳朵和眼睛的延伸。电视文化正是在这样的物质技术的基础上衍生出来的媒介文化。电视主要是一种"家用电器"，通过电视信号传输技术，处于家庭收视环境中的分散的受众被电视荧屏联系起来，无数个收视终端形成了一个虚拟的公共领域。久而久之，电视就在受众头脑中形成了源于现实却不同于现实的媒介现实。

科技不仅为电视文化的发展提供强有力的技术支撑，还对电视文化的发展起着重要的推动作用。随着经济技术的发展，媒体实力的壮大和媒体间竞争的日趋激烈，电视文化建设的硬件设施日益先进和多样。电视通讯卫星的使用使全球直播成为可能，甚至恐怖事件和战争都可以全球直播，这强化了新闻的及时性和现场感，让现代人养成一遇大事就先打开电视的习惯。在卫星技术的帮助下，"时空连线"成了众多新闻类节目广泛使用的手段，受众可以在一个屏幕上同时了解来自不同地方的声音，这无疑加强了新闻事实和相关观点的客观性、公正性。同时，电视卫星技术实现了电视媒体的跨地区、跨国传播，这是跨国传媒集团打造不沉航空母舰的重要物质保障。新闻集团、维亚康姆等世界电视传媒巨头正是依赖此类技术才能不断拓展域外传播。这加深着电视文化的全球化，一些学者正是看到了这一点才对文化帝国主义表示了深切的担忧。通讯技术的进步使声像信道的扩大和畅通得以实现，同时它还为频道专业化提供了坚实的物质基础，促进了电视文化的分众化和多元化。数字压缩技术催生了数字电视的诞生。它不但大大缓解了频率资源的稀缺性，让受众有更多的选择余地，还能接受"订单服务"，让受众直取所需。它能改变收视时间必须与播出时间一致的传统收视形式，让受众根据自己的需要自由调整播出时间。由此，受众可最大限度地享有自主权，电视文化的传播方式不再是简单的一对多，其互动性大大增强了。数字加密技术使节目的限定接收成为可能，它为受众接收更精彩的付费电视节目提供了强有力的技术支持。而 DV 这种小巧又相对廉价的拍摄机器使媒介话语权的下放有了物质上的便利。从此，普通人的生存状态得以通过 DV 自我记录、自我言说，一部分 DV 自拍作品通过播出机构的选择正式进入了电视公共影像体系。电视不再仅仅作为上对下、国家对个人进行社会教化的工具，也成了反映民生民情、展示普通人精神面貌的重要渠道。随着电视文化的大众参与性的增强，电视文化获得了更大的活力。这些先进技术无疑冲击着人们对电视文化某些特征的固有认识，一方面增强了电视文化的当代性，另一方面也使电视媒介能更好地应对其他媒体的挑战。

科技在促进电视文化发展的同时也为其他媒体的壮大提供了机遇，比如网络技术对电视受众的分流就不可小视。原本电视是唯一兼具音频、视频的媒介，现代科技的发展使网络也加入进来，而且其互动性更强。流媒体技术的成熟使网上音频、视频的连续性更有保障，因此，电视的媒体优势已不再明显。这将会激发电视媒介提高节目质量，加强互动性和话语的包容性。

3. 市场化对电视文化的影响

在 20 世纪 80 年代后，市场化改革在各国普遍展开，市场的理念不但深入经济领域，还对文化业有着重大影响。在西方，文化产业的产业性早已得到确认，文化工业的生产、交易也如火如荼。在我国，文化的市场化也正在走向规范和成熟，"健全文化市场体系，依法加强管理，促进文化事业全面繁荣和文化产业的快速发展，增强我国文化的总体实力"① 成为我们追求的目标。

根据市场化的操作规程，电视节目的策划、制作、包装、发行、播出以及广告招商都要按照市场规律进行流水线运作。每个环节分工明确，投入产出计算精确，各环节环环相扣，紧密合作，形成了一条完整的产业链，实施的是整合营销。在市场化的产业环境中，内容提供商、内容集成商、广告代理商、节目交易市场等一应俱全。制播分离成了电视行业的普遍现象，相对于传统的"前店后厂"自制自播，它有利于降低节目制作成本，提高节目质量。在美国，电视节目托拉斯为众多的电视节目提供了交易市场，带动了整个产业链的运转。在我国，节目交易市场的欠缺和不成熟正是目前电视产业发展的瓶颈。仅仅依靠人际关系进行电视节目销售是难以保证民营节目制作

---

① 《中共中央关于加强党的执政能力建设的决定》（2004 年 9 月 19 日中国共产党第十六届中央委员会第四次全体会议通过）。

商的可持续发展的。好在一些电视节的举办为电视节目交易提供了难得的机会，它对促进电视文化产品的交流和中外电视文化的良性互动起着重要作用。

市场化促进了电视文化的大众化、个性化、分众化。因为要争取最大数量的受众，同时由于市场化的批量生产特点，电视节目制作商就要避免电视文化产品的过于个性化、精英化、沙龙化。但另一方面，为了避免节目的同质化，电视节目就必须在内容和形式上不断创新。创新的前提是对广大的受众群进行细化的研究分析，尊重其不同的个性。这样，制作出的电视节目就能最大限度地满足受众的需要，在"注意力经济"的时代博得更多的关注。

在市场化背景下，国外电视传媒集团进入的阻力会更小，尽管他们会实施一些本土化策略，但电视文化的民族性难免被侵蚀，电视文化更容易出现混杂化的面貌。

总之，市场化对电视文化的作用是复杂的、多方面的，在市场化的洪流中，电视文化会不断被重新塑形，以适应时代的发展。

二、电视文化的经济功能

电视文化的经济功能也不容忽视。一方面，产业界将其作为宣传和投资的领域，以此扩大本企业的品牌效应，并获得丰厚的利润；另一方面，电视文化作为上层建筑为经济基础服务，以促进经济的发展。

（一）扩大品牌效应，获取经济利益

作为最常用的家用电器，电视几乎进入到社会的每一个细胞，其影响力直达社会的绝大多数成员，而这种巨大的影响力正是现代企业获取经济利益的重要前提。产业界正是敏锐地看到了这一点，才不断对电视文化进行直接投资和间接投资。

所谓直接投资是指企业直接注入资金或成立实体，参与电视文化产品的策划、制作等活动。默多克的新闻集团就是典型的例子，该集团通过多年的投资经营积累起了巨大的财富。目前在国内，一些民营资本、外资正在国家政策的鼓励下不断进入这一领域，以期从电视文化产业中获得丰厚的利润。

在电视文化领域，间接投资更为普遍。由于电视文化极具包容性，各种艺术门类、节目形态都能以电视媒介为平台进行充分的展示和传播，所以企业间接投资电视事业的机会很多。比如，企业为电视剧提供赞助，电视剧则以贴片广告等方式为企业作品牌宣传。电视上经常举办各种赛事，并同步直播，不少企业把它视为自我宣传、塑造公益形象的绝佳机会。现在，我们一

提到电视主持人大赛就马上想到"荣事达",一说到电视青年歌手大奖赛就想起"五洲杯"。企业通过赞助电视文化活动得到冠名权,不但扩大了品牌影响,还提升了企业的文化形象。一些有远见的文化实体通过投资获得知名文化品牌,并围绕这一品牌策划开展一系列电视文化活动,从中取得了良好的经济效益和社会效益。2000年湖南电广传媒股份有限公司花费1000万元买下中国金鹰电视艺术节的永久举办权,并借助"金鹰"这一文化品牌进行了一系列的文化产业运作。经过大胆的投资和几年来的精心经营,"金鹰电视艺术节"已不仅是全国性的电视文化品牌,它还成为了湖南电广的核心竞争力,将为其带来长期、稳定的经济利益。

(二)为经济服务

电视文化作为上层建筑对经济基础具有反作用力,这表现在众多电视文化产品以社会经济现象为题材,生动地反映经济生活的各个层面,它不但能提高受众的经济生活能力,还能激发受众对经济体制、经济现象的思索。

西方的电视文化作品历来宣扬经济的市场化和自由竞争,展示资本主义经济制度的优越性。在我国由计划经济向社会主义市场经济转型的过程中,电视上出现了大量以经济体制改革为题材或背景的电视文化产品。经济改革牵一发而动全身,它带来社会思想的巨大震荡,电视创作者则以严谨的现实主义精神关注人们方方面面的变化,以艺术的手段展现新的经济格局下新旧思想观念的碰撞和人们对前途的探索。《外来妹》就反映了沿海开放城市对农村青年的吸引和他们在新环境中的困惑、成长;《刘老根》则反映了市场经济大潮对北方农村固有经济观念、文化观念的冲击。这些电视文化产品强调了市场经济是不可逆转的时代潮流,引导人们调整心态、完善自我,从而更好地顺应市场竞争的需要。

此外,还有许多电视文化产品直接为经济服务,电视商业广告就是最典型的例子。在电视节目中,播报经济信息、股市行情,宣传、解析新出台的经济政策,曝光假冒伪劣产品等无不是为了增强经济活力,规范经济活动,促进经济的良性循环。在频道专业化浪潮中,中央电视台组建了经济频道,各地也出现了经济生活频道等经济类频道,在这些频道中,为经济服务的色彩更加明显。

由此可见,电视文化的发展不是被动受制于经济环境,而是有着巨大的反作用力的。它把复杂多样的经济现象作为重要的反映对象,及时、生动地加以表现,这既丰富了电视文化的内容,又增强了电视文化的现实性,使电视媒介始终能吸引大量受众的关注。从这个意义上说,电视文化源于现实又服务于现实。

第三节　政治、经济环境与电视文化：他律与自律的交融

　　前两节谈到的政治环境与经济环境都是电视文化发展的外部环境，电视文化处于上层建筑的上端，其发展水平和发展方向始终要受到政治、经济因素的制约。它们在为电视文化的发展提供必要条件的同时，也为其划定了严格的规范，电视文化不论怎样调整方向、推陈出新都不能突破这个范围。

　　如果说政治环境和经济环境使电视文化面临严格的他律，那么电视文化内在的因素与品格则促使其不断自律。只有坚守自身品格，严于自律，才能创造优秀的电视文化。具体说来，电视文化的自律应遵循以下原则。

　　其一，电视文化必须具有鲜明的民族性。民族性是电视文化的重要品格。任何一个国家的电视文化都会被天然地打上本民族的文化印记。一方面，本民族的集体无意识会持续、有效地发挥作用；另一方面，具有民族色彩的表现对象将使电视文化无法脱离自身的民族特色。面对普遍具有民族意识的广大受众，仅仅是从商业角度考虑，电视文化也必须走民族化之路。鲜明的民族性不仅能使一国的电视文化独树一帜，也能使其在国际电视文化竞争中具有难以模仿的核心竞争力。电视工作者应具有强烈的民族自豪感和自信心，充分地发掘、表现本民族的优秀文化，让电视媒介成为展示民族文化、确认文化身份、弘扬民族精神的载体。因此，通过各种节目形态能够传播本土的传统文化和本民族的道德观、价值观，提高国民的民族意识，维护国民的民族自尊心。在策划、制作电视节目时，要尽量采用本民族受众熟悉的文化符码和编码方式，通过具有民族特色的叙事方式、抒情方式、说理方式来完成社会教化、信息传播、娱乐休闲等媒介功能。只有充分尊重民族心理，才能取得出色的传播效果。只有具备了鲜明的民族性，电视文化才能扎根本土，获得长久的生命力，才能有效地抵御外来文化的侵蚀，捍卫民族文化的独立性。这不仅具有文化层面的意义，更具有深远的政治意义。民族文化是一个民族的根，是一个国家凝聚民心、增强向心力、维持团结统一的政治局面不可小视的"软力量"。

　　电视文化是民族文化的重要窗口,在文化疆界上我们守土有责。① 如果说国家传媒政策指出电视文化的民族化方向是外在的他律,那么民族化作为电视文化必要的生存、发展方式则为其自律提供了最直接的动因。

　　其二,对于外来文化,电视文化必须具有极强的包容性和整合力,并注重对外来文化信息的解读,加强对受众的引导。

　　电视文化在加强自身民族性的同时必须克服狭隘的民族观念,对外来文化采取兼容并包的态度,以"拿来主义"的精神对外来文化进行必要的整合,使其为我所用。电视文化本身是一种包容力极强的综合文化,面对电视文化市场的激烈竞争和受众不断增长的文化需求,局限于一隅既不符合电视文化自身的发展规律,在现实中也难有作为。电视文化要发展壮大,就必须汲取世界各民族文化的长处,不断地在内容和形式上创新。

　　近年来,我国引进了在欧美极为流行的谈话节目、有奖益智节目、"真人秀"等节目样式,并根据中国国情进行了必要的改造。在谈话节目中突出了人文性、大众性,淡化了颇为敏感的政治性;在有奖益智节目中宣扬用智慧创造欢乐,突出了亲情、友情,淡化了金钱的诱惑;在"真人秀"节目中突出了超越现状、彰显自我的主题,淡化了窥私猎奇色彩。又如,MTV本来是欧美电视文化的典型样式之一,中国的电视人和音乐人在对其进行移植的过程中充分考虑了民族要素的表现,制作出一批音乐电视艺术精品。"纵观中外文化交融的历史,由于中国传统文化本身具有的先进性,即使某一历史时期的外来文化占有一定的地位,但衍生出来的文化现象也会带有显著的中华民族特征。"②

　　在对外来电视节目形式的引进和改造上,我们取得了一定的成绩,但国内电视界对外来文化信息的解读还很不够。对于源自国外的电视内容,我们往往只注重对新闻信息的解读,却忽略对其他影像作品的解读,常常只经过剪辑配音或简单的再包装就在电视上播出,很少邀请专家对其进行点评、解析。在这一点上,只有中央电视台电影频道的《佳片有约》做得比较好。其实现在国内的电视受众并不仅仅满足于享受观看的过程,他们还很有自己的感受和思考,需要与他人交流。尤其对外国电视节目,他们的困惑更多,更需要有人帮他们打通文化壁垒。在目前的电视荧屏上,关于电视文化的讨论极少,倒是网络发挥了重要的作用,常常汇集了来自民间的各种声音。韩剧《看了又看》在中央电视台热播时,电视上没有什么观感议论,中央电视台

---

　　① 赵动力、张方:《电视传播与文化疆界》,《中国广播电视学刊》2005年第5期。

　　② 赵动力、张方:《电视传播与文化疆界》,《中国广播电视学刊》2005年第5期。

的网站上却热闹极了，网民连篇累牍地发帖子，甚至有数千字的长文。他们争论金珠和银珠谁可爱，谁更适合做妻子，她们的母亲是否是偏心眼。可惜，其中只有普通网民的意见，没有专家学者的声音。当然，这并不是说任何事情都要由权威来领头，不能有完全意义上的平民论坛。无视权威意见，自成一说并无不可，但毕竟专家常年倾力于此，能看到更多门道，其意见可作为重要的参考。其实，解读电视作品，尤其是外国电视作品不仅颇有趣味，还很有意义。通过解读，能使受众对异域文化传统、民族性格有更深入的理解，也能使其对本民族的先进性与劣根性有更深刻的认识，从而对受众的文化心理进行有效的引导，促进电视文化的交流与整合。

因此，尽管在国际文化交流中存在不平衡的信息流，文化输出国不断地将本国的生活方式、价值观念、意识形态向文化消费国进行传播，只要接受方本着对国家和民族负责任的态度对其进行合理改造和有效整合，坚定地立足于本民族的优秀文化传统，外来文化就能成为本国电视文化的有机组成部分，服务于全体受众。

其三，在电视文化的构建过程中必须把社会效益放在首位，坚持真、善、美的原则，以利于整个社会的精神文明建设。

衡量电视文化繁荣与否，不光要考察电视文化产品的数量，还要考察其质量，尤其是考察它在思想道德、价值取向上有无失当之处，是否有利于整个社会的精神文明建设。这一点虽是老生常谈，却至关重要。尤其是在社会转型期，电视文化在道德价值观上的导向关乎全社会的思想道德走向和大局的稳定。尽管社会思想日益开放，宽容度增加，但有些底线却是不能触碰的。

然而，目前国内的一些电视作品在这方面的自律还很不够，为了追求收视率不惜降低格调，某些娱乐节目以取悦庸人为快事，俗不可耐，这既是对受众品味的侮辱，也是电视人的自辱。电视剧领域也出现了绵绵不绝的豪华风、滥情风、戏说风、破案风……渲染所谓“成功人士”的奢华生活，加重边缘人群的失衡心理；渲染多角恋、婚外恋的“至美纯情”，为不忠和滥情制造“合理性”；嘲笑“平民爱情”的“乏味落伍”，鼓动人们争取“感性生活”；宣扬“明君”、“清官”的仁德爱民，对封建的人治情有独钟；涂抹历史，任意杜撰，丰厚的历史文化积淀反倒成了戏说的无尽资源；打着“反腐”的旗号表现“厚黑哲学”的“魅力”，对贪官的腐化生活津津乐道，让人觉得“还是贪官好”；以破案为名一味暴露丑恶、渲染暴力，尤其在刻画坏人头子时不惜笔墨，致力于表现其“真实的人性”和“超群的智谋”……某些编剧、导演居然自称这是对电视文化理念与创作手法的“创新”。试问，这样的电视作品能带给人什么呢？让人勇于和社会阴暗面作斗争？但电视中好人总是与不幸为伴，坏人却常常逍遥快活。让青少年脚踏实地追求理想？但电视中出现的却常是一夜成名，名利双收。

受众的需要是电视文化发展的动力，但也不能一味满足受众需要，放弃批判性，甚至违背国家法规和职业道德。当然，呈现在电视屏幕上的不一定都是艺术，但不论是从传播学的角度还是电视媒介社会效益的角度，电视文化都应坚守真、善、美的原则，引导受众求真、向善、寻美。波德里亚指出，我们处在一个"影像饱和"的社会，人们经验的影像世界比他们所经验的现实世界还要多。而在格伯纳的"培养理论"看来，电视文化可以培养、建构受众的世界观。因此，电视文化的塑造力量不可小视。电视人不能随心所欲、不分良莠地把各种文化产品抛给受众，让其自由选择，还要注意促成受众正确选择、合理消费电视文化产品。毕竟，电视发挥着非正式教育者的功能①，杂乱无序的电视文化与电视媒介话语权的一元垄断一样伤害社会的和谐稳定。因此，电视人始终不能放弃自己舆论监督和舆论导向的社会责任。电视文化应有助于受众媒介素质、欣赏品味的提高，有助于塑造受众健全的人格。

当然，还是有一些有社会责任心的电视人把表现真、善、美，鼓励人们积极向上作为创作的宗旨，不断前行。电视剧《浪漫的事》在朴实的生活场景中展现人间亲情。作为典型的主旋律电视作品，电视剧《任长霞》取得了出色的播出效果，几次播出收视率都居高不下，这当然与创作上的突破有密切关系，但这更说明了整个社会是多么需要贴近现实、弘扬正气的电视文化产品。这不但是社会精神文明建设的需要，也是电视文化市场的召唤。

其四，在电视文化构建过程中应充分考虑媒介资源的合理配置，促进传媒生态的平衡与社会的和谐发展。

媒介资源是全体社会成员共享的公共资源，每个人都有从电视媒介获取信息、知识、资讯服务、娱乐享受的平等权利。尤其在公共电视占据主导地位的中国，充分考虑全体社会成员的精神需求，为其提供优质的电视文化产品是电视人的应尽之责。电视文化作为亿万人共享的媒介文化，应顾及不同年龄、性别、民族、文化程度、职业背景的受众的物质文化现状，策划、制作相应的电视节目，让他们各得其所，营造出和谐的媒介生态。"媒介生态

---

① David Pearl、Lorraine Bouthilet、Joyce Lazar, eds. *Television and Behavior*: *Ten years of Scientific Progess and Implication for the Eighties* (Vol. I) Washington, D. C.: U. S. Government Printing office, 1982.

观念是当代媒介生态学在市场经济条件下为建立人—媒介—社会系统的和谐关系和实现媒介生态系统的良性循环而作出的新的认识和理性思考。"①

电视媒介是反映国情、开展国情教育的重要手段，也是缓和国情的润滑剂，改善国情的催化剂。另一方面，电视媒介的产业性决定了它消费文化助力器的角色。由于目前中国电视媒介的赢利模式单一，电视节目多是一次性的，在节目内容提供商方面发展滞后，因此，电视媒介还主要是依靠广告收入维系其生存发展，而残酷的媒介市场竞争就演变为争夺更多、更有分量的广告客户的竞争。所以，更多时候电视媒介从业人员为广告客户的利益所驱使，把主要精力放在如何替广告客户吸引有一定消费力的受众上，在节目策划制作、考虑受众定位时嫌贫爱富。

倘若电视人完全站在广告客户的立场，以中高收入人群为理想受众，那么其他社会成员就逐渐会被商业利益这只"无形的手"推向社会文化的边缘。这不仅会导致其心理的失衡，不利于社会稳定，还会进一步加大社会成员在信息文化上的隔阂，扩大"知识沟"，妨碍国民素质的全面提高。因此，从长远看来，在电视媒介资源配置上"嫌贫爱富"实在是误国误民。中共中央高度重视社会的协调发展和全体社会成员的共同进步，在2004年9月党的十六届四中全会上提出了建立"和谐社会"的新理念。就电视文化建设来讲，就是要在电视媒介配置上一视同仁，让每个受众平等地享有丰富的精神生活。

其五，电视文化应注重艺术性，以艺术美感塑造媒体形象，从而赢得受众的青睐。

电视在诞生之初，主要是播放一些舞台剧，让人在家就可欣赏艺术表演，这时的电视文化具有浓厚的艺术色彩。后来，电视媒介的新闻性逐渐增强，不再像电影那样具有典型的艺术性。但是，它作为信息传递的渠道和综合艺术的载体，作为兼具音频与视频、直接面对受众的媒介，如果内容乏味、形式粗糙，必定无法维持稳定的受众群体，更无法与其他媒体竞争。倘若媒介仅仅是意识形态的传声筒，不按照艺术的标准打磨包装，那么它就不可能吸引注意、凝聚人气。现在，一些知名电视媒体都非常重视电视文化产品的艺术含金量，除了在电视上经常举办各类艺术比赛，播放具有一定艺术水准的电视剧、纪录片等，还注重根据栏目、频道的定位从画面形象、声音效果等方面对其进行全方位的艺术包装。就总体艺术形象来说，中央电视台大气庄重，浙江电视台古雅别致，湖南电视台热烈奔放……这不仅能在潜移

---

① 邵培仁：《论媒介生态的五大观念》，《新闻大学》2001年第5期。

默化中增进受众的忠诚度，还能逐渐提高受众的艺术修养和媒介素质。

其六，电视文化应在突出主流文化的前提下促进多元文化的共生共荣，以营造稳定、有内涵、充满互动性的公共空间。

作为极具吸纳力、包容力和承载力的现代文化，电视文化既是多元文化的载体，又是生发多元文化的母体。各种文化都把电视媒介作为展示自身、与其他文化争鸣的最有效的平台。百花齐放固然好，无序的争鸣却会带来混乱，不利于多元文化的长期繁荣。

为了构建和谐社会，电视文化的多元之间应按比例协调发展，维持总体的平衡。否则，失衡的多元化将导致某些不应被边缘化的内容边缘化，危及社会整体的健康发展。特别是某些在社会效益方面相当有益的内容在媒介市场竞争环境下有一定劣势，需要特别的照顾和扶持，应防止商业化导向下某些内容的过度膨胀而挤占针对弱势群体的内容。

电视文化的多元化必须创造丰富而有内涵的公共生活空间。多元化意味着丰富，但仅仅丰富还不够，还需有深度、有内涵，使之闪耀理性的光辉。多元化不是简单地杂陈，而是要对有正面意义或反面意义的文化产品的原材料进行深入挖掘，使之不流于肤浅。即便是对那些无害但也非特别有益的东西也要思索其存在的意义，并用多种电视手段对电视文化加以表现。对意义的创造和领悟正是人之为人的本质规定。美国 20 世纪 80 年代的重大科研项目报告"电视与行为"研究认为：大众传播媒介具有建构社会事实的意义的功能。①

因此，对电视文化内在意义的探寻既有必要性，也有可能性。在这个传媒娱乐时代，"电视主要是一种娱乐媒体，在电视上亮相的一切都具有娱乐性"。② 因此，确保电视文化的内涵成了电视文化多元化背景下一件颇具难度的事，但这也是我们必须尽力去做的事。因为"电视是一个有效的社会化代理人，电视娱乐可以左右人们对世界的观点和生活方式"③。简单、肤浅的娱乐只能麻醉大众，使人厌倦，只有有深度、有内涵的电视文化才能在带给受众丰富体验的同时真正地抚慰其浮躁、困惑的心灵，展现出人性的关怀。

需要强调的是，深度和内涵并不是沉重的同义词，对意义的追寻和表现

---

① 陈龙：《在媒介与大众之间：电视文化论》，学林出版社，2001 年 12 月版，第 199 页。

② ［英］尼古拉斯·阿伯克龙比著，张永喜、鲍贵、陈光明译：《电视与社会》，南京大学出版社，2002 年 9 月版，第 6 页。

③ 转引自陈龙：《在媒介与大众之间：电视文化论》，学林出版社，2001 年版，第 182 页。

可以是一个美丽、灵动的过程。在这个个人日趋疏离的社会里，被电视文化浸润着的公共生活空间应该既是缤纷多彩的，又是有意义的。

同时，电视文化的多元不应是各自独立的，而应呈现出一种对话交流、融合借鉴的状态。《凤凰考》在谈到企业文化时说："对于一个企业来说，包容的目的首先是让企业呈现出一种多元和丰富的色彩，其次是要利用这种多元和丰富促进企业的发展。当这种多元之间不发生关系时，它们是一个个相对独立的个体，虽然也有可能对企业的发展产生促进作用，但是这种作用是分散的，有时候还可能相互影响、相互抵消。只有努力促成其发生关系，使它们由相互独立的个体变为相互关联的整体，对企业的发展才更有益。"①同理，电视文化的多元化要在社会生活中真正产生强大动力，就应运用各种方式促成多元之间的渗透、互动，这样的多元化才有意义。

从目前的电视节目看，电视文化的多元之间有一定的融合迹象，但多元间的直接对话交流还很不够。就大众文化与精英文化这"二元"来说，《东方时空》《新闻会客厅》《面对面》在这二者的融合上进行了有益的尝试，而《百家讲坛》是目前这方面做得最好的一个栏目。前三个栏目采取为大众文化与精英文化分立板块、组合播出的模式（号称"新闻杂志"），或在栏目各期分次播出、分别探讨的模式，"二元""包"而不"融"，两类文化的代表人物在栏目中相互质疑、对话的场面也很少。而《百家讲坛》这一讲座式栏目讲求学理性与实用性并存，权威性与前卫性并重，其选题兼具精英文化气质与大众文化色彩，如《袁盎与士》《红楼梦里的小人物》《金庸小说中的武功》《全球化了的我在哪里》等。策划者不仅有着传承传统民族文化的历史责任感，还具有时代的敏锐性，注意与当下的社会文化热点结合，适时推出了《海啸》《吴建民看中国外交》《从中国式离婚看家变》《汉代国策风云系列》等，令受众兴味盎然。虽然主讲者为名家名师，属于精英人群，但其语言通俗生动，幽默有趣，如说贾府为"香囊事件"成立"专案组"，刘姥姥具有"非凡的公关才能"等。此外，该栏目还经常在中央电视台的网站上就某一话题征集问题，在节目里为受众答疑解惑、析义辨理，使普通受众得以与学术名家进行学术对话。正因为其雅俗共赏、互动探讨，所以很多具有中等学历的受众都喜欢在午间收看《百家讲坛》。毕竟，对于大多数身处高校之外，忙于事业的好学之士来说，这是一个拓宽视野、提高自身的便捷手段。多元文化的共存和融通在该栏目体现得淋漓尽致，它在愉悦的氛围中推

---

① 钟大年、于文华：《凤凰考》，北京师范大学出版社，2004年3月版，第227页。

进国民终身学习，引导国民"建构时代常识，享受智慧人生"①（该栏目宗旨）。这是电视文化多元化的成功实践，利国利民，值得推广。

以上讨论了电视文化应具备的品格，电视文化也至少应从这六点入手加强自律。

优秀的电视文化是自律与他律渗透交融的结果。他律是外在的、硬性的，自律是内在的、有弹性的，两者共同作用于电视文化。从前面的论述可以看出，很多内容既是电视文化自身品格的规定，又是政治、经济环境的要求。可见，对电视文化来讲，自律与他律不但不矛盾，而且还是渗透交融的，其共同指向是构建既适应现存社会又能充分发挥电视媒介优势的优秀电视文化。

---

① 央视网站：http：//www.cctv.com/program/bbjt/01/index.shtml。

第七章　媒介环境：电视文化的近邻

　　概而论之，人类社会的生存环境分为三类，即自然环境、社会环境和符号环境。伴随着符号的创造、传播、接收，人类文明得以生发、播散。科技进步带来了传播方式的演进和媒介地位的提升，在此刺激下，符号系统不断完备，文化样式日益丰富，各种媒介都有着自身的优势和社会存在价值。在市场经济浪潮的推动下，各媒介先后走上了产业之路，媒介间的竞争力度增强。为了在竞争中占得先机，各媒介不仅需要充分挖掘自身优势，还必须重视对其他媒介的长处进行分析、研究，根据市场需要加以消化、整合，以形成自身的核心竞争力。因此，各媒介既相互竞争，又相互借鉴，在融合中凸现各自特点，又围绕其特点经营媒介文化，这不但促进了传播方式的发展和完善，还带动了媒介文化的分化和繁荣。伴随着文化的日益媒介化，通过媒介进行文化消费成了现代人最重要的社会活动之一。

　　在这个多种媒介共生的社会，探讨任何一种媒介文化都不能脱离对其他媒介的考察，只有通过相互分析、比较，我们才能厘清该媒介的传播特质，对由此衍生出来的媒介文化有深刻认识。因此，我们在探讨电视文化时，必须把它放到整个社会传媒系统中，绝不能简单地按照"电视媒介——电视文化"的思路作孤立的研究。按照产生的先后顺序，我们传统上对现在的几大主要媒体作以下划分：第一媒体——报刊，第二媒体——广播，第三媒体——电视，第四媒体——网络。现在有些学者把手机称之为"第五媒体"，对其进行了一些研讨，但由于目前手机还不具有前四类媒体那样的典型性，本章暂不予讨论。同时，由于电影与电视具有较近的亲缘关系，同属于视觉文化范畴，所以本章把电影纳入讨论范畴。麦克卢汉曾说过"媒介即信息"，的确，在某种意义上，媒介的意义大于传播内容。下面，我们就分别来关注这几种媒体同电视及电视文化的关系。

第一节　报刊与电视文化

从媒介属性上来讲，报刊与电视具有非常典型的可比性，因为前者属于印刷媒体，后者属于电子媒体。两者虽然在诞生的先后顺序上有明显差距，但它们半个世纪以来一直携手同行，共同承担着营造社会公共空间的责任。

一、二者的媒介特点及社会存在价值之比较

作为印刷媒体和电子媒体的典型代表，报刊与电视有着不同的媒介特点及社会存在价值。

(一) 从讯息的及时性上说，电视胜过报刊

电视依靠电波传递信号，在电视通讯卫星的技术支持下，对重要的新闻事件进行直播和同步解析已成为电视媒体的常态，很多受众都养成了"大事看电视"的习惯。而由于报刊有一个编辑、印刷的过程，在及时性上就要稍逊一筹。即使是日报，也难以做到对事件的完全同步报道；刊物在信息的迅捷性上更差些，一般只能就近期的事件进行报道、分析，一些专业性的期刊更是谈不上什么新闻性。

(二) 两种文化产品的形态和消费特点不同

一般情况下，报刊的内容必须以纸张为物质载体，一旦被印刷就难以更改，它有着固定的物理形态。所以，报刊不仅是一种传播媒介，也是一种物质实体，可以被作为财产甚至是艺术品。电视媒介的内容是可以被反复消费的，只要读者需要，就可以随时收看。而且报刊的物质形式也使得它的送达比较麻烦，用户必须在订阅或购买之后将它置于某处才能消费，在这一点上报刊也不如电子媒体便捷。

不过电视节目虽以电视接收器为载体，却是短暂易逝的。通常情况下，节目收看时间必须与电视信号播出时间一致，当然，延时电视和互动性较强的数字电视能解决这一问题，不过这种先进的电视设备在中国还很不普及。而在电视文化产品的送达上，电视却有着突出的便捷性。只要一次性购买了电视接收器，安装相应的接收线路，打开电源即可欣赏。从某种意义上说，人们必须主动寻找报刊信息，而电视讯息却主动接触人们。而且虽然电视频道众多，节目日日更新，却不会堆积下来挤占物质空间。因此，电视文化产

品的消费具有天然的便捷性，这也是它成为当今受众的第一媒体选择的重要原因之一。

（三）报刊是一种"区分性"媒体，而电视则为广大受众提供"共享场地"

作为印刷媒体，报刊的符号系统由文字和图片组成，其中主要是文字。因此，要成为报刊的受众首先要具备一定的知识文化素养，文盲或识字不多的儿童就难以正常地消费报刊提供的文化产品，此外，对报刊内容的选择接收还涉及受众的兴趣、爱好等问题。不同的年龄和性别会影响受众对信息世界的选择。可见，报刊是一种"区分性"媒体。尽管现代社会的公众的文化素质普遍提高，知识已不再是巩固社会等级的隐藏力量，但报刊仍然具有区分功能。比如，一些专业性的报刊就为不具备相应专业知识的人设置了天然的屏障，部分受众因为缺乏解码能力而被隔绝在该领域外。毕竟，"在印刷媒介中编码的信息通常是从某个群体的某一成员传递给这个群体的其他成员"，即"信息的有选择性传递，将人们划归到非常不同的信息系统，从而创造出各个'群体'"①。

相对于报刊来讲，电视具有明显的"公开性"，它为广大受众提供了现实的或虚拟的"共享场地"，当电视成为重要的"家用电器"以后，以前那种爸爸、妈妈、孩子聚在书房各自阅读的场景就难得一见了。电视一开，全体家庭成员围坐在电视机旁，接收着相同讯息，尽管各人的选择有所差异，以至于常常出现争台的现象，但大家通常还是共同欣赏一套节目。即使一家有几台电视机，每人可以各取所需，自由选台，受众仍然会感到与外部世界和其他电视受众相连，尽管受众常常有被动旁观和偶然偷窥的感觉。可以说，这个共享场景让我们体验到社会大家庭的存在。对我们来讲，最容易理解的例子就是每年的春节联欢晚会直播了。这时，不仅全家聚在电视机旁其乐融融，我们还明显地感到数亿同胞与自己同在，并像自己一样正通过电视感受祖国大家庭的温暖，享受一年一度的电视节目盛宴。"因此，电视社会意义的重点不是在于电视播放什么，而是其作为一种共享场地的存在。"②它能增强人们的社会归属感，这在人际关系日渐疏远的今天尤有现实意义。在工业社会以前，人们通过宗教仪式、家族仪式紧密相连，以信教者或家族

---

① [美]约书亚·梅罗维茨著，肖志军译：《消失的地域：电子媒介对社会行为的影响》，清华大学出版社，2002年版，第78页。

② [美]约书亚·梅罗维茨著，肖志军译：《消失的地域：电子媒介对社会行为的影响》，清华大学出版社，2002年版，第84页。

成员的身份立足于社会，享有社会资源或文化信息。在工业社会、后工业社会割裂人与人关系，使个人日益"原子化"时，电视在某种意义上弥补了人们这种仪式化的需要，使荧屏前的观看成为了一种共享的仪式。它给人以安慰，让人感受到一种与其他未曾谋面的观众的联合的力量。这种"共享"的性质不仅影响到单个受众的接受情绪，还影响到整个受众群体对讯息的认可。由于人们习惯于通过电视接收信息，所以电视机逐渐成为一个宣布和确认"现实"事件的场所。而那些未经电视报道的事件仿佛没有"发生"。总之，电视的共享性质逐渐模糊着群体身份、社会化程度和等级制度的区别，在受众的共同欣赏、共同"确认"中，电视节目丰富着自身的内涵，电视文化构建着自身的意义。

（四）相对而言，报刊更多地是满足个人的特定需求，而电视往往是满足受众的一般化需求

与报刊的"区分性"特点相适应，即使是最畅销的报刊对受众来讲往往也只能是相对的有选择的阅读，报刊更多地是满足个人的特定需求，它不断强化、纯化个人的内在现实，因此，它对理性参与的呼唤更加强烈。麦克卢汉说，传播媒介最重要的效果在于，它影响了我们理解与思考的习惯。印刷媒介强调的是视觉，因此，它影响了我们的思考，使思想变成线性的、连续的、规则的、重复的和逻辑的。它使人类的思考可以和感情分开。因此，印刷媒介带来的专业和技术的分化，同时也造成了疏离感与个人主义。[①]面对形形色色的报刊，我们的选择很少是随意的，通常要对其内容、风格、版式、印刷面甚至广告进行全面考量，具有明显的针对性。对文字、图像符号的解码、对其内容的理解与思索要求读者不仅要有文化素养，还要有一定的思辨能力。受众通过阅读，在获取必需信息的同时，还需要在内心构建更真实的社会影像和个人影像。

而电视往往是满足受众一般化的需求。如消磨时光，寻找与他人交流的话题，与当下的大事、要闻保持接触。其"共享"性质使电视讯息比报刊讯息更具包容性。为了兼顾多数受众的需求，电视媒介在节目的内容和形式上尽量丰富、浅显。这一方面促进了电视文化的大众化，另一方面又为电视文化带来了诸多隐患：易克隆，同质化现象严重；受众定位不明确，品牌效应不突出；节目肤浅庸俗，缺乏人文精神……面对这些问题，电视人作出了种

---

① ［美］沃纳·赛佛林、小詹姆斯·坦卡德著，郭镇之等译：《传播理论：起源、方法与应用》，华夏出版社，2000年版，第296页。

种努力，如实行频道专业化、提升节目的品位。但尽管如此，电视始终是满足一般化需求的媒介，因为专业化未必小众（例如，体育频道属于专业频道，却是针对大众的），有品位也未必曲高和寡。

（五）报刊和电视媒介具有不同的信息传递模式，这导致了不同的"区位偏向"

场景主义者埃尔温·戈夫曼对社会角色的研究为我们思考报刊和电视的不同媒介特征提供了新的思路。在他看来，一切社会角色的行为都是表演，是有选择的展示。如同参加戏剧表演，人们在舞台前后对自己举止的控制程度是不一样的。戈夫曼认为，任何个人在某个环境中的行为可以分为两大类："后区"或后台行为以及"前区"或台上行为。在前区，表演者按照一定的理性概念对行为加以修正、控制；在后区，表演者更多地体现自我的本色，随意而自然。美国传播学者约书亚·梅罗维茨在《消失的地域：电子媒介对社会行为的影响》一书中指出，印刷媒体具有明显的"前区偏向"，而电视媒体具有明显的"后区偏向"。

人类的传播可以分为数字系统和模拟系统，我们的有声语言或书面文字属于数字讯息，它传递"内容"；而表情、姿势、动作等属于模拟讯息，它表现"关系"。在报刊等印刷媒体中，主要传递数字讯息（内容讯息）；而电视媒体则在传递数字讯息（内容讯息）的同时还传递着模拟讯息（关系讯息）。屏幕上的表情将抽象语言尽可能地推向非线性的表象讯息，将理性诉求转化为情绪和感觉，以至于主持人常常成了电视节目的一部分。一提起《实话实说》，很多受众马上就会想起崔永元的一脸"坏笑"；一提起《幸运52》，受众们眼前也会立即浮现出李咏特别的发型装束和标志性的手势。特别是在直播中，电视人物还有很多即兴发挥，这些表象讯息在电视传播中营造出特有的氛围和风格，构建起电视人物与受众之间的独特关系，让信息接收的过程更加随意、自然，这是单纯的语言传递所不能及的。在电视纪录片中，看似散淡的非正式画面和语言之所以能透露出本质的力量就是在于它体现了更真实的"后区场景"。而报刊在完成书面程序之前总有一个严格的"包装整理"过程，即使再随意的内容都要经过斟酌和修饰，"讯息编码发送和接收得越慢，它的内容就越正式"①，因此，报刊更多地体现了"前区场景"。相对而言，电视媒介非正式的个人后区倾向更易将个人场景融进公共

---

①　［美］约书亚·梅罗维茨著，肖志军译：《消失的地域：电子媒介对社会行为的影响》，清华大学出版社，2002年版，第105页。

场景，使电视人物（如主持人、电视剧中人）与受众建立起一种特殊的"副社会关系"。在电视文化产品的消费过程中产生的这种新型的社会交往被霍顿和沃尔称为"副社会交往"，虽然这种交往是有中介的，但是它在心理上类似于面对面交往。这正印证了媒介理论家保罗·莱文森的观点——媒介越来越不像媒介，而是更像生活。在这种"真实"的媒介生活中，很多电视受众会密切关注"媒介朋友"的命运，为其时喜时悲，他们之间也常常会因为对某个"媒介朋友"有不同看法而争论不休。可见，较之于报刊，电视媒介有更大的社会渗透力和影响力，电视人有更大的创造空间。正是这些突出的媒介特点使电视文化在短时间内超越了报刊文化，成了包蕴万千的社会综合文化的典型代表。

二、激烈的竞争与积极的借鉴

（一）激烈的竞争

据 2003 年年底的统计，我国的广播电视播出机构有 1 969 座，电视节目频道有 2 332 个，电视机有 3.7 亿台，有线电视用户约 1 亿户，电视人口覆盖率达 94.6%，电视观众约 12 亿人。以上大部分指标均居世界第一。① 电视机的普及和广播电视网的延伸使电视节目越来越便捷地进入了千家万户，人们也越来越习惯于在电视机前放松自己，尽情享受视觉的盛宴；而对需要集中精力，开动大脑思维仪器的书面阅读却日渐疏离。报刊的生存发展空间在电视媒介的挤压下逐渐缩小。2003 年 6 月，第 56 届世界报业协会发表的年度总结报告指出，全球报业总体形势低迷。但作为传统媒体典型代表的报刊行业仍在负重前行，并在竞争中取得了令人瞩目的成绩。上述报告表明，中国报纸发行量不降反增，增长率为 8.5%，从 1997 年到 2002 年 5 年累计增长 30.3%，中国目前已成为世界最大的报纸消费国，日销量达 8 200 万份。在该届世界报业协会发表的全球日报发行量排行榜中，中国有 3 份报纸进入前 20 名：《参考消息》以日发行量 270 万份排名第九，《人民日报》以日发行量 186 万份排名第十八，《羊城晚报》以日发行量 150 万份排名第二十。2004 年 9 月，作为国内发行量最大的时政参考文摘报纸，《参考消息》的发行量又增加到 300 万份。但是，报刊的总体影响人数还是不及电视。还是以《参考消息》为例，就算一份报纸被五个人阅读，其读者人数不过 1 500 万；而国家广播电视网连接着 3 亿多台电视机，每台电视机前又往往

---

① 杨伟光：《〈中国电视名牌栏目教学参考丛书〉总序》，《当代电视》2005 年第 7 期。

有多个观众，报刊与电视在受众广度上的差距可见一斑。电视黄金时段的成功节目每集能吸引2 500～4 000万受众，或人口的11%～18%；而即便是最畅销的报刊，其读者也只是观看相似电视节目观众的一小部分。可见，报刊与电视的竞争是激烈而持久的。

（二）报刊积极改革创新，应对竞争

为了更好地应对电视媒体的挑战，报刊进行了积极的改革创新，这主要体现在以下几点：

1. 报刊文章的篇幅更加短小精悍

为了适应现代生活的快节奏，吸引更多读者，许多报刊在提升内容丰富性的同时严格限制文章篇幅，使之更加短小精悍。有人将一些世界著名期刊20年前的文章和现在的文章的长度作了比较后发现，如今的文章竟然整整短了一半。①

2. 都市报异军突起

随着经济的发展和城市化步伐的加快，中国的市民社会日渐壮大，而传统的平面媒体偏重于意识形态宣传，与市民的日常生活有一定距离。当电视的"亲民"姿态越来越明显的时候，报刊也意识到调整发展方向的重要性。于是，为市民服务的城市综合性日报异军突起。1993年8月，贵州日报社创办的《贵州都市报》成了最早以都市报命名的城市综合性日报，但最早赋予都市报典型特征的却是1995年1月由四川日报社创办的《华西都市报》。全新的读者定位带来了巨大的发行量和显著的经济效应，也推动着传统晚报在新闻操作观念和操作方法上的变革。② 10年来全国各地多家以商报、晚报、早报、都市报命名的报纸都走着都市报的路线，促使国内的报纸真正成为贴近百姓生活、双向传播信息的现代媒介。在期刊领域，以服务市民为宗旨，倾向于休闲娱乐的刊物也逐渐增多，一些女性刊物尤其受欢迎。

3. 政治、经济类报刊日渐壮大，成为主流文化的重要阵地

在都市报崛起的同时，政治、经济类报刊在数量和质量上也有重大飞跃。这类报刊定位于主流、精英人群，其内容并不是宣传传统的意识形态，而是密切关注当前国际、国内的政治、经济热点，邀请权威、专家、要员对其背景现状进行分析阐释，并预测其发展前景。这正切合了处于转型时期的中国社会的现实需要。在改革开放的进程中，我国在政治、经济方面出现了

---

① 《当今期刊发展的十大趋势》，载《中国广播电视学刊》2004年第7期。
② 黄升民、周艳：《中国传媒市场大变局》，中信出版社，2003年版，第190页。

不少新问题，国家也颁布了不少新政策，尤其是加入 WTO 以后，政治、经济的全球化已不再是一个遥远的概念，许多复杂的政治、经济现象需要专业人士的解读，因此，政治、经济类报刊应运而生。其中著名的有《南风窗》《商界》《南方周末》等。这类报刊资料翔实、文笔老练、图文并茂、装帧精美。虽然价格稍高，却很受欢迎。拥有高学历、高收入、高职位的"三高人士"常常把这些刊物作为接收社会资讯、把握政策形势的重要渠道。所以，尽管电视在资讯的及时性上占有明显优势，这类报刊却以自身的现实性、深刻性、权威性赢得了宝贵的受众市场。

（三）报刊对电视文化的促进

在激烈的媒介市场竞争中，没有发行量或收视率就没有效益和影响力。有远见的电视人不仅善于发挥电视媒介自身的优势，还善于从其他传播媒介吸取长处，将其化为自身力量。在电视文化广为渗透的背景下，精明的报刊工作者也并不固守传统的套路，而是采取巧妙办法，将电视受众也拉到自己的受众群里来。

1. 报刊对电视文化现象的关注、讨论

报刊不仅对电视节目作了及时推介，还对层出不穷的电视文化现象给予了充分的关注。大量的电视节目揭示、衍生出众多的电视文化现象，而电视媒介却没能开辟足够的受众讨论空间。在这种情况下，报刊抓住时机，对电视文化现象进行密切跟踪，展开全面、深入的讨论，这既开拓了报刊自身的生存、发展空间，又推动了人们对电视文化现象的思考，促进了电视文化的发展。比如，十多年前电视剧《渴望》热播的时候，人们就以报刊为阵地，就女主人公刘惠芳的形象进行了激烈争论。在凤凰卫视的《非常男女》、湖南卫视的《快乐大本营》风靡全国之时，报刊上的讨论也如火如荼。对于电视剧的历史戏说、"红色经典"的改编、涉案剧的风行、综艺节目的泛滥等电视文化现象，许多报刊都辟出专栏作了深入探讨。前段时间，电视剧《中国式离婚》不但激起了荧屏热浪，还引发了一场全国范围的大讨论。在报刊上，一些深有感受的已婚人士发表了对家庭婚姻的看法，还有一些学者就林晓枫这一富有典型意义的不同以往的女性形象表明了自己的观点。在激烈的观点交锋中，人们对电视作品的创作观念、电视人物的形象塑造、电视频道和电视栏目的品牌建设等电视文化的重大问题有了更深刻的认识。

2. 电视读报节目的兴起

各种传播工具为现代人提供了丰富、及时的信息资讯，同时也使人们面临信息的挤压，加重了人们的精神负荷，不利于他们快节奏的生活。对繁杂

超载的信息进行过滤、整理，增强人们的信息处理能力和信息利用效率是先进媒介文化的要求。电视读报节目正是适应这样的需要而产生的。它既合理利用了报刊媒介资源，降低了制作成本；又充分发挥了电视的视觉传播优势，如主持人读报时的手势、表情就体现出人际传播的特点，增强了电视传播效果。即使受众不看画面，只听声音也是不错的资讯享受，而这也省去了受众对文字符号的解码过程，使信息接收更加轻松、省时。目前，我们熟悉的电视读报节目品牌有凤凰卫视杨锦麟主持的《有报天天读》、中央电视台第二套节目的《马斌读报》等。当然，其他读报栏目也有自己的特色，但在品牌建构上还有不足之处。

3. 电视杂志的兴起

当电视栏目内涵日益丰富，复合性色彩越来越浓的时候，电视杂志产生了。一些大型电视栏目借鉴杂志的编排方法，在一个总栏目下面划分出多个子栏目，并进行相应的策划包装，使之既层次清楚，又各有特色。相对来说，新闻资讯类的电视栏目采用电视杂志形式的比较多。1968 年，美国哥伦比亚广播公司（CBS）开办了以"硬新闻"为主，主打新闻评论的电视新闻杂志栏目《60 分钟》，它至今都是美国最知名的电视栏目。在中国，最早引进电视新闻杂志形式的栏目是《东方时空》。该栏目于 1993 年 5 月 1 日诞生，中途经历了数次改版，子栏目不断变化调整，但仍然保持了电视新闻杂志的基本特点。它不仅是中国电视史上的一次革命，还创造了一个媒体传奇。它孕育出了中国最具影响力的一系列电视新闻节目——《焦点访谈》《实话实说》《新闻调查》《面对面》等，还培养出一批中国最优秀的电视节目主持人、制片人——白岩松、水均益、崔永元、王志等。

4. 报刊对电视新闻报道的促进

在电子媒体产生之前，报刊就是新闻报道的主力军。尽管它现在在及时性上比不过电视，但它在新闻事业方面积累的诸多宝贵经验对电视新闻的制作、播出很有帮助。李幸在《模式化的中国电视节目》中把中国当前的节目形态分为四种，其中一种就是"报人电视"，即很多电视新闻报道使用的是报纸新闻式的书面语体。另外，电视新闻的深度报道也大量学习了报刊专访的叙事方式，在进入话题、介绍背景、引入观点、辨情析理等方面吸取了报刊专访的长处。

以上谈到的虽然只是几个主要方面，我们却可以清楚地看到：虽然电视和报刊是两种性质不同的媒介，而且有着激烈的市场竞争，但二者互为借鉴，相互促进，在局部呈现出某些融合的特征。

第二节　电影与电视文化

一、二者的媒介特点及社会存在价值之比较

（一）传播方式的异同

电视和电影均以图像和声音为传播载体（除开早期的无声电影），二者衍生出来的文化现象都可以归为"视觉文化"的范畴。二者相对于其他媒体，具有突出的视觉表现效果，其影像因素给受众带来强烈的视觉冲击。从电影银幕或电视屏幕上，直观而生动的画面使解码的过程几乎可以忽略不计。这种看似平常的"观看"诱发了一系列异常复杂的文化行为。我们对世界的把握在相当程度上依赖于视觉。看，不是一个被动的过程，而是主动发现的过程。[①] 通过"看"，人们能更加直接地关注自身的生存状态，考察自身的存在价值。电视和电影为人类的自我"观看"提供了便捷的中介。

但是，在传播媒介的性质上，二者却有着明显的差异。虽然二者的运转都要以通电为前提，但电视属于电子媒介，电影却不属于电子媒介。电视媒介需要同步从外界接收载有影像和声音信息的电波，并对其进行解码。而电影却不需要这个接收和解码的过程，只要拥有放映机和电影胶片等设备就可以进行声音和画面的传播。现在较为先进的数码电影是将电影的声像信息转化为数码信号存录于硬盘中，较之于传统的电影反映形式，其视听效果更加逼真。但是总体说来，电影的放映过程是一个信号的内部转化过程，相对简单。而电视节目的播出却需要多个环节的协作和多种技术力量的支持。电视信号的传输需要电视发射塔或广播电视网，还要通过电视信号接收器（电视机）解码，对音频和视频进行调协才能达到正常的电视接收效果。由于不同内容的电视信号可以通过多个频率发射，所以受众在电视节目内容的选择上有更大的空间和自由度。而一旦选择了某部电影，不论内容是否精彩，都只有坚持看下去，无法另作选择。

（二）在声画关系上的差异

尽管电影和电视都是视觉文化的主要载体，但由于媒介性质不同，二者

---

① 周宪：《读图、身体、意识形态》，见《文化研究》第 3 辑，天津社会科学出版社，第 68 页。

在声画关系上也有差异。电影是以画面为主；而对电视来讲，新闻类节目是以声音为主，其他几类节目的声画地位不相上下。首先，从电影的发展渊源上看，它以画面为主。早期的电影是无声的，人们通过字幕和剧中人的手势来领会剧情。后来出现了有声电影，同步的声画效果使电影更加走近了人们的生活。电影艺术大师伊文斯说过，画面是电影的主体，解说词只是加强画面的效果。国内电视理论界也长期坚持电视传播以画面为主体的观点。这也难怪，因为中国的第一代电视人就是从学习电影纪录片开始制作电视节目的。麦克卢汉曾说，"电视是一种冷性的、观众参与的媒介"，"电台的广播可以被用作背景声……电视却不能被当作背景伴声来使用"①。其理由是电视是低清晰度的，因为那时的"电视图像是明暗点镶嵌的马赛克网络"。②细心分析，我们不难发现麦克卢汉关于电视是冷媒介的提法暗含了他头脑中一个先在的观念——电视是视觉媒介。

　　一直以来，国内电视理论界过多地看到了电影和电视的共性——声画同步，而未对二者的个性进行细化分析。直到 1991 年初，时任中央电视台副台长的洪民生先生在第三次全国电视音乐交流会上的讲话中还在重申电视传播"以画面为主，声音加以配合"的观点。③然而日本却有学者提出了"电视是给人听的"这一观点，类似的还有英国哲学家和电视节目主持人麦基的观点。他在《思想家》一书中说，电视是与广播放在一个管理体制之中的，在电视形成个性的时期，为了形成个性，电视工作者就特别强调画面，这是可以理解的。但电视工作者有个错误的假设，以为电视是视觉媒介，这不对。表达思想最好的办法是"谈话"，当听觉被电视工作者重视了的时候电视就走向了成熟。④

　　那么，电视究竟是视觉媒介还是听觉媒介？是热媒介还是冷媒介？跟电影"更亲"还是跟广播"更亲"？我们不能简单地作非此即彼的判断，因为电视本来就是视听双通道的信号接收器，我们必须针对不同的电视节目内容来分析，看受众需要对视、听信号分别给予多大程度的关注能实现该类节目基本满意的传播效果。电视节目按内容分大致有新闻、电视剧、娱乐、广告四类，就新闻类来说，一般情况下受众主要靠听觉就能基本确保信息接收的完整性、准确性，对画面的依赖要比其他几类小得多。当然，对电视屏幕的

　　①　马歇尔·麦克卢汉著，何道宽译：《理解媒介》，商务印书馆，2000 年版，第 384 页。
　　②　马歇尔·麦克卢汉著，何道宽译：《理解媒介》，商务印书馆，2000 年版，第 386 页。
　　③　洪民生：《繁荣电视音乐，为屏幕增光彩》，载《电视研究》1991 年第 3 期。
　　④　转引自黄匡宇：《电视新闻语言学》，中国广播电视出版社，2000 年版，第 385、386 页。

关注无疑会增加信息接收的丰富性和形象性，起到锦上添花的效果。但必须明确，在电视新闻传播中，声音（包括播音、同期声等所有声觉符号）是"锦"，是基础，画面只是依附其上的"绣"而已。"听"在很大程度上消解了"看"的价值。而在其他三类电视节目中，声画关系要紧密得多。电视剧和娱乐节目都要求具有相当程度的娱乐性，尽可能接近人们日常接触事物的方式，即全方位调动受众的各种感官，让电视机前的受众有身临其境之感。至于广告，为了达到突出的商业宣传效果，无不追求画面的新颖别致和艺术动感。特别是"现身说法"式的广告，如果脱离了电视图像，其广告效应会大打折扣。

由此可见，尽管在电视新闻类节目的整个生产、制作过程中人们为图像付出了更多的辛劳，但从受众的角度来看，"声"的分量更甚于"画"，这是不容争辩的事实。在 20 世纪 90 年代末关于电视声画关系的论争中，持与上述意见相反观点的人正是在这一点上没想通。用朱光烈先生的话说，这是"坐在哪条板凳上"的问题。"以编辑的'板凳'否定观众的'板凳'"就是"以操作的立场否定传播学的立场。"①

（三）欣赏环境的差异

随着国家经济实力的壮大，广播电视网的铺设范围也日益扩大，使电视能够直接通达千家万户。因此，电视节目欣赏的家庭化色彩相当浓厚。与此相适应，电视节目的大众性、服务性更加明显。大多数电视频道的信号传输时间涵盖了人们的大部分活动时间，少数电视频道甚至坚持 24 小时不间断播出节目，这样，电视节目的欣赏环境不仅家庭化，还有着随时性、任意性的特点。尽管很多电视受众足不出户，但电视媒介的传播空间是开放的，通过信号接收系统，电视文化产品的制作者、电视机前的所有受众都联成了一个整体，还可以在一定程度上进行互动。在这个开放的、共享的场景中，电视媒介不断对公共领域进行渗透，电视文化不断被传播和再创造。

而电影的欣赏环境却封闭得多，指定的空间、固定的内容、固定的时长、有限的观众、单一的传播方向使电影的观看形式非常正式、固定。在这样的环境中，观众精力的集中程度远远超过看电视的认真程度。相对来说，看电视是一种随意的家庭活动，而看电影却是一种较为正式的社交活动，即使在传播内容上差异不大，二者的欣赏氛围还是有着巨大的差别，这不能不对二者的传播内容和文化效应有所影响。

---

① 朱光烈：《"声画结合"论批判》，载《现代传播》1999 年第 4 期。

（四）内容、种类上的差异

电影的内容、种类比较单一，主要是各种风格的影片，此外还有片头、片尾的少量贴片广告。所以，它主要是一种艺术的媒介或休闲文化的载体，而不是即时的信息传播的媒介。

而电视则包罗万象，除了大量的新闻类节目，还有电视剧、综艺节目、体育节目、广告等，它甚至也越来越成为电影作品的展示平台。随着数字技术的推广运用，电视频率将进一步增加，尽管从单个频道来看电视内容的专业化倾向会增加，但从总体上看，电视媒介在内容、种类上"一网打尽"的特点将会更加突出。因为内容的多样性和接续性，电视节目与电影相比没有明显的"框架"，它能不断地挑起受众对知识、娱乐的欲望。在这一点上，电影要逊色得多。

（五）在媒介本体特点和表现方式上的差异

美国学者贝弗丽·豪斯顿认为，从心理气质上说，她接受麦茨与波德里亚对电影性别化的本体定位，赞同电影是男性化的、富有创造性的文化形式这一说法，同时，她把女子气与电视观赏的被动性、消费、精力分散等特征联系起来，得出电视是女性化文化样式的结论。在电视中，口语化风格更为突出，视觉效果也更为琐碎。在叙事方式上，电视不再严格遵循电影由波澜迭起到回归新的平静的情节走向规律，更加零散化、破碎化。从媒介与受众的贴近程度上看，电视优于电影，其内容更加生活化、语言更加日常化，大众性更加突出。相对而言，电影带给受众的"隔"的感觉要明显得多。

（六）在艺术追求的尺度上的差异

电影和电视都有对艺术创造的追求，但由于二者在内容、欣赏环境、创作传统等方面的差异，它们在艺术追求的尺度上也有不同。相对来说，电影更加追求艺术的纯粹性、精致性，精英文化的色彩要浓一些，出现了不少唯美的艺术片、严谨的纪录片。当然，也有不少商业电影也追求大众文化的通俗性、娱乐性，但这方面总体看来还不及电视媒介。

在电视媒介中，各种艺术门类杂陈，表现方式各异。高雅艺术、民间艺术有自己的展示空间，流行时尚、通俗文化也有自己的传播市场。因为受众的审美趣味千差万别，所以电视媒体出于生存、发展的需要不得不生产、制作不同文化种类的电视作品。就拿艺术性相对较强的电视剧来说，有较为严肃典正的《红楼梦》《三国演义》《长征》；有"严肃的戏说"①，如《康熙王朝》《雍正王朝》《天下粮仓》；有"嬉闹贫嘴中见精神"的戏说，如《宰相刘罗锅》《康熙微服私访记》《铁齿铜牙纪晓岚》；有"疯闹加言情"的戏说，如《还珠格格》；还有一些荒诞不经、取悦庸人的武侠片、言情片及渲染血腥暴力的涉案剧。所以，从艺术角度考量，电视文化产品呈现出良莠不齐的面貌，或许，这是电视文化在大众化的过程中难以避免的问题。

二、激烈的竞争与积极的借鉴

(一) 激烈的竞争

不论在国内还是国外，随便向一个路人询问："你平时看电视多还是看电影多？"几乎都会得到同样的回答："当然是看电视的时间多。"但在这个"内容为王"的时代，电影可谓是最具内容优势的文化载体。尤其是在美国和印度，电影产业相当发达，面对电视的挑战，电影始终保持着强劲的竞争势头。2000年美国年产电影478部，总产值达到400亿美元，是美国继航天业之后的第二大产业支柱。印度1999年生产电影800多部，票房达到78亿卢比。然而在国内，电影却在与电视的市场争夺中显示出凋敝之态。1979年，中国内地生产的影片只有50多部，但观众人次达到了279亿，平均每天有7 000万人次的观众看电影。从20世纪80年代中期开始，电影观众的数量大幅度下降。近年来，我国年均生产电影91部，1992年观众为105亿人次，1995年观众人次跌至50亿，2001年又降至2.2亿，"短短几年间，影院的观众就像蒸发了一样消失了"（"中国电影产业发展战略研究"课题组语）。与此同时，票房收入一路下滑，1992年的票房收入为19.9亿，1999年不足9亿，2001年仅为8亿，而维持电影再生产的生死线是年票房收入10.5亿元，中国电影票房收入已经到了生死线以下。② 经过细心揣摩我们不难发现，我国电影产业的萎缩过程正好与电视产业的崛起过程在时间上有着惊人的一致性。因此，我们说电视媒介夺走了大多数电影观众是合理的。面对电视和电影的不同境遇，难怪有人戏称"电视是妙龄少女，电影则是人老珠黄"。有识之士对电影的困境颇为关注，国家也对电影产业的发展给予了充分重视，国家广播电影电视总局还把2005年确定为"电影发展年"，期望能通过一系列的政策扶持与改革步骤帮助电影走出低谷。

① 时统宇：《电视批评理论研究》，中国广播电视出版社，2003年版，第215页。
② 黄升民、周艳：《中国传媒市场大变局》，中信出版社，2003年版，第300、301页。

（二）融合借鉴与相互促进

由于电视和电影都具有声画同步的特点，在作品的表象形态上具有相当的一致性，所以二者更容易相互借鉴，彼此帮衬。具体说来，体现在以下几点：

1. 电影为电视提供了大量的素材来源

电视不但从电影中引入了大量的创作模式和美学理念，还常常直接以影片作为素材来源。我们经常能在电视上看到一些由电影改编而来的电视作品，特别是在国内，近几年来，不少经典的国产老片被改编并重拍为电视剧，如《苦菜花》《林海雪原》《一江春水向东流》《小兵张嘎》《烈火金刚》《红旗谱》等。且不论这些"红色经典"的改编是否尽如人意，它至少说明了一点，电影和电视是可以在题材内容方面共享的。当然，作品长度的拉伸和受众时代背景的改变会使电影和电视两个版本出现一定的差异。电视往往在总体结构和人物命运不变的前提下会增加一些内容，虚构一些情节。为了迎合某些受众的口味，有些改编作品难免掉进庸俗、肤浅的窠臼，引起坚定的"老片迷"的不满。当然，也有改编得比较成功的电视作品。这不仅能让人们重温昔日经典，还能在年轻观众中扩大原著的影响力，对原来的电影版也是一种历史的肯定。

2. 电影频道为电视电影助力

电视电影，是指专门为电视播放而制作的影片。就其制作特点而言，它是一种由电视行业创意或批准创意，委托电影制片人（商）制作，主要在电视中播出的低成本电影。电视电影在国外非常普及，美国不分影院电影和电视电影，一律是用35毫米胶片拍摄，每年有700多部的产量，但在影院上映的一年也就300多部，其他影片都在电视上播出。在欧洲，电视电影则是指专门为电视台制作的电影。

在国内，电影频道是电视电影生产、播出的最重要的基地。为了扶持电影事业、丰富电视文化的内涵，国家广播电影电视总局于1996年宣布成立了电影频道。为了获得足够的内容资源，该频道首先买断了新中国成立以来拍摄的几乎所有国产片，还大量购入了20世纪二三十年代拍摄的国产片和各类短片。但遗憾的是，在全部6 000部国产影片中真正能够播出的只有2 000部。而该频道每天的电影需求量是8部~9部。而且遵照有关方面的规定，国产电影和进口电影的播出比例要达到3∶1，这使得现有的国产电影远远不能满足频道的播出要求。于是，从1999年开始，电影频道引入了电视电影这一新型电影样式，并成立了电视电影部，专门投资拍摄电视电影。电视电影的制作方式包括以下两种：电影频道自己投资拍摄，制作方先期投资再由电影频道购买。在此后的 3 年间，电影频道每年的投资额为 6 000 多万元，制成电视电影近 300 部。仅到 2002 年 5 月，电影频道就收到电视电影剧本 2 038 部，立项拍摄 264 部，播出 150 多部，其中半数左右的作品收视率在电影频道进入前列。电影频道不断加大对电视电影的投资制作力度，在数量上坚持每年至少 100 部的制作规模，在质量上也向更高标准看齐。为适应未来电视电影市场的竞争，电影频道加大了对胶片电影的制作，仅 2002 年就拍摄了 20 部 16 毫米胶片的电视电影。①

拍摄过多部电视电影的制片人黄美伦认为，相对电视剧而言，电视电影更能称得上是一种艺术，比电视剧要精致得多，而相对影院电影来讲，它的投资少，周期短，更具有可操作性。② 它能使好剧本免遭束之高阁的命运，使制片人至少不至于亏本，使初出茅庐的电影人才有用武之地，更能使广大观众在家就能方便地欣赏电影作品。这不但能为电影产业的发展积累一定的人力、物力资源，也能为中国电影保留住宝贵的观众群体，因为观众市场是电影产业发展的根本动力，对观众群体的培养就是对市场的培养。

此外，还有一些电视作品在拍摄的同时套拍电影，或在拍完以后"剪出"一部电影。由此，在同一时期出现了同一题材、同一演员阵容、同一制作班底的电影和电视两个版本。这与前面谈到的改编经典老片不一样。《大宅门》在电视剧播出取得巨大成功的同时，又请人以该剧为素材进行"磁转胶"，制作出了一部电影，争取打入国际市场。③ 这充分利用了产业资源，有利于更好地收回成本，并进一步扩大电视作品的影响。

3. 电视成为电影推介、播出的重要平台，有利于实现双赢

前面已经谈到电影频道的部分作用，其实，除了电影频道以外，还有很多电视频道都对电影的推介、播出贡献颇多。这些电视频道通过设立专门栏目，播出新旧影片，并对其进行介绍、点评。其中最著名的要算中央电视台电影频道的品牌栏目《佳片有约》，它不但挑选经典的影片（一般是外国影片）在黄金时间播出，还在播出前后邀请专家进行分析、解读，让观众从感性和理性两方面加深对影片的理解。此外，还有中央电视台电影频道的《中国电影报道》等栏目，及时介绍最新电影动态，起到了良好的宣传作用。一

---

① 《电影频道与电视电影》，见央视网站 http://www.cctv.com/entertainment/culture/0624/49.html。

② 段世文：《制片人为何钟情电视电影》，http://ent.sina.com.cn 2002 年 9 月 24 日 23：56 新华网。

③ 陈晓春：《电视剧的总体策划》，《中国广播电视学刊》，2004 年第 7 期。

些电视频道的娱乐新闻也大量涉及电影创作的新动向、电影导演、演员的相关新闻。尽管有时有花边新闻之嫌，流于庸俗，但它对电视受众了解电影信息有重要作用。其实，这些做法不仅会促进电影产业的发展，对电视产业、电视文化也颇有裨益。通过这些形式，电视媒介把电影文化纳入自身范围，不仅丰富了电视文化的内涵，也为电视媒体争取了更多受众。

由此可见，电视和电影在激烈的市场竞争的同时，也立足于它们在传播特点上的共性进行资源、平台等方面的共享。这对于二者的市场开拓和文化建设都有积极的意义。现在，我们已经初步看到了二者相互融合、借鉴所产生的共赢局面。

第三节　广播与电视文化

一、二者的媒介特点及社会存在价值之比较

（一）不同的传播方式带来不同的媒介效果

广义的广播分为收音广播和电视广播，即我们常说的广播和电视，二者都依赖电波传送内容信号，同属电子媒介，有着较近的亲缘关系。而且二者都是"以线性、按时序的方式传播内容，呈现出线型和全景式结构"[①]。从传播方式看，广播只有声音一个信道，而电视具有声音、画面两个信道，是"声音广播的图像化延伸"[②]，属于广义的广播。

因此，电视也具有一定的"广播性"——通过声音传递信息。因为"声音似乎在所有场合都和我们贴得很紧，一切环境中发出来的声音都传到我们身上。每天晚上，这个世界是黑咕隆咚的（视力的确是给切断了），但是夜晚从来都不曾真正安静过。我们可以闭上眼睛（这是以另一种方式切断视觉），但是我们不可能关闭耳朵"[③]。受众一旦打开电视选定频道，就可以随心所欲地兼做其他事。即便在别的房间活动，只要电视音量足够大，信息接

① 蔡凯如、黄勇贤等著：《穿越视听时空：广播电视传播论》，新华出版社，2003年版，第4页。

② 李幸：《告别弱智？——点击中国电视》，江苏文艺出版社，2000年版，第230页。

③ 保罗·莱文森：《数字麦克卢汉——信息化新纪元指南》，社会科学文献出版社，2001年版，第67页。

收都不成问题，基本能做到"听音知意"，受众也无需具备较高的文化素质。在很大程度上，我们可以把电视剧当成广播剧听，尽管后者不如前者生动、形象。相比之下，电视新闻节目的"广播性"更突出，在电视新闻传播中，有声语言占据了主导地位，画面只是提供更深广、具体的信息背景，是依附性的。

对于广播来讲，这种只有音频没有视频的"广播性"是把双刃剑。一方面，它使广播的信息传递呈现出单向度，缺乏画面的形象性；另一方面，广播给听众提供了宏大的想象空间，它使"听众成了服装师、场景设计师和化妆师，他在脑子里塑造各种人物形象和场景"①。而后者，正是广播对听众的终极吸引力之所在。巴尔诺认为，"由于广播中的情景常常使人浮想联翩，又由于想象出来的东西比任何一幅美丽的图画更加丰富多彩，就这点而论，一般的电视节目是无法同最好的广播相比的"②。无怪乎加拿大要把广播当作提高文化和民族特征的工具来使用。

而电视媒介在拥有视频优势的同时却在一定程度上培养了受众安于接受、懒于思考的习惯，伴随着大量低水平的、严重同质化的节目的不断重复，人性思考的光辉正逐渐黯淡下去，英国文化批评学派对此表示了深切的忧虑。值得欣慰的是，面对日益饱和的影像世界，许多富于自省精神的电视受众开始感到厌倦，他们越来越不甘处于消极、被动的接受状态，而更愿接近那些能充分激发想像力和思辨力的媒介，比如广播。如何在保持电视画面形象性的同时激发受众思想的火花、培养民智，这或许是新世纪电视人应该严肃思考的问题。

（二）立足使用条件上的差异，强化自身独特的使用价值

1. 不同的使用环境创造不同的使用价值

从接收条件上看，二者都有有线和无线两种接收方式，其中，电视以有线接收为主，广播以无线接收为主。电视的使用环境一般是室内，所以其节目内容多围绕家庭展开，它对增进家庭、社会的凝聚力有重要意义。虽然现在有些汽车上安装了电视机，但限于目前的电视信号移动传输技术，只能播放少量电视节目，而且信号不太稳定。一些大型超市安装的电视机主要播放

---

① 《大众传播通论》，转引自杨雪《永远的前卫——从广播的历史看未来》，载《新闻与传播》，2005 年第 6 期。

② 《美国广播电视简史》，转引自杨雪《永远的前卫——从广播的历史看未来》，载《新闻与传播》，2005 年第 6 期。

商品广告，内容范围还相当有限。

相对于电视，广播具有更宽广的使用空间。它价格低廉，小巧便携，便于信号接收，适宜在边远地区使用，也适宜户外收听和移动收听，伴侣性质突出。这正是广播独特的使用价值。NBC（美国国家广播公司）授权委托的一份哥伦比亚大学的报告把广播定义为"一种几乎能够陪伴所有行为的媒体"。现在，"广播已经很少被看作是一种单纯的娱乐方式，更多的是被当作某种其他行为的'伴侣'"①。现代人需要随时随地接收信息，却又不可能始终处于专注的接收状态，广播正好能契合这种广泛的受众需求，这也是它与其他媒介进行错位竞争的优势所在。具体说来，这体现在广播的户外收听和移动收听两方面。当人们外出运动、游玩时，可以同时接收广播信息，十分方便。而移动收听主要体现在汽车收音机的广泛使用上。

随着社会经济的发展，城市化进程的加快，社会流动人口急剧膨胀，道路不断增加，汽车也日益进入普通家庭。"车轮上的人群"需要及时的交通信息，以找到便捷的路径；需要优美的音乐，来赶走单调和孤独；需要其他社会信息，与外界保持密切的接触。出于安全考虑，广播是最理想的媒介，而这些广播节目也体现出了很强的针对性、服务性。

2. 信号接收条件的差异造就二者在对外宣传领域的不同能量

由于电视节目的远距离无线接收效果不佳，有线落地又要受到所在国媒政策的严格限制，所以电视在对外宣传领域能量有限。中央电视台国际频道、英语频道落地美国并不容易，它经过了长期谈判，并且作为交换条件，让美国部分节目落地中国。而广播信号便于无线接收，容易跨越疆域界限，他国很难对其进行政策限制，对不欢迎的节目只能进行一定的技术干扰。所以总的来看，广播比电视更适合承担对外宣传任务。"美国之音"就是美国专门设立的用于海外宣传的广播电台。它是美国传播其道德观、价值观，对他国国民进行意识形态渗透的重要舆论工具。英国的 BBC 也通过长年的对外传播掌握了全球媒介话语的主导权。相应地，我国也应加强对海外的媒介影响，充分利用电视，尤其是广播宣传中国悠久的历史文化和改革开放的丰硕成果，树立中国负责任的世界大国的形象。

---

① 黄升民、周艳：《中国传媒市场大变局》，中信出版社，2003 年版，第 107、108 页。

二、激烈的竞争与积极的借鉴

(一)在竞争中共存

在电视诞生以前,广播是唯一的电子媒体,它依靠远距离无线传播的优势在受众市场上所向披靡。那时,家用半导体收音机就像现在的电视机一样普及,它被摆在家中的显要位置,定时聚拢家庭成员。在我国,每到晚上8点,中央人民广播电台的《全国新闻联播》就像现在中央电视台的《新闻联播》一样人气旺盛。然而,随着电视机的诞生和普及,广播一家独大的地位受到了巨大冲击。在我国,电视用不到30年的时间登上了媒体老大的宝座。

1983年,我国电视广告的营业额为1 624万元,市场份额为6.9%;广播广告的营业额为1 807万元,市场份额为7.7%,总体看来,广播略强于电视。然而,此后电视广告收入的增长速度明显快于广播,几乎每年以翻番的速度推进。到1986年,电视已明显占据市场优势,其广告营业额达到11 514万元,市场份额为13.7%,而广播广告的营业额仅为3 563万元,市场份额下降到4.2%。到了1997年,广播的市场份额(2.3%)更是连电视市场份额(24.8%)的一个零头都不到。相对于电视,广播在中国已经是"弱势"媒体。

从1947年到1955年,美国的广播产业也曾面临电视媒介强劲的上升势头的打压。然而,汽车时代的到来缓解了这一颓势。根据美国广播广告局的调查,美国99%的家庭拥有收音机,人均拥有收音机2台。95%的汽车装有收音机,车上每5个成年人中有4位每星期至少收听一次广播,40%的美国人在6:00~0:00收听广播,6:00~10:00为收听的高峰期。青少年和成人平均每周收听广播的时间为22小时。实际上在今天的美国,广播听众还是比电视观众多。现在,中国也逐渐步入汽车时代,广播产业正抓住这难得的历史机遇进行产业调整,目前,我国的广播事业已经表现出某些复兴迹象。2001年由中国广播电视学会广播受众研究会和北京美兰德信息公司主办的"2001年全国广播电台调查"表明,我国收音机设备普及率为69.1%,有8.29亿人拥有收音机,其中城镇收音机设备普及率为83.2%,农村达62.8%。全国广播听众为7.34亿人,占全国(除西藏及港、澳、台地区)11.99亿4岁以上人口的61.2%。其中,城镇广播听众2.67亿,占城镇4岁以上人口的72%;农村广播听众4.67亿,占农村4岁以上人口的56.4%。中央人民广播电台拥有6.23亿听众,北京人民广播电台拥有667万听众,上海东方广播电台拥有513万听众。目前广播媒体的到达率仍然高达40.9%。2002年底，当电视的全国综合人口覆盖率达到94.62%时，广播的全国综合人口覆盖率也达到了93.34%。据AC尼尔森公司最新媒体市场调查显示，中国已经成为全球第二大广播电台市场。可见，尽管面临电视媒体的竞争强势，广播仍然拥有巨大的受众规模，它将与电视媒体长期共存。

当然，从世界范围来看，电视媒介的优势还是相当明显的。在人口为2.78亿的美国，电视机拥有量达2.8亿台，平均每0.54个家庭拥有1台，每个家庭平均每天收看电视的时间超过7小时。在我国，根据《中国广播电视年鉴—2002》的统计结果，截至2001年底，全国共有电视台357座，承载着2 194套节目的制作和播出。全国家庭电视机拥有率达98.2%，拥有2台及以上电视机家庭的比例达24.2%。城乡家庭平均每户可以收看到23.7个频道。89%的城市家庭和40.2%的农村家庭可以收看到卫视节目。从2000年以来的总体趋势看来，中国电视观众人均收视时间稳定在3个小时左右。这一收视群体不可谓不庞大。

为了扩大各自的媒介文化影响力，广播与电视在长期的竞争中相互借鉴、彼此融合、共谋发展。

（二）相互借鉴、彼此融合、共谋发展

1. 电视继承了广播的直播形式

作为电子媒体的先锋，广播充分展现了它在信息传递上的及时性，这种及时性正是依靠直播形式加以呈现的。直播的内容五花八门，包括时政新闻、文艺演出，甚至还有体育赛事。人们依赖广播解说想象比赛实况，尽管很不形象，却非常"及时"。

电视继承了广播的直播形式，其突出的视频效果使它在直播方面更具优势。这时的电视不但有了"顺风耳"，还有了"千里眼"。它能声像兼备地向受众同步展示自然界和社会生活中的种种景观，让新闻信息在瞬间直抵全球每个角落。它能让数亿人同时惊呼哀叹（如"9·11"事件直播），也能造成数亿人在荧屏前同时狂欢的盛况（如中央电视台春节联欢晚会直播）。电视直播形式的广泛应用对电视文化有着直接的影响。它不但大大增强了电视节目的新闻性、真实性，保证了受众的知情权，还在一定程度上减少了信息的过滤，使电视媒介体现出更明显的"后台效应"。实况采访、时空连线为受众提供了及时、详尽的信息解读，使受众不但知其然，还知其所以然。直播形式化加强了电视文化的现实性，增进了受众对电视媒介的亲近感。

2. 电视移植了广播的多种节目制作方式

电视的多种节目形态可以从广播中找到渊源。电视不仅大量引入了这些节目样式，还全面借鉴其创作理念，学习其制作方法。

现在中央电视台每晚7点的《新闻联播》就明显是从中央人民广播电台每晚8点的《全国新闻联播》借鉴而来的。广播在早间时段的开发上拥有丰富的实践经验，电视早间节目从中多有借鉴。比如，考虑到早间受众的匆忙和接收状态的不专注，节目在制作上重声觉效果，在信息量上重多、重短，在内容上重新闻性，而不重故事性、娱乐性。近几年，读报节目成为我国电视媒介的新宠，其实，这种节目形式也是从广播中移植而来的。人们早就通过中央人民广播电台每天清晨的《新闻和报纸摘要节目》熟悉了读报节目。当然，现在的电视读报节目在风格上更为轻松，也更加注重服务性。现在流行一时的谈话节目也源于广播。第二次世界大战期间，罗斯福以其亲切的口吻和个性化的语言在炉边通过广播与国民谈话，赢得了大多数美国人的尊重与忠诚。现在，"脱口秀"是广播与电视共有的最重要的节目样式之一。这几年，我国的电视谈话节目获得了长足的发展，在内容上涉及家庭生活、社会热点、时政要闻等，在形式上也多种多样，既有专家剖析，也有百姓杂谈。它不但激发了受众关注和参与的热情，活跃了电视文化，还在一定程度上促进着社会各层面的交流沟通，营造着当代社会的公共领域。电视综艺节目也是以广播综艺节目为师形成的。第二次世界大战后，广播进入成熟期，电视却因战争的耽误而发展迟滞。当时，综艺节目是最受欢迎的广播节目之一，电视人大胆"拿来"，也创办了自己的综艺节目。1948年美国开播的《德克萨科明星剧场》就是这样。在中国，歌曲、相声等人们喜闻乐见的文艺形式早就把广播作为自己的传播阵地，赢得了不少受众。随着电视机的普及，电视人也在其媒介领域为它们开辟了新的表现空间。借助新的媒介平台，各种文艺样式尽展风采，获得了新的艺术生命。可以说，"广播节目+图像=电视节目"一直是电视人最重要的工作方式。

3. 节目资源共享

现在，一些重要的节目常常在电视和广播上同步直播。如全国的"3·15"晚会、中央电视台第二套节目为高考生填报志愿答疑解惑的《高校录取进行时》。这些节目一般有着很强的公益性，在直播的同时会接听热线电话或接收短信，并立即进行反馈处理。广播和电视在这类节目上实行合作，开展同步直播，对于社会和两种媒介本身都是有益之举。一方面，能尽可能地扩大受众面，最大限度地传播公益信息，服务于群众，有益于社会；另一方面，能实现节目资源的跨媒介共享，形成不同媒介之间的共振，强化节目的品牌效应，扩大节目和媒体自身的社会影响，自然更易获得广告主的青睐。这不但能实现经济效益和社会效益的双赢，也能实现两种媒介的双赢。

4. 用广播"听"电视

用广播"听"电视早已不是什么新鲜事，它是指把收音机调至某个频率便可获得同时段电视节目的音频信息。这在电视机普及率较低的大学校园中十分常见。不论是听新闻、电视剧还是娱乐节目，它都能在有限的条件下基本满足需要。这时，电视的"广播性"得到了充分体现。用广播"听"电视体现了两种媒介的渗透与融合，而这是以它们的亲缘关系为基础的。电视通过广播扩大自己的影响范围，广播通过引入电视节目丰富自身的内涵。

5. 广播和电视都面临专业化的发展趋势

随着社会经济、文化的发展和受众素质的提高，大而全的综合性节目越来越显示出它在媒介市场的局限性。这不但极易造成节目的同质化，而且也难以满足受众的个人化需要。于是，专业化成了广播和电视共同的发展方向。在广播领域，1986年12月15日，我国第一家经济广播电台——广东珠江经济广播电台开播。在"珠江模式"的影响下，我国"广播"的"窄播"化趋势日益明显，全国相继出现了新闻、经济、交通、音乐、文艺、教育、儿童等系列电台。其中，专业化程度最高的是音乐台和交通台，其他台都有着明显的"专业台不专"的现象。在电视领域，专业化也是各台改革的重点。目前，中央电视台、各省卫视台及各省会台的专业化改革已初具规模，并在实际运行中积累了一定的经验，但"专业台不专"的现象也十分常见。就广播和电视领域的专业化改革而言，基本方向是正确的，但对专业化的理解还比较肤浅。很多传媒工作者把综合性等同为大众化，把专业化等同为小众化，继而又把小众化理解为受众群体小，进而为广告收益担心。这也正是"专业台不专"的重要原因。其实，专业的未必是小众的，大众的未必是综合的。比如体育、旅游类节目，不可谓不专业，却是相当大众的。因此，对于广播和电视来讲，专业化的道路还要继续走下去，传媒工作者也要进一步更新观念、务实创新，为受众提供既有专业价值，又有文化品位的优秀节目。

6. 广播和电视都利用网络拓展自己的生存空间

广播和电视都共同面临网络媒体的挑战。避免被动、免受打压的最佳途径就是利用网络为自己服务，以网络为载体拓展自己的生存空间。广播和电视不约而同地走出了这一步，于是出现了网络广播、网络电视。通过网络，广播和电视把一部分网民吸纳为自己的受众。考虑到网络受众的特殊需求，网络广播和网络电视在内容选择和表现手法上都有别于传统的广播电视节目，充分重视信息接收的舒适性，第一时间的传播性和文字与视频、音频的互动性。如果说网上直播能使受众便利地享有当下的媒介资源，网上点播能为受众提供极大的自由度和选择空间，那么互动交流评论则大大增强了节目的互动性和参与性。网民可以通过 QQ、论坛发帖、手机短信、热线电话等多种方式与节目主持人和其他受众互动，在这种双向以及多向的交流中，"网民第一性"得到了充分的体现。在与网络的合作中，广播和电视把网络的长处整合为自身的传播优势，赢得了更多的受众。已有 60 多年历史的中国国际广播电台在 1998 年 12 月就推出了自己的网站——国际在线（CRI Online）。2004 年 10 月，国际在线汉语普通话网络电台试播，仅半年多时间，最高日在线人数已达 12 万人次。2005 年 7 月 13 日，国际在线网站又推出了多语种网络广播（Inet Radio），这将会吸引更多网络听众。而北京音乐台在自办网站效果不佳的情况下果断与专业网站合作，其后取得了巨大的成功。其北京音乐调频网站的日访问率已超过 150 万人次。我国对网络电视也日渐重视，2003 年，经国家广播电影电视总局批准，由中央电视台、中国国际电视总公司共同注资创办中视网络发展有限公司，由该公司专门经营中央电视台的网络电视业务。如今，网络电视已成为中央电视台重点发展的战略业务之一。

在以上谈到的六点中，第一、二点体现了电视媒介对广播的学习借鉴，第三、四点体现了广播与电视间的融合渗透，而第五、六点则体现出新形势下广播与电视在发展道路选择上的一致性。对这些关系的研究、剖析是非常必要的，它有利于我们全面厘清电视文化的发展脉络，深刻认识电视文化的发展现状，更好地把握电视文化的发展方向。当然，它对于巩固广播的传统优势、拓展新的传播空间也不无裨益。

第四节　网络与电视文化

如果说电视是广播的延伸，那么网络就是电视的延伸，它不仅带来媒介功能的全面增加，也带来了媒介文化的新面貌。网络媒体的存在和发展一方面将逐渐对电视媒体形成正面的挑战，另一方面也为电视文化的建设提供了新的动力。

一、二者的媒介特点与社会存在价值之比较

（一）网络的互动性更强、受众的介入度更高，因而需要受众具备更高的媒介素质

在网络诞生之前，电视是唯一兼具音频和视频的电子媒体，拥有其他媒介无可比拟的媒介强势。网络出现后，电视遇到了前所未有的挑战。这个竞争对手也具有音频和视频两个信道，流媒体技术的应用使网络节目的播放音像效果更加连贯、更加出色。然而，最吸引受众的还是它那超强的互动性。

有人认为，在现有条件下电视也具有一定的互动性，但必须明确的是，电视本身只是一种单向媒介，其互动性并不是电视技术本身带来的，它要依附于电话等通讯技术，而网络的互动性是与生俱来的。"作为一种双向媒介，网络与电视的根本差异在于，它要求你不仅仅是被动观看，还要主动参与。"① 不可否认，电视媒介的单向性直接导致了受众的低介入度。成为电视受众并不需要具备多高的媒介素质，也不需要充分的理性思考。然而，长期被动的声像感知会导致受众理性思维能力的弱化、钝化，阻碍受众感知和思维器官的平衡发展。而网络在整合电视媒介传播功能的基础上具有了超强的互动性，网民可以通过发帖、博客等方式轻松地加入到网上声像文本的书写当中，而不再局限于被动地接收信息。在这种深度的媒介参与中，传统的思维方式和社会心理结构在无形地瓦解，传统的感知方式和表达方式在悄悄地转型。互动的愉悦召唤着受众积极的媒介参与，刺激他们努力提升自己的媒介素质——掌握相应的电脑知识和网络使用技能，善于以网络为平台接收信息、联络外界、发表意见、阐述见解。

（二）网络传播的横向性能进一步强化传播的民主性，促进个体的社会化

电视的传播方式是上对下、一对多，呈现出明显的纵向性。而在网络中，传播的方式既有纵向的上对下、一对多，也有横向的一对一、一对多、多对多，这种横向的信息交流达到一定强度时又会形成纵向的下对上的传播方向。在这种网状的传播结构中，信息的源头和流向是多变的，传播者和接收者的身份也是不定的，网络既是接收信息的平台又是发送信息的平台。尤其是网络传播的横向性，能直接促成信息量的极大丰富和言论市场的空前繁

---

① 陈卫星：《传播的观念》，人民出版社，2004年版，第251页。

荣，有利于社会信息的公开、话语权的下放和传播民主的共享。在横向的、类似人际传播的信息交往中，个体的社会化有了更广阔的实践空间。这种社会化以一定的媒介素质为基础，贯穿着非线性的思维方式。通过网络，人们建立起"类社会关系"，更广泛地参与社会交往，更充分地体验社会角色，更全面地把握社会需要，以不断进行自我调整和自我修正，完善自己的社会形象。

(三) 网络世界的虚拟性更强

李普曼 1922 年在《公众舆论》中指出，我们所面对的世界有两个：现实世界和由大众媒介所创造的虚拟世界。不可否认，任何一种媒介都进行着信息的选择和过滤，都在一定程度上构建着媒介现实。媒介现实是由媒介符号构建的一种心理现实，它源于现实世界却又高于现实世界，具有一定的"悬浮"性质。

电视作为主要的影音传播媒介承载着大量的"类象"，其内容的真实性、唯一性和终极价值变得模糊难辨。而电视文化作为现代人重要的精神消费对象天然地具有创造虚拟世界的合理性和合法性。不过，受制于其传播的单向性，电视世界的虚拟性远远不及网络。在一定意义上，受众从媒介中获得的精神满足的程度与媒介现实的虚拟程度成正相关关系，而媒介现实的虚拟程度又与受众实际参与的广度和深度直接相关。离开了普通群众丰富的生活体验和无穷的表达智慧，离开了广大受众的文本书写和海量的横向信息交流，媒介的虚拟性是相当有限的。而网络正具有这样的优势，它依托纵横交错的传播网络把无数网民的个人想象联结成一个具有普遍意义的自由书写的世界。在这个世界里，人们可以表现绝对真实的自我，也可以塑造理想完满的自我形象，甚至可以游戏般地让自己扮演某个角色，但都会或多或少地摆脱现有身份的束缚。网络世界的虚拟性带给人们更多自由畅想、自由体验、自由表达的空间，带有明显的自恋情结和游戏色彩，这正是网络文化与电视文化的最大差异。

具体说来，网络的虚拟性源于以下几方面：

其一，受众被网络相联，却又被点状分布的电脑隔绝，使人们既能在网上"亲密接触"，又能轻而易举地掩藏自己的身份。

其二，网络语言的非地方化、简化、陌生化。网络语言与生活语言仅仅是一种类同的关系。由于网络能轻而易举地跨越地域障碍，所以网络语言的非地方化色彩很浓。大家使用的是一些约定俗成的、简化的、变异的符号，这既能增强交流的便利性，又能以此设定进入特定网络社区的"密码"，建立身份认同的标志。简化、变异的方式多种多样，只要符合简便、有趣的标准即可。它所带来的陌生化效果拉开了网络世界与现实世界的距离，增加了网络世界的虚拟性。

其三，网络文本处于无中心的流动的状态。网络文本是一种极具后现代特征的文本样式，它的流动性、接续性十分明显，缺乏传统文本的严整性、中心性，始终呈现出碎片化、零散化的不稳定状态。这种状态是营造网络世界的虚拟性所必须的。

在虚拟的网络世界中，人们摒弃"普遍的他者"，按照志趣趋同的原则为"孤独的自我"寻找"选择的他者"。"他者就是自我的延长，是自我的同类复制"。① 通过不断的自我复制，虚拟的共同体在网上建立起来。在一定意义上，受众参与互动的可能性越大，媒介的虚拟性就越强，而媒介的虚拟性越强，受众参与互动的可能性也就越大。如果不拘泥于麦克卢汉 20 世纪 60 年代的观点，仅仅从他区分媒介"冷热"的原则——受众的媒介参与度出发来重新思考，我们可以得出这样的结论：网络是冷媒体，电视是热媒体。

二、电视与网络的竞争

(一) 形势分析

电视以其真实感和现场感成为最具冲击力的现代媒体。现在，它不仅在普通家庭基本普及，还广泛进入社会公众领域，在楼宇、商场、公共交通工具等公共空间承担着新闻、资讯、广告、娱乐等重要作用。就中国来说，央视—索福瑞媒介研究 (CSM) 2002 年调查结果显示：中国内地 4 岁及 4 岁以上的电视观众已达 11.67 亿人，在电视、报纸、广播和互联网等媒体中，电视的受众规模最大。② 这在很大程度上与电视对受众的媒介素质要求较低有关。

与此同时，网络的媒介市场也在逐步扩大。根据中国互联网络信息中心 (CNNIC) 2005 年 1 月 19 日发布的统计数字，全国上网的用户已经达到 9 400万，居世界第二位，其中宽带网用户达到4 280万，上网的计算机达到 4 160万台，网站数量达到 66.9 万个。这些数字还在不断大幅攀升，仅仅过了 4 个月，根据 2005 年 5 月 12 日我国信息产业部官员的通报数据显示，中

---

① 陈卫星：《传播的观念》，人民出版社，2004 年版，第 252 页。
② 王兰柱主编：《2003 中国电视收视年鉴》，北京广播学院出版社，第 5 页。

国互联网上网人数又增加了 480 万，达到9 880万。相对于电视受众，网民在年龄段的分布上呈现出明显的年轻化特征。可以想见，随着时间的推移，网络的受众群将会越来越大，而电视的受众群即使不减少，其市场占有率也会受到网络的严重威胁。目前，网络广告的市场规模日益扩大。2003 年，中国网络广告市场总额突破 10 亿大关，达到 10.8 亿元人民币，较 2002 年的 5 亿元增长一倍多。美国交互式广告局（IAB）发布的最新统计数据显示，美国网络广告收入创下了 96 亿美元的新纪录，年增长率达 33％。而另一项调查显示，超过半数的广告主认为电视广告的效果将会下降。

另外，从受众的媒介素质和社会影响力等因素考虑，网络也强于电视。比较而言，网民的精英化程度更高，以至于现在包括某些电视人和学者都认为电视受众是相对来说学历、收入、社会地位都较低的人群，他们对社会的影响力极其有限。从传媒经济的角度来看，如果电视的受众结构不有所改变，其发展就会遭遇"瓶颈"危机，对于构建优秀的电视文化也相当不利。

（二）网络时代的电视革新

面对网络强劲的进攻势头，电视人意识到传统的模拟电视有着先天的技术缺陷，其频分制、定时、单向广播等特点越来越不适应现代人的个性化需求，光靠自身的技术修补是难以与网络持久抗衡的。要应对网络的挑战，除了要努力巩固自身的媒介优势，还需不断地从新技术中吸取力量。具体说来，电视技术的发展走势主要体现在数字化与网络化两方面。

数字电视凭借有线数字电视网，能充分地支持无广告的广播式分众化频道，它有助于付费电视的推广和普及。数字电视改变了传统的模拟信号形式，能在加大传播容量的同时大大改进信号接收效果，满足人们对移动接收的需要。不过，它并没有触及媒体内容的传播方式，目前，它还是以广播为主，电波功能很弱。相对说来，网络电视（IPTV）的前景更为广阔。它通过电信网络，采取 IP 协议传输节目，是一种交互式的网络电视服务。它兼具广播与点播两种功能，可以支持大量的并发的实时点播。此外，网络电视还能根据用户的选择配备多种多媒体服务功能，包括数字电视节目、可视 IP 电话、DVD/VCD 播放、互联网浏览、电子邮件以及多种在线信息咨询、娱乐、教育及商务功能。[①] 所以网络电视采用的播放平台是新一代家庭数字媒体终端的典型代表。

数字电视和网络电视将从技术的维度对电视文化产生重要影响。

---

① 《什么是 IPTV》，载《中国广播影视》，2005 年 1 月下半月版。

其一，大大增加电视信息的容量。在这个"内容为王"的时代，媒体要在竞争中取得优势，不但要保证内容的精彩，还要确保内容的海量。否则是无法满足"贪婪"的受众的需要的。电视文化的丰富和繁荣首先是电视文化产品在"量"上的充足，而这正是网络电视和数字电视的优势所在。

其二，大大增强欣赏的自由度。优秀的电视文化要求电视媒介不仅有足量的内容产品以备选择，还要在节目的时间控制上为受众提供更人性化的服务，让受众的欣赏享有充分的自由度。"信息及其技术体现总体上是解放人、增加人的选择，而不是减少了人的选择。"① 信息的网络化修改了传统电视播放的线性结构，带来了信息接收的超时空性。网络电视不仅能让受众随时点播、收看节目库中喜欢的节目内容，还能根据受众的需要让节目"暂停"或"继续"。点播功能和时移功能为受众"创造自己的节目"提供了有力的技术支持，它将给电视文化的形式和内容带来一定的变化，对受众的接受心理产生微妙的影响。

其三，大大增强互动性。当网络以其鲜明的互动性分流了相当一部分受众群时，电视媒介也意识到与时俱进的必要。单向的被动收看的形式不但削弱了受众接触电视的兴趣，钝化了受众的思维能力和想象能力，还在逐渐吞噬着电视文化的活力。网络电视提供的交互式服务能使用户就感兴趣的节目互动讨论，这不但能激发受众的欣赏热情，提高收视率，还能活跃电视文化氛围，让更多的受众参与到电视文化的建设中来。在热烈的切磋中，受众的媒介素质也会不断提高。

有人把网络化和数字化带给电视媒介的革命性意义归结为以下几个方面：以交互式非线性存取模式代替了原有媒体的线性存取模式，以多对多的广播/窄播/点播模式取代了原有媒体一对多的广播模式，以推动自己动手做来促进家庭媒体消费向家庭媒体生产转化。②

数字化、网络化浪潮不仅体现着科技的力量，还左右着电视产业和电视文化的发展方向。国家广播电影电视总局把 2004 年确定为"数字发展年"和"产业发展年"，计划在 2003 年基本实现全国卫星广播电视节目数字传输的基础上于 2005 年停止模拟传输，全面发展地面数字电视，2008 年全面推广地面数字电视和高清晰度电视，2015 年停止模拟电视播出。数字传输模式正在全球快速推进，与此相适应，数字电视的销量急速攀升。2004 年，

---

① ［美］保罗·莱文森著，何道宽译：《思想无羁》，南京大学出版社，2003 年版，第 13 页。

② 张凤铸语，中央电视台网站 http://bbs.cctv.com.cn/board1.jsp? bid = 1720，2005 - 07 - 02 21：53 。

全球数字电视销量达到4 930万台，比上年增长50%。在网络电视方面，由中央电视台、中国国际电视总公司共同注资创办、国家广播电影电视总局批准成立了中视网络发展有限公司，该公司专门经营中央电视台的网络电视业务。中视网络的产品主要是基于中央电视台40万小时的节目资源，根据观众的喜好，对其进行重新的频道整合，重新加工、整合和包装，目前其日更新量已达到十几个小时。目前中央电视台网络电视拥有包括影视剧场、新闻、经济、军事、直播频道等17个频道，还将陆续开播时尚、汽车、公益、广告等频道。届时，中央电视台网络电视频道将增加到50个左右。目前，中央电视台网络电视已在北京、上海、江苏开通业务，还将陆续在广东、四川、天津、山东、河北等地落地。它已经与网络运营商中国电信、中国网通达成共识，将逐步实现在全国落地的战略目标。从2004年9月21日起，中央电视台网络电视已经在国内部分省市开始接受已落地网内宽带用户的订阅。2005年，中视网络电视重点发展了30万PC用户和30万家庭用户（目前IPTV有两种终端，一是电脑，二是通过IP机顶盒接入电视）。除了中央电视台，包括北京电视台在内的省市电视台也加大了数字电视与网络电视的推广力度。

电视信息的数字化与网络化既不断满足了人们的消费需求，又不断创造着人们的消费需求。我们有理由相信，新的视听方式将会极大地提升电视的媒介竞争力，为电视文化带来新的面貌。

三、电视对网络文化的促进

网络这个后起之秀倘若仅仅依靠单打独斗，其发展空间是很有限的。因为说到底，网络只是一个信息载体，如果没有另一强势媒体——电视的加盟，网络就很可能变成一个缺乏内容、缺乏文化的"空壳"。相对于年轻的网络文化，电视文化要成熟得多。近似的媒介特征为二者的结盟提供了现实的可能性。具体说来，电视对网络文化的促进主要体现在以下两方面：

（一）电视成为网络重要的内容供应商

不可否认，网络的媒介优势相当突出，但从本质上说，它只是一个信息载体、一个交流平台。在这个"内容为王"的媒介时代，内容的缺失意味着媒介灵魂的丧失，没有丰富精彩的内容产品，媒介是贫血的、没有文化的，其前景也将是黯淡的。

网络诞生后不久就意识到了这一点，它毫不犹豫地从其近邻——电视那里吸取内容精华。流媒体技术的应用使电视节目的网上播放更为连贯、完整。现在，在网上点播、欣赏电视节目已经十分便捷，只要安装相应的影音播放软件就能实现个性化的欣赏。由此，电视节目的网上播放成为一种常态，网络对电视内容产品的需求也更为迫切，电视成为网络重要的内容产品来源。这不但解决了网络的内容问题，提高了网络的文化含量，也为电视文化产品拓展出更大的市场空间，内容资源的共享促进了电视与网络在市场开发与文化建设方面的共赢。

（二）电视台网站的建立是对网络文化的直接支持

如果说电视节目的网上播放是对网络在内容建设上的鼎力支持，那么，电视台网站的大量建立就是对网络在内容和形式建设方面的全面支持。电视台直接建立网站，突破了以往网络和电视两种媒介的间接合作关系，如果说之前电视是"借窝孵蛋"，那么现在它就是"自己建窝孵蛋"了。由于"窝"是自己建的，所以"窝"怎么搭，孵多少蛋、孵什么样的蛋全在自己的掌握之中。虽然其内核是为电视服务，但是，当网络的形式与电视的内容相遇合的时候，它本身就已成为网络文化的一部分，融入了网络文化的血液之中。

四、网络对电视文化的促进

电视媒介现象要提升到文化的高度，单单依靠电视内容的生产者是不够的，电视文化的存在首先是关于电视媒介种种话题的讨论氛围的存在，它既可以是面对面的探讨，也可以是以某种媒介为平台的思想交流。在现实生活中常常以后者为主，这一方面是由于人们的现实交际范围有限，另一方面是由于时空的限制。当然，以电视媒介本身为载体，对电视文化进行讨论、批判在理论上是成立的，在现实中也有一定的体现。但电视媒介毕竟是一种主要作用于受众视听感观、偏重于感性思维的缺乏互动性的电子媒介，而且当新闻性、娱乐性日益成为电视媒介的主要发展方向时，以电视媒介本身为载体对电视现象进行文化层面的理性建构和批判就显得"不合时宜"。因此，借助其他媒介，尤其是具有超强互动性的媒介——网络进行电视文化建设是非常必要的。在这方面，各大电视台的自办网站表现尤其突出。1995 年，CNN 就已建立起了自己的网站，中央电视台网站（CCTV.com）也于 1996 年 12 月建立并试运行。随后，国内各省市电视台纷纷建立起自己的网站，其中比较有名的有湖南卫视网站、四川卫视的神韵在线等。这些网站以本电视台的电视节目为内容基础，借鉴电视频道和电视栏目的格局在网上建立起相应的板块，还适应网络媒体的特点建立了其他与电视文化相关的板块，如中央电视台网站的《电视批判》板块。现在看来，网站与电视媒体的联姻是成功的，一方面它不断吸引社会各阶层人士的关注，激发他们讨论的欲望；另一方面，也为他们提供了就不同话题、不同观点进行公开辨析的平台。这些内容既属于公众话题范畴（观众看电视的目的之一就是从中寻找公众话题、社交话题），具有一定的大众性；又属于具有一定专业深度的学术话题，带有明显的精英性。可以说，这本身就体现了同一文化现象的多层面性，有助于电视文化的多元并存和对话交流。

具体说来，网络对电视文化的促进作用主要体现在以下四个方面：

（一）以网络为平台，大力推介电视文化产品、电视人，在全面打造电视文化品牌的同时强化对受众的引导作用

在一般网站，对电视文化产品和电视人的推介主要体现在一些新闻报道中，比如，中央电视台第一套、第二套节目的改版、《东方时空》的数次改版、西部频道的组建与撤销、某栏目（如《新闻会客厅》）主持人的变动、湖南卫视推出由杨澜主持的都市女性谈话节目《天下女人》等。虽然各大网站主要立足于新闻的角度，但它们不可避免地要对事件的前因后果进行分析、评述，对其发展前景进行初步预测，这就涉及策划理念、品牌包装、受众心理、收视效果等诸种电视文化话题。尽管这些网站更多地只是停留在现象层面，关注电视文化的动态消息，缺乏足够的学术视野和理论深度，但它却能以最简单的方式及时引起受众和研究者的注意，并提供相关的资料信息。这有利于研究者从现象入手，及时把握电视文化的脉搏。

当然，对电视文化产品和电视人的推介主要集中在电视台的自办网站上。如2005年1月湖南卫视推出谈话节目《天下女人》时就在其网站上专门开辟板块，对该栏目进行了全面的同步推介，内容包括受众定位、近期话题、近期嘉宾、主持人杨澜对该栏目的想法等。中央电视台网站的推介工作做得更加细致、周到。其板块设置既对应所有的电视频道，又对应不同的节目类型和节目内容，一些精品栏目可以直接在首页上点击进入。也就是说，网站不但建立起纵横交错的点阵，还对具有品牌效应的"点"作了强调性的处理。每个栏目都根据自己的特点下设相应板块，如《艺术人生》就下设"名人档案"、"编创随感"、"关于我们"、"视频典藏"等板块，让网民对栏目的台前幕后有全面的了解，在受众面前树立起近距离的、立体的、鲜活的形象。受众在观看节目的前后浏览这些内容会在潜移默化中加深对该栏目的印象，增强对它的兴趣和喜爱程度。在这个过程当中，栏目的知名度和品牌效应就会逐渐得到提升。中央电视台网站还专设了"中央电视台人物"、"主持人"板块，对本台的优秀电视人集中进行推介，还经常举行网上互动活

动，让他们与网民直接交流。对人的宣传归根到底是对栏目的宣传、对电视台的宣传。在网上，我们还可以视频欣赏新出炉的电视片的片花。通过网络，电视媒介改变了以前以电视节目成品示人的单一形象，展现出创作的全貌，让受众觉得更真实、更亲近。同时，对节目和电视人的集中推介能不断强化他们在受众心中的品牌效应，塑造出知名大台的整体形象。

在这个"注意力经济"的时代，高收视率不仅要靠电视节目的自身质量，还有赖于通过其他媒介对受众进行有效的引导。各电视台网站都充分意识到了这一点。中央电视台网站除了登载节目时间表和内容简介，还设立了"今日看点"、"明日看点"等板块，对精彩节目进行重点推介。在其常规性的栏目板块里，也有对近期节目的提前预告。可以说，这是与受众的"心灵预约"，不但有利于确保稳固的收视率，也有利于确保主流意识形态在媒介领域的主导地位。

（二）网络成为电视文化产品的必要组成部分

电视节目的制作者发现，很多人既是热心电视受众又是铁杆网民，在网民日益普遍、网络技术日渐进步的情况下把网络纳入节目制作的环节中去已经具备了现实的可能性。它不仅能把一部分被网络分流走的受众重新拉回来，巩固节目的受众基础，还能让网络的互动优势为己所用，增强电视节目的情趣和活力，赋予它网络时代的独特魅力。中央电视台著名节目品牌《开心辞典》《幸运52》等栏目实行网上报名，并通过网上答题完成初选，既扩大了受众的参与面，调动了他们的参与热情，又大大减轻了节目制作方的工作负担。《开心辞典》还在节目直播时实行网上同步答题，为有实力却又无缘参赛的受众提供了展示的机会，这超越了时空的界限，大大拓展了演播室的现实空间。这些网上答题者虽不在现场，却为受众评价现场参赛者的实力提供了有效的参照，他们与现场参赛者既是竞争者关系，也是盟友关系。这样一来，不仅节目的看点大大增加，全民的媒介素质也会得到一定的提升。又如《艺术人生》，常常在中央电视台网站登出"紧急寻人启事"，寻找近期嘉宾的故友亲朋或热心观众；《百家讲坛》在网上为《明十七帝疑案》征集问题，由专家答疑。当网络运作成为电视文化产品的一部分时，它带来的不仅仅是形式上的变化，还有节目制作理念、节目风格等一系列的变化，这必将在总体上对电视文化产生重大的影响。

（三）网络成为普通电视受众发表意见、相互讨论的平台

电视媒介主要是一个播放平台，它在处理收视反馈意见、组织电视话题

讨论等方面做得很不够。《电视你我他》稍微沾点边，但它关注的主要是导演、演员及拍摄过程，而不是受众的意见反馈，至于结合社会体验对电视作品中的人物、主题进行剖析更不是它的重点。在这一点上，网络却充分体现出它的论坛性质，成为电视受众发表意见、相互讨论的重要平台。尤其是在电视台网站上，围绕电视作品的讨论始终非常热烈。其实，这些话题既有意思又有意义，虽然在有些人看来它还属于泛泛的观后感，缺乏媒介理论支撑，顶多算是文学解读，但是，它已经触及电视文化的边缘，涉及受众心理、社会文化氛围与电视文化产品的关系等基本问题。比如，当电视剧《任长霞》热播、《民工》即将在中央电视台第一套节目黄金时段首播之时，中央电视台网站的"视说心语"就出现了这样的帖子：《〈任长霞〉印象》《期待电视剧〈民工〉》，反映出普通受众的心声。当韩剧《看了又看》《人鱼小姐》处在收视热潮之时，中央电视台网站上关于片中主人公金珠、银珠、雅俐瑛的争论也相当热烈。

不可否认，这些论说往往只是一些对一般电视文化现象的杂感，相当琐碎，而且常停留在电视作品本身，缺乏对电视文化的宏观的、深入的思考。但是，它为电视文化产品的生产者提供了必要的反馈意见，为电视文化的研究者指示了电视文化的走向，为电视文化的繁盛打下了深厚的群众基础，营造了一个十分有利的氛围。其实，我们对任何电视文化话题的思考不都是从现象开始的吗？

（四）网络构建了深入研讨电视文化的专业性学术平台

相对于研究电视文化的专业性学术杂志，网络为所有电视文化的爱好者搭建起更大、更民主的学术平台。前者一般是电视人、相关学者、研究者的固定阅读对象，离"圈外"的电视文化爱好者有相当大的距离；而后者却广泛吸引了具有一定专业背景和专业兴趣的所有网民，包括业界精英、专家学者、相关专业研究生和电视文化建设的热心人。这样的网上学术平台以中央电视台网站的《电视批判》为代表。它于 2002 年 7 月 2 日开版，以"理性的思考、建设性的批判"为旗帜，致力于从理性、文化、思想等角度，对现代最强势的传播媒体进行冷静、客观、公正、全面、多视角的透视和分析，以发现当前电视文化中的问题，探讨解决问题的策略，促进中国电视文化的健康发展。在这个网上空间，人们进入了对电视文化内在品格的深入探讨，发言者更具有批判意识和争鸣意识，思考也更加理性、透彻。从另一个角度来讲，也体现了不同媒介之间相互监督、质询的精神。

1. 网络营造了电视文化批判的立体生态

尽管具有一定的专业性、学术性，但网络的媒介特点使这个电视文化论坛之门向所有人打开，对网民来说，只有愿不愿进的问题，没有能不能进的问题。在这个"开门讨论会"上，进入者都可以就设定的话题展开发言、提出问题或质询。《电视批判》的发展目标之一就是把这个网络板块建设成"精英话语与大众意见的对话空间"，体现网络这种"新媒体的文化力量"。从这里我们不难看出，它的初衷就是以网络为阵地，吸引所有关注电视文化发展的人，通过对话和交锋推进电视文化的全面进步，同时对"网络是娱乐媒体"的偏见进行有力的反驳，展示网络饱满的文化激情和严肃的文化精神。当《电视批判》开版 3 年之时，贾磊磊对它作出了这样的评价："第一，从一个学术讲台，变成了一个学术论坛，把过去仅仅发表学者个人的意见，整合为一种群体性的学术论坛，起到了推进电视学术发展的积极作用。第二，从传播学术思想变成与校园、学术机构及其相关的出版机构进行相互沟通、学术互动的一个平台，把单向的学术思想传播变成了一种相互的交流和促进。第三，从过去收集某些学术的思想和观点到现在开始对不同学科、不同领域、不同层次的学术思想进行整合，进而在一些重要的问题上表现出《电视批判》高端的学术品格。"①

"在辩难中发现真理"这条铁律在社会科学领域尤其适用。而"电视文化"这个宏大的研究课题又在社科领域具有相当的特殊性，它既包含着深刻的学术性，又具有鲜明的时代性和突出的实践性。因此，其研究者和思考者当然需要具备一定的理论修养，同时，对电视文化产品广泛接触和丰富的感性体验也是必备的。而后者正是电视文化爱好者进入网上电视文化论坛的现实基础。在网上，他们常会提出一些看似肤浅的问题，而这些问题往往涉及电视文化中的某些基本命题。最简单的问题往往是最难回答的。"疑义相与析"是最有效的解决之道，通过不断的跟帖讨论，这些问题的答案会变得越来越明晰，至少通向答案的途径会逐渐显现出来。其实，我们认真考究网上的电视文化批判文字就会发现，其讨论的深度并不亚于专业杂志，在论题的广度上，甚至超过了专业杂志。它不但有着对电视文化诸种现象的全面总结，还有着对优秀电视文化本质的深深追问。因此，张颐武在谈到《电视批判》时才会感慨地说："网友的作用其实更为鲜明，网友们提供的真知灼见既给专家提供深刻的启悟，也为电视的文化发展展示了普通人的智慧和悟

---

① 贾磊磊语，中央电视台网站，http：//bbs.cctv.com.cn/board1.jsp？bid＝1720，2005－7－8 19：17。

性，专家们的思考固然是多年研究的结果，但网友即兴的发言，也是中国电视发展的不可缺少的意见。"①

如果关于电视文化的讨论只是集中在有限的学术圈子内，难免走进脱离现实的象牙塔，那么搭建在网络上的学术平台不但为所有电视文化的爱好者打开了大门，而且有着朴实而感性的召唤力量。不论观点是否一致，只要能引发热烈的依附，营造活跃的讨论氛围就已经成功了。因为它建立起了一个电视文化批判的立体生态。在这里，参与者众多且呈现出明显的多元化特征，人们的见解有高下之分，却无身份的贵贱之别，学术空气非常民主。因此，它成为电视文化研究者常规性的网上讨论室和取用方便的资料库，同时，它也源源不断地为电视媒介从业人员提供了建设性意见。这种"百花齐放，百家争鸣"的学术氛围是电视文化建设最可宝贵的财富。

2. 网络对电视文化的建设性批判

批判是最有战斗性的建设力量，"所谓批判就是研究反思评论，评点的意思，电视批判就是既对电视本身进行批评同时也对这种批评进行判断，批判批判就是且批且判，也就是说不仅批评电视也批评电视的批评，这样才是完整的、立体的、像样的电视批判。电视是强势传媒，但缺乏强势的研究批评评论，就等于没有人来维护电视这架快车，这是很危险的"②。只有大家共同参与、积极维护，电视文化的健康才有保障，网上电视文化批判就是一个优秀的保健医生。网络不但使电视文化批判更具现代性、民主性，同时也更具建设性。因为它不是务虚空谈，而是有着极强的现实针对性和一定的可操作性。因此，以网络为平台的对电视文化的建设性批判不仅有着存在的合理性，还有着存在的必要性。

张颐武曾经指出，电视批判包括三个方向："一个方向是反思的批判，就是对以往电视所做的工作进行反思，对电视文化所表现出的种种问题和优点进行深入的揭示，对电视人和电视文化发展的轨迹进行描述；第二个方向，追问式的批判，对电视所具有的理论的价值进行追问，对于电视的学理的探讨进行追问，这个方面首先是说电视的价值是什么，其次是说电视的形态表征如何展开，这些方面的学理探讨都是批判的题中应有之义；第三个方向，展望式批判，对电视的未来，对于中国电视文化的未来进行展望，对未来的发展小到一个节目，一个栏目，大到整个电视文化，电视产业的走向，都进

① 张颐武语，中央电视台网站，http://bbs.cctv.com.cn/board1.jsp? bid＝1720，2005－7－8 19：22。

② 周月亮语，中央电视台网站，http://bbs.cctv.com.cn/board1.jsp? bid＝1720，2002－7－2。

行充分的展望。这三个方面，反思，追问和展望都是我们电视批判展示的独特的空间。"① 在网上电视文化批判中，对这三个方向的探讨都相当深入。

（1）反思式批判

正因为电视是强势媒体，所以几乎每个参与网上讨论的人都对电视文化现象有广泛、深入的接触，并在平时不断积累起对这些现象的感性和理性思考。反思式批判正是这些现象和思考直接触发的结果，它是对电视文化诸种现状的冷静剖析和细致总结，其中既有充分的肯定，也有尖锐的否定，还有严肃的置疑。真正的电视人能够勇敢而坦然地面对网民的所有批判，因为，不论网民发出怎样的声音，它都将有助于电视人的自省和电视文化产品的可持续发展。正是带着这种谦虚自省的精神，中央电视台网站从 2004 年开始每周四下午邀请中央电视台一个电视栏目的主创人员做客 CCTV.com，和网友进行总结、分析、探讨电视节目运营中的一系列问题，从而解决电视发展中的一些实际问题。通过网上严谨的剖析与反思，不但取得了较好的社会效果，也对电视栏目的创新和发展起到了积极的作用。

最熟悉的电视文化现象中往往包含着最普遍、最深刻的媒介原理和文化内涵，借助网络这个互动平台，人们对这些电视文化现象展开了条分缕析的讨论和严肃的反思。在中央电视台网站的《电视批判》中，人们对当前电视文化的种种问题进行了全面扫描。比如电视中的性别歧视问题、电视人的素质问题等，其中最具典型性的是关于春节联欢晚会的反思性批判。对这个问题，人人都有发言权，因此，网上的争论十分激烈。现在，人们不再对春节联欢晚会一味地肯定、追捧，辩证而冷静的反思成为讨论的主流。人们总结春节联欢晚会的进步和积弊，考察制作方的策划理念和社会反馈，还对其有无继续举办的必要等问题进行了激辩。不辩不明，不破不立，反思式批判正是在对既有问题的剖析中实现对电视文化的创新性建设的。

（2）追问式批判

电视文化理论包孕丰富，电视文化产品形态多样，在电视文化的发展过程中，其内在品格和终极价值始终是电视人和学术界最关注的问题，也是电视文化产品必须回答的问题。它涉及电视文化理论中最基本的范畴，同时也与具体的电视文化形式紧密相联。对这些问题的深深追问体现了人们对电视文化本质的深入探求和力图站在历史的高度把握现实电视文化建设全局的科学精神。网络以开放的姿态为所有的电视文化思考者提供了一个不断追问的空间，中央电

---

① 张颐武语，中央电视台网站，http://bbs.cctv.com.cn/board1.jsp? bid = 1720，2005 - 7 - 8 19：22。

视台网站的《电视批判》就是其中最具人气的网络空间。追问中我们老是绕不开那些基础的命题：电视文化与娱乐的关系、电视文化的民族化、文化与电视文化、中外电视文化比较、电视与文学的关系、视觉文化在电视文化中的层次和地位、我们需要什么样的电视文化、我们需要什么样的电视传播观念……因为电视是典型的大众媒体，所以这些命题尽管宏大却并不抽象。人们执著的追问对电视文化的建设有着深刻的现实意义，因为正是对这些基本命题的认识决定了电视人在面对具体节目形态时的策划理念和操作态度。在《电视批判》中，人们还就具体节目形态的评价标准和人们对这类节目的内在要求发出了不断的追问。如我们需要什么样的节日文化与节日电视、我们需要什么样的谈话类节目、我们需要什么样的引进类节目、我们需要什么样的主旋律电视剧、我们需要什么样的电视纪录片……在电视文化转型时期这些追问尤有意义。随着经济、科技的发展，电视文化中出现了农业文化、工业文化、信息文化并存的局面，电视文化的走向和具体节目的处理成了一个复杂的问题。同时，"电视是一个最富创意的现代领域，它与我们当代的创意文化、创意经济密切结合在一起"①。因此，借助网络这个开放空间对电视文化的基础命题和各类节目的发展方向进行公开的追问有着迫切的现实必要性。在网上，对这些问题的不断追问显示出严肃的批判精神，它让一度流于迎合拍马的电视批评回到它科学的本位，坚守了批判的建构的姿态。

（3）展望式批判

每个受众心中都有对电视文化理想图景的勾勒，在网络电视文化批判的平台搭建起以后，这种日常的公众话题有了新的交流空间。对电视文化美好的展望总是与对现状的不满和批判联系在一起的。受众的需求就是社会心理的需求、市场的需求，它有着现实的合理性，也常与学理相暗合，它是电视文化不断前行的根本动力。因此，归根到底这种展望是电视文化自身发展规律的要求，是网民对电视文化发展的建设性意见。

从网络电视文化批判的实际来看，这三种批判往往是结合在一起的，体现出一种层进的关系。在现状中发现问题、总结成败得失，追问其中隐含的电视文化本质、探寻其终极价值，结合电视文化的本质要求和现实可能性对其发展作审慎的预期。只有把这三者有机结合在一起，网络电视文化批判才真正具有建设性。这种批判既非传统的就文化谈文化，也非秀才的纸上谈兵，而是既坚守人文精神内核又结合传媒政策、市场经济、全球化浪潮等多

---

① 金元浦语，中央电视台网站，http：//bbs.cctv.com.cn/board1.jsp？bid＝1720，2005－07－02 21：11。

种现实因素的建设性批判，因此，这种批判尤为可贵。可见，依托网络展开对电视文化的深度讨论不仅具有现实的可能性，也越来越成为一种必要。

站在历史和发展的高度考察电视和网络的关系，我们不难得出这样的结论：相对于报刊、电影和广播，网络与电视的彼此渗透和相互促进作用表现得更为突出。通过激烈的竞争和网上严格的监督批判，电视文化不断修正自己的发展方向，广大受众的媒介素质也大大提高，这有利于从源头上提升电视文化的层次。

通过对电视文化媒介环境的综合分析，我们明确了以下两点：

其一，人的精神需求是多样的、多层次的，单一的媒介样式无法满足现代人的需要。不同的媒介特点正是它们各自存在的特殊价值所在。随着科技的进步和竞争的加剧，新的媒介总是体现出超强的技术整合能力。媒介理论家保罗·莱文森在研究了媒介长期演化的过程后得出结论：演化趋势是对媒介和技术存在前的传播手段更加全面的复制。[①] 张君昌在《超媒体时代》中也说："人类社会传播形式的变化趋势可以通过传播介质的变化反映出来。这一变化趋势并不是媒介依次取代的过程，而是一个相互叠加的过程，是人类使用的传播媒介不断丰富、日益多元化的过程。"[②] 各种媒介都为电视文化的发展不断提供新的思路，它将对电视文化的内容、形式、共享范围等产生重大影响。

其二，各种媒介互为媒介文化建设的平台。如同自然生态中各物种的竞争、共存一样，媒介生态的和谐也有赖于多个媒介的竞争与相互制衡。一种媒介即使再先进，如果不从其他媒介中感受竞争危机、吸取他者所长，其媒介优势也会逐渐丧失。一家独大的局面不利于媒介的自我完善，强劲对手的存在是避免懈怠、勇争一流的必要条件。媒介间的相互监督和批判为媒介文化的整体建设不断注入新的活力。电视文化以其对社会生活的重大影响力而成为了其他媒介广泛关注和讨论的对象，而电视文化也正是在这样的环境中走向和谐、进步的。

所以，在讨论媒介环境时，我们不要只把目光局限于其他媒介与电视媒介的市场竞争上，还要看到多元并存的媒介生态对电视文化的积极影响。不论何时，我们面对媒介环境的心态都应是积极而坦然的。

---

① ［美］约书亚·梅罗维茨著，肖志军译：《消失的地域：电子媒介对社会行为的影响》，清华大学出版社，2002 年版，第 116 页。

② 胡妙德：《大文化视野的观照——写在〈超媒体时代〉再版发行之际》，载《电视研究》2005 年第 2 期。

第八章　多样形态：电视文化传播的载体

　　电视节目作为电视文化传播的载体，具有丰富多样的表现形式。按照不同的标准，可以对电视节目进行不同的分类。按照节目内容的性质，可分为政治节目、经济节目、文化体育节目；按照电视节目的成分，可以分为综合节目与专题节目；按照电视节目的主要结构形式与播出方式，可以分为独立节目、系列节目、连续节目；按照电视节目的播出方式，可以分为现场直播节目、录播节目等。此外，还有一些特殊节目，如具备特殊传播形式的图文电视节目，针对特殊传播对象的手语节目。在我国得到电视界普遍认同的是电视节目"四分法"，即根据电视节目所起的作用，把电视节目分为新闻类、社教类、文艺类、服务类四大节目形态。① 在这些不同标准下的电视节目还可以进一步细分，其形态可达近百种之多。本章从电视文化传播载体的角度出发，重点截取电视新闻、电视纪录片、电视谈话节目、电视综艺节目、电视剧、电视广告这六种电视节目中最具文化品质代表性的节目形态，对电视文化在不同节目中的具体表现做较为深入的梳理。

第一节　电视新闻：主流意识形态的载体

　　电视新闻是电视新闻类节目的总称，是以现代电子技术为传播手段，以图像、声音、文字为传播符号，对新近发生、发现或正在发生的事实的报道。与报纸、广播新闻相比较，电视新闻具有视听兼备、声形并茂、直观生动、现场感强等特点。此外，电视新闻可以充分发挥屏幕上人际传播的优势，使记者、主持人与被访对象、观众能够"面对面"交流、沟通，使观众容易产生身临其境的"参与感"。

---

　　① 参见欧阳宏生：《广播电视学导论》，四川大学出版社，2002 年版，第 266 页。

电视新闻包括丰富多样的节目形态。民生新闻是关注人民生计，关心普通老百姓的生存状态与生存空间的新闻。公共新闻则在报道基本事实的同时，让新闻传播者以组织者的身份介入到公众事务中，发起公民讨论，组织各种活动，寻求解决问题的对策，使公共问题最终得到解决。[①] 电视新闻杂志的得名缘于其杂志性的编排，即指电视借鉴了杂志的详报性，依据一定的话题或线索对不同风格的节目进行编排的一种格式，是内容相对独立、形式各不相同的节目在主持人的串联下组成的一个节目群。电视新闻现场直播以新闻现场的多机位拍摄、现场编辑与卫星传播直接相连的现场新闻即时传送为主体，综合背景资料、相关知识介绍、演播室的串联、评述、现场记者采访及多个现场之间的交流为一体的综合报道系统。电视读报节目将报摘、报评引入电视，用声画语言来解读报章的一种电视新闻节目，它有时是以栏目的形式出现，有时是栏目中的一个板块。"说新闻"是人际交流中语言传播样式在大众传播领域的运用，表现为语言口语化，语体结构松散，对语境依赖性强，给人明快、新鲜的感觉。说新闻的"说者"往往个性鲜明，与受众心理距离贴近，平等感、交流感强，保持了其在人际交流中的传播优势。电视新闻评论节目是一种运用电视手段，以声画一体的电视语言对新近或正在发生的重大事件或重大社会问题发表意见，进行分析和评述的节目形态。

1958 年 5 月 1 日，我国第一座电视台——北京电视台成立。6 月 1 日，北京电视台播出了我国第一条电视新闻，内容是《红旗》杂志创刊。半个世纪以来，我国的电视新闻取得了巨大的发展。1993 年是我国电视新闻发展史上的重要里程碑。1993 年 3 月 1 日，中央电视台第一套节目实现了整点播出、新闻直播和重要新闻滚动播出，大大提高了新闻时效。5 月 1 日，大型"新闻杂志"栏目《东方时空》开播，以其丰富的信息和高品位受到观众好评并成为名牌栏目。更具意义的是，中央电视台新闻频道于 2003 年 7 月 1 日起正式全天 24 小时播出，其节目形式丰富多彩，在栏目定位、频道结构、节目内容和表现形式等方面都进行了改进和探索，成为新世纪电视改革的一面旗帜。从此，新闻节目正式进入专业化操作体系，个性、精品栏目逐渐成为新闻节目的主流。中央电视台的《新闻联播》节目在报道内容和形式方面也出现了重大变化，而在它的影响下，各地电视新闻报道也呈现出更加多元化、平民化的发展特征。其中一大亮点就是民生新闻的出现，它以生活的贴近性、形式的灵活性受到了群众的欢迎。

新闻节目独特的社会作用和自身价值决定了它在电视节目系统中的重要

---

① 张思超：《从民生新闻到公共新闻》，《南方周末》，2004 - 11 - 04。

地位。尽管由于国情不同，各个国家对新闻的取舍有着不同的标准，但都把电视新闻视为电视台赖以生存的基石。在西方发达国家，很多电视台都只保留新闻和广告节目，文艺、服务、教育等节目则完全走向社会。可以说，新闻节目作为电视台的立台之本和最重要的节目形式，既是我们党和人民历史的选择，也符合世界电视的发展趋势。

一、电视新闻的文化功能

文化既是人类活动的产物，同时又反作用于人类活动。电视媒体所承担的主要使命就是一种文化作用，电视新闻作为电视文化最重要的表现形态之一，自然也置身于与文化的这种互动关系之中。它既受文化的制约，又对文化有反作用，即参与文化的构建和文化的弘扬，影响观众的文化选择，培育观众的文化品格。具体而言，电视新闻作为电视文化的一种精神产品，主要通过承载主流意识形态和参与引导文化价值观来发挥自己的文化作用。

(一) 承载主流意识形态，以正确的舆论引导人

电视新闻作为对国内外新近发生事件的如实报道，是一种主要的社会舆论工具。社会舆论是指社会上多数人的议论、意见及看法，在本质上是一种思想控制。我们党和政府就极为重视电视新闻的传播功能，并明确要求电视新闻工作者要"把坚持正确的舆论导向放在工作的首位"。1996 年 9 月 26 日，江泽民同志在视察人民日报社的讲话中指出："党的新闻事业与党休戚与共，是党的生命的一部分。可以说，舆论工作就是思想政治工作，是党和国家的前途和命运所系的工作。"讲话揭示了新闻工作与党和国家的关系，与革命和建设事业的关系，给新闻工作以更新、更高的定位，进一步明确揭示了新闻工作的重要性。因此，我国电视新闻中旗帜鲜明的意识形态性质仍然是当前电视主流文化的核心。电视新闻不可避免地要成为一种意识形态的载体。

与法律法规的强制性不同，电视新闻的意识形态性体现在对党和政府的政策法规、大政方针，国家领导人的重要言论的报道以及电视人对社会重大事件的评述时，从主流意识形态的立场、角度出发，具有鲜明的政治文化色彩。电视传播媒介对社会、对人的影响主要是通过舆论导向来实现的，即通过传播国内外各类新闻信息，创造良好的舆论环境，为我们社会的和谐发展提供良好的外部条件。如中央电视台的《焦点访谈》栏目，在"法轮功"分子 2001 年元旦于天安门广场自焚事件一周年之际所做的两期报道，通过对"法轮功"给社会和家庭带来巨大伤害的大量事实的报道，让电视观众认清

了"法轮功"的邪恶本质，进而使一些痴迷"法轮功"的人员迷途知返。可以看出，电视新闻是以具体、生动的画面信息，潜移默化地行使着规范人们精神观念和社会行为的作用的。

当前我国电视文化所处的具体语境也对电视新闻的舆论导向作用提出了更高的要求。一方面，经济全球化使西方的价值观念、文化产品通过各种渠道输入和渗透到我国，媒介技术的飞速发展，尤其是互联网的出现，使对信息的封锁和控制几乎变为不可能；另一方面，市场经济的发展正冲击和变革着传统的观念和思维方式，媒介的舆论引导对人们新的价值观念将产生重要的影响。面对纷繁复杂的文化语境，电视新闻只有通过承载主流意识形态，把握正确的舆论和文化导向，才能真正使电视文化成为时代精神的代表，成为一种健康、进步的理性引导力量，从而形成普遍良好的价值观念体系和积极向上的社会文化氛围。

(二) 承载主流文化价值观，培养健全人格

要真正促进社会的和谐、健康发展，除了总体文化氛围的营造外，最重要的是要落实到具体的人，落实到对人的人格的塑造。电视新闻作为电视传媒的一个重要窗口，肩负着塑造健全人格的任务，即要培养人们集认知结构的真、伦理结构的善、审美结构的美三位于一体的人格结构。当今电视新闻改革的关键在于必须从整体上提高新闻的文化品位和表现艺术，才能进一步吸引受众、引导受众。

当今社会正处于转型阶段，社会群体或不同社会阶层的政治、经济、文化利益面临重新调整和重新分配，而在重构、优化新结构的过程中，电视文化得到了充实和发展，同时也不可避免地出现了一些不良现象。一方面，随着通俗文化节目进入电视媒体，电视新闻也改变了过去单一的"政论性"面孔，开始与世俗文化接轨。其中，民生新闻的开拓者《南京零距离》和湖南卫视的《晚间新闻》，对新闻内容和形式的世俗化、大众化作出了有益的探索，深受老百姓欢迎，在全国范围内掀起了一股"民生新闻热"。电视新闻逐渐从人文教化的居高临下的姿态部分地转变为近距离的水平方向的人文关怀。另一方面，过分强调世俗化，使电视媒体变得肤浅和简单，电视主流文化和精英文化被逐渐消解甚至排斥。庸俗化、世俗化的文化价值观使部分电视新闻虚假失实、哗众取宠，给观众的人格塑造带来极其恶劣的影响。电视作为现代社会最强有力的文化扩散工具，对于保证通俗文化的健康发展和拓展精英文化的生存空间意义重大。电视新闻要承担起积极的文化责任，为社会的文化建设做出相应贡献。

　　作为具有五千年历史的文明古国，我国有深厚的民族文化积淀，这与改革创新的时代精神相结合，便形成了我们独有的优秀的文化价值观，其最本质的观念是重视人的道德修养，主张人们通过自身的修养和学习，成为积极进取、扶危济困、尊老爱贤的有理想的人，总之，成为一个人品高尚、人格健全的人。因此，电视新闻在传达各类信息的同时，要善于发掘和表现新闻背后的思想、文化内涵，用具备优秀文化价值观的电视新闻精品感染和打动受众，塑造受众健全的人格结构。

二、电视新闻的发展方向

　　从上面的阐述可以看出舆论导向和文化导向在电视新闻中的重要性。电视新闻节目播出后要产生良好的社会效果，要真正通过感染人、打动人达到影响人的目的，必须在各方面提升自己的文化品格，增加自己的文化含量。

（一）提升记者、编辑的文化品格

　　在电视文化品格的提升中，电视新闻记者、编辑作为电视新闻节目的采制者，无疑是提升电视新闻文化品位的主体。为了更好地担负起以正确的舆论引导人的任务，新闻工作者必须努力提高自己的思想政治素质和业务素质。高尚的品格会表现出高尚的趣味，要提高新闻的质量，首先要提升记者、编辑的文化品格，树立理想信念、民族自信心，从具体的一言一事去体现先进文化。首先，电视新闻记者应站在时代的前沿，将自己的新思想、新观念、新方法，将文化理念融入采访拍摄之中，体现生活的真、善、美，展示人们对美好未来的理想追求。其次，记者在采访过程中应努力透过新闻事实，挖掘出新闻深层次的含义，用文化的视角去思考，用审美的眼光去捕捉新闻事件的内涵和新闻人物的内心感受，把今天的新闻与昨天的背景联系起来揭示出其对明天的意义。

（二）丰富、充实电视新闻的文化内涵

　　在电视新闻文化建设的过程中，一方面要追求通俗，拒绝庸俗，以严谨的态度向受众提供及时、准确的信息，使受众通过健康向上的节目对自己所处的世界产生准确的认识。另一方面，电视新闻要努力增加节目的思想厚度，在对社会现象进行描述的同时，更要进行深入的思考，探究现象背后的深层意义和道理，阐明社会目标，高扬社会良性发展所应倡导的价值观，提高整个社会的文化水准。

　　任何文化都不可能是一成不变的文化，电视文化也应跟随时代的前进不

断进行扬弃和更新。电视新闻需要以显著的开放性、兼容性吸收海外的先进经验，紧追世界先进的潮流、意识、技术，通过学习来保持自身的活力。这种学习应该是广泛的、全方位的，不仅是先进设备、技术的引进、使用，还包括新闻部门的管理机制、新闻节目的包装技巧、新闻记者的进取精神等等。

（三）注重电视新闻的审美性

目前，对电视新闻的功能的认识仅仅停留在对其传播信息功能的认识上显然是不够全面的。如果没有良好的表现形式，电视新闻的舆论引导和文化影响功能不仅会大受影响，还可能引起受众的逆反心理。电视新闻也应该具有一定的审美性，同其他艺术一样，给人们带来审美愉悦和审美享受。也就是说，电视新闻不仅应向人们展示客观事实，而且应通过新闻叙事手法的娴熟运用，新闻表现手段的综合运用，使人感兴趣、使人快乐、令人惊奇，使自身具备吸引观众来看的魅力。形象性和现场感是电视新闻十分重要的审美特征。现场直播带来的同步时效性是电视新闻吸引观众的又一魅力。如果说鲜活的画面是电视新闻的生命力，那么强烈的现场感则是电视新闻的核心元素。电视新闻应依靠富有视觉冲击力的画面、令人震撼的事件现场、内涵丰富的细节、充满悬念的叙事结构，增强新闻的审美性，使信息的传播更富有感染力和影响力。

总之，电视新闻文化品格的构建不仅应该关系到民族的文化进步和思想进步，还关系到大众健康的文化追求，电视新闻责无旁贷地构筑起更为高尚、更为时代化的文化品格，并以此来引导和影响我们的受众。

第二节　电视纪录片：电子时代高品格的文化代表

电视纪录片是指运用现代电子、数字技术手段，真实的反映社会生活，展现真情实景，着重展示生活原生态，排斥虚构的节目形态。纪录片是审视当代现实生活的非常重要的窗口，同时也是电子时代高品格的文化代表，是媒体总体制作水平的重要标志。

电视新闻纪录片是指"采用电子摄录手段为新闻报道而制作的一种纪录片。电视新闻纪录片对政治、经济、文化、军事、历史、社会生活和自然现象等新闻题材，作较为系统、完整、深入的报道。它要求以现实生活和具有现实意义的历史事件为表现对象，不允许虚构、扮演和补拍"①。

　　在中国，纪录片与新闻纪录片往往被混为一谈，这种误解的形成有其历史原因。我国早期的纪录片大多由中央新闻纪录电影制片厂摄制，而且，当时电视台播放的"纪录片"几乎全都是"新闻纪录片"。此外，两者都有记录的特性，有报道性，并且随着新闻深度报道的兴起，纪录片与新闻纪录片在时效性上的区别也日趋模糊。其实，新闻纪录片只是纪录片诸多样式的一种，两者虽然都具有记录的特性，但纪录片将记录作为手段而不是目的，真正将记录作为目的的是新闻片。新闻纪录片本质上是记录性与及时性的结合。除此之外，纪录片还有艺术性、欣赏性、学术性等，它不仅为观众提供信息，还为观众提供丰富的情感和人文内涵。

　　中国电视纪录片诞生于 1958 年，在半个世纪以来的发展历程中，中国电视纪录片经历了起步期（1958 年—1978 年）、发展期（1979 年—1990年）、繁荣期（1991 年—1996 年）及拓展期（1997 年—现在）这四个时期。在这一历史发展过程中，纪录片经历了从粗糙到制作精良，从个性模糊到多元、风采各异的变化，已经成为电视节目形态中的重要一员。

一、电视纪录片的文化特性

　　目前，电视纪录片已成为中国荧屏上的一个亮点，不仅在国内发展迅猛，吸引了广大受众，而且不少中国电视纪录片还开始走向世界，频频在国际电视节上获奖。中国的电视纪录片，正从历史的中国走向现实的中国，从自然的中国走向社会的中国，从封闭的中国走向开放的中国，成为引领中国电视文化发展方向的领路人。

　　电视纪录片被公认为是电子时代高文化品格的代表。无论中外，在电视的所有节目形态中，对纪录片的文化评价都是非常高的。在中国，一般认为"纪录片是最有品位最有魅力的电视作品。纪录片体现着一个电视台的综合实力和品位"②。在国外，理论界也认为"纪录片仍然是电视广播领域中一个有威望的领域，并为制片人和电视机构赢得荣誉"③。在当今电视走向产业化、技术化的进程中，纪录片仍然强调人文精神和审美价值。因此，从电视传播的现状看，虽然纪录片的收视率在总体上不及电视剧和某些综艺节目，但在公众中的美誉度颇高，而且通常吸引的是高端市场的观众。

　　①　赵玉明、王福顺主编：《广播电视辞典》，北京广播学院出版社，1999 年版，第 102 页。
　　②　石屹：《电视纪录片：艺术、手法与中外观照》，复旦大学出版社，2001 年版，第 324 页。
　　③　大卫·麦克卢恩：《理解电视》，华夏出版社，2003 年版，第 116 页。

20世纪后半期，文化领域经历了深刻的变迁，主要体现在两个方面：其一是大众文化迅速崛起，逐渐取代了精英文化的主导地位；其二，则是全球性文化出现，并与民族文化既融合又对抗。这一变化折射到电视文化领域，表现为主流文化和大众文化都得到了空前的发展与繁荣，精英文化则被相对削弱，而边缘文化更是少有体现。但在纪录片中，价值观更加宽容，文化视野更加开放，使主流文化、大众文化、精英文化和边缘文化这四种文化形态都获得了巨大的发展空间。

纪录片涉及历史的、自然的、社会的、民族的、世界的各种文化内容，它的真实性和关注生活的深刻性，它对多种文化形态的兼容性都是其他电视形态所难以比拟的。

（一）主流文化的导向性

与西方纪录片走的电影道路不同，中国电视纪录片产生于国家政府机构中的电视台，以栏目为依托来制作、播出纪录片。中国是社会主义国家，新闻媒体是国家意识形态的重要组成部分，为国家的意识形态服务成为对任何一种媒介样式的首要要求。因此，我国多数纪录片都有一定的主流文化的倾向性，如《邓小平》《香港沧桑》等大型电视纪录片中对英雄人物和有重大意义的历史事件的再现，对爱国主义、集体主义、奉献精神、牺牲精神等的热情讴歌，对吃苦耐劳、尽忠职守、谦和礼让等精神的充分肯定。

（二）大众文化的平民性

随着中国的进一步改革开放和全球化浪潮的冲击，迅猛发展的大众文化在纪录片创作上打下了自己的深刻烙印。通俗化、平民化，接近生活、接近百姓成为纪录片的又一发展方向。最具代表性的是中央电视台"讲述老百姓自己的故事"的《生活空间》栏目，在这一栏目中，纪录片的视角由以往关注政治人物和精英人物转为关注普通的平民百姓。《毛毛告状》《大动迁》这些饱含平民姿态的优秀纪录片通过纪录个体生命的多元状态，描绘当下时代的平民生活，揭示人物的性格和命运，展示生命中最真挚的情感，体现出强烈的人文关怀精神。

（三）精英文化与边缘文化的和谐共谋

纪录片的深刻性和兼容性在精英文化中体现得最为明显。精英文化不仅以其对社会的反思、批判意识和人文关怀参与了主流文化和大众文化的构建，还以其对"个性化"的执著追求达成与边缘文化的和谐共谋。边缘文化的个性和精英文化的深刻性在"文化人类学"的纪录片中完美地融合。获得亚广联纪录片大奖的《沙与海》《最后的山神》都通过对边缘状态下的个体和人群进行客观的纪录，关注即将消失的文化和边缘性人群，并在人性的层面上开掘出深刻的内涵。对边缘文化的关注和展示，为文化之间的相互了解和沟通架起了一座桥梁，使我们对文明进程的评价和反省更加客观、科学。从站在人类发展的高度来关注一个民族、关注人物命运的角度讲，精英文化和边缘文化的目标无疑是极其一致的。

在文化的共存与融合中，中国的纪录片逐步走向了成熟。比如《生活空间》，它最初的定位是以提高人们的人文教养水平为宗旨，然而随着电视实践的深入，创作者发现应努力捕捉飞速变化的社会带给人们新的情感、心理的变化，于是就将定位调整为以实现人文关怀为主旨。这使其既不违背主流文化的倾向性，又融合了大众文化的接近性。同时，一些优秀的纪录片还做到了社会价值和市场价值的双赢。纪录片《较量》不仅在全国引起强烈反响，还在北京取得了当年票房收入亚军的好成绩。上海电视台的《纪录片编辑室》收视率曾一度高于电视剧。另外，中央电视台的《点击黄河》，《Discovery》和《国家地理杂志》等纪录片都深受欢迎，取得了不俗的收视率。

二、电视纪录片的发展方向

虽然我国纪录片创作的数量逐年递增，但有新意、有个性、高水准的纪录片并未同步增长。我国的纪录片在国际上虽时有获奖，但题材种类单一，不少种类尚处于缺席状态。因此，新时期纪录片要把握机遇，实现新的超越，必须在多方面加以改进。

（一）题材的突破

中国纪录片的题材较为狭窄，人文类、社会类、自然环境类题材较多，经济类、时事政治类、科教类题材相对少见。中国纪录片人对远离都市的边缘群体（如少数民族和偏远环境居住的人物）和社会弱势群体（如残疾人、流浪汉等）十分感兴趣，而对社会的主流群体反映较少。纪录片要取得题材的突破，一方面，可以跳出老、少、边、穷这样的惯性思维，更多地反映主流群体，对生活作多角度、多层次的立体式纪录，如记录当代著名的科学家、艺术家等。另一方面，富有个性化的题材选择是纪录片创作成功的基础。由于纪录片主要靠画面所记述的事件说话，因此在题材选择上要注意历史的厚度和文化的深度，注重人文关怀和审美性。

（二）注重真实美与艺术美的结合

这要求纪录片应该既具有真实可信的历史和时代气息，又具有极强的观赏价值和艺术感染力。纪录片制片人时间曾经说过：纪录片首先是思想的纪录，是思想的纪录才是个性纪录，是个性纪录才是艺术纪录，是艺术才有生命力。在纪录片创作中，真实美和艺术美应该紧密融合，不可或缺。

首先要具有真实美。"当一个真理、一个深刻的思想、一种强烈的感情闪耀在某一文学或艺术作品中，这种文体、色彩与素描，就一定是卓越的；显然，只有反映了真实，才获得这种优越性。"[1] 这一理论同样也适用于纪录片，它既表明真实是纪录片的生命，又说明真实美不是单薄的纪录，思想是纪录片的灵魂。纪录片中的思想不是抽象的说教，而是隐藏在画面之下，与具体形象融为一体。如《望长城》把一个具有文化感和历史感的复杂主题渗透到民歌手、蒙族汉子等许多活生生的人的生活中。《西藏的诱惑》透过丰富的自然与人文景观，将"西藏是一种精神，一种境界"以画面语言的形式展现给了观众。此外，真实美还体现在细节的感染力和主题的多重含义上。纪录片是具体的，它通过具体的故事和具体场景来表现生活，具有多重美感，带有丰富的内涵。如《沙与海》中打沙枣的片段：父子俩去打沙枣，用手一颗一颗把它们从沙子中捞起来，茫茫的沙漠中只有两棵沙枣树和两个渺小的人。具体的生活场景朴实中蕴涵着丰富的内涵，辽阔的沙漠、渺小的人形，隐喻着人与自然的二元对立；手在沙子里捞沙枣的长镜头，象征着对生命的爱惜与渴望。

其次要具有艺术美。再好的选题，再精彩的内容，如果没有新颖的表现形式和手法，也会显得苍白乏味。罗丹曾把轻视技巧的艺术家比作忘记给马喂料吃的骑马人，他认为"轻视技法的艺术家，是永远也不会达到目的的"[2]。一方面，纪录片以真实的生活、真实的故事为对象，具有记录性；另一方面，纪录片又相当"主观"，必须有艺术的取舍和创造，才有强烈的感染力。纪录片由于有着纪录与创造的双重属性，因而更应注重形式的作用。而作为实现这种目的的外在样式，不论是纪录片的内容、视角还是具体手法，都应是多元而不是单一的。

---

[1] 罗丹著，沈琪译：《艺术论》，人民美术出版社，1978年版，第50~51页。
[2] 罗丹著，沈琪译：《艺术论》，人民美术出版社，1978年版，第52页。

（三）注重与国际接轨

中国纪录片界流行一句话："用世界语言讲述中国的故事。""世界语言"主要指两点：

1. 注重题材与世界接轨

从人文关怀角度关注人类共通的主题与情感，如关注面向整个世界、人类生存、宇宙变迁、科技发展、自然环保等能跨越各民族之间巨大的文化差异的题材，关注人类共通的情感，从人性的深度激起观众的共鸣，将会使纪录片显得更加深沉大气。如获得国际大奖的纪录片《母亲，别无选择》，其前身是一个长度为20分钟的版本《为了孤独》，由于片子只讲述了一个令人同情的故事，在国内并无影响。然而，创作者在《母亲，别无选择》中，虽然沿用的是原来的素材，但他抓住母子亲情与母亲自己对美好生活向往之间的冲突，把叙事视点落在了母亲的矛盾心态上，将一种面对命运挑战所应有的顽强生命意识和抗争精神传递给了观众，超出了一般的母爱主题，因此，修改后的作品在国际上获得了大奖。

2. 国际化的关键在于叙述语言的世界性

首先，要注重叙述语言的故事性、情节化、细节化。精致的故事结构，引人入胜的故事情节，是满足观众收视兴趣的重要前提。处理好叙事中的细节纪录、个性纪录、典型纪录是纪录片达到审美层次必不可少的手段。同时，纪录片的叙事结构依赖并体现了创作者对现实的洞察和理解，是一种价值观念的体现。如王海兵的《藏北人家》，来源于他对"天人合一"和人与大自然和谐理想的追求；康建宁的《沙与海》得益于他在沙漠中坚韧的毅力；何苏六的《母亲，别无选择》也缘于他对"平朴"、"真实"性格的"别无选择"。其次，在制作规范化上要注意与国际标准统一，如技术指标、制作细节、纪录片长度等等，都要熟悉并采用国际上的通用标准。

第三节　电视谈话节目：人文关怀的典范

电视谈话节目，又称脱口秀（talk show），是将人际间的谈话交流引入屏幕，并将这种交流本身直接作为节目的内容和形式的节目形态。电视谈话类节目一般由主持人、特邀嘉宾和演播室观众直接参与组成，并就新闻事件或社会生活中群众关心及感兴趣的话题展开讨论或争鸣。从本质上来讲，电视谈话节目的形式是通过建立一种全国或地域性的谈话系统来实现它作为

"公共领域"的功能。它为大众提供了一种类似于古代议事厅那样的公共话语空间。与古代不同的是，当代电子媒介的平民化性质造成了这种公共空间的私人化。

电视谈话节目种类繁多。从参与人数和节目规模角度，可以分为小型与大型谈话节目；从栏目定位及话题对象角度，又可分为青年、老年、妇女、球迷等多种类型；从节目的内容和性质等方面，还可以分为话题类电视谈话节目、人物类电视谈话节目、新闻类电视谈话节目、评析类电视谈话节目。除此之外，还有知识类电视谈话节目、娱乐类电视谈话节目以及服务于生活的各类谈话节目。①

学界一般都把美国 NBC1954 年推出的《今夜》看作电视谈话节目的开端。电视谈话节目在我国存在的时间并不长，但其发展的轨迹大致与美国谈话节目相同，经历了传统和新式两个阶段。"传统的谈话节目"是指我国电视谈话节目处于萌芽时期的节目形态。它把镜头对准社会精英，采用"独白"或"对白"式的谈话方式，视点简单，缺乏层次，起伏不大。"新式的谈话节目"是较为成熟的电视谈话节目形态，它通过面对面人际传播的方式，借助电视媒介再现或还原日常谈话状态。通常由主持人、嘉宾、现场观众在演播现场围绕话题或个案展开即兴、双向、平等的交流，缩短了传媒与受众之间的距离，增加了节目的参与感、接近感和亲近感。与旧式谈话节目相比，新式谈话节目扩大了视点，开拓了谈话空间，富有思辨色彩；其关注重心由精英转向平民，转而关注普通人的生存状态，体现出媒介的人文关怀。

在我国，1960 年 11 月 4 日，北京电视台播出了周恩来总理 9 月 5 日同英国记者格林的电视谈话新闻纪录片，成为我国电视谈话节目的开端。② 20 世纪 90 年代以前，我国电视谈话节目的参与嘉宾多为领导和名人这类"社会精英"，节目话题多为政治题材。后期逐步有所突破，题材开始向政治、经济领域拓展；在节目形式上有与现场观众的交流、反馈，体现出一些新式谈话节目的特征。90 年代以后，谈话类节目在制作形式和发展上有极大提高，其中具有代表性的是 1996 年 3 月开播的《实话实说》。它借鉴国外脱口秀的形式，结合中国国情，创造出了具有中国作风、中国气派的谈话节目，取得巨大成功。于是，从中央到各省市电视台纷纷开办了谈话节目。据统计，至 2001 年 5 月，我国从严肃性的电视谈话节目到娱乐性的电视谈话节目

① 参见于泓：《电视谈话节目的分类》，载《新闻爱好者》1999 年第 3 期。
② 郭镇之：《中国电视史》，中国人民大学出版社，1991 年版，第 35 页。

已达 179 个。① 现在，"新式的谈话节目"内容越来越丰富、所涉及的范围越来越广泛。随着谈话节目的发展，人物访谈节目更多地把镜头从名人转向了普通人，而节目的受众也呈现出了分众化的态势。此外，谈话节目还开始注意在运作上走市场化的道路，并开始强调前期策划和品牌意识。

电视谈话节目的迅速发展是中国社会民主化进程的产物和佐证，是中国电视开放姿态和亲和力的重要特征。一方面，随着社会改革的不断深入，人们的价值追求从政治功利主义转向经济功利主义，对社会问题的思考趋于个人化和平民化。另一方面，由于电视谈话节目尊重受众的个性化需求，融大众传播与人际传播的优势于一体，真正体现了"传播本位"向"受众本位"转变的传播理念。所以，电视谈话节目以其强烈的参与性、互动性、娱乐性受到大众的普遍欢迎。

一、电视谈话节目的文化特性

在改革开放和社会转型的背景下，我国电视谈话节目的文化发展呈现出主流文化、精英文化、大众文化三种文化形态相互整合的态势。

主流文化是指党领导下的有中国特色的社会主义文化，它决定了节目的基本价值取向和指导原则。一方面，电视媒介作为国家机器的一部分，主流意识形态对谈话节目的控制是一个现实性的存在。在电视谈话节目中主流意识形态仍然强大、鲜明，要求其主导转型时期社会价值观的重塑，中央电视台的《实话实说》栏目就在认知方面的教育、社会关系方面的调解、观念方面的引导等方面体现了主导价值观。另一方面，主流文化对文化领域意识形态的控制有所松动，对非主流意识形态的包容度加大，"文化扮演的角色功能从意识形态的话语中心过渡到文化生产的多元化"②。体现在电视谈话节目中，一是节目嘉宾由以往单一的社会"精英"向普通老百姓转变；二是话题拓宽，不仅涉及政治、经济、文化、体育等各个领域，还涉及吸毒、艾滋病、婚外恋等敏感话题；三是节目层次越来越丰富，观点越来越多元。

大众文化是市场经济条件下，以都市大众的精神世界和生活为写照，以满足大众趣味为特点，通过媒介传播的消费文化，具备世俗化、娱乐化特征。目前，随着市场经济的深化，大众文化在电视谈话节目中发展迅猛，形成了巨大影响。一是选题更加生活化。电视谈话节目的选题主要以亲和性、平民性来赢得观众。话题一般与百姓的日常生活息息相关，如婚恋家庭、儿

---

① 何树春：《一切都是对话》（上），《新周刊》，2001（5），第 15 页。
② 陈卫星：《传播的表象》，广东人民出版社，1999 年版，第 29 页。

童教育、个人生活方式、休闲娱乐、身心保健等，话题的贴近性使得现场观众与场外观众都具有相当的参与意识，节目的交流性增大。即使话题涉及一些意识形态性较强的社会热点问题，它的内容也能尽量做到生活化和充满人情味。二是注重节目的娱乐性。在消费社会，大众拥有了更多选择和享受文化产品的自由和自主性，"新一代人不会像他们的前辈那样习惯于压抑欲望和情感，他们注重现实的娱乐和消遣，轻松表达即时的情感。这种务实的文化精神是对未来空泛承诺的文化理想的否定，也有利于打破原有的文化体制和模式"①。适应大众的要求，许多电视谈话节目借鉴了综艺娱乐节目的因素，如主持人谈话风格趋于轻松幽默、嘉宾才艺展示增多等。

精英文化是人类文明发展到一定高度后，由社会精英阶层、知识分子创造、传播和分享的文化。大众文化的不断扩张，使其他文化尤其是精英文化处境艰难。但任何一种综合文化，若过分突出其中的某一部分，必然造成整个文化发展的不平衡。因此，承载精英文化的知识分子可以考虑在电视谈话节目中利用多种途径实现精英文化的复苏。被媒体评价为"2001年中国电视界的最大惊艳"的中央电视台《对话》栏目就是走精英路线成功的代表。《对话》坚守自己的文化品位和思想内涵，针对关注经济改革动态并具有决策能力的社会精英人士，致力于为新闻人物、企业精英、政府官员、经济专家和投资者提供一个交流和对话的平台。《对话》不仅请到的大都是重量级嘉宾，而且在挑选现场观众时也以高层次、高素质为一条重要原则，使整个节目显示出一种精英主义情结。

在电视谈话节目的实际发展过程中，主流文化、大众文化、精英文化并非是简单的和谐共谋，也充满了冲突和矛盾。过分强调意识形态会把民主对话变成说教和宣传，引起受众反感。大众文化的世俗化、娱乐化可能会消解节目的思想与意义，使电视谈话缺乏思想深度。太浓重的精英情结也可能导致曲高和寡，出现"叫好不叫座"的现象。而人文关怀由于主要表现为世界观、价值观和人生观，其要旨在于尊重人的价值，肯定人的作用，关注人的生存和发展，它提供方法论和对人生的终极关怀，因而成为三种文化整合过程中重要的催化剂和沟通三种文化的桥梁。电视谈话节目也因此成为所有节目形态中最具有人文精神的典范。

从文化的角度来说，谈话节目追求的是对选题进行各个文化层面的展示、融合与碰撞，并从中展现选题的文化内涵与人文关怀。表现在电视谈话节目中，就是不仅话题包罗万象，而且嘉宾也来自社会各个阶层，代表不同

---

① 陈力丹：《当代大众文化消费与舆论引导》，《现代传播》，1997年第3期。

的文化，他们在同一个节目中进行思想的交流、碰撞，体现了一种和谐共谋的关系。

从传播方式来说，电视谈话节目提供了一个与日常的交流十分相似的场所，让大家在屏幕上各抒己见。对在演播室参与节目的观众和嘉宾来说，他们的个性、智慧、兴趣、见识在谈话中得到充分展示；对电视机前的观众来说，荧屏中观众的发言会带动他们进行思考，调动他们的思维、情感，使他们因间接参与节目而获得心理上的满足。电视谈话节目还能够通过对谈话中语言、性格、心态、氛围的全方位展示，让人获得强烈的参与感。可以说，电视谈话节目的传播方式更富于人性，更能体现电视传播的人文精神。

人文关怀在电视人文谈话节目中表现得最为显著，人文谈话节目主要以人文知识分子为依托，给文化精英提供了一个与观众、与历史、与未来对话的场所，通过对人文知识、人文思想、人文精神、人文情怀、人文价值等内容进行较深层次的交流和探讨，弘扬一种健康、积极的价值观。人文谈话节目关注的重点由事件和生活流程向人的生存状态转移，开始关注人的命运和意志、情感等深层的东西，该类节目以中央电视台的《讲述》《艺术人生》《世纪大讲堂》，陕西卫视的《开坛》，西安电视台的《城市故事》，安徽卫视的《情感之旅》等栏目为代表。此类节目注重通过对当下生存语境的描述和表现，塑造人的理想人格。如以"传统话语当下化，人文话语传媒化，精英话语平民化，正面表述对抗化"为宗旨的陕西卫视的《开坛》栏目，以终极关怀为创作理念，在业界影响较大。

二、电视谈话节目的发展方向

我国电视谈话节目虽然发展迅速，但是也存在不少问题。一是众多谈话节目同质化倾向严重，有限的话题资源被重复使用；二是以"明星"代表"公众"，使谈话节目变成了看人谈话的节目；三是以"泛话题"代替"窄话题"，话题目标针对性不强；四是形式单一，制作千篇一律。现在的大部分谈话节目都是受众倾听嘉宾与主持人对话，在被动中被灌输正统的价值观念。其形式上体现为参与度、对抗度不够，直播化程度不高。同时，随着受众欣赏心理的变化，节目的相对稳定性也使得许多谈话节目被淘汰，如中央电视台的《朋友》、湖南卫视的《玫瑰之约》等。

特定的文化内容必须与特定的文化形式相契合才能更好地表现文化内涵，铸造电视精品。电视谈话节目只有从内容到形式都体现出一种深刻的文化内涵才可能获得成功。

（一）注重选题的雅俗共赏

选题的"俗"体现在紧跟时代脉搏和热点问题，紧扣人们既关心又困惑的现实生活或社会问题，逐渐使节目成为社会大众所关注的焦点，从而起到引导大众、凝聚社会共识的作用；选题的"雅"体现在话题内涵丰富，有一定的代表性和一定的发挥空间，能给人留有想象和发挥的余地。这就必然要求节目的策划者和主持人具有社会观察的敏锐性、思维的多重性，分析具有深层力度，对所讨论的话题有深层次的把握。"俗"与"雅"在电视谈话节目中应该是和谐统一的。湖北电视台《往事》栏目的选题定位是小人物，大命运，从个体的普通人的生活和命运的变迁中反映人类共通的情感和追求，达到了雅俗共赏的效果。

（二）注重形式的创新

文化创造所采用的形式，其最根本的原则，就是能与内容相互融合，使形式成为内容的有机组成部分。在实际操作中，应根据谈话节目内容的不同侧重点，创新和丰富节目的形式。如中央电视台的《对话》栏目就充分地运用了互联网沟通方便的优势，在节目录制前一两个星期便开始了网上征集观众和话题的工作。北京电视台的《谁在说》则采用了首席观察人点评、网络记者、网上直播等形式。多种表现形式可以从不同的侧面揭示话题的内涵，既增加了谈话节目的文化含量，又增强了节目的可观赏性。

第四节　电视综艺节目：娱乐文化的重要代表

电视综艺节目是指"充分调动电子的技术手段，对各种文艺样式进行二度创作，既保留原有文艺形态的艺术价值，又充分发挥电子创作的特殊艺术功能，给观众提供文化娱乐和审美享受的节目形态"[①]。电视综艺节目既吸收了音乐、歌舞、小品、戏曲、曲艺、杂技等多种艺术形式之所长，又充分发挥了现代电子技术的表现功能，使节目兼具二者优点。文艺演出因电视的传播增加了魅力，扩大了影响；综艺节目也因多种艺术的综合和参与，丰富了内涵，提升了文化品位，大大提高了收视率。

电视综艺节目具有丰富多彩的节目样式，具体有节庆电视文艺晚会、电

---

① 高鑫：《电视艺术学》，北京师范大学出版社，1998年版，第382页。

视专题文艺晚会、电视音乐节目、电视舞蹈节目、电视戏曲节目、电视曲艺杂技节目、电视文艺竞技节目、电视综艺栏目等形式。其中最有代表性的电视综艺节目是节庆电视文艺晚会和电视综艺栏目。节庆电视文艺晚会是指"在法定或传统节日中，以欢庆、祥和、歌颂、团聚、希望为主要基调，以渲染节庆气氛为主要目的，以综艺晚会形式加以表现，以求获得举国同庆、万民同乐传播效果的特殊节目形态"①。春节联欢晚会是该节目形态的典型代表。电视综艺栏目是指以栏目化的形式出现，通过电视栏目主持人的主持串联，将诸多电视文艺样式组合在一起，经过电视杂志化的艺术处理，给观众以文化娱乐和审美享受的电视文艺形态。《正大综艺》《综艺大观》是该节目形态的典型代表。

在我国，长期以来，综艺节目一直没得到应有的重视。改革开放以后，我国的电视综艺节目才真正迎来了发展的春天。同时，春节联欢晚会经过多年的历史沉积，已成为节庆文化的仪式化标志。20 世纪 90 年代中后期，我国的电视综艺节目在内部元素、运作方式、节目理念等方面发生了革命性的变化，出现了游戏娱乐类节目和益智类节目两大新兴节目形态。进入 21 世纪，我国的电视综艺节目进一步加大了改革创新的步伐。2004 年 3 月 29 日，中央电视台成立音乐频道，为严肃音乐、高雅音乐提供了一个展现的舞台。中央电视台综艺频道于 2004 年 10 月正式改版，拓宽了栏目的类别和范围，在栏目的内容、形式上都有所创新。我国的"真人秀"电视综艺节目也在对外国同类节目的借鉴的基础上，出现了多样化、本土化的发展趋势。

一、电视综艺节目的文化特性

电视综艺节目是一种多样化特色特别显著的文化形态。一方面，电视综艺节目作为电视文化的分支，必然具有电视文化的共性。电视文化以主流文化为主体，又由文化的多元化构成复合体，因而有极强的开放性。另一方面，电视综艺节目综合了多种艺术形式，这些艺术形式内容广泛、形式多样，代表了不同的文化，通过电视传播融会到电视综艺节目中，自然使综艺节目表现出多样化的文化特征。可以说，在电视综艺节目中，主流文化、精英文化、大众文化、民族文化、娱乐文化甚至商业文化都能找到自己的空间。但作为一种具体的节目形态，综艺节目文化构成中最重要的代表是健康的娱乐文化。在强调文化娱乐的同时，需要将其与弘扬主流文化与民族文化

---

① 金明琦：《扬弃与异化——试论节庆电视文艺晚会的节目形态》，《电视研究》1994 年第 10 期，第 59 页。

紧密结合，才能保持综艺节目的正确导向和特色内涵。

健康的娱乐文化是电视综艺节目文化的重要代表。美国学者威廉姆·斯蒂芬森在《大众传播的游戏理论》一书中写到：大众传播是一种游戏，是普通人在业余时间以主体性的方式进行自由体验的一种娱乐。游戏是一种愉悦的生活方式，也是一种艺术的创造形式。电视综艺节目作为电视文艺的重要组成部分，它自然要承担起愉悦观众的任务。

同时，随着社会主义市场经济体制的建立，电视综艺节目的制作和发行逐渐凸现出商品属性，这就决定其创作必须考虑市场和受众的需要。与其他书面文艺、舞台文艺和展览文艺相比较，电视综艺可以依靠高科技的电子手段，占有极为广泛的受众。而当前我国群众的总体文化水准还比较低，因此，综艺节目的定位必须充分考虑广大群众的文化需求与欣赏口味。如果定位太高雅、太狭窄，就会曲高和寡，使很大一部分观众感到乏味，甚至产生逆反心理。因此，电视综艺节目要通俗易懂，追求通俗化、大众化、趣味化，使健康的娱乐文化成为综艺节目文化的重要代表。

娱乐文化在电视综艺节目中主要表现为以自由的心态观照生活，以趣味的方式处理生活，使生活多样化、戏剧化，在轻松、和谐的氛围中达到寓教于乐的目的。需要强调的是，本书所讲的健康的娱乐文化，是指有益于人们身心发展、为人民群众所喜闻乐见的文化，并不等于肤浅和单薄，更不等于低俗和庸俗。

电视综艺节目中的娱乐文化可以分为两种类型：一种是轻松的娱乐文化，一种是严肃的娱乐文化。轻松的娱乐文化往往以节庆晚会、游戏类综艺节目为载体，严肃的娱乐文化往往以高雅艺术的演出实况转播、具备严肃主题的晚会等为载体。严肃的娱乐是一种高级的娱乐，具有严肃的娱乐性的艺术是一种更高级的艺术，这种艺术通常具有更深刻的内涵和更高的审美价值。如中央电视台1995年的春节联欢晚会和文化部主办的"辉煌——文化部1995年春节晚会"，就体现出两种不同的娱乐文化。中央电视台的春节联欢晚会以通俗节目为主，采取现场直播的方式，着意营造"欢乐、轻松、温馨、亲切"的气氛；文化部主办的春节晚会则荟萃了不同时期的各种艺术形式的精品节目，追求风格典雅、精致，采用了录播的方式，是一台高品位、高格调的晚会。

在强调电视综艺节目的娱乐性时，不能忽视它的认识作用和教育作用。电视文艺作为一门艺术，培养、提高和造就欣赏者是它的基本功能。通过电视文艺提高全民族的文化品位、审美情趣，让更多的人能够接受并喜欢高层次的文化艺术，树立健康的价值人生观，是综艺节目应该承担的责任和义务。因此，电视综艺节目在娱乐文化的打造上要尽力追求雅俗共赏，以生动活泼、耐人寻味的节目提高人们的审美情趣，陶冶人们的道德情操，使观众感到愉悦，受到启迪。要真正做到这一点，综艺既要精益求精，铸造精品，又要针对不同层次的观众安排不同风格、不同样式的综艺节目，以部分节目的雅俗分赏，达到整体节目的雅俗共赏。为此，我们的电视综艺在表现形式上必须丰富多样，精益求精，使自身具有强烈的吸引力和艺术感染力。

二、电视综艺节目的发展方向

在强调娱乐文化的同时，需要将其与弘扬主流文化与民族文化紧密结合，才能保持综艺节目的正确导向和特色内涵。

（一）弘扬主流文化，营造良好的文化环境

营造良好的文化环境，是提高社会文明程度、推进改革开放和现代化建设的重要条件。电视文艺以其广泛的覆盖面、巨大的影响力、强烈的渗透性，在营造整个社会的文化环境中起着极为重要的作用。因此，电视综艺节目要弘扬主流文化，坚持正确的舆论导向，在"两为"（为人民服务、为社会主义服务）方向和"百花齐放，百家争鸣"方针的指导下，以各种文艺形式的特殊个性，来体现党、政府和人民的喉舌性质和引导社会舆论。

今天，我国社会正处在一个新的历史时期，新时期的社会环境要求我们的电视综艺节目的基调应该健康向上，紧跟时代步伐，高奏社会的主旋律；贴近现实生活，反映人民群众的心声。因此，我们要大力发展能够振奋民族精神、弘扬无私奉献和鼓舞团结奋进的文艺节目，在潜移默化中对观众进行爱国主义、集体主义、社会主义、科学文化的教育，抵制封建迷信思想。

主流文化的弘扬在综艺节目的综艺晚会中体现得非常典型。20 世纪 90 年代中后期，综艺晚会呈现出主题化构思的趋势。如北京电视台在中国共产党建党 75 周年大庆之时举办的文艺晚会，以"鲜红的旗帜"作为整个晚会的主题。通过节目的编排和演出，形象地展示出正是因为共产党人的牺牲和奉献，才使党的旗帜鲜红，使人民过上幸福生活这一主题。晚会风格凝重，既唱出了时代最强音，又有一定的可观赏性和艺术魅力，从而使观众能够通过晚会去认识社会，去感知时代的脉搏。而历届春节联欢晚会的编导们则在其基调的选择、主题的确立上，刻意求新、突破传统。"团结"作为春节联欢晚会的主基调始终贯穿，同时，编导们又在主题上有所升华，把祈求丰收的传统内容上升到国泰民安的民族高度，使主题奋发向上，具有鲜明的时代特色，保证了春节联欢晚会的高品位、高格调。如 2002 年的春节联欢晚会，

既营造了欢乐、喜悦、狂欢的主体氛围，又表现了深刻的文化内涵，出现了不少主题深刻的优秀节目，如表现工人、农民改革精神的歌舞《天唱》《天驹》，用浪漫主义形式表现环保主题的儿童剧《青蛙王子》，表现中国足球队从五里河走向世界的小品《狂欢五里河》。

（二）重视民族文化，挖掘电视综艺节目的独特内涵

电视文艺不是无源之水，它立足于传统艺术的深厚土壤中。民族艺术是民族精神的形象载体。中华民族具有五千年的文明史，产生了中国民族戏曲、民歌、民乐、民间舞蹈、曲艺、杂技等多种艺术形式，为我国的文艺工作者提供了创造独具特色的文艺作品的深厚坚实的根基，也是我们在国际艺术舞台上的独特优势所在。我们必须扬长避短，用"电视化"了的典型的民族艺术形式表现社会主义时代的思想内容，发掘具有中国风格和中国气派的电视综艺节目的独特内涵。

电视综艺节目对民族文化的传承，并不简单表现在运用电视手段表现民族艺术方面。在吸纳传统艺术精华的基础上，电视文艺还应对传统艺术门类、样式进行整合和创新。如山东省春节晚会上有一个叫《夸山东》的节目，采用串唱形式，把山东人喜爱的传统戏曲吕剧、山东梆子、莱芜梆子、五音戏、茂腔等十几个地方剧种巧妙地组合起来，既新颖又欢快，深受山东观众的欢迎。我国的传统艺术虽然具有独特的魅力，但各艺术门类之间相对独立，表现形式比较固定和单一。而电视文艺节目不仅对传统艺术进行了创新性的组合和嫁接，还充分利用电视新技术丰富了传统艺术的表现形式，使传统艺术焕发出全新的魅力和光彩。因此，电视人应结合民族文化与时代发展的需要，不断进行创新，让神秘、古朴与通俗、时尚相结合，让原始奔放与现代流行相结合，制作出既有民族特色又有时代精神的本土化的、优秀的电视综艺节目。

大力弘扬中华民族的优秀文化与吸收、借鉴世界各国的一切先进文明成果是并行不悖的。如中央电视台曾经推出的《东方时空·金曲榜》，以"感心动耳民族曲，荡气回肠中国魂"为主题，将人们喜闻乐见的老歌与外来文化形式 MTV 相结合，产生了独特的魅力，吸引了大批观众。在具体的创作实践中，电视人应有意识地加强与不同国家之间的电视文艺节目交流，在长期相互交融、不断扬弃的过程中学习新的内容和表现手法，开阔视野，从而提高电视文艺节目的质量。

总之，我国的综艺节目要更好地发挥自己的文化作用，必须处理好继承和创新的关系，以寓教于乐、雅俗共赏的方式，传承优秀文化。

第五节　电视剧：主流文化与大众文化的辉映与互补

电视剧是"在演播室里或外景地演出的戏剧或故事片，经过多机拍摄、镜头分切的艺术处理，运用电子传播手段，通过电视屏幕，传达给观众的特定的艺术样式"[①]，是人们最喜闻乐见的电视文艺节目形式之一。

电视剧是综合了文学、音乐、戏剧、美术等多种艺术形式的综合艺术。与电影故事片相比，它们在语言方式上有相同之处；但电视剧具有家庭收看方式的随意性，而且在收看的环境、心理等方面都与电影有所不同。几十年来，我国电视剧已形成了众多的子类，如电视短剧、电视单本剧、电视系列剧、电视连续剧、情景喜剧、电视肥皂剧、直播电视剧、电视报道剧、电视言情剧、电视武打剧、电视历史剧等等。

我国第一部电视剧是 1958 年创作并直接播出的《一口菜饼子》。从1958 年到 1966 年的 8 年中，我国共直播电视剧一百多部。"早期的电视剧是黑白图像，采用直播方式。"[②] 这个时期的电视剧被称为直播电视剧。随着时间的发展，电视连续剧开始成为荧屏上的宠儿。1990 年，我国第一部室内连续剧《渴望》播出，产生了强烈的市场效应，发挥了稳定社会的娱乐作用。从此以后，电视连续剧开始注重平民化、市场化，在电视节目形态中占了很大的份额。进入新世纪以来，电视剧更加贴近现实、贴近百姓，平民化与通俗化趋势更加明显；电视剧类型进一步明确化，出现了正剧、喜剧、言情、动作、刑侦等各种类型；电视剧题材进一步拓展，范围涉及城市、乡村、历史、现实各领域，在弘扬主旋律的基础上，出现了多样化的发展趋势；电视剧的艺术水准与制作水准不断提高，对于各种艺术元素的把握更加娴熟。

一、电视剧的文化特性

关于电视剧的文化身份的确定，学界众说纷纭。尹鸿教授认为中国电视剧"经历着从国家文化向市场文化的过渡"、"从教化工具到大众文化的位移"、"宣传工具到大众文化的转变"，"电视剧作为一种大众文化的格局已经

---

① 欧阳宏生：《广播电视学导论》，四川大学出版社，2002 年版，第 272 页。
② 钟艺兵、黄望南：《中国电视艺术发展史》，浙江人民出版社，1994 年版，第 3 页。

基本形成"。① 曾庆瑞教授则将中国电视剧的文化格局界定为"官方主流文化"、"知识分子精英文化"、"市民通俗文化"三者结盟来反对"大众文化"。

在电视剧的文化构成中，大众文化的存在和发展是不容否认的重要事实，但它不是一种单一的"大众文化的格局"。电视剧是电视传播媒体以宣传为主的方针指导下的产品，宣传主流意识形态是其重要职责。同时，它也是大众文化的产物，通俗性、娱乐性是其追求的主要目标。在实际发展中，我国电视剧中占主导地位的主流文化和大众文化同生共存，相互排斥又相互融合，是辉映与互补的关系。

在我国电视剧的发展历程中，主流文化一直占据十分重要的地位，电视剧也成为了我国党和政府意识形态宣传的重地。江泽民同志曾指出："文艺是民族精神的火炬，是人民奋进的号角。我国广大文艺工作者要努力创作出弘扬中华民族的民族精神和我们时代的进步精神的作品，创作出无愧于我们时代、无愧于社会主义祖国和人民的优秀作品来，用以教育人、鼓舞人和鞭策人。"对电视剧工作者的身份而言，则他们首先是党的新闻工作者，其次才是电视传媒的文艺工作者。

基于对电视剧的重视，政府电视主管部门采取了种种行政和导向手段，以保证主流意识形态的贯彻。1994年发布的《电视剧审查暂行规定》中，把"思想精深、艺术精湛、制作精良"作为了电视剧创作的标准。2000年春，国家广播电影电视总局规定引进剧能否在黄金时间播放，要由广播电影电视总局视其思想艺术质量而定。

从改革开放以来到20世纪90年代，中国的电视剧绝大部分以"主旋律"作品为主，带有"国家产品"的特征，在特定的历史阶段充分发挥了认知功能和教化功能的作用。90年代以来，虽然电视剧发展中多样化、类型化的趋势日益明显，但是"主旋律"题材的电视剧依然在电视剧生产中占据了重要地位。以2004年中国电视剧创作为例，革命历史题材、军旅题材、以爱国主义为主题的古典和近代历史题材电视剧无论是数量还是质量都呈现出蓬勃发展的状态。从《林海雪原》到《小兵张嘎》，从《烈火金刚》到《红旗谱》，"红色经典"的重拍引起了广大观众和学者专家们的广泛关注。可见，21世纪的主旋律电视剧不仅再创辉煌，而且对先进文化的弘扬也更加自觉。

电视剧文化构成中的另一重要文化是大众文化。需要说明的是，本书中"大众文化"的概念为"以大众传播媒介（机械媒介和电子媒介）为手段，

①　尹鸿：《冲突与共谋——论90年代中国电视剧的文化策略》，《文艺研究》2001年第6期。

按商品市场规律去运作的，旨在使大量普通市民获得感性愉悦的日常文化形态"。"它具有以下特征：第一，信息和受众的大量性。第二，文体的流行性和模式化。第三，故事的类型化。第四，观赏的日常性。第五，效果的愉悦性。"① 电视剧的生产虽然是大规模的工业生产，从策划、投资、制作到宣传、发行、进入实际消费，具有"文化工业"的某些特点。但是，由于文化背景、历史环境的差异，我国的"大众文化"既不同于法兰克福学派 20 世纪 40 年代批判的那种作为"文化工业"的大众文化，也不同于我国五六十年代所提倡的大众文艺，而重点强调一种日常化的文化形态。

20 世纪 90 年代以来，随着我国市场化改革进程的深入，电视剧在所有电视节目形态中最早实行了制作和播出分离体制，成为中国电视节目中市场化程度最高的节目类型。2003 年，中央电视台影视部也实行了制播分离，制作力量划归中国国际电视总公司，改变了原来影视部既制作电视剧又播出电视剧的局面。这是中央电视台想在电视剧方面"汇天下之精华"的重要举措，同时也预示了今后将会有更多没有中央电视台参与的电视剧在中央电视台播出。电视剧作为一种文化产品，越来越显示出它的娱乐特征和商业属性。

在政策导向上，我国也在继续强调意识形态的基础上，重视和鼓励大众文化的发展，强调要从贴近实际、贴近生活、贴近群众入手，加强和改进宣传思想工作，切实把"三贴近"要求贯穿到宣传思想工作的各个方面。2004年初的全国电视剧题材规划会也指出：电视剧创作应该遵循以"三个代表"为指导，以"三贴近"为途径，以"三个面向"（以"面向世界、面向现代化、面向未来"）为方向，以"三性统一"（思想性、艺术性、可视性）为标准，进一步繁荣和发展电视剧艺术的原则。在市场经济的强力冲击和国家政策的重视鼓励下，电视剧文化中大众文化的发展成为不可阻挡的时代潮流。

电视剧文化构成中主流文化和大众文化虽然由于目的和价值观的差异，存在一些矛盾和冲突。但总体而言，两者体现出互补和融合的趋势，在电视剧创作中具体表现为一种开放、务实的文化价值取向。

（一）互补和融合的务实抉择

在新的历史发展时期，电视剧创作是多元文化和谐共存、相互渗透的局面。在坚守意识形态和追求市场效益之间，电视剧做出了十分务实的抉择，即它在市场与政府、效益与责任之间采用了一种妥协的"政治立场"。"出现

---

① 王一川：《当代大众文化与中国大众文化学》，《美术广角》2001 年第 2 期。

了娱乐电视剧主旋律化和主旋律电视剧娱乐化的殊途同归，一方面娱乐电视剧常常借助政治力量来扩展市场空间；另一方面，'主旋律'电视剧也常常借助大众文化的流行逻辑来扩大国家意识形态的社会影响。"①

娱乐电视剧主旋律化的典型代表有《北京人在纽约》《外来妹》《大潮汐》《情满珠江》《东方商人》《人间正道》等。如收视率一度挑战《新闻联播》的《北京人在纽约》，既通过"北京人"在纽约的故事满足了中国观众"发财、成功、出国"的三个世俗梦想，又通过将美国地狱化和将个人奋斗漫画化的方式完成了当时中国主流政治意识形态对西方国家和西方文化的抵制和排斥，在民间和官方都获得了高度评价。主旋律电视剧娱乐化的典型代表有《苍天在上》《大雪无痕》等，这些优秀电视剧通过对娱乐电视剧叙事语言等表现形式的借鉴、吸收，实现了雅俗共赏，取得了良好的社会效应和市场效益，走出了主旋律电视剧发展的困境。

（二）开放多元的价值取向

在电视剧文化融合互补的大背景下，电视剧对各种文化采取了兼容并蓄的开放态度，在内容、类型和形式上都呈现出多样化的发展特征。在新时期，还出现了一些非主流、非常规的电视剧作品，丰富了电视剧的类型。如"新体验"电视剧在叙事上用偶然性来冲淡情节的戏剧性和因果逻辑，在意识上不再给出一个完整的结局，在视野上关注每一个生命个体所难以躲避的人生问题。"新感觉"电视剧注重前卫艺术的嫁接、非常规艺术手段的运用以及相对私人化的表现内容。电视剧的形式和风格也呈现出"百花齐放"的状况。如中国的四大名著先后被改编成了电视剧，借助大众文化的样式走进了千家万户，发挥了强大的文化传播和启蒙的作用。《天一生水》的厚重思想和"唯美"风格，《大明宫词》和《橘子红了》的精美构图，《黑槐树》突出的纪实风格和深厚内涵，《大明宫词》的抒情风格和莎士比亚化，都以其独特的美学风格受到了观众的喜爱。

二、电视剧的发展方向

中国的电视剧在进入 21 世纪后，呈现出空前的繁荣，但同时也出现了许多问题，如古典精神和文化底蕴的失落，缺乏自觉的创作追求与系统的题材规划，"戏说"一切的倾向，缺乏科学化、专业化的生产机制和预测机制

---

① 尹鸿：《冲突与共谋——论中国电视剧的文化策略》，《文艺研究》2001 年第 6 期，第 25 页。

等。一方面是国产电视剧的脆弱和不成熟，一方面是面临境外电视剧咄咄逼人的挑战，电视剧怎样才能在夹缝中求生存，在激烈的市场竞争中为自己赢得生存之境呢？

首先，电视剧创作应该立足本土，提升文化品位。立足本土最关键的就是要立足于本土的现实生活。以往电视剧过多地关注帝王将相、俊男靓女，这些题材确实具备可观赏性，但是与我们的实际生活却有相当距离。"拟态环境"与"真实环境"相差太远，久而久之，可能使受众在现实与梦幻的落差中要么被麻醉，要么感到被欺骗。新时期的电视剧应该越来越多地关注现实生活中的普通百姓，挖掘他们新的生活观念和价值标准，通过展示普通人的生活来体现电视剧的人文关怀精神，从而提高自己的文化品位。如《贫嘴张大民的幸福生活》，叙述的虽然是普通人面对生活的平凡、琐碎和变故时表现出来的普通人的生存方式、价值选择和情感体验，但表现出了普通人的心灵世界、道德选择、生存智慧和生存勇气。以家庭暴力为题材的《不要和陌生人说话》通过对剧中人物间的爱情、亲情、友情的切实描写以及女主人公毅然离开令人窒息的家，走进新生活的无悔选择，感动和激励了无数观众。

其次，电视剧创作应该走出国门，学习先进经验。我国的电视剧发展从纵向比，确实取得了巨大进步；但是从横向比，不仅与西方国家还有相当的差距，不断输入的日剧、韩剧也对我国的电视剧市场形成了重大挑战。客观而言，随着观众欣赏水平的提高和视野的开阔，要拍出一部让各方都满意的电视剧，难度越来越大。而且，我国电视剧发展的历史比较短暂，在制作技术、管理水平等方面与国外相比还有很大差距。因此，在新的历史时期，通过各种渠道和各种形式与国外进行交流合作，学习他们的先进技术和先进经验，对提高电视剧制作群体的素质，实现长远发展有着重大意义。目前电视剧的跨国合作主要有三种形式：一是选取跨国题材，二是引进国外演员，三是与国外制作人员共同制作电视剧。随着经济全球化的深入，不同形式的跨国合作正日益增多。

总之，电视剧作为一种文化产品，只有代表先进文化的方向，体现最广大人民的意志和发展的潮流，才会给广大受众带来精神的享受，实现经济效益和社会效益的最大化，使自己得到进一步的繁荣发展。

第六节　电视广告：商业文化的载体

电视广告是综合多种艺术手段，通过电子传播媒介，以声画结合的形式来传递产品或劳务信息的广告。电视广告是一门综合艺术，诗歌、散文、小说、戏剧、电影等各种文学艺术的创作手法都可以被电视广告所借用，在电视广告中得到充分展现。电视广告也是一门立体的传播艺术，其传播具有多维性，能从声音和图像两个方面向观众传播信息，时效性强，直观性强，宣传效果好，可以在短时间内迅速提高企业和产品的知名度。

我国第一条电视广告出现于 1979 年 1 月 28 日，是上海电视台播出的"参桂补酒"广告。从此，我国的电视广告一发而不可收，一直呈直线上升的发展趋势，在中国的社会生活和经济生活中占据了十分重要的地位。20 世纪 70 年代末到 80 年代末这一时期，中国电视广告作为从无到有发展的新生事物，内容简单，形式粗糙，只是作为一种传递信息的方式，艺术性还没有纳入电视人的考虑范畴。80 年代末以来，我国电视广告画面日趋精美，电视广告人开始重视声音、图像、色彩的和谐效果，对电视广告的内容和表现形式进行了多角度的探索。20 世纪 90 年代中期，随着国内外交流的深入和国外优秀广告理念、制作技术的输入，中国电视广告的发展进入了"百花齐放"的多元化发展时期，广告的手段、形式、内涵、目的等方面都发生了质的飞跃。电视广告十分重视建立在科学、理性的市场调查基础上的独特创意，广告制作中各种高新技术得到广泛运用，大大提高了电视广告的艺术性。同时，电视广告还十分重视发掘广告的文化内涵，有意识地将广告与企业的品牌策略结合，跳出了以往单纯宣传商品或服务的小圈子，出现了大量的企业形象广告。公益广告也在这一时期得到迅猛发展，这一广告类型在众多实力企业的支持参与下，成为促进社会主义精神文明建设的一个重要途径。

一、电视广告的文化特性

中国的电视广告虽然发展历史不长，但是成长很快，并迅速成为了所有大众传播媒体中影响最大的广告方式。电视"文化化"的发展趋势则进一步丰富了电视广告的文化内涵，使电视广告显示出深厚的文化底蕴，成为受众乐于接受的文化信息。就其对社会影响的广度和深度而言，中国的电视广告已形成一种相对独立的文化形态，即电视广告文化。

电视广告文化最大的特性就是多元性，电视广告内容的丰富性和形式的多样性决定了这一文化特色。电视广告的内容涉及政治、经济、文学、艺术、科技等众多领域，作为经济现象，它具有经济、文化的某些特征；作为社会文化现象，它是社会文化构成中的重要组成部分；作为艺术的新种类，它具有自己独立的艺术品格。

电视广告作为商业社会经济发展的产物，不可避免地会成为商业文化的载体。同时，它又是社会意识形态的一部分，受到所处社会政治环境的制约和影响并为其服务。电视广告艺术的形式也兼容了各种艺术的优点：它创意中的情节设计师从于文学，画面的构图、光线与色彩的使用得益于美术和摄影，画面中"蒙太奇"语言的运用借鉴于电影艺术。

可以看出，电视广告文化的构成是多样性的统一，各种文化都能在其中找到自己的空间。业界一般把广告分为赢利性广告和非赢利性广告两类，本书借鉴业界对电视广告的分类，认为电视广告文化最主要由两种文化形态构成，一种广告文化是主要基于非赢利性广告（主要为公益广告），代表主流意识形态和社会发展方向的主流文化；另一种广告文化是主要基于赢利性广告，在电视广告中存在最广泛，体现商业社会本质的商业文化。

需要强调的是，电视广告虽然是多元文化的统一，而且越来越注意广告的文化底蕴，但是它最本质的特性还是商业文化的载体。在实际操作中，电视赢利性广告虽然体现出一些与商业社会似乎不相一致的温情和对文化的追求与弘扬，但作为一种行销手段和树立品牌的工具，其根本仍是要达到推销商品或服务的功利性目的，仍代表着商业文化。

而非赢利性广告——公益广告毫无疑问是电视广告中最具有文化内涵和人文精神的代表。许多大企业资助公益广告的目的虽然也是为了树立企业的知名度、美誉度，为企业的长远发展服务，在资助公益广告的内容上也注意尽量与自己企业文化的精神一脉相承，但是由于它是免费的，与企业的产品或者服务没有直接的联系，因而承担着很多的社会责任和文化构建的任务。虽然公益广告在电视广告文化构成中占据了十分重要的地位，但是相对于商业广告而言，公益广告目前在我国实际播出的广告中所占的比例还是相当微弱的，商业文化才是电视广告文化中最重要的文化形态。电视广告文化中的商业文化具有以下特征：

（一）电视广告文化是为商品服务的文化，是商业文化的载体

广告客户出资制作播出电视广告，主要是为了通过广告宣传来达到树立商品形象、促销商品的经济目的。电视广告是一种彻底商品化了的艺术，它为商品创作，为商品表演，为商品播映，其文化内蕴主要是挖掘所要表现的

商品的独特性。世界上任何商品都有其生产制作的过程，这种制作过程显示着浓郁的文化内涵。商品的文化内涵揭示得越充分、具体，就越能与消费者内在的文化基因产生共鸣，从而达到促销的目的。因此，商品本身的文化内涵往往成为广告人创意的重要出发点。如宝洁公司的三大品牌海飞丝、飘柔、潘婷分别以去头屑、飘逸柔顺、头发健康为文化内核，制作出系列电视广告。

（二）电视广告的商业文化是商品的一部分，为企业产生价值和创造财富

过去对电视广告有一些片面的认识，认为电视广告是"商业文化"，所遵循的原则是"商业原则"。电视广告不必有深刻的文化内涵，只要传达一定的商业信息即可。然而，随着经济的发展、商品品牌的成熟化及消费者需求层次的升级，电视广告中的商业文化也是商品的一部分，它为企业产生价值和创造财富成了更广为接受的观点。

现代企业已经进入了从"产品营销"到"概念营销"的阶段。消费者在解决基本的生存需要后，更迫切地需要精神上的满足。而电视广告通过自己的商业文化，为具体的产品增加了精神附加值，成为消费者生活中不可缺少的商品的重要组成部分。优秀的电视广告不仅重视表达商品文化，更重视在广告中贯穿企业文化精神。如美国耐克公司为宣传"耐克专业的体育精神"，分别制作了电视广告"乒乓球篇"、"五指山篇"、"神箭篇"；海尔集团在海尔冰箱、空调、电视、手机等系列广告中扎扎实实地揭示出海尔的"真诚到永远"的文化内核。在商品同质化倾向严重的今天，通过电视广告所塑造和展现的企业文化成为了企业识别系统的内在源泉，企业文化也成为了品牌最重要的附加值。

二、电视广告的发展方向

无须讳言，电视广告文化作为一种以商业文化为主要构成的文化，难免鱼龙混杂，泥沙俱下，出现不健康的文化。如广告中过多地展示与中国现状格格不入的奢华陈设、服装、盛宴，对受众尤其是青少年、儿童观众产生了不良影响。尤为突出的是，不少广告隐含性别歧视，助长了社会中"男性中心"的文化心理。这些含有不健康文化倾向的电视广告造成了一定的负面影响，对此，不少观众甚至采取了"广告规避"的做法。在当代社会，市场的竞争是商品的竞争，也是广告的竞争，更是文化的竞争。我国电视广告文化要持续、健康发展，必须在文化方面注意做到以下两个方面：

（一）要适应文化，承载文化，传递文化，增加电视广告的文化含量

每种文化的产生和发展都有其历史必然性和赖以生存的环境，电视广告也不例外。因此，在塑造电视广告文化的过程中，首先应该注意电视文化形态和文化内涵的环境适应特征。表现在具体的广告创作中，电视广告应注重市场调查，充分考虑观众的文化背景、风俗习惯。日本索尼公司曾在泰国播放过一个电视广告，创意是索尼收录机魅力非凡，连佛祖也为之动容。但是，由于泰国是一个信仰佛教的宗教国家，这个广告有损佛祖尊严，导致索尼公司在泰国的生意险些破产。可见在广告创意中注重文化背景是何等的重要。

其次，电视广告应该承载和传递特定的文化。电视广告已成为在当代社会影响巨大的文化载体之一。"电视广告是一个时期经济发展状况、物质生活水平、文化生活方式等经济生活、社会生活及日常生活的一个缩影和窗口。电视广告不仅展现人们的日常生活和社会生活，而且渗透到社会经济领域和思想文化领域。"[1] 因此，电视广告应该注重增加自己的文化含量，通过特定文化的承载和传递赋予商品和企业文化以深刻的文化内涵。事实证明，如果广告仅仅是宣传产品，那就很可能会被淹没在大同小异的同类广告中；只有挖掘出特定的文化内涵，才能真正做到独一无二，以优秀的文化感染人，吸引人，树立起企业的品牌文化。如中国银行由"江河篇"、"高山篇"、"竹林篇"、"麦田篇"构成的企业形象广告，以千年的文化底蕴为背景，以民族精神为诉求点，激起人们的爱国热情，虽然"不着一字"，但"尽得风流"，无形中向世人昭示出一个以德服人、实力雄厚而又不骄不躁、高瞻远瞩的银行形象。该广告在新加坡播出时，也引起了当地华侨极大地感动和共鸣。

（二）提高电视广告的文化品位，建构代表社会发展先进文化方向的广告文化

电视广告作为一个重要的信息源，不仅在无形中指导着人们的思维方式，还为人们提供具体、直观的行为模式，在潜移默化中强烈地影响着人们的生活观念、审美观念、价值观念。作为一个有责任感的文化载体，电视广告除了真实、合法，不欺骗消费者，不损害国家和社会公共利益外，还应该有意识地提高自己的文化品位，倡导先进文化。

---

[1] 丁学梅：《电视广告对文化建构的导向作用》，《电视研究》2000 年第 5 期。

要提高电视广告的文化品位，首先要提高它的思想性。电视广告的思想性，是指电视广告所包含的思想倾向、生活哲理、伦理道德等。电视广告的思想文化建设主要体现在两个方面。一方面，通过展示高品位的文化内容和高质量的文明生活水准，倡导科学、积极、健康、文明的生活方式和消费观念，弘扬先进文化，促进社会健康发展；另一方面，通过对一些不健康现象的展示，唤起人们的忧患意识，使人们规避或改变不良习惯。通过崇善抑恶，树立正确价值观。如今，注重文化品位已成为一个广告公司、一个产品品牌成熟的标志，广告人应该把高文化品位视为广告创意的境界和目标。

在代表先进文化方面，电视广告中的公益广告表现突出。公益广告是电视广告发展成为一个文化形态的重要标志，它使电视广告的文化功能更加明显。公益广告作为以推广有利于社会的道德观念、行为规范和思想意识为目的的广告传播活动，其高文化品位集中体现在思想性和艺术性的高度统一之中。近年来，公益广告的数量和质量有明显提高，对社会主义的精神文明建设起到了积极的作用。

其次，电视广告应该通过发掘新的文化主题，引导文化发展。电视广告是与社会发展联系最紧密的文化载体之一，对社会的细微变化可谓"春江水暖鸭先知"，走在时代的前列。如果电视广告能敏锐地捕捉到社会文化中的变化，并加以倡导，不仅能使自己在激烈的广告竞争中脱颖而出，还会产生良好的社会效应，大大提高企业的知名度和美誉度。在传统的观念中，男性是坚强勇敢的象征，似乎他们就不需要关怀。但胃药"丽珠得乐"的"男子汉系列"广告却独辟蹊径，根据现实生活中男性胃病发病率高于女性的事实，通过对一系列普通男性艰难生活的展示，表达了"男人更需要关怀"这样一个被社会忽视的主题，引起强烈的社会反响。

要充分发挥电视广告的文化功能，除了以上谈到的广告本身应该提高文化含量和文化品位之外，最重要的是要牢牢树立"节目为王"的理念。电视发展的实践已经证明，只有节目才是吸引受众注意力的根本。广告文化的发展如果离开了精彩的节目，就如同"无本之木，无源之水"。

第九章　电视文化：与消费共舞

　　20 世纪是一个充满变革的世纪：两次世界大战的发生、东欧的剧变和苏联的解体、冷战的终结，世界政治格局发生了翻天覆地的变化，但是正如有学者所指出的，真正让我们震惊的却是普通人的生活方式在这一百年内发生的巨大变化。事实是这一时期在全球范围内出现了一种"社会转型"，"新的消费类型；有计划的产品换代；时尚和风格转变方面前所未有的急速起落；广告、电视和媒体对社会迄今为止无与伦比的彻底渗透；视角和普遍的标准化对过去城乡之间以及中央和地方之间紧张关系的取代；超级高速公路庞大网络的发展和驾驶文化的来临——这些特点似乎可以标志着一个和战前旧社会的彻底断裂"①。针对社会转型，人们提出了"后现代"、"后工业"、"媒体社会"、"跨国资本主义"等诸多说法，抛开这些称谓上的争论，其实理论家们都在描述同样的事实：人类社会已经悄然从生产社会进入了消费社会。我们开始进入到一个物的时代，社会中的一切都带有物质的烙印——物化，一切社会行为均可以通过"物"的形式来表达，可以按照交换原则进行"消费"，"消费"作为一种术语和实践开始成为当代社会最本质的特征。

　　目前这股消费主义思潮还在继续延伸和发展，大众传播媒介，尤其是电视文化身处于消费社会的漩涡之中，这使得当代电视文化呈现出与传统社会文化生产完全不同的特点：电视文化不仅使自身成为了消费社会发展的巨大助推力，更在消费主义潮流下获得了前所未有的高速发展。那么究竟什么是消费社会？它给我们的社会带来了哪些具体的变化？作为后现代文化主要构成的电视文化在消费社会有哪些特点值得关注？电视文化与消费社会之间又是如何互动，进而融会成消费主义文化的呢？这些问题是本章节需要探讨的核心和关键点。

---

　　①　詹明信：《晚期资本主义的文化逻辑》，三联书店，1997 年版，第 418 页。

第一节　消费社会与消费文化

消费社会是如何形成的？消费社会最主要的特征是什么？作为一种思维方式和生活方式的消费主义热潮对当今社会的文化究竟产生了什么样的影响？本节将着重介绍西方的消费社会和消费文化理论。

一、消费社会的理论梳理

自 20 世纪 50 年代以来，西方社会就出现了关于消费社会的理论探讨，其关注视角遍及政治、经济、文化等社会生活的方方面面，比较一致的观点是将"大众消费"视为消费社会兴起的标志。到了 20 世纪 70 年代，"消费社会"这个理论术语开始在学术界流行，如今它已经成为人们描述当下社会特征时，使用频率极高的一个词语。那么什么是消费社会呢？这本身就是一个相当复杂的问题，每一个学者基于自身的学术背景和研究主题而对消费社会有着不同的表述。但是几乎所有学者都同意"消费社会所联系的其实是一个特定的历史阶段和一种特殊的生活方式"[1]。资本主义社会在第二次世界大战后的迅速发展，使得其经济体制、社会结构、生活方式以及人与人之间的关系发生了根本性的变革和重组，并促使那些具有敏锐意识的理论家们为这种社会重新勾画图谱，由此出现了"富裕社会"、"闲暇社会"、"技术社会"（列斐伏尔）或"新工业国家"（加尔布雷思）、"后工业社会"（丹尼尔·贝尔、雷蒙·阿隆）、"晚期资本主义社会"（弗·詹姆逊）等提法。虽然提法各有不同，但是都显示出了学者对社会转型期的敏感。

法国学者让·波德里亚在他的《消费社会》一书中对"消费社会"作了较为完整和系统的论述。简而言之，消费社会就是从原来以生产为中心的社会转变成以商品消费为中心的社会。齐格蒙特·鲍曼则把现代社会分成"生产社会"和"消费社会"两个阶段，而"我们的社会是一个消费社会"[2]，我们处在"消费"控制整个生活的境地。生产社会和消费社会最大的区别在于：生产社会作为生产相对不足和商品短缺的社会通常要限制消费鼓励生

---

① 季桂保：《波德里亚的"消费社会"批判理论述评》，《国外社会科学》1999 年第 2 期，第 50～55 页。

② 齐格蒙特·鲍曼著，郭国良、徐建华译：《全球化——人类的后果》，商务印书馆，2001 年版，第 76 页。

产，因为过度消费会导致扩大再生产的难以为继；与之相反，消费社会则呈现出生产相对过剩的景象，因此需要鼓励消费以便维持、拉动、刺激生产。在生产社会中，人们更多关注的是产品的物性特征、使用与实用价值；而在消费社会，人们则更多地关注商品的符号价值、文化精神特性与形象价值。

（一）消费社会的界定和历史沿革

人类是从什么时候开始进入这个"空气中都充满了消费主义味道"的时代，换而言之，消费社会究竟产生于何时？历史学家对消费社会的"诞生"时间，有着不同的看法和意见。公允地说，从历史溯源来看，欧洲是消费社会的起源地，18世纪消费革命的发生使欧洲成为了消费社会的先驱并逐步扩展到美国，当欧洲在消化自己工业革命的第一阶段成果的时候，美国赶上了欧洲的潮流。1850年第二次消费革命的爆发，使消费文化在欧美获得了加速发展。商店的变化、广告用语的方式、商品的多样化、休闲的出现都预示了消费文化走向"纵深"的发展轨道，人们用消费所表达的意思发生了彻底的改变。到了20世纪20年代，美国消费社会的主要特点都已经发展完备。二战以后，美国取代欧洲成为了世界消费文化的中心，消费主义在美国进入了极度繁荣期，并不断向世界其他地区扩展，世界各地很多国家都相继进入消费社会。目前美国依然处在消费繁荣的阶段，被视为世界消费文化的代表，消费本身甚至被看成是非常美国的行为。

考察学者们对消费社会众说纷纭的论证和讨论，我们发现学者在界定消费社会出现的时间时使用的主要尺度是"消费行为"中到底有多大成分是指向"实物消费之外"以及消费人群的大小。首先需要说明的是，在传统的生产社会中，人们不仅有着消费行为也并不缺乏消费的兴趣。只是在现代社会之前，不管社会物质文明如何发达，比如中国的唐朝，人们并不把买东西本身当成他们阶级或社会身份的象征。虽然一旦政治条件稳定，上层阶级的生活会明显地富裕和奢侈起来，但是能享受奢侈生活的人是极少数，消费人群的数量是极小的。现代的消费社会与贵族奢侈生活的不同之处在于，消费行为渗透到了社会的各个阶层，消费行为中作为身份认定和寻找自身归属的含意开始凸现出来。与此同时，勤俭、节约的社会传统开始被鼓励和刺激消费的消费主义意识形态所取代。

所以，从历史发展的角度来看，消费社会的形成和出现需要以下几个基础：第一，社会的物质财富一定要丰富到某种程度，超出日常所需；第二，人们需要有相应的能力和经济实力去消费；第三，社会主流意识形态对消费持积极和鼓励的态度。用以上三点考察18世纪欧洲兴起的消费社会就有这样的特征：首先，工业革命带来的物质的繁荣和极大丰富，不仅满足了人们的日常需要，而且出现了很多不"必需"的产品。据考证，在欧洲最早出现的非必需品是糖。产地不在欧洲，同时也不是人们生活必需品的糖—被运到欧洲，很快便成为上流社会和有钱人的最爱。其次，在农业社会向工业社会转型的过程中，大量的农业劳动力转化为工业劳动力，新兴的工厂使他们挣的钱比过去增多，从而有余钱买一些非必需品，比如时髦的衣服等等。再次，商业方式也出现了变化。商店开始通过布置橱窗、展览产品、刊登广告来有目的地宣传自己的产品，制造商开始通过调查市场需要来制造顾客需要的产品，等等。而且商业和市场在注意满足人们需要的同时更进一步通过欲望的编制来制造人们的需要，创造流行、时尚和消费热点来推动消费者的购买行为。与此同时，欧洲 18、19 世纪的意识形态变化也为消费社会的到来做了应有的精神准备。对物质的作用、物质生活的肯定和对个性的张扬，为消费社会提供了理论上的生存依据。

（二）消费社会和消费文化的蔓延

以上我们已经谈到，在消费社会的行列中，美国属于后来者。1913 年福特汽车制造厂生产流水线的运行，是消费社会的标志性事件。福特汽车的流水线作业，在大大降低汽车的成本，使汽车成为美国普通人家可以购买的商品的同时，福特汽车厂通过提高个人工资而大大提升了他们作为消费者的购买力。实践表明，消费社会不仅要有大规模的生产，还要有相应的消费能力去消化这些产品。这个等式是美国消费社会的特征之一。从理论上看，20 世纪的消费社会是和资本主义密切联系的，因为资本主义的等式就是确定足够的物质资料和足够的消费欲望和能力，消费的欲望又成为大量生产／大众消费的杠杆，在这个过程中，欲望与能力互相促进。

此后，美国的消费文化呈爆炸之势席卷全球。中国作为一个典型的传统农业社会，也无法拒绝消费社会的来临。虽然当代中国还未形成消费社会的结构，但是在许多方面已经呈现出消费社会的特征。首先，人们的消费结构发生了很大变化。中国人的消费热点正在转向家用汽车、住房、旅游领域，而这些正是西方国家进入消费社会的表现形式。其次，人们的消费心理也发生了很大变化。在人们的日常生活中，消费能力与消费内容正在逐渐成为社会地位、个人成功、声望的评价依据，越来越多的人正在加入追逐品牌的热潮中。据新华社消息，在 2003 年 11 月 6 日召开的"中国经济发展论坛"上，经济专家和社会学家表示，当前中国越来越壮大的中产阶级正在逐渐成为我国的消费主力，并最终会将我国带入"消费社会"。由暴富阶层和新的中产阶级领导的中国消费社会的新浪潮，将对每个人的意识、群体身份等产生重要的影响。

20世纪的消费社会的扩张不仅表现在地理范围的扩大，还表现在具体"消费"行为上的延展：消费的范围大大地扩大了，消费的量大大地增加了，消费的内容大大地扩充了。从消费可见的表征上看，现代的、大型的百货商场代替了18、19世纪的小商店；百货商场的布局也要着力呈现物质的极大繁荣，展示其满足多重欲望的可能性。参与消费的人，各个年龄阶段的都有，而且来自社会各个阶层，使不同的商品对应着不同阶层的需要。广告媒介多种多样，邮购的目录等等把商品送到全国各地，即使住在偏远地区，也能了解大都市的消费信息。各种休闲和娱乐等带动消费的场所开始大量涌现。消费活动深入到了日常生活的每一个方面，有人甚至总结说消费已经成为美国20世纪的空气。

二、消费社会的主要特征

尽管对"消费社会"形成的时间仍存在着分歧，但"消费社会"与传统社会的区别已经为人们所公认。人们已对由消费所引致的一系列重大社会变迁耳熟能详，如市场机制、法律体系、政治体系以及文化传统等方面的变化和调整。因此，西方学者们称这种巨大的变化为"消费革命"。波德里亚在《消费社会》中以第二次世界大战后迅速变化和发展的当代资本主义社会作为理论探讨的出发点和主要对象，将当代资本主义消费社会的特征概括为两个词："消费"和"富裕"。

（一）"物"与"消费"主宰一切

波德里亚认为"物"和"消费"是当代资本主义社会的重心，因此通过对"物"与"消费"的社会意识形态体系进行分析，我们就能够把握日常生活的结构及整个社会发展的基本动力。

在波德里亚的研究中，他选择了物作为研究的突破口，将"物"看作一种"符号系统"并致力于从消费的"意义"层面对作为"符号"的物品进行考察，他尤为强调当代社会作为商品的物的"符号运作的社会意义"，也即是说，波德里亚所要阐明的是，对"物"的消费已成为社会结构和社会秩序及其内在区分的主要基础。

与"物"的内涵的改变一样，消费的含义在当代社会也出现了全新的演变。在传统意义上，消费作为经济活动中的一个环节，其基本含义就是对物品和服务的占有和使用。然而随着大众消费时代的到来，消费的范围、消费的形式、参与消费的主体以及消费的社会与文化内涵等等都逐步发生了变化。大规模的商品消费不仅改变了人们的衣食住行，还改变了人们的社会关系，改变了人们看待这个世界和自身的基本态度。

首先，消费成为连接经济与文化的社会活动，是经济生活、文化生活与社会生活的连接点，也是资本与日常生活实践相结合的领域；大众消费不仅体现在对物质性商品的需求上，也体现在对文化产品的需求上。大众文化产品（诸如各类消费品设计、电影、电视节目、音像制品、流行出版物等等）铺天盖地，不仅构成了资本主义文化工业体系的重要部分，也日益主宰着社会日常生活中的行动。

其次，消费直接影响到社会的分层结构。通过不断升级的商品消费，人们需要重新调整社会关系，以进行社会关系的再生产。一个基本的事实是，西方社会的中产阶层迅速膨胀，社会的阶级构成与格局发生了很大变化。

再次，消费模式的变革引起社会精神气质的全面转变。对商品的无止境的追求，导致了消费主义伦理的盛行。它强调花销和占有，不断破坏着强调节约、俭朴、自我约束和谴责冲动的传统价值体系。消费主义作为一种价值观念和生活方式，其本质不在于满足"需要"，而在于不断追求难于彻底满足的"欲望"，它所表征的是人们被煽动的消费激情和被刺激的消费欲望，所代表的是一种意义的空虚状态以及不断膨胀的欲望和消费激情。① 因此波德里亚所谓的"消费"，实质是一种"符号的系统化操控行为"。

因此，在波德里亚看来，"物"的"消费"同人类关系的"消费"之间存在着一种对应关系，波德里亚认为要成为"消费"的对象，"物"必须成为"符号"，即只有当其"意义"被传给消费者时，"物"才能发挥自身的作用，因为"物"从来都不是因其物质性而被"消费"的，而是因其同其他"物"的差异性关系而被"消费"。当"物"转变成"符号"，当"消费"成为"系统化操控行为"时，人们之间的关系是试图在物品中并且通过物品而被"消费"的，物品成为人和人之间关系的必要中介者。消费品事实上已经成为一种分类体系，对人的行为和群体认同进行着符码化和规约。社会上人与人之间的关系最终要通过对"物"的"消费"来实现，因而消费的对象、消费的方式、消费的价值取向等等一切与"消费"行为有关的行为成了消费社会最显见的特征。所以被消费的永远不是物，而是关系本身。

---

① 莫少群：《20世纪西方"消费社会"研究述略》，《淮阴师范学院学报》（哲学社会科学版），2005年第2期，第184~188页。

（二）"富裕"和"大众消费"的崛起

顾名思义，"消费社会"或"富裕社会"同时是一个物质极度过剩的社会。"堆积、丰盛显然是给人印象最深的描写特征。大商店里琳琅满目的罐头食品、服装、食品和烹饪材料，可视为丰盛的基本风景和几何区。"[①] 通过数量和品种绝对丰富的商品，消费社会留给了人们欣欣向荣的美好图景和富裕无比的财富印象，而伴随着极度丰富的商品而来的行为必然是极具穿透性的消费，即大众消费。

消费社会最突出之处在于大众消费的兴起。工业革命的发生使消费行为发生转变，大机器生产时代的到来不仅宣告了大规模物品生产的可能，而且使之成为了现实。生产技术的重大革新对消费模式变化的影响主要集中在两个方面：一是消费民主化，也就是说消费品不再为少数人或特权阶级所独占，而成为了"大众"可以触及的物品；二是工业品的生产将大众直接确立为消费对象，大众成为了工业体制的目标。进入 20 世纪，流水线生产模式的广泛采用，建构了富裕社会大批量的生产和大众消费对应的现实。用美国经济学家的话来说，这是一个"丰裕社会"。所有这一切使得"大众消费已经具有雏形。大众消费的盛行必须具备几个基本的条件：丰富多样的产品、普通大众拥有的购买能力和闲暇时间以及大众消费观或消费文化的确立"[②]。

当然，消费社会的核心特征最终要通过消费文化得以确立，不同于传统社会中的消费观念，消费社会确立了自己独特的消费文化逻辑：人们认为可以通过消费获得别人的承认和尊重，消费的价值就等于自我价值。丹尼尔·贝尔明确指出："等到 20 世纪中期，资本主义不是设法以工作或财产而是以物质占有的地位标志和鼓励享乐来证明自身的正确。"[③] 刺激消费、鼓励消费已成为消费社会中商品生产的一个重要动力与目标，随着制度性的保障、信用或信贷消费的出现和推广，消费主义思想的确立为消费社会提供了理论的支持和发展基础。当前的资本主义体系中，消费已经成为运转的中心环节，正如汤林森所指出的，作为一个经济体系，资本主义的文化"目标"就是消费。在现代社会中，消费主义文化带着一定的"霸权"色彩通过全球资本主义体系控制并创造各种新的消费需求。消费主义逻辑已经深入到了当今

① 让·波德里亚著，刘成富、全志钢译：《消费社会》，南京大学出版社，2001 年版，第 3 页。

② 张卫良：《20 世纪西方社会关于"消费社会"的讨论》，《国外社会科学》2004 年第 5 期，第 34～40 页。

③ 丹尼尔·贝尔著，高铦译：《后工业社会的来临》，商务印书馆，1984 年版，第 528 页。

世界的每一个角落。正如马尔库塞说："人们似乎是为商品而生活。小轿车、高清晰度的传真装置、复式家庭住宅以及厨房设备成了人们生活的灵魂。"①为此，一些具有超前和批判意识的社会学家所担心和忧虑的正是消费社会中消费主义价值观念和取向对人的自主和独立带来的极大威胁。物质的富裕和人们自以为是的对商品的自由选择和购买作为大众消费社会表象掩盖了人们为"物"所役的事实。

三、消费社会与消费文化

从前面的论述我们不难发现，消费社会是一个对消费品赋予过分价值的社会，消费几乎是一切经济活动的最终目的，整个经济、社会和文化制度都受到了这种消费动力的支配和渗透。消费不仅是一种经济活动，它已经延伸到社会的各个领域中，成为人类的基本生存方式。正是消费动力学的支配性和渗透性，使社会中的任何领域都不能远离它而独立存在。文化活动当然也不例外，文化活动不再只是建立在经济基础之上的上层建筑，转而成为与经济活动合而为一的文化商品，消费文化的兴起成为消费社会文化的必然选择。

文化创造行为举止的规范，因此，在文化与消费举止方面有一个非常有意义的现实联系。首先，文化代表着我们日常生活的物质状况，是我们所穿、所听、所看、所吃，文化体现着我们怎样看待自己与别人的关系。"消费文化"这一概念指出了商品在我们日常生活中扮演着一个重要的角色。它肯定了消费作为一种积极的关系方式，是一种系统的行为和总体反应的方式。我们整个文化体系就建立在这个基础上。其次，消费和文化之间存在着共通与共谋的关系。道格拉斯和伊斯伍德认为，任何对物品的选择本身，都是文化的结果，也就造就了文化。人们透过消费与其他消费者沟通，而这些文化消费的行为累积起来就构成了文化的创制。再次，消费文化展示了一种特殊的秩序。消费文化作为一个系统，其根本的基础与意义来源真正要传达的，其实是一个潜藏的认知秩序。因此布尔迪厄认为，商品文化中的品位成了一种阶级和地位的标志，文化消费不断生产、维系与再生产着社会的区分和差异。因此在费瑟斯通看来，消费文化用来指称消费社会的文化是基于这样一个假设，即认为大众运动伴随着符号生产、日常体验和实践活动的重新组织。消费文化指出商品在我们的生活中扮演着一个重要的角色并成为了人

---

① ［美］赫伯特·马尔库塞著，刘继译：《单向度的人——发达工业社会意识形态研究》，上海译文出版社，第10页。

们揭示当今社会行为的中心元素。

　　大多数学者都承认，消费文化是伴随消费社会而出现的文化现象。当波德里亚创建性地建构消费社会的概念，将消费的社会逻辑和工业社会的生产逻辑区分开来时，文化与经济的结合就开始从生产领域转向消费领域，消费文化亦引起了人们的热情关注。而英国学者迈克·费瑟斯通在《消费文化与后现代主义》一书中这么写道："使用'消费文化'这个词是为了强调，商品世界及其结构化原则对理解当代社会来说具有核心地位。这里有双层含义：首先，就经济的文化维度而言，符号化过程与物质产品的使用，体现的不仅是实用价值，而且还扮演着'沟通者'的角色；其次，在文化产品的经济方面，文化产品与商品的供给、需求、资本积累、竞争及垄断市场等原则一起，运作于生活方式领域之中。"①

　　由此看来，"消费文化"的提出，不仅是研究对象的变化，更主要是研究的视角和立场有了转变。消费文化的研究对象可能就是我们平常所说的大众文化，或者说是通俗文化、媒体文化，也可以是视觉文化等等，只不过在研究中突出了商品世界的结构化原则与符号化使用。费瑟斯通将消费文化研究的视角作了三种划分：

　　"第一种视角认为，消费文化以资本主义商品生产的扩张为前提预设资本主义商品生产的扩张，引起了消费商品、为购买及消费而设的场所等物质文化的大量积累。其结果便是当代西方社会中闲暇及消费活动的显著增长。对此，尽管有些人振臂欢呼，认为它带来了更大程度的平等与个人自由，但是，另有一些人却认为它导致了意识形态的操纵能力的增长，把人们从一系列可选择的'良好'的社会关系中'引诱'了出来。第二种视角是一种更为严格的社会学观点。我们知道，通货膨胀条件下的零和博弈，是人们通过对社会差距的表现和维持来实现自己对商品的满足，并取得某种社会地位的。与此相关，消费文化中人们对商品的满足程度，同样取决于他们获取商品的社会性结构途径。其中的核心便是，人们为了建立社会联系或社会区别，会以不同的方式去消费商品。第三种视角关心的是消费时的情感快乐及梦想与欲望等问题。在消费文化影像中，以及在独特的直接产生广泛的身体刺激与审美快感的消费场所中，情感快乐与梦想、欲望都是大受欢迎的。"②

---

　　① [英] 迈克·费瑟斯通著，刘精明译：《消费文化与后现代主义》，译林出版社，2000 年版，第 123～138 页。

　　② [英] 迈克·费瑟斯通著，刘精明译：《消费文化与后现代主义》，译林出版社，2000 年版，第 18 页。

学者黄平认为"消费文化"就是"消费主义文化"，它不同于经济意义上对物品的消耗，而是指代了一种特殊的生活方式，其特殊性在于：消费行为不是为了满足实际需要，而是为了满足不断被制造和被刺激起来的欲望。也就是说，人们所消费的，不是商品和服务的使用价值，而是它们的符号象征意义。消费主义的"需求"和"欲望"是被创造出来的，并在无形中把越来越多的普通人都卷入其生活方式和价值观念中。它使人们总是处在一种"欲购情结"（buying mood）之中。无止境地追求高档商品符号所代表的生活方式，这本身又构成了现代消费社会中社会关系再生产的条件。

虽然众说纷纭，但笔者认为蒋原伦对消费文化所进行的总结比较准确，也基本能够涵盖以上学者的看法。"消费文化是引导和约束消费者消费行为与偏好的文化规范。人们的消费举止主要受他们的文化影响。它通过人们的消费行为体现两个层面的内容：一是人们的社会生活方式，二是社会群体关系。第一种含义中，消费作为一种个人的需求和选择，直接体现消费者的个性特征；第二种含义则意味着消费并不仅仅是个体的行为，它已成为身份辨析和社会群体认同的方式。"①

"消费"与"文化"的话题在过去一直被视为处于派生的、边缘地位的附带性的研究题目，我们在很长时间内仍习惯从社会学的角度去分析文化。而今天我们发现在对社会联系和文化表征的分析中，"文化"和"消费"得到了前所未有的重视。毫无疑问，我们已经进入或者说至少在理论上已经进入了一个"消费社会"或"后工业社会"中，这些理论概念的创新代表着人们认知模式的变革，也必然会带来理论上的创新和人类对自身处境的更准确的把握。接下来，我们就将运用这一新的视角去探讨消费社会与电视文化间互动而又共生的关系。

第二节　电视文化对消费社会的建构

在当代，电视文化与消费社会已经融合为紧密联系的整体。一方面，消费社会为电视文化的生存提供了无可逃避的氛围，使得电视文化必须去积极适应消费社会的逻辑并在其中寻找发展空间；另一方面，消费社会本身也受制于电视文化这一当今大众文化工业的代表，在某种意义上我们甚至可以毫不夸张地说电视文化在构建消费社会的同时又在积极地与消费共舞。那么电

---

① 蒋原伦：《媒体文化与消费时代》，中央编译出版社，2004年版。

视文化是如何构建消费社会的，二者又是如何保持互动和共生的？本节将重点探讨电视文化对消费社会的建构问题。

前面我们已经探讨过，消费社会的逻辑在于对需求和欲望的编织和满足，而欲望的满足总是要通过对商品的消费来实现。消费社会中的"消费"行为与传统社会的消费行为的最大不同就在于它是一种符号消费。波德里亚在解读现代消费行为时，扩展了马克思的商品二元价值论，在商品的使用价值、交换价值之外，提出了商品的符号价值这一全新概念，即在消费社会中人们对商品的选择和消费跨过了实用性转而追求一种意义消费。而在意义构建和传递方面，电视媒介凭借着得天独厚的优势成为构建消费社会的核心力量。

波德里亚在早期的著作中已经看到了媒介和消费之间紧密相连的关系。"消费的现象通过同意义的媒介现象得以表达：在这一现象中，符号、符号的扩散、真实与幻想的不断融合，亦即真实在符号中的复苏占据了主导地位，并把这一现象包含其中。"①"应当说社会消费系统的运作与媒体文化的发展是相辅相成的，新媒体的产生虽然不是消费经济发展的直接产物，但是新媒体手段一旦出现，就能迅速地被推广和运用到社会的一切可能领域，这背后有着强大的经济动力。反过来，消费系统的运作依靠的就是媒体文化，几乎不能想象没有大众媒体和媒体文化，社会消费系统究竟会朝什么方向运作？媒体文化是消费社会的唯一动员者和组织者。"②电视文化作为当今媒体文化的代表，无疑对消费社会的形成和发展具有举足轻重的作用。具体来说电视文化对消费社会的建构可以从以下三个方面来分析：

一、电视文化直接参与商品"意义"的生产

人的消费从来就不是一种单纯的"物质消耗"行为，几乎所有的物质消费中都已经包含了"意义"的消费。有学者将消费行为的这种物质消耗与符号占有、生理功能与意义功能相统一的结构，称为"消费的二元结构"，实际上，任何消费既是对物质实体的消耗，又是对符号的占有；既有物质效用的一面，更有象征意义的一面。在消费社会中的很多时候，这种对意义和符号的占有和消费已经超过了实物本身。

传统社会中我们谈到的商品生产多是从可视实物的层面来讲，商品的生

---

① [英]罗杰·西尔弗斯通著，陶庆梅译：《电视与日常生活》，江苏人民出版社，2004年版，第167页。

② 蒋原伦：《媒体文化与消费时代》，中央编译出版社，2004年版，第133页。

产者自然就是各个企业和工厂；而在符号消费时代，商品生产领域在不断延伸，尤其是在商品意义和符号生产方面，以电视为代表的传播媒体成了无可置疑的生产者，永远居于重要的决定性地位，没有电视的推波助澜，意义的生产几乎无从谈起。这里我们不妨以万宝路（Marlboro）香烟的成功为例来做具体的分析：1924年，菲莫公司将万宝路品牌定位成女士香烟向大众推广。为了在女士香烟中成为大赢家，该公司煞费苦心地做了很多工作：第一，附和女烟民身上的脂粉气，将广告语定为"温和如五月"，以博取女烟民对万宝路的好感；第二，由于当时女烟民常常抱怨白色的烟嘴沾染了她们的红色唇膏，十分不雅。菲莫公司于是将万宝路的烟嘴染成红色，企图以这种无微不至的关怀感动女性消费者，从而打开销路；第三，将万宝路的品牌名称"Marlboro"拆解为"Men always remember ladies because of romance only"（因为有浪漫，所以男人总是忘不了女人），让万宝路香烟争当女烟民的红颜知己。然而事与愿违，直到1950年，万宝路始终默默无闻。万宝路以女性为目标市场的定位失利后，该公司委托李奥·贝纳（Leo Burnett）广告公司为万宝路作宣传、策划。李奥·贝纳为万宝路选择了西部牛仔形象作为品牌代言人，西部牛仔广告在1954年推出后，给万宝路带来了巨大财富。1955年，万宝路荣膺全美第十大香烟品牌。1975年，万宝路摘下美国卷烟销量的桂冠并逐步成为烟草世界的霸主，一直持续至今。而在万宝路成功的过程中，发挥最重要作用的显然已经不是烟草的生产者，而是为万宝路烟注入意义的广告和媒体。虽然万宝路的发迹受限于时代因素，凭借的主要是平面媒体，但是我们已经从中看到了媒体在创造意义上的巨大活力。万宝路最终在人们心目中树立起"哪里有男子汉，哪儿就有万宝路"的品牌形象，那纵横驰骋、自由自在的西部牛仔代表了在美国开拓事业中不屈不挠的男子汉精神，以至于一位欧洲土生土长如今供职于纽约的一位工程师说道："如果一个美国人打算变得欧洲化一些，他必须去买一部奔驰或宝马；但当一个人想要美国化，他只需抽万宝路，穿牛仔衣就可以了。"这一实例充分说明了商品意义符号生产的重要性已经远远胜过单纯的实物生产。

　　因此才有学者提出："在后工业时代，个人的直觉和感受不仅被文化工业的产品所包围，而且所谓直觉和感受本身也是文明的一个部分。因为无论在都市还是在乡村，无论在旅途还是在驻地，无论在卧室还是在大街上，我们被各种媒体所包围，我们的直觉首先是对传媒世界的直觉。我们早已习惯于透过各种媒体来观察和理解世界甚至理解自身。我们甚至无法离开大众媒体，它们几乎就是社会生活的空气，远离它们就会感到窒息。媒体文化深刻地影响了我们的直观感受，我们永远失去了纯朴的、原始人般的眼光，已经无法返老还童到混沌初开的世界。"① 这段论述所展示的正是今日人类生活的环境,有人用"媒体社会"或"虚拟世界"来概括这一环境的本质。而在当今的媒介环境中,电视媒体凭着其声、画俱备的全息技术手段在建构世界方面的力量如此巨大,让人们不得不感叹电视所建构的媒介世界已经变得比现实世界更加真实。

二、电视文化通过提供商品和服务信息来引导消费

从新闻发展史的角度去看,新闻媒介最初的诞生恰恰源于经济发展对商业信息的需求。在 14、15 世纪,欧洲的商业贸易日益发达,商业阶层对各种商业性信息的需求变得非常迫切。于是一些以报道商情为主的手抄小报开始产生。到了 16 世纪,首先在当时世界贸易的中心——威尼斯和罗马等地出现了搜集信息的机构。后来,在欧洲的一些商业城市里,手抄小报日益流行。小报的发行对象主要是商人,内容多为商品的价格变动、运送商品的船舶到达日期以及与此有关的一些战事和政治新闻。电视媒体出现后,更是凭借其声像必备的全能语言优势,为现代商业经济的发展立下了不可小觑的功绩。因此才有专家断言:"新闻媒介从一开始就成为资本主义经济繁荣的原因之一,到 20 世纪,它成为资本主义经济发展的重要组成部分……在某种意义上,我们可以说媒介就是经济……就商品销售而言(智力商品和物质商品),新闻媒介在美国制度及所有资本主义制度中居于中心地位……广告体系已深深扎根于美国及其他资本主义国家中,并且成为其经济具有决定作用的因素,大众传播媒介也同样是决定性的,没有它们,公众几乎无从得到购物信息。"②

英文中的"广告"一词来源于拉丁语,本意为诱导、劝说。"电视广告的广泛采用正来自于一个心理学的假定:具有充分说服力的信息可以影响接受者的选择意向——诱导、劝说、进而接受。按照'社会学习理论'的'模仿论',视听形象会诱发模仿与尝试,电视广告中的消费品或消费行为会引发观众的欲望和尝试冲动。""对于消费者来说,电视广告使未知的商品变成了已知。这起码完成了一些选择的第一步,同时造成了选择的某种信息背景。由此,消费者在商品的迷宫中有了选购定向的参照性指南,有可能增强

　　① 蒋原伦:《媒体文化与消费时代》,中央编译出版社,2004 年版,第 98 页。
　　② 赫伯特·阿特休尔著,黄煜、裘志康译:《权力的媒介》,华夏出版社,1989 年版,第 144~145 页。

购买意识的准确性，提高购买行为的效率。"①

在当今以电视文化作为先锋的媒体时代，电视文化对具体的、个别的商品的消费引导是最显而易见的。广告媒体文化通过体育明星、影视明星等各种方法传达的消费信息和商品功能对消费大众的产生有着极强的劝诱作用。加之在媒体时代，人与人之间、个体与个体之间的紧密联系已被电视为首的大众媒体所取代，个人所渴求的社会认同逐步转化为大众媒体的认同，因此个体的消费和对具体商品的选择越来越依赖电视等大众媒体，因此不管人们愿不愿意，媒体文化不由分说地担负起了引导大众消费的职责。以电视为例，2005 年被誉为"中国经济的晴雨表"的中央电视台黄金段位广告招标总额为 52.481 5 亿元，这一让人震惊的数字，足以说明电视在引导人们进行消费方面无可替代的作用。

三、传递消费主义意识形态

资本主义消费社会的建立离不开广告和媒体的作用。迈克·费瑟斯通认为，20 世纪以福特主义为特征的美国资本主义经济在完成将公众改造为消费者的教育任务时借助的主要工具是广告和媒体。历史学家斯图亚特·伊文（Stuart Ewen）在他的影响重要的著作《意识的船长们》中提出，20 世纪 20 年代的消费社会的到来绝非偶然，而是一个明确的、有意识的意识形态工程的结果。他的著作具有洞见地揭示了美国 20 世纪 20 年代大公司各个部门为了大公司的生存而采用主动的方式，相互配合"设计"大众欲望，运用多种意识形态方式，包括种种教育方式、宣传方式，创造了一个意识形态工程，设计了人们对他们生产的物质的冲动和欲望并以此来刺激人们的消费意识。

人们的需求是被构建或生产出来的，而在构建和生产何种需求方面，电视有着不可替代的优势。消费社会的逻辑要依赖电子媒介尤其是电视媒体作为大众传播形式走入普通家庭这一事实。不少电视台的经济、生活频道已经明确地将秉承"服务生活，引导消费"作为立台的宗旨。人们对消费品的占有不再以消费品的使用价值为目的，而是以炫耀消费品的附加值作为消费行为的主要目的。诸如我们对某些品牌的狂热追求，以及对这些品牌所指向的某种生活方式的倾慕等等。因此，电视广告在推销商品和服务的同时也在推销一种消费观念、生活态度、社会阶层意识。

---

① 崔文华：《全能语言的文化时代》，北京师范大学出版社，1998 年版，第 162 页。

（一）通过"生活方式"的示范来推动消费

生活方式这个话题其实是社会学很早就开始关注的话题。马克思早在年轻的时候就强调：人们是什么样的，与他们的生产是一致的，即与他们生产什么一致，也与他们怎样生产一致。

电视文化的巨大影响不只是表现在对具体的商品消费的诱导上，它更是表现在对生活方式的消费诱导上。既然电视文化对个体的包围是全方位的，那么生活方式的消费理应成为首当其冲的关注点。生活方式的消费首先是指总体的消费或者是配套的消费，在这一过程中，消费的具体行为不再是孤立的、不相联系的或者是心血来潮的，而是体现出相互间的关联，这种种关联与消费者的地位身份，气度修养相匹配，与时尚和流行趣味的关系来得更加紧密。换句话说，一般具体的商品消费仅仅同个体的身份、修养和地位相符，早在传统社会中，这已经是事实。但在消费社会中，电视文化所鼓吹的"生活方式的消费"不是指在一定的经济和社会地位中渐渐养成的牢固的消费习惯和态度，它是指消费个体认同某种社会时尚，跟随流行趣味的轨迹前行，并在消费过程中获得新的社会身份和相关形象。担任消费引导的媒体文化是通过不断地提出新的消费概念和消费模式来吸引大众的。这类消费概念和消费模式并不否定经济实力和社会地位在消费中的作用，但是传统的、和经济及社会地位紧密相连的消费行为不再占主导地位，因为新的消费概念和消费模式更加关注的是消费现象的表征，而不是某种背景。加之整个消费系统通过严密的运作（如以按揭或借贷的方式）可以预支消费能力等，所以与整体消费行为相连的不再是简单的经济实力，而是与时尚密切相关的各类消费新概念。

比如，所谓白领的生活方式指的就是消费新概念引导下的生活方式，它由一系列消费行为组成，这一系列消费行为看似随意，出自消费者自身的生活需求或文化需求，实际上是经过电视文化精心设计的，并通过诱导或隐喻的方式来启动消费者的心灵。这一系列消费行为有时关注的是消费品的质地，有时关注的是消费对象的品牌，有时关注的是消费的气氛和环境，还有时关注整个消费过程以及它所能给消费者带来的符号意义，诸如"气质"、"风度"、"格调"等等。

电视文化对生活方式的消费引导常常通过再创造各种新概念来实现，因此它也就有了给各种消费行为命名的优势，电视文化更凭借其声像并茂、视听结合的方式开拓出新的概念空间。例如"休闲"的概念，"投资健康"的概念，"愉快的周末"的概念，"soho"（在家室办公）的概念等等，还有一些传统的概念在新的媒体文化语境中也有了与以往不同的含义，如一个简单的旅游的概念会分化出"文化旅游"、"生态旅游""情侣旅游"、"黄金周旅游"……而消费新概念是媒体文化所创造的各类新概念中最有活力的部分。可以说消费新概念是人类"无法克制的欲望"转化的产物，也可以说它是为解决后工业社会技术和生产力的出路指明方向的必须的标识。

（二）通过时尚和流行制造新的意义空间引导消费

前面我们已经提及媒体文化本身就是一种特殊的消费品，媒体文化作为消费品出售的时候，它们的最佳选择是销售"生活方式"和各种新奇的观念。电视文化中的许多栏目都是瞄准生活方式消费的，或者是以种种新的观念来打动观众的，这些新的观念包括的内容很多，大到社会总体潮流和人生价值趋向，小到日常行为的细节和消费趣味等等。同时，这些新观念大都是与具体的行为和行动方式结合在一起的，有着开发欲望的功能。因此，所谓生活方式的消费包含着多重含义，它可以是对已有的消费行为和消费方式进行归类，将一定的消费行为与一定的生活方式联系起来，使得个别的、具体的消费行为成为总体的生活行为的一个部分。它们常常以时尚和流行的面貌现身，去建构一整套新的行为模式（或者说兜售新的消费行为模式），开发新的欲望领域和消费领域，鼓动大众参与其间，并在参与过程中不断地制造出新的意义空间来。

"由于宣传媒介协助推销……流行时尚往往在一夜间突然出现，又倏然而逝……制造并传播流行时尚的运转流畅的机器，已经成为了现代经济中不可动摇的组成部分。"[①] 我们不妨以流行为例探讨一下电视作为社会群体沟通的主要桥梁，对流行的生成、普及或者衰退具有的不可忽视的影响和作用。对于流行和媒介的关系我们可以从两个层面来理解[②]：

1. 电视文化是流行产生的基础和引导者

电视媒体是为社会提供信息交流和沟通的工具，其运作特征是将大量信息同时、反复地提供给尽可能多的受众。这一功能实质成为了流行借以形成并普及的天然温床。由于电视媒介的作用，新的事物、思想或行为方式逐渐成为人们共同认知的环境世界，从而迫使人们与之相适应，不得不承认大众传播所提供的新的方式的存在。尤其是在传播技术日新月异的今天，报纸、

---

① 阿尔文·托夫勒著，蔡伸章译：《未来的冲击》，中国对外翻译出版公司，1985年版，第67页。

② 张国良主编：《新闻媒介与社会》，上海人民出版社，2001年版，第262～266页。

广播、电视的立体传播，更是在我们周围形成了一个逼真的虚拟世界。而我们现在已经愈来愈依赖媒介所营造出的"拟态环境"，媒介本身也因此具有了某种社会权威。这就意味着大众传媒对流行环境的形成具有重要作用。电视文化不仅是流行产生的基础，还对流行起着重要的引导作用。一部电视剧播出后，男女主角的发型、服饰，甚至主人公之间的对白都会成为人们在生活中模仿的对象。就以当下"哈韩"一族来说，大多数人根本不懂韩语，但是走在大街上，你一眼就可以认出他们来，原因就在于其服饰上对韩国风格的追随和模仿，而他们模仿的信息来源主要是电视媒体所播放的韩国歌手的MTV以及一些韩国青春偶像剧。因此电视不仅是流行文化产生的前提和基础，它还会对某种流行现象的规模、走向、性质等产生深刻影响。电视文化的引导已经成为流行的普及和扩大其影响的重要条件。正如任何事物都有两面性一样，电视文化对流行的影响也是辩证的。如果换一个角度，从流行及其操作者的层面加以考察，我们还可以发现，流行文化也在积极地利用电视文化的影响力来"推销"自己。

2. 电视文化可以推动流行的普及

上面我们已经谈到电视文化是流行现象产生的基础，尤其是在市场经济的条件下，发布广告已成为电视的主要职能之一，企业为了促销，通过广告反复提供有关信息，并且在广告制作技术、购买时段等方面不惜重金，投入大量的人力、物力。可见，电视文化在通过发布广告、动员人们采用新方式即促进流行产生方面，确实有很大作用。然而如果我们把流行现象看成一个动态的过程，就不难发现媒介还具有促进流行普及的作用。电视文化不仅提供为人们广泛采用的"流行"的判断标准，而且为人们提供了对流行做出反应的方法。这非常有利于"流行"传播的虚拟环境的形成，而这种环境反过来会成为社会压力之一，促使那些正处于观望状态的人们尽快采取行动，于是，采用新的流行方式的队伍就如同滚雪球一般壮大起来。由此看来，当代社会的流行，其普及程度和规模大小，都与电视文化的传播范围和影响力的大小有着密切的联系。电视文化永远在不断地制造着流行现象，并开辟着新的生活风尚和消费领域。

(三) 直接传递消费观念和消费意识形态

2004年有学者提出了"城市地图"一词，"这里的'城市地图'是一个特定的称谓，它指的是几年来在上海以及全国各大城市异军突起，以引导生活、时尚和消费为主旨的报纸"。"它们迅速反映当地乃至全国和世界各地的城市生活的最新时尚，提供衣食住行——不仅仅是为了满足基本生活需要，更主要是为了享受、休闲和娱乐——各个方面的信息，具有'城市生活指南'的性质，读者可以根据它们的介绍，触摸时代的脉搏，选择合适自己的休闲方式，寻找相应的消费场所。当然，与此同时，它们也竭力宣扬、树立某种生活方式和消费观念，并且推动它们的变化和发展。""这些'城市地图'都是消费社会的特有产物，它们都是消费主义意识形态的生产和宣传基地。"① 从具体的功能来看，电视文化无疑已经成为当代"散布消费主义意识形态的"最重要的"城市地图"，杰瑞·曼德则称电视是用于传递商品生活的体系，这种生活体系就是消费社会的意识形态或者说是消费社会的生活逻辑。

电视作为构成当代文化活力的最具决定性的因素，"为如此生气勃勃的活动提供了大部分的核心影像、与之相协调的诱惑以及音乐伴奏"。"电视在节目里的确通过故事、体裁、修辞把商品文化的逻辑与日常生活的利害、价值和意义融成一个整体。节目与广告在表达和强化消费社会的主流意识形态方面几乎是不可能失败的。"②

美国哈佛大学肯尼迪学院的院长约瑟夫·奈，形象地将电视媒介消费意识形态的传递功能称为"软权力"：它包括了吃、喝、拉、撒、睡，如可口可乐、麦当劳、好莱坞的大片、体育比赛（尤其是奥林匹克运动会），这是一个日常生活的脉络，也是很重要的文化领域，电视就是通过对人们日常生活中衣、食、住、行等方面的渗透完成了消费价值观的引导与消费意识形态的传递。电视媒体作为当代最具有普适性的媒体，其声音常常是具有覆盖性的。

在"五一"、"十一"等节假日所谓的消费的黄金周期中，借助声像必备优势的电视将"声色犬马"的消费意识发挥得淋漓尽致。电视不仅帮助人们安排好节日期间的饮食、出行参考、注意事项，甚至连节日病的出现都预先设想到了，这种对受众的无微不至的关怀，不仅把商品、服务推销给了受众，更直接的作用在于它通过电视文化影响了人们的消费观念。从这个意义上讲，电视文化在创造和引领着消费潮流，构建着消费社会的生活逻辑。

对电视文化的消费建构可以在两个意义上去理解：一是它以文化产品的形式作用于受众，使他们获得心理上、精神上的享受或消费；一是产品的符

---

① 王文英、叶中强主编：《城市语境与大众文化》，上海人民出版社，2004年版，第143~144页。

② [英] 罗杰·西尔弗斯通著，陶庆梅译：《电视与日常生活》，江苏人民出版社，2004年版，第169页。

号转化到现实生活中，比如某种时尚、某种生活态度，从而引起对具体的物质产品的消费。因此，电视文化总是积极地参与对消费的建构。美国电视自20世纪50年代以来在发展消费文化、传播新的消费观念方面肩负重责，它"使不断提高消费标准的观念牢固树立在广大消费者心目之中，也使战后出生的既没有经过大萧条的恐慌又没有体验过战争期间供给消费的整整一代人，将高消费看作是天经地义的事情"①。

　　总之，电视传媒对消费社会有着巨大的推动作用。在消费社会里，电视文化扮演着一种十分关键的角色，电视文化与消费行为的互动是消费社会最大的特点。电视媒介的出现从技术和文化方面都代表着人类文化传播史上的一次空前革命。它不仅改变了文化传播的方式，甚至改变了生存于其中的人类生活。正是电视媒介与市场的结合，刺激了大众消费的欲望，推动了不同消费群体的形成。消费社会的生活方式是由商业集团以及附属于他们的电视传媒通过广告或者各种商业文化和促销艺术形式推销给大众的一种生活方式，而这种生活方式常常是在不知不觉中强加给消费大众的。与此同时，电视文化本身也正在成为人们消费的内容：看哪个频道的电视节目，看什么样的电视节目已经成为区分人们身份地位的重要标志。

第三节　消费社会语境中的电视文化

　　在上一节中我们集中探讨了电视文化在消费社会的逻辑传递和消费主义意识形态的塑造方面所发挥的巨大作用。回过头来做一下逆向思考，可以发现，消费社会的经济生产以及必然由此产生的社会结构，也是同时代电视文化的基础。当我们以辩证的思维来看待消费社会与电视文化的关系时，我们也不得不思考这样一个事实：消费社会在为当代电视文化发展提供了特定的氛围、滋生和发展的土壤的同时也必然要对电视文化的发展产生决定性的影响。本节重在探讨消费社会作为电视文化无法逃离的语境是如何制约、影响着电视文化的发展趋向的。

一、电视文化功能的转变和娱乐化趋势

　　电视兼具信息沟通、教育、舆论监督和休闲娱乐等多种功能，以往的媒介时间比较强调媒介在政治、经济方面的信息传递和交流功能，而消费社会

---

① 齐小新：《美国文化研究导论》，北京大学出版社，2001年版，第95页。

的兴起，无疑大大推进了能够刺激消费行为的休闲、娱乐信息的传布。电视的娱乐功能受到了人们前所未有的关注，以至于有人直接称电视文化为娱乐产业。称其为单纯的娱乐产业未免有些偏激，但是这一提法却是非常准确地概括了电视文化在消费社会的功能特征。消费社会的商品化逻辑总是把事物视为获利的工具（商品），总是以商人的眼光作为评估事物的最终方式。这样一来，所谓的艺术品、各种著作、乃至思想都被商品化为各种利益符码。而娱乐产业又是最具开发潜力的投资获利的产业。电视文化凭借其无处不在的受众成为许多投资者关注的对象，而观众在消费逻辑的刺激下，对于消费相关的行为如娱乐、休闲的关注，自然会大大地推进电视文化功能的巨变。

与消费社会发展逻辑相一致的是，西方社会大约在 20 世纪 70 年代、中国在 20 世纪 80 年代末和 90 年代初期，都逐步实现了媒介运作机制的转型，公共电视和事业电视普遍受到了商业化模式的冲击。在我国，除了受到政府行政机制支持的电视节目以外，进入市场的作品都必须通过大众的接受而回收制作成本和换取利润，生产者与消费者之间建立了一种直接的经济关系，这就促使电视产品制作者必须满足尽可能多的受众的需要，因为他们的好恶引导着电视产品的生产，是衡量电视文化产品的重要参数。那么受众需要什么呢？随着生产的现代化和劳动生产率的提高，人们的闲暇时间越来越多，先是有了双休日，随后又有了"五一"黄金周和"十一"黄金周。许多人在购物、旅游之外，把看电视剧、综艺节目当成了填补空闲的有效方法。一些电视台迎合观众所需在不同的时段推出不同的电视剧场，安徽卫视还在周末专门推出全天联播电视剧的《周末大放送》来满足观众的需求。于是人们对电视提出了新的要求，作为一种对忙碌而紧张的竞争时代的精神调整与心理修复手段，逗笑的、欢快的、不用动脑筋的娱乐类节目自然比深沉的、说教类的节目更容易受到大众的喜爱，娱乐性内容自然会更加吸引观众。

中国的电视媒体似乎进入了一个被娱乐主宰的时代。一度遭受冷落的电视娱乐功能日益被强化：电视荧屏被综艺游戏的热闹纷繁、益智博彩的紧张刺激、情景喜剧的调侃轻松所占据。

而在 20 世纪 90 年代以来，中国社会在政治、经济、文化等各个领域发生的制度性改革，使中国人的精神生活内部也产生了相应的变动。大众在精神取向和价值观念方面发生了极大的变更，呈现出由统一向分化、由教化模式向消费模式、由社会活动向私人娱乐、由自发向自觉的转换。"转型期"电视媒介的"娱乐化"走向，正是中国当代大众价值取向发生变化的生动体现。2000 年中国人民大学舆论研究所对北京居民媒介接触和使用情况的调查显示，娱乐类电视节目已经成为观众收视的首选，与此同时，在电视荧屏上迅速走红的也正是一些娱乐节目的主持人，如中央电视台的李咏和王小丫、湖南卫视的李湘和何炅等等。中央电视台推出的《幸运 52》《开心辞典》，上海电视台的《智力大冲浪》等益智类节目，北京电视台《欢乐总动员》最早设置的真人模仿秀《超级模仿秀》，在今天堪称中央电视台收视亮点的《非常 6 + 1》和从去年开始风靡全国的湖南卫视的《超级女声》等"真人秀"节目在电视文化中刮起了一股娱乐风潮。甚至在人们眼中一向面孔严肃的新闻报道在这一时期也开始发生巨大变化：先是热热闹闹的说新闻力图取代一本正经的播新闻，如北京台的《元元说话》（后改为《第七日》）、凤凰卫视的《凤凰早班车》、湖南卫视的《晚间新闻》等，随后是各地方电视台倾力打造的各类民生新闻粉墨登场，如江苏电视台城市频道的《南京零距离》、南京电视台的《直播南京》、重庆电视台的《天天 630》以及上海东方卫视的《直播上海》，一些电视台甚至还推出了用方言播报新闻的电视栏目，如杭州电视台的《阿六头说新闻》，"新闻故事化"、"讲述家常化"显示出了娱乐元素从内容到形式都已经渗透到了电视文化中。于是愈是迎合普遍口味，消遣性、娱乐性愈强的东西当然愈有市场，获取利润的可能性就愈大，对资本的诱惑力也愈大。所以，大众对娱乐、轻松的要求因为有经济规律作支撑而成为引导电视娱乐化走向的动力。大众不再追求自身生活的历史意义和价值深度，而是主动寻求能够直接体现当下满足的活动形式和内容，以便能够在日常过程中最大限度地实现生活的直接乐趣。电视媒介关注大众的这种变化，在节目中注重大众的现实娱乐与消遣，这是对人的一种尊重，是对过去那种重视政治权威，漠视公众权力的冲击与否定。娱乐消遣作为精神生活的一部分在消费社会得到了最充分的发展，电视文化对娱乐功能的强调不过是对受众需求和消费逻辑的一种呼应而已。

在消费社会中，由于电视媒体的产品化、市场化，使得大众作为消费者具有了首要的选择权和评判权，受众开始成为传播活动的中心。因此，体现娱乐功能的柔性节目、大众喜闻乐见的表现形式、赢得尽可能多的受众来提高收视率成为了电视的必然选择。"在市场经济下，媒介是作为一种文化消费而存在的……电视台就是一个企业，以追求利润最大化为原则，收视率是评判节目好坏的尺度。看来与大众一起娱乐、狂欢、轻松、消费是电视文化的一大功能。"① 由此看来，"从大众消费文化的本质来看，消遣娱乐对它而言无疑是第一位的，我们不能要求它以精英文化的方式来对抗政治文化或者

---

① 陈默：《电视文化学》，北京广播学院出版社，2001 年版，第 8 页。

追求终极意义，否则无异取消了它的存在"①。对电视文化多功能的开发和娱乐功能的提升，是当代电视文化适应消费社会逻辑的必然选择。

二、电视文化的二重属性和产业化趋势

与物质生产部门不同，电视文化产品的生产过程具有二重性，由精神生产和物质生产两个阶段构成。精神生产阶段是电视文化产品的创作阶段，它以创造性的脑力劳动为主，在经过多次创作后，为社会提供一种电视文化产品。在这里，电视文化成果所反映出的思想性、艺术性和审美观，表现出它作为社会意识形态的本质特征，因而属于上层建筑的范畴。物质生产阶段则是电视文化产品的复制或再生产阶段。借助这个阶段，精神产品被物质化，从而取得了物的外壳。在这里，其生产活动表现为经营过程，其劳动耗费可由社会必要劳动时间来衡量，受制于经济规律，因而属于经济基础的范畴。所以，电视文化产品从创作阶段看是精神产品，从其"复制"阶段看又是物质产品。这使得电视文化呈现出事业属性和产业属性的共存特征。党的十六大明确提出大力发展文化事业和文化产业，实际上是把文化单位分为两大类：一类叫做公益性的事业，即为公共事业服务、隶属于国家的一些事业性质的部门；另一类是经营性的产业，它以生产的产品上市，通过市场实现它的价值。而电视文化恰恰跨越了这两个层面：既具有意识形态属性和公益功能，又具有娱乐消费属性和营利功能。因此电视文化的生产既关乎社会效益，又离不开经济效益。

在消费社会的形成过程中对电视文化最重大的冲击就在于它强化了电视文化的产业属性。当然，西方电视文化一开始就是作为文化工业、娱乐工业进入资本主义市场体系的运作之中的，其产业属性无可置疑。而在中国，对电视的市场属性、产业属性、商品属性的认知却是经历了较长一段时间逐渐形成的，而这一过程恰恰和中国市场经济的发展和消费意识的崛起同步。

目前，人们普遍可以达成的共识是：经济（市场）的发展极大地影响着电视的发展，一个国家或地区电视媒体的成长，无论是速度还是效率（包括质量）往往是与经济发展的状况相吻合的；电视依靠自己独具的传媒优势，在信息发布、舆论引导以及活跃经济、繁荣市场等方面扮演着相当重要的角色。通过生产、流通和消费环节，电视媒体在经济生活和市场运行中始终扮演着不可或缺的角色；电视媒体自身构成了经济市场系统中一个重要的产业

---

① 陶东风：《大众消费文化研究的三种范式及其西方资源——兼答鲁枢元先生》，转引自文化研究网 http://www.culstudies.com。

领域和部门。从中国电视 1979 年播出第一条广告至今，我们越来越清晰地看到它作为文化产业的巨大影响力和发展潜力。实践表明，在消费社会中电视文化求得生存的必由之路只能是走产业化的路子。因为电视文化的生产者从经济利益考虑需要推动电视产业化，电视文化的消费者由于对消费品附加值的追求反过来又促成了电视的产业化。唯"消费"意识在电视文化中最突出的表现就是对收视率和节目创收的强调。

电视文化的普适性使得它不断扩张，并且进入了普通大众的日常生活。如果说高雅文化是从前只属于少数人的专利，那么在消费社会中，高雅文化与通俗文化的分界已经被彻底模糊化，以往泾渭分明的两种文化开始融合成大众文化并流行于社会的各个层面中。本雅明在《机械复制时代的艺术品》一书中谈到：随着机械复制时代的到来，艺术的光晕消失了。高雅艺术之所以有一层让人膜拜的光晕，是因为它的距离感和时间性。然而，机械的复制方式打破了这种限制，电视诞生在机械复制时代，它是这个时代的典型产物，因此电视从来都不是纯粹的高雅艺术。在消费社会中，由于最大限度地追求经济效益，电视更是尽其所能地扩大它的消费群体，无论哪种类型的电视节目，最终都必须转化成收视率，所以，高雅文化和通俗文化在消费社会中合而为一，成为消费文化和大众文化。大众文化是电视产业化的前提条件，没有大众，就没有电视，也就根本没有电视的产业化。

今天，作为大众消费品走向产业化的电视文化，连接着消费者——电视观众和消费品——电视节目，它既要站在生产者的立场，诱导消费者进行消费，同时，又要站在消费者的立场促使电视产品更加符合消费者的口味。电视文化一方面要取信于消费者，使消费者在不知不觉中跟着它进行一次又一次地循环消费；另一方面又必须对消费社会有深入的认识，真正把握消费者的需求，使生产者能够从他的分析中把握市场动向，寻求自身的生存空间。

以追求消费品最高利润为目的的消费社会，是电视产业化的温床。在《符号政治经济学批判》一书中，波德里亚就曾从电视这一"隐喻"入手对这种文化理论作了举例说明：电视首先是一种物，具有商品的特征，但电视还可能被看作是社会象征符号，是社会成员地位和身份的象征，作为消费者的单个个体也正是凭借这种地位和身份而被整合到社会系统之中。由于电视这样的"物"具备了商品的价值和社会仪式的价值，因此，"一种适合的关于物的理论不能够建立在需求及其满足的基础之上，而应建立在一种声望和指称理论的基础之上"，"对'消费'进行社会学分析，其根本的概念假设不是使用价值及其同需求的关系，而是象征交往价值"，在"购买、市场和私人财产等等所有的上层建筑后面往往存在着社会失望的机制"，"此种区分和声望的机制恰恰正是价值体系以及社会等级秩序整合体系的基础"①。

如果说消费社会代表着一种与旧的历史的断裂的话，正是在这一点上我们发现了电视文化与消费社会的共同之点：它们都明显地受制于当代资本主义消费社会及其商品文化生产规律。电视的产业化是电视进入市场后必须应对的一个重大现实课题，它关系到电视的发展与繁荣。与计划经济时代把电视高度政治化、意识形态化不同的是，在消费社会，电视被市场化、产业化，它们成为一种起主导作用的新意识形态，成为制约或推动电视发展与繁荣的重要力量。如果说以往强调的是电视的事业化、意识形态性，如今则突出了电视的产业化、营利功能。

从电视的市场化、产业化这个角度看，电视节目已成为一种生产。电视节目一旦成为商品，它就要服从市场行情与商业原则的调控，这种情况既给电视经营者带来诱惑，也带来许多困惑。与计划经济时代的纯事业型电视体制及运作模式相比，市场化的电视要直接面向市场、面向受众，电视节目的制作和播出就要充分考虑到受众的接受心理与审美期待：正因为它是一种产业这个明显的事实，所以它最关心的是销路，其产品必须打入市场。在正常的活动过程中，销路的要求优先于所有其他考虑。大众文化产品的生产者私下里也许和其他人一样十分关心美学价值与人类现实，但是，作为生产者的角色，他们必须首先考虑商业利润，很多时候，在审美价值与经济效益不可调和的状态下，消费社会的逻辑通常是先考虑经济效益。由于电视目前正处于方兴未艾的文化产业这一链条中，在今后相当长一段时期内，有很多矛盾性的问题需要我们去解决，即需要处理好事业与产业、人民性与商业性、社会效益与经济效益之间的辩证统一关系，这就如同鸟之两翼，缺一不可。

中国电视改革的根本出路在于从总体上推进电视的产业化发展。在消费社会和市场经济体制中运行的电视产业化应该通过一个渐进的改革过程完成产业化的转型。中国广播电视协会秘书长王锋认为电视产业化发展的主要标志应该包括这样几个方面："一是电视媒体作为市场主体确立了应有的法律地位；二是对电视行业的发展规模和经营效益能够进行经济学方面的考量和评价；三是电视行业对社会经济发展有一定的贡献及在社会经济增长中占有一定的比重；四是建立了规则完备的电视市场经济秩序。"② 这四个方面的评价标准无疑都渗透了消费社会的经济学意识和思维方式。

---

① 转引自季桂保：《波德里亚的"消费社会"批判理论述评》，《国外社会科学》1999 年第 2 期，第 50~55 页。

② 王锋：《理性面对电视文化产业的发展》，《北方传媒研究》2005 年第 3 期。

三、电视文化受众身份的二元性：从观众到消费者

　　传统上我们进行电视观众研究时更多考虑的是如何实现传播者的意图，传者中心的立场在国内外学术界都曾经占据很重要的位置：在西方，"魔弹论"的预设点在于传播媒介对受众必然会产生效果，而且这种影响效果往往被视为是必然的和非常重大的。学术界长期以来也习惯了以"传播者意图是否实现"作为检验传播效果的标准。以大众传播模式中的"拉斯韦尔模式"（1948 年提出）为例，其经典表达是"谁，干什么，通过什么渠道，对谁，有什么效果"，这一模式完全忽视了作为接受者的受众反馈。在我国，真正的受众调查直到 20 世纪 80 年代才开始出现；即使在电视产业高度发达的西方，对于受众的研究也一直滞后于电视的总体发展，直到 20 世纪 60 年代以后才开始有学者关注受众对电视节目的解读环节。英国的文化研究者斯图亚特·霍尔写于 1973 年的《电视话语的制码解码》一文，开启了电视研究的新纪元。《电视话语的制码解码》的创造性在于它把电视文本意义的定制从生产过程转移到消费阶段，该文认为，电视文本意义不是传播者"传递"的，而是接受者"生产"的。沿着这样一条思路，他把观众对电视的解读立场概括为"支配霸权立场"、"协商代码立场"、"反对码立场"，此即著名的霍尔模式。1980 年伯明翰学派后期的中心人物之一戴维·莫利（David Morley）出版了《〈举国上下〉的观众》（*The Nationwide Audience*）一书，该书将注意的焦点放在电视文本的观众身上，考察观众对同一文本的不同解读，以期从中发现观众反抗霸权话语的可能，结果也印证了霍尔模式的合理性。1985年荷兰裔女学者洪美恩出版的专著《看〈豪门恩怨〉：肥皂剧和情节剧想象》，运用了民族志的研究方法从经验层面分析了电视受众的收视行为和心理。霍尔的制码/解码理论、莫利的《〈举国上下〉的观众》以及洪美恩对《豪门恩怨》的观众调查研究显示，电视观众在信息接受方面是主动的、积极的，而不像文化批判家眼中那样是被动的、消极的。不过，他们的"主动的观众"理论虽然大大提升了观众在电视节目的生产和流通环节上的重要性，但是又无一不是把观众作为电视节目流通的最后一个环节。消费社会的来临使这一局面得到了彻底的改变，"主动的观众"转而成为了"影响生产"的"主动的消费者"。

　　在消费社会中人与人之间的关系变成了人与物和物与物之间的关系，消费成为人们保持联系的主要途径。社会公民也好，一般观众也好，从消费主义的视角来看，他们都是消费者而已。在促进电视文化产业化的过程中，消费社会和消费逻辑把电视受众统统变成了消费者。由于电视文化在消费社会

的特殊功能，电视观众作为消费者的身份也呈现出某种特殊性：

"媒介工业建构了一个二元的产品市场（Dual Product Market）。也就是说，媒介只创造一种产品，却在两个完全不同的市场上运作，并且，这两个市场会彼此影响。其第一市场是媒介产品市场，第二市场则是广告市场，和其他产业相比，这个二元市场几乎是媒介经济独一无二的特征。"① 因此，看电视的时候，我们每个人都变成了双重的消费者，既是媒介的消费者（作为观看者）又是电视展出商品的消费者（作为潜在的消费者）。其实，"消费者"的提法本身就蕴含着电视产业化、商品化的前提预设。那么从"观众"到"消费者"身份的转变对于电视文化的发展来说有何意义呢？我们不妨从对"消费者"的一些历史理论的分析入手。

在西方社会中关于消费者的作用存在两种相互对立的观点：一种观点认为在市场中消费者的选择权决定了生产者的成功与否，因此消费者在整个过程中起着决定性的作用，因此消费者是"国王"、是"上帝"，"消费者主权"概念因此而被提出。另一种观点则完全相反，认为消费者在整个生产过程中无力作出明智的选择，所以消费者在整个生产过程中不起任何决定性的作用，我们可以称之为"消极的消费者"。随着全球资本主义市场的推广，目前在消费社会中显然越来越占据上风的是消费者主权思想，在他们看来，一切生产的最终目的都是满足消费者，只有满足了消费者的需求才有赢利可言，应该依据满足消费者需要的程度来评价经济行为。在产品绝对匮乏的传统社会，生产者占据着明显的优越地位。对于消费者而言，不论商品的质量如何，一旦商品到手，只有被动地消费。可是，到了 20 世纪初，经过生产技术的改造，产品供应大大地超过了市场消费者（不包括潜在的消费者）的需求，社会产品显得相对过剩和饱和。此时生产和消费开始逐渐发生逆转，不再是由生产者决定生产，而是由市场决定生产和产量，同时市场又由众多消费者的需求所构成，于是，"消费"得到重新定位，尊重消费者遂成为一个不争的事实。由此，"消费者主权"的思想得到了比较充分的发展。当我们把电视观众视为消费社会中积极的消费者时我们就必须承认这样的事实：电视文化的商品化逻辑首先就是要满足电视观众的需求。作为消费者的观众自然比传统观众掌握了更多的主动权。正是在这样的观念指导下，电视文化产业发生了巨大的转向。近些年电视产业的服务意识、平民化意识的增强，以及电视文化的娱乐性的加强都不过是"消费者"概念引入电视生产的结

---

① 转引自陆晔：《探析市场重构的范式与议题——全球化背景下的美国广电业》，《现代传播》2001 年第 3 期，第 9～18 页。

果，换句话说正是消费社会席卷全球的必然结果。

目前我国正在紧锣密鼓地推进数字化电视，而数字电视台的任务是为多个电视频道搭建平台，为电视观众建起一个"电视超市"，用最先进的技术手段为观众提供优质服务。当电视的运营"越来越依赖于广告资金和订户收入（或者付费电视节目），其中涉及的正是电视收看的商品化过程，同时还伴随着交换过程的价值机制中动态关系的转变"①。在消费社会中，电视文化产业要获得发展的唯一道路只能是积极研究、主动兼顾并满足作为观众的消费者的需求。在"电视超市"中，除了基本的综合类电视节目和资讯服务，不同的电视频道就像超市中的商品，观众可通过付费方式各取所需，"定制"自己喜爱或需要的专业频道，如围棋频道、孕婴频道、股市频道等。专业频道和数字化付费电视的出现，无疑正是文化产业主动满足电视消费者需求的举措。

市场和商品化的逻辑作为经济杠杆决定了电视媒介的发展，而电视观众作为节目的消费者和"看不见的指针"在电视产业的发展中发挥着越来越重要的作用。商品化大潮使我国电视在作为国家宣传喉舌的同时，更要不断满足消费对象（观众）的需要。于是，"时尚＋娱乐"的传播模式普遍成为各电视媒体的模式，追求最大的经济效益的目标支撑着电视业的发展。如果说中国电视从1958年开播直到20世纪80年代末期一直重视"教育作用"，那么这一状况在90年代末已经发生了彻底的改变：电视传播关注得更多的是"消费群体"，它需要尽量提供不同的文化商品满足不同阶层消费者的欲望。于是，电视业与观众在很大程度上成了推销者与被推销者的关系，观众喜欢什么、观众欣赏什么成了电视业传播策略的首要议题。这一思路和消费主义大潮的扩张显然有着密不可分的联系：消费社会把消费者的地位提升到了前所未有的高度，消费者对电视文化的生产必然要起到越来越具有决定性的作用。

虽然消费文化，尤其是阶层的消费文化在中国是否已经形成仍是一个颇有争议的问题，但是在全球化和外来消费文化（特别是消费主义文化）的影响下，消费文化及消费主义倾向无疑也在中国慢慢形成。因此，积极探讨消费社会、消费文化以及电视文化的关系，有助于我们对未来中国电视文化的发展和演变有一个全局性的、过程性的认识与解读。从消费社会的视角来看，很多传统的传播理论会有所改变，以电视为例，在当今社会中电视媒介

---

① ［英］戴维·莫利 著，史安斌主译：《电视、受众与文化研究》，新华出版社，2005年版，第248页。

与受众之间变成了产品交换关系，受众则变成了电视媒介的消费者，他们通过支出时间与金钱交换媒介产品即电视节目，媒介则把受众的时间卖给广告客户来赚取经济利润。电视文化产业在资源有限的前提下，满足从受众到广告客户乃至于全社会在信息与娱乐等方面的各种需求，将是其最大限度赢利的市场起点和动力。在消费社会中，电视文化必然要沿着消费社会的商品化逻辑谋求自身的快速发展。因为消费社会不仅仅是物质的满足，在很多时候，它是生活在这个社会中的人看世界的形式，也是理解自己在社会中的位置的形式。

第十章　全球化浪潮与电视文化的本土化

　　当今世界全球化浪潮的发展不仅改变着技术内涵、经济指向、制度范围、文化形态等的原本状态，而且正改变着国家、民族的历史状况和文化特征。文化全球化在世界范围内引起的震荡远远晚于经济的全球化，但是它产生的冲击波却大大胜过了经济全球化。全球化这个大环境给各个民族的文化带来了广泛的影响，更让一些人产生了本土文化的危机感。

　　在引入全球化的话题时我们需要考察的问题很多：究竟什么是全球化？它是如何从经济领域的一隅之地扩张到政治领域、文化领域进而影响到社会的方方面面的？它对当代世界文化和各民族文化的深刻影响是什么？在全球化浪潮的冲击下，电视文化应该何去何从？电视文化实现本土化的资源和路径何在？这些都是值得我们深深思考并加以解决的问题。最终我们为中国电视文化找到的路径只能是：勇敢面对文化全球化浪潮和美国电视文化的"媒介暴力"，在不脱离全球化文化的大背景下，主动出击，实行鲁迅所说的"拿来主义"，引进有利于中国电视文化建设的观念，充实中国本土文化；同时又必须依靠博大精深的传统文化资源，充实中国本土文化，使中国电视文化在不同电视文化的相互碰撞、相互磨砺、相映生辉中得以发展。

第一节　从经济全球化到文化全球化

　　当今世界全球化浪潮的发展不仅改变着技术内涵、经济指向、制度范围、文化形态等的原本状态，而且正在改写着国家、民族的历史状况和文化特征。在引入全球化的话题时我们首先需要考察的问题是：究竟什么是全球化？它是如何从经济领域的一隅之地扩张到政治领域、文化领域进而影响到社会的方方面面的？它对当代世界的深刻影响是什么？

一、全球化的概念与特征

"全球化"是从西方引进的概念。20 世纪 50 年代初，西方经济学家开始提出"经济一体化"的概念；到 80 年代中期他们又进一步提出"经济全球化"的概念；90 年代以来，"全球化"这一概念开始取代"一体化"概念，并引起了西方学术界的重视。

(一)"全球化"概念

关于"全球化"（Globalization）这一概念，目前尚无统一的定义，最为流行的定义多来自于诸如国际货币基金组织这类权威机构和一些有名望的西方学者。由于不同学科的专家和学者纷纷从各自的学科领域对全球化进行界定，"全球化"因而有了经济学、政治学、文化学上的不同解释。

从早期的一些定义来看，"全球化"概念最初主要是指"经济全球化"。譬如，国际货币基金组织在 1997 年 5 月发表的一份报告中，给"全球化"下了这样一个定义："全球化是指跨国商品与服务交易及国际资本流动规模和形式的增加，以及技术的广泛迅速传播使世界各国经济的相互依赖性增强。"①

从世界经济的角度来看，全球化经济的无国界活动无疑对传统国别经济构成了巨大冲击，并迫使各民族国家面对这一冲击做出各种反应，不论是积极的还是消极的反应。特别是第二次世界大战后，世界经济随资本和生产的国际化趋势加强开始向全球化的方向发展，全球经济日益成为了一个相互依赖、密不可分的"地球村经济"。

实际上，"全球化"这一概念除了经济方面的阐释外，还有"全球问题意识"这样一种含义，也有人用"全球性"一词以示区别。20 世纪的六七十年代，著名的罗马俱乐部报告《增长的极限》和《人类处在转折点》表达了一种对"整个世界的总问题"或"人类的困境"的关注。在罗马俱乐部的报告中提到了需要全球共同面对的诸多问题：失控的人口增长、社会分工和差距、社会的不公正、饥饿和营养不良、贫困、失业、通货膨胀、能源危机、国际贸易和金融的混乱、贸易保护主义、犯罪吸毒、政治腐败、生态环境恶化、不可战胜的疾病……而这些问题在其自身的发展中，往往会越过世界向四处扩散，由一国的"内部事务"演化成为地区性的问题，并进而形成

---

① 国际货币基金组织：《世界经济展望 1997 年 5 月》，中国金融出版社，1997 年版，第 45 页。

一种"全球性的总问题"①。作为"全球意识"和"全球性"的"全球化"概念强调人类必须具有一种共同承受风险以及集体命运的意识和勇气。

上面我们谈到的"全球意识"的崛起归根到底是对人类历史"全球化"发展进程的必然反映。这种"全球化"的变动涉及政治、经济、社会、文化等领域，涉及经济基础与上层建筑、国内政策与国际关系、发达国家与欠发达国家的相互关系、世界基本格局与人类前途等不同范畴的重大问题。换言之，"全球化"是伴随人类历史进程的发展而发展的，它已从经济、政治发展到了文化意识的全球化。

那么，到底何为"全球化"？乌尔利希·贝克教授在1997年出版的《什么是全球化？》一书中把广义的全球化概念细划分为客观现实、主观战略与主客观相互作用的发展进程三个不同的层次，分别使用了全球性、全球主义与全球化三个不同的概念。贝克将全球化视为"空间距离的死亡"过程，"全球化描述的是相应的一个发展进程，这种发展的结果是民族国家与民族国家主权被跨国活动主体，被它们的权力机会、方针取向、认同与网络挖掉了基础"②。

贝克作为全球化社会学的创始人，他的全球化概念得到学术界的广泛认同，在西欧的全球化辩论中，许多学者都把全球化看作是一种多元范畴的发展进程。

（二）全球化的本质特征

鉴于全球化概念所包容内涵的广阔性，对于全球化的本质特征的把握可能更有助于我们对其作出准确的界定。有学者认为，全球化的本质特征表现为以下几个方面：

"其一，就发展阶段而言，全球化是一种客观的历史进程。全球化具有一定的历史阶段性，无论人们把全球化的历史从何时算起，也无论我们怎样划分全球化的发展阶段，全球化都应该是一种不以人的意志为转移的客观历史进程和发展趋势。

其二，就动力因素而言，全球化是以科技进步和经济发展为根本动力的。全球化的形成与发展首先有赖于一定的科技进步和经济发展，特别是市

---

① 王冰：《对经济全球化及此条件下民族主义新态势的认识》，《赣南师范学院学报：社科版》1997 年第 1 期，第 15～18 页。

② 乌尔利希·贝克：《什么是全球化？》，祖尔卡姆出版社，1997 年版，第 28～29 页。转引自张世鹏：《什么是全球化？》，《欧洲》2000 年第 1 期，第 4～13 页。

场经济的萌生与发展，舍之，全球化便成了无本之木，无源之水。不仅如此，科技进步和经济发展本身也在成为全球化的主要标志。

其三，就性质而言，全球化是一个具有内在矛盾性的统一体。全球化不是单一化、同质化，而是一个相辅相成的过程，是单一化与多样化、国际化与本土化、一体化与碎裂化、集中化与分散化的统一。

其四，就内容而言，全球化是一种人类社会发展的整体化趋势，而不是一种终级状态。全球化内容是十分丰富的，它涉及政治、经济、文化、科技、生活方式、意识形态等各个领域，是一种全方位整体变迁趋势。

其五，就方式而言，全球合作与协调是全球化进程的主要手段。尽管全球化包含着矛盾与冲突，但主体间相互依存、和谐发展的目标与特征决定了全球合作与协调永远是全球化追求的主要方式。

其六，就目标而言，全球化追求的是人类整体的共同利益。全球化不是西方化，全球化超越了民族国家之间的利益之争，站在全人类利益的高度来进行全方位的互动，体现的是所有国家利益的时代。但同时在可预见的将来时期内，国家作为一个行为主体仍将长时期地发挥巨大作用。

其七，就基础而言，全球意识是全球化进程的基本前提。没有全球意识就不可能形成全球相对一致的行动，也不可能实现人类社会追求的共同目标，全球化也就无从谈起。由此看来，任何否定或片面夸大全球化客观趋势及其影响的观点都是不符合事实的。我们应以客观、务实的精神积极地参与到全球化进程之中，不盲从，不悲观，不无所作为，以实际行动来促成一个更加公正、平等和多彩的全球化时代的来临。"[①]

如果非要给全球化一个基本界定的话，我们可以从对以上特征的分析得出这样的描述：所谓全球化，是近代以来以生产力快速发展和科学技术水平快速提升为动力，人们不断跨越空间障碍、制度障碍、文化障碍和社会障碍，在全球范围内逐渐实现物质、信息的充分沟通，不断取得共识，在诸多领域制定共同遵守的准则，采取共同行动的进程。

二、文化的全球化

（一）从经济全球化到文化全球化

前面我们已经谈到全球化进程推进的主要动力是经济的发展和科学技

---

① 文军：《90年代西方社会学视域中的全球化理论评析》，《开放时代》1999年第5期，第40~46页。

术，尤其是通讯技术的发展。毫无疑问，经济全球化及信息革命时代的到来，对各国文化、文学艺术和人文社会科学都会产生各种各样的重要影响。比如，各国文化之间的相互交流、相互联系和相互吸纳、相互作用得到了空前的加强，审视和探讨各国文化的世界视角和尺度变得日益突出和重要，不少文化课题都面临全球性的共同挑战。

"全球化的非地域性和超越时空的特性使它带来了技术、信息、文化等的传播。全球化凭借信息技术，同时又使信息技术全球化，从而导致今天全球化内涵远远超出经济领域形成以资本、市场自由化为前提的商品、技术、信息、传媒等互动的多元文化景观。就一般共识而言，全球化是对现代化的全面推广和延伸，它以现代性为诉求目标，而现代性首先是西方发达资本主义的产物，是以它们的价值观为参照系的。在追求现代性的过程中，西方是以两种模式来完成的，即以英国为代表的工业化模式（早期）和以美国为代表的信息化模式（晚期）。无论是欧洲化还是美国化的现代化方式，都以西方价值观念为诉求目标，都明显异于我们的民族文化。以此为背景的全球化进程，必然是以西方文化价值观念为主导的强势文化对我们的民族文化构成冲击和侵蚀。因为全球经济'游戏规则'的制定是以经济实力为基础的，产业标准是由强势经济颁布的，主要反映发达国家的愿望和要求。发达国家和地区在输出经济的同时，也输出文化和价值观。而发展中国家为实现现代化就不得不接受它们的输出，在貌似公正的'游戏'中，掩饰着发达国家推行一己利益的霸权逻辑。"①

文化全球化在世界范围内引起的震荡远远晚于经济的全球化，但是它产生的冲击波却大大胜过了经济全球化。而对文化全球化最典型的反应有两种：认同或抗拒。有人对其持积极的欢迎态度，认为文化的全球化顺应了时代的发展，文化间的交流有助于各民族、国家间的合作与交流；反对方态度则异常激烈，他们坚持"全球化固然不等于西方化，但西方却是凭借其优越的政治、经济和文化地位，对东方以及广大第三世界实施文化霸权和文化倾销，全球化的主导权和主动性把持在西方手里"②。正是因为反对方态度的激烈，才在世界范围内引起了关于"全球化"和"本土化"的大论战。

（二）文化全球化的扩张和本土化危机

谈到文化的全球化，现在有一种流行的观点，就是认为随着全球化经济

　　① 范玉刚：《中国形象：定位于全球化与民族化之间——全球化语境下的民族文化诉求阐释》，《中共浙江省委党校学报》，2003年第5期，第14～18页。
　　② 刘登阁：《全球化风暴》，中国社会科学出版社，2000年版，第52～53页。

的到来，民族文化将消失，代之而起的是与民族文化无关的（非民族的）全球化文化。因此全球化的文化特征就是文化同质化和趋同化，进而言之就是全球文化的西方化、美国化。有人引证美国圣地亚哥大学教授墨子刻的话："正在现代化的社会与已经现代化的社会，不仅在追求物质繁荣所需的工具价值和机构上，而且在各种政治和文化模式上也日趋相似。"[①] 全球化这个大环境给各个民族的文化带来了广泛的影响，更让一些人产生了危机意识：全球化会不会使民族文化消失？而目前的现实正是在全球化背景下，文化的全球化扩张遭遇了本土文化的奋起反抗。

1. 语言文化战

全球化进程的一个重要推动力是互联网。互联网这种所谓的"无国界数字化空间"的全面扩展，使大量信息跨国流动变得难以控制。在这种信息的流动中，人们发现了信息走向的不平衡：信息输出大国很容易将本国的社会价值观和意识形态通过高科技手段传递给其他弱势国家并进行文化扩张。这必然导致被动信息接收方产生一种本能的自我保护意识。这使得全球化与本土化的文化冲突首先在互联网上表现为围绕语言展开的"文化战"。语言文化战的起因源于互联网上英语的绝对霸主地位，这引起了非英语国家捍卫本国语言文化的紧迫意识。法国政府首先作出反应，要在互联网上捍卫法语文化。根据法国的一项公开方案，电子邮件（E-mail）一词被禁止在法国使用，正确的说法是 courrierelectronique（电子信函）。

在中国，在互联网上维护本国语言问题也已经引起了国人的关注。据报道，中国数字图书馆工程已于 1998 年 8 月开动。此工程的开动是鉴于中文虽是世界上使用者最多的语言之一，但在互联网上，英文信息占 97%，法文占 2%，中文只占千分之几。如果再不主动占领制高点，我们可能会丧失一切机会和权利。

2. 商业文化战

如果说语言文化的网络战还只是表面上的民族文化或本土文化的一种自我保护意识的初步觉醒的话，和经济、政治利益密切相关的商业文化战的冲突却是愈演愈烈。比如加拿大与美国的商业文化战。长期以来，美国对加拿大的文化渗透严重，加拿大电影市场的 95%、电视剧市场的 93%、英语节目的 75%、书刊市场的 80% 被美国所占领（法国的情况也与此相似）。加拿大虽然与美国同属北美贸易共同体，但加拿大政府认为，如果不把贸易与文化区分开来，就可能把加拿大的民族文化葬送掉，更进一步，则可能存在自

---

① 王锐生：《全球化视野下的文化》，《新视野》2000 年第 5 期，第 39~41 页。

我身份丧失的问题。而这种商业文化之战还只是全球化与本土化对抗的表层，真正的对抗则表现在文化冲突中的意识形态斗争，也就是我们所熟悉的"文化帝国主义"、"文化殖民主义"问题。

　　3. 文化帝国主义和文化侵略

　　全球化所带来的全球性经济与信息交流，使整个世界在物质文明和精神文明上似乎有一种走向整齐划一的趋势。整齐划一的标准就是西方的价值观，这就必然要在西方发达国家与发展中国家之间发生文化价值冲突。而对这种文化冲突的考察很容易让我们回忆起历史上西方列强利用枪炮所进行的军事侵略。因为按照西方的文明（文化）标准来"同化"不发达国家，几百年来一直是近代资产阶级力求实现的使命。20世纪末日益激烈的全球化使这种文化价值冲突更为频繁，并带有新的特色——具有美国哈佛大学教授亨廷顿提出的"文明的冲突"的形式。近年来所谓的后殖民主义和新的民族主义兴起（萨义德是著名的代表），英国人所批判的这种文化帝国主义（汤林森的《文化帝国主义》）都与此有关。

　　事实上，就是在欧洲国家内部，外来移民与欧洲人之间也存在着文化价值冲突——这是发达国家与不发达国家之间的文化价值冲突在全球化背景下被"移植"到发达国家社会内部的表现。我们知道，全球化的一个突出现象是经济不发达国家人民为寻求更好的生活而向发达国家大规模流动。这种移民潮在第二次世界大战后造成欧洲国家内部人口中有相当部分是别的民族和信仰非基督教的，这就在欧洲发达国家普遍造成一种"文化倒流现象"。就是说，欧洲过去习惯于"全球的欧洲化"。一个世纪以来，欧洲国家一直把它们的文化强加给它们的殖民地，而且是成千上万地输出；现在流向反过来了，来自非洲和亚洲的大量移民涌向富足、繁华的欧洲大陆，而且带来了移民本土的宗教文化。在信奉天主教的法国，穆斯林的人数超过了新教徒或犹太人。伊斯兰教成了意大利、西班牙、英国和比利时的第二大宗教。在这种情况下，文化价值的矛盾、冲突是难免的。据说，欧洲人普遍有一种成了牺牲品的感觉。其实，这种存在于欧洲国家社会内部的文化价值差异（冲突）很可能是刺激和助长那里某些人对"有色人种"排斥的一种因素。

　　（三）走向文化整合

　　在外来文化与本土文化冲突的长期过程中，二者的整合也在同时进行着。同样，两种文化的整合也总是在冲突与摩擦过程中实现的。这种整合之所以是难题，是因为对于活动主体来说，全球化的经济层面的要求与文化层面的要求是不同的。经济层面的全球化是要求参与者向现代市场经济的机制、规律看齐，也就是人们常说的在经营活动上与国际市场"接轨"。但是在文化层面上，做法却必须与经济层面不同。因为一切文化上有价值的东西，总是有其民族性、时代性和个性的。既然不存在全球同质的所谓"全球文化"，硬把全球各地的民族、种族文化整齐划一，是不可思议的事情。在中国，传统文化的民族性与外来文化的现代性自"五四"运动以来常常处于摩擦状态，不是在片面强调现代性的借口下搞全盘西化，就是在片面强调民族性的借口下搞国粹主义。文化整合的复杂之处在于：古代传统文化自身的时代性（封建性与宗法性）应当被摒弃以适应现代性的要求；来自西方的现代文化应当被重新审视，加以批判、扬弃，方能融入现代中国的社会主义文化。不如此，整合是难以实现的，但这又不是在短时间内能完成的。

　　我们今天研究全球化不能只停留在经济的全球化，文化层面的文化整合也应当是一个"切入点"。研究中国电视文化的现状和未来发展，也逃脱不了"文化全球化"已经存在的事实。只有把握好了"全球化"理论提出的背景和推进过程，我们才会深切地体会到肩负着传承文化这一重要功能的电视媒体在维护民族文化、传递中华文明方面应有的责任感和使命意识，才可能看到"本土化"策略提出的必要性和实施的紧迫性。

第二节　全球化文化冲击下的本土电视文化

　　当今世界各国的电视都明显地处于全球化尤其是美国电视文化的冲击之下，这使得电视文化的本土化问题变得相当紧迫。如何正视文化全球化（即媒介帝国主义）对地域性、民族性电视文化的威胁，如何实现电视文化本土化以及实现电视文化本土化的意义、价值将是本节重点探讨的问题。

一、全球化对本土电视文化的冲击

　　1962 年 7 月 11 日，美、英、法三国通过"电星一号"在全球首次进行跨国、跨洲的卫星电视传播，当时人们更多地是从积极的层面去理解这种跨文化的传播。随着全球经济一体化的推进，当西方国家尤其是美国正不遗余力地以各种方式向全世界推广其全球性的电视文化，不厌其烦地诱导着第三世界国家接收其娱乐性、商业性极强的消费主义电视文化时，人们似乎突然意识到了全球化文化对本民族的、本土的文化产生了巨大冲击。

　　对美国来说，视听传媒既是政治的传声筒又是商业的摇钱树。美国文化产业自 1983 年以来一直保持连续增长态势，目前美国每年向国外发行的电视节目总量达 30 万小时，许多国家的电视节目中美国节目往往占到 60%～70%，有的占到 80% 以上；而在美国自己的电视节目中，外国节目仅占 1%～2%。芬兰的两位学者受联合国委托所做的一项研究指出，光是美国所输出的电视节目总数，就已经远远超过世界其他各国加起来总和的两倍以上。美国因为具有众多的文化产品交易数量以及制作与传送节目的能力，使得许多设立于美国的电视网能在世界各国被收看，其节目普及率居世界第一。1998 年，在美国的文化产业中，仅电影、电视、录像带、音乐出版的总收入就达 600 亿美元，成为美国出口的第一行业。20 世纪 90 年代后期，全世界电影市场的总票房大约是每年 155 亿美元，美国就占据了这个市场的 2/3，即 105 亿美元，其中包括美国国内电影票房的 50 亿美元，国外电影票房的 55 亿美元，美国也因此成为世界范围内文化产业的最大受益者。此外，从财富积累的情况也可见一斑，在排名前 400 名的美国富商之中，靠大众传媒获取财富的已从 1982 年的 9% 上升为 1989 年的 18%。其中，视听传媒占据了较大份额，美国著名的主题公园迪斯尼乐园堪称典范：迪斯尼公司以米老鼠和唐老鸭为主的动画片风靡全世界，迪斯尼频道更是成为美国发展最快的收费服务有线电视频道。

　　美国文化产业的输出是单向的，即只从美国向那些文化产业劣势的国家流动，而拒绝一种反方向的流动。"一方面，是美国向世界各地倾销自己的文化产品；但另一方面，却限制文化和信息从那些文化产业劣势的国家向美国流动。那些居于弱势地位的文化，无法将自身的能量释放出来，自身的民族文化传统被以美国为代表的现代性文化压制，因而无法健康生长。"[①] 原美国商务部高级官员大卫·罗斯科普在谈到全球化促进不同文化整合时更是一针见血地暴露出了美国文化侵略的本性："如果世界趋向一种共同的语言，它应该是英语；如果世界正在由电视、广播和音乐联系在一起，节目应该是美国的；如果共同的价值观正在形成，他们应该是符合美国人意愿的价值观。"[②]

　　毫不夸张地说，目前的美国影视对于他国已经形成了一种"媒介暴力"。这种"媒介暴力"几乎已经侵犯到世界上的任何一个角落，甚至在贫困的非洲都曾出现男男女女每晚争看美国电视剧《豪门恩怨》的场面。"美国生活方式"所蕴含的思维方式、生活理念不断蔓延，改变着人们传统的思维方式

---

　　① 张冠文：《视听传媒中的西方文化霸权及抵御对策》，《编辑之友》2004 年第 1 期，第 4～8 页。

　　② 雷文：《美国文化是如何打遍天下的》，《世界新闻报》，2003－11－12。

和生活信条，使他们远离本民族的价值观念和本土文化的优秀传统。而这种文化霸权的强大在孩子们身上更是具有绝对的吸引力，许多国家的孩子处在离本民族传统越来越远，向现代美国的不断靠近之中。以我国为例，现在成长起来的 20 世纪 80 年代出生的孩子，基本上受美国为主的西方思维的影响远远大于受中国传统的影响。文化帝国主义的隐形实力显示的是一种世界性的"塑形"霸权。在信息技术高度发达的今天，美国借助国际互联网更形成了一种所谓的"电子殖民主义"。一方面美国凭借先进的信息技术从全世界收集信息，一方面又把这些信息进行有利于本国的加工后向全世界传播。正如同美国前助理国防部长、哈佛大学教授哈瑟夫·奈所指出：仅依靠美国文化的普及，美国的领导地位就完全可以得到确立。因为文化和意识形态等精神因素所构成的"软力量"是和经济、军事等物质因素构成的"硬力量"相匹配的，相辅相成的。

中国作为发展中国家的代表，其本土的电视文化在今天也面临着以美国为首的全球电视文化的冲击："早期的中国电视由于经营体制上的独立性和制作理念上的保守性，对待全球化过程是犹豫的，甚至是抗拒的。但是，近年来卫星电视的发展，跨媒体经营的出现，使得这种现象出现了相当的变化。""随着经济一体化的进程和国内市场经济的蓬勃发展，中国文化产业愈加深刻的介入了全球化的过程中。"① 而在这种身不由己的卷入中，中国电视文化无疑面临着巨大的危机和挑战。

首先，全球文化浪潮对中国电视文化在内容上的冲击不容回避。

虽然中国在引进海外电视节目的政策上一直有着相对严格的限定，但是随着经济市场的开放和中国文化市场的逐步向外敞开，中国每年仍从海外引入了大量的电视剧。具体来说，我国每年经国家广播电影电视总局批准，每个省和省会及计划单列市的无线电视台，分别配给一个海外电视剧的引进指标，每个指标的时间长度是 20 集，每集 45～50 分钟，加在一起，这个数字也很惊人。而这里并没有计算有线电视台另有的指标，也不算专题片、卡通片的不限指标。所以当《豪门恩怨》在全世界热播时，中国观众也曾在其中深深陶醉，直到现在中央电视台电影频道的《佳片有约》栏目中所播放的电影绝大多数还是美国好莱坞的电影。中国加入 WTO 后，美国的华纳兄弟、迪斯尼、CNN 开始直接在北京设立办事处，经营有关业务。国外财团虽然不能直接控股国内电视，但是他们在内容产业上的发展强势，实质上却极大地影响着中国的电视荧屏和老百姓的收视内容。全球化浪潮对我国电视节目

---

① 谭涛：《困境与出路——解读中国电视文化》，《中国电视》2004 年第 8 期，第 56～59 页。

内容的冲击显然已经不容我们等闲视之。

其次，我国电视节目在形式上有被西方电视同化的危险。

由于中国电视的起步比较晚、发展较慢，从情景喜剧、青春偶像剧等电视剧到深度报道类的《新闻调查》和谈话类的《实话实说》等名牌电视节目在形式上从开始发展就处于美国成熟模式的影响下，很多节目都是对国外节目的克隆。就拿中央电视台收视率相对较高的一些栏目，如《实话实说》《开心辞典》《非常 6 + 1》《新闻调查》来说，它们都是对西方成功电视节目形式的套用，这些电视节目在向西方取经的同时必然会在节目形式的复制中无意地传递西方的理念，形成对本土电视文化潜移默化的渗透。因此我们不得不去认真思索这样一个问题：本土电视文化在借鉴国外已经成功的节目样态时如何防止盲目地照抄、照搬西方模式，如何在保持与国际电视节目接轨的同时，更好地发挥本土的特色和优势。

再次，全球文化浪潮刺激了中国电视消费意识形态的崛起，冲击了传统的受众观。

前面我们从电视节目内容和形式探讨了西方电视文化对中国本土文化的冲击和震撼，这些体现的仅仅是微观层次的影响。在一番理性思考后，我们不难发现，西方文化对中国电视的持久和深入的影响主要是通过传递其消费主义意识形态来实现的。改革开放以后，中国电视文化从计划经济体制中逐步走出来，最终完成了从"事业"到"产业"的转换，走上了产业经营的道路，成为了大众文化工业。而这一过程无疑受到了西方消费主义文化"泛商品化"思维的影响，当然，消费主义意识无疑对中国电视的"泛政治化"起到了一定的矫治作用，也推动了中国电视服务意识的增强。在中国的电视发展史上，电视观众作为评价并决定电视节目生存的"关键人物"所发挥的作用越来越受到业界的关注。从观众到消费者身份的转化使传统的"被动受众"观念被彻底抛弃了（这一问题我们在前一章中作过细致分析，在此不再赘述）。

二、本土电视文化对全球化的"反渗透"

面对洪水猛兽般涌来的异文化，大多数本土电视文化的第一反应就是要奋起抵制，并采取了一系列积极的反渗透措施。

美国的近邻加拿大早在 20 世纪就率先开始了对美国广播的反渗透的斗争。面对美国娱乐圈明星、美国价值观充斥着加拿大的广播的事实，一些具有民族主义思想的加拿大人就呼吁政府采取措施，抑制美国思想文化的入侵。加拿大政府为此于 1928 年成立了调查广播事业的皇家委员会。该委员会在次年提出的报告中指出，加拿大的听众需要加拿大的广播，并提醒政府注意那些对加拿大民族性构成威胁和破坏作用的外国（主要是美国）广播节目。1936 年成立的加拿大广播公司（CBC）更是明确宣布了自身的职责就是要维护本国的文化主权。

较早针对美国文化全球化浪潮展开"语言文化战"的法国在 1992 年 9 月正式开播第五频道文化台，并接受外交事务署的指示向世界各地播出法语节目。在 1999 年召开的亚欧文化产业和文化发展国际会议上，法国极地公司执行总经理阿雷恩·米诺更进一步谈到了自我保护的问题，坚持要把电视业发展成为一个尊重不同民族文化传统、民族价值观念的文化产业。

还有一些国家，也正在通过限额或多边协议以避免美国文化成为主导文化，消除美国文化中不良成分对本国文化的恶劣影响。以柬埔寨为例，金边各电视台被要求在晚上黄金时间必须播放高棉文化艺术节目。越南政府则力图通过整顿文化市场来堵住西方文化的渗透，弘扬具有民族特色的传统文化。这些抵制行动也得到了联合国大会的有力支持。在第 26 届联合国大会上通过并成立的世界文化和发展委员会起草的"21 世纪世界文化发展的十大行动纲领"也提出："必须协助各国制定保存其文化价值和种族遗产而不是摧毁它们的新的大力开发战略；提出各国传媒的专业人员进行某种形式的自我约束和自我调节，在尊重表达自由的同时保护人民免受暴力与色情的毒害。"并认为，"文化权利与人权一样，应当受到国际社会的充分保护，应该有一份《国际文化行动守则》来裁决严重侵犯文化权利的行为。"[①]

2004 年 10 月 16 日至 18 日在江苏扬州举办的第四届中日韩三国电视剧制作者论坛将"民族文化传承与电视人的使命"确定为论坛的主题。正如中国视协副主席黎鸣所言，"随着经济全球化的发展，民族文化的发展受到了前所未有的冲击，一些优良的文化传统受到挑战，中日韩三国的民族文化传承问题正是在这一全球背景下引起三国电视人关注的。守护东方文明的精神家园，用电视媒介向世界展示东方文化的独特魅力，无疑是中日韩三国电视人为之不懈努力的目标"[②]。这一会议的召开让我们看到了在全球化文化的冲击下，某一区域内的国家利用地缘优势、文化关联优势结成联盟，进行文化合作以抵制外来强势文化入侵的可能，这些努力无疑也是本土文化针对全球化浪潮采取的积极、有效的"反渗透"措施。

---

① 曾庆瑞：《电视剧的全球化和文化入侵》，《粤海风》2000 年第 5 期，第 54~56 页。
② 丁洁：《家园意识：东方电视的文化魅力》，《中国艺术报》，2004 年 10 月 22 日。

三、电视文化本土化的意义和价值

当然也有人对电视文化本土化的行为提出了质疑，质疑集中在两个方面：一是在经济已经彻底全球化、一体化的今天，电视文化的本土化还有什么意义？二是电视文化本土化推行的可能性有多大？

关于电视文化本土化的意义何在，联合国教科文组织在 2001 年 11 月第 31 届会议上通过的《世界文化多样性宣言》无疑是对这一问题的最好回应。该宣言站在人类历史发展进步的高度从多个方面分析了文化多样性存在的必要性及其对"人权"、"国际团结"等的重要影响，并提出了实施世界文化多样性宣言的行动计划要点。

学者何星亮曾从广义的文化概念入手进行分析，提出一个国家或民族的文化可以分为两部分：民族性文化和世界性文化。我们所说的"传统文化"或"民间文化"主要是指民族性文化，它涵盖了一个民族的价值、信仰、伦理道德、理想、艺术、制度、礼俗等体系，有一定的"创造性"和"独特性"。所谓世界性的文化主要指科学技术及其所制造的物质文化或物质文明，它通常通过"科技发明"来体现。比较而言，民族性较强的文化具有相对性、保守性、排他性和渐变性等特征，没有先进与落后之分。举例来说，我们无法在三大世界宗教（基督教、佛教和伊斯兰教）中分出高低，也无法在西方人吃饭用刀叉、东方人用筷子等习惯上做出优劣判断。而世界性较强的文化则具有可比性、流动性和速变性等特征，如科学技术的日新月异和不断发展、变化。因此，"各民族的传统文化如风俗习惯、宗教信仰、伦理道德、婚姻家庭、文学艺术、语言文字等，都有其独创性和充分价值。每一个民族或国家的文化价值，应该由该民族的价值体系来评判，而不应该把西方的价值标准强加于人。各种文化之间应该共生共存，并行发展。保护文化多样性，主要是保护和传承民族性较强的文化"①。而正是如此，联合国教科文组织的《世界文化多样性宣言》作出的"尊重文化多样性、宽容、对话及合作是国际和平与安全的最佳保障之一"的断言在全球化日趋明显的当代世界，具有特别重要的现实意义，它为世界各国、各民族保护、传承、延续自己的文化提供了具体的行动指南。

而我们也可以用事实来证明电视文化能否实现本土化这一问题。这个事实就是生产力水平、经济发展水平与文化和文艺发展水平之间并不是直接的

---

① 何星亮：《文化多样性与全球化》，《湖北民族学院学报》（哲社版）2004 年第 3 期，第 1～4页。

因果关系。经济基础决定文化和文艺的发展总是要通过政治、哲学、宗教、道德等一系列中间因素才得以实现。而且，文化艺术产品的消费不同于物质产品的消费，因而，文化艺术产品生产与物质产品生产的全球化有着巨大的差别。物质产品的生产有着强烈的标准化要求，而文化艺术产品的生产和消费则显得十分复杂。物质文化的标准化很容易促成经济的全球化，而文化艺术产品的生产和消费从一开始就基于特定的地理空间、特定的民族传统而具有一种"求异"的本能和独创精神。从这个意义上说，物质产品全球化发展的必然趋势是趋同，文化艺术产品全球化发展的可能趋势是趋异。所以才会有鲁迅先生"只有民族的才是世界的"这一著名论断。

中国电视文化本土化的意义和价值都在于对民族文化的深刻领会和把握。中国作为具有五千年光辉灿烂文化的文明古国，其民族文化有着特定的"质"的价值取向，代表着我们对自身精神家园的守护和对民族信念的坚持。例如我们在特定节日、婚庆等场合对民族服饰、礼仪的坚持，就使服饰、礼仪作为民族文化的符号象征得以传承；而散居世界各地，即便是身居现代化大都市如纽约、巴黎、东京的华人也依然会坚持对中华民族的传统节日春节的守护，这就是对民族文化特性的诉求的表现。而且正是在文化全球化的背景下，在"他者"文化的映衬下，民族文化的亲和性、聚合力给我们提供了对民族文化的守护的必要性、可能性和现实性。中国电视文化要获得发展，一方面要认清全球化思潮中相互依存、相互制约的现实，借助全球化这一平台加强创新，借鉴国外电视文化产业的先进技术和先进理念，注意制度创新和管理创新；另一方面要继承中华民族传统文化特质，通过对民族文化蕴含的价值和意义的阐发，特别是对价值观念、审美趣味、人生智慧的梳理、审视、整合和建构，加强我们民族文化的凝聚力和影响力，以此打造我们自己的电视文化品牌，实现我们民族电视文化的全球化和世界化，承担起电视文化应有的责任和重担。

"对于全球化语境下的文化交流，我们不但有选择地接受其文化'输出'，还要主动地'走出去'，实现'拿来'与'送去'的良性互动。对民族文化守护的目的不是固步自封，向隅独欢。在民族文化转型之际，融合西方文化的精华实现创造性重构的诉求，是为了'走出去'……西方的东西只有经过本土化后才能成为我们民族的，通过对民族文化诉求的阐释，发掘出民族文化的生命底蕴和创造性。在互为'他者'有距离的批判中，保持一份清醒和警惕（既警惕文化普遍主义，又警惕狭隘的文化民族主义——文化部落主义），坚持'拿来''送去'的双向互动，真正把我们的民族文化融入到全球化中。实践证明，对民族文化的守护和扶植文化创新，只会使世界文化更加精彩丰富多样，这非但不会泯灭我们文化的民族性，反而凸现了我们民族文化的特性。"① 因此在文化全球化的背景下，采取闭关自守的方法是不可能的，唯一的出路是主动出击，实行鲁迅所说的"拿来主义"，引进有利于中国电视文化建设的观念，充实中国本土文化，在不同电视文化的相互碰撞、相互磨砺、相映生辉中发展本土文化。然而，对国外电视文化的吸收和借鉴应该以中国的本土文化为"根基"，离开了这个根基，盲目和全盘接受西方电视文化，只会导致人们的思维方式、社会理想、道德评价标准、审美标准等发生全方位的混乱，更会丧失中国文化原有的和谐与稳定的精神特质，诱发社会动荡。

世界历史的发展已经证明，具有强大文化能量的民族是征不服、打不倒的。我们应该认识到，文化是一个国家的国民自信心的源泉，是社会进步、发展的精神动力。在电视已经深入到每个家庭的现状下，不珍惜民族文化资源，任其自然损耗和流失，坐视外来电视文化占领我们的精神阵地，会导致民族自信的丧失和民族精神的消亡。因此，在电视文化全球化风潮下，如同维护自然的生态平衡对于人类的生存至关重要一样，维护国家、民族的文化资源也是中华民族能够屹立于世界民族之林的重要条件。如果我们不尽早意识到拯救民族文化精髓的重要性，不尽快采取有效措施对民族文化加以保护和发展，中国优秀的传统文化必然会因为失去生存所需的营养而逐渐枯竭。因此，作为当代主体文化样式的电视文化绝不是简单的娱乐工具，而是我们民族文化传承的重要工具。"传承文化，开拓进取"是当今电视文化应该坚持的品格和风范。中国电视文化必须加强对优秀传统文化的保护和弘扬，特别是挖掘传统文化的现代意义，在全球化形势下，构建符合中华民族发展的博大精深的文化体系，用优秀的中华文化教育人、改造人。这越发需要我们对当前电视文化的困境和未来的出路进行深刻的思索。

第三节　全球化、本土化张力下的电视文化身份认同

经济全球化以强大的融合力，把处于不同发展阶段、实行不同政治制度、有着不同文化根基的国家联系到一起，不仅在经济方面，而且在政治和文化等方面都向我们提出了挑战。如何在融合的趋势中吸收全人类的优秀文

① 范玉刚：《中国形象：定位于全球化与民族化之间——全球化语境下的民族文化诉求阐释》，《中共浙江省委党校学报》2003 年第 5 期，第 14～18 页。

化成果，抵御西方不良文化的侵蚀，如何发扬光大中国灿烂的传统文化，这是摆在我们面前的重要任务。具体到中国电视的发展，我们不得不进行"本土化还是全球化"的选择，即解决在全球化与本土化张力下中国电视文化的身份认同问题。

一、全球化背景下的中国电视文化的困境

（一）经济、技术上的欠发达所形成的文化"贸易逆差"对中国电视文化的冲击

正如我们在前面的章节中所谈到的，文化全球化的巨大推动力来源于经济的全球化进程，科学技术更是起到了至关重要的作用。因为正是"科学技术的发展和资本的全球性流动为电视跨国传播的广泛而迅速提供了载体、工具、渠道和资金，文化全球化营造了电视跨国传播的总体文化氛围；而电视跨国传播轻而易举地将各种不同文化、不同国家、不同背景的人连结在传媒系统中，并通过多重传播与接受，将不同的思想、价值、判断重新整合为类象化的模式和价值认同，使世界趋于模式化、类象化，进而对文化全球化推波助澜"[①]。而经济和科技发展的不平衡必然导致在跨国传播和文化全球化的交互作用中严重的不平等关系，表现在电视文化领域就是电视跨国传播中的文化"贸易逆差"现象。

伴随着全球化的推进和所谓的"地球村"的到来，人们期盼的大同世界并没有如期而至。经济、政治力量的巨大差距使国家之间的对话成为空谈，国际文化交流逐渐显现出一种不平等关系，形成了以美国为主导的一种特殊的知识话语权力。文化的"贸易逆差"由此产生，并在以经济和政治为后盾的文化全球化进程中愈演愈烈。在美国出口行业中名列第一的就是它的文化产业，好莱坞总收入的50％来自海外市场。仅《泰坦尼克号》一部影片的票房收入就是18亿美元。作为世界超级大国，美国媒体在世界范围的影响力相当广泛，以因报道海湾战争而出名的CNN为例，它不仅是美国最大的专门播送新闻的电视公司，也是世界上最早出现的国际电视频道。自1980年创办以来，CNN先后进军欧洲、登陆亚洲并成功地现场报道了美国航天飞机"挑战者"号失事、前苏联和东欧的政局动荡、海湾战争，抢占了世界性新闻电视网的地位，为国际社会所瞩目。美国媒体不仅对落后国家进行文

---

① 隋岩：《跨国传播中的文化"贸易逆差"与中国电视文化的自觉》，《国际关系学院学报》2002年第3期，第16～21页。

化侵略，也对加拿大等发达国家进行文化渗透。在加拿大文化市场上，美国的文化产品占领加拿大电影市场的 95%、电视剧市场的 93%、英语节目的 75%、书刊市场的 80%，难怪加拿大的有识之士忧心忡忡，强烈呼吁采取保护本国文化的措施。

现代科技的发展，让电视跨国传媒长驱直入，从而实现了跨国传播。特别是近些年来，随着信息革命的推广，通讯卫星、光纤电缆、电子媒介、国际互联网等技术的应用，使得电视传媒可以轻而易举地进入每一个国家。文化边界的大门是再也关不住了，电视跨国传播的全球化体系已经形成。然而，在这场没有硝烟的电视文化的"国际贸易战"中，文化的"贸易逆差"在发达国家与发展中国家之间表现得更为明显，发展中国家始终处于"贸易逆差"的危险境地。造成这种情况的主要原因有：一是西方发达国家的强势文化与发展中国家的弱势文化存在着巨大的落差，使西方文化在文化全球化的趋势中处于主导地位，并得以借助大众电子传媒的无边渗透力在世界上到处传播。二是由于电视对高技术、高投入的依赖性，使得电视媒体在世界上的高覆盖率与该国家的经济、技术实力紧密相关，导致电视文化在跨国传播中基本是单向的。也就是说，发达国家借着技术资金的优势，单向地输出着自己的文化。

由于电视文化的发展是以经济和技术为发展前提的，这就使得中国这样一个发展中国家的电视文化从一开始就处于竞争的劣势。而经济和科技的发展不可能在短期内实现，所以发展中国家的电视文化注定要作一番艰难的抗争和努力。与此同时，美国已经认识到了文化渗透的重要性，正在不断地加大这方面的投入。20 世纪 80 年代末 90 年代初的苏联解体和东欧剧变更使美国坚定了文化渗透的方针。于是在前些年，美国将"自由欧洲"电台的原班人马移师亚洲，成立了"自由亚洲"电台，专向中国广播，并将其每年的经费从 3 000 万美元增加到 4 000 万美元。因此"跨国传播中'文化贸易'的单向输出，在一定意义上不乏文化渗透倾向和进攻性。这主要是由其传播的内容所体现的：其一，发达国家已进入后工业阶段，形成了高度发达的大众消费社会，培育了与这种社会经济发展形式相适应的消费主义的商业文化，并运用电视媒体向发展中国家倾销。其二，发达国家倾销商业文化的真正目的，是传播其价值观念、意识形态。西方世俗消费主义对非西方世界的猛烈冲击，构成了对第三世界国家文化主权的侵蚀与同化，文化主权的问题由此突出"①。在全球文化的冲击下，我国电视文化在文化表述、身份乃至生存上，确实面临着被消解的巨大威胁。

（二）电视节目原创性和本土特色的极度缺失和"文化自卑"

就现状而言，跟国外一些实力媒体集团相比，国内电视业普遍存在低水平化运作以及在宏观范围内电视市场缺乏规范的竞争机制的劣势。在全球化进程中，大到中国电视市场，小到电视栏目制作都存在因为缺乏竞争力和个性特色而受到极大冲击的可能和现实的困境。综合来讲，当前中国电视文化的主要困境除了我们已经谈到的经济实力、技术支持等方面的相对落后，在具体的电视节目形态上主要存在的问题可以归结为以下两个方面，而这些问题将直接影响到中国电视的未来走向。

1．原创性的缺失

由于目前中国电视市场还属于政府严格管辖的范围，因此大多数观众都缺乏合法的接收设备而无法收看境外电视节目。而电视从业者则因为工作之便而较早地接触到国外的节目，并自然而然地把其中一些元素运用到自己的节目中去，更有甚者就利用受众的收视盲点将某些节目的形态"全盘接受"，而在一家引进后又会有诸多效仿，结果是各地的电视屏幕上充斥着外表极其相似的电视节目。难以想象，当中国电视观众有一天能够从卫星电视上直接接收到这些节目时，目前风风光光的电视栏目将陷于何种尴尬境地。如果我们拿不出具有中国本土特色的电视节目，仅仅靠一时的模仿来维持电视播出的效果与影响力，肯定是行不通的。

2．本土特色的缺失

在全球化过程中，任何一种民族文化都不可能闭目塞听而无视其他文化形态的存在，任何一个国家的媒介都不可能脱离国际传媒市场而独立存在。从这个意义上说，每一个独立的文化形态（包括电视）都有其国际交流中的独立价值。但是，特定的经济、文化水平直接受到经济发展阶段的限制，对于需要高额资金投入的电视媒介来说更是如此。各国不同的经济发展状态直接导致了媒介在国际市场中的身份与力量的差异。中国电视目前的文化危机，除了内部机制的不够成熟这个原因外，最主要的原因在于国内的电视媒体在欧美强势媒体的冲击下，缺乏正确的认知姿态和定位。看不到面对全球化电视文化的入侵，我们可以利用的最重要的文化资源只能是以自身的文化

---

① 隋岩：《跨国传播中的文化"贸易逆差"与中国电视文化的自觉》，《国际关系学院学报》2002年第3期，第16～21页。

视角表现自身的文化，只能是我们的本土特色。

在"本土特色"这个词的基本范畴内，文化应该是永远的要素之一，并且随着时代的发展和科学的进步，文化要素会越来越显现出其重要性。在全球化进程中，被排斥的知识是零碎无序且不符合国际化游戏规则的事物，它的本质内涵中应该包括多元整合、整体和谐的个性特征。当信息革命在全球范围内进一步深入之时，全球化引起的保护性反应转而增强。全球化越是加强，世界性的文化整合越快，我们越是应该在"民族性"和"世界性"极力冲撞的交叉点上，寻找自身的方向。在观念上要与世界接轨，在资源和文化产品竞争力的开发上力图以"本土资源"、"本土风格"屹立于世界文化之林。其中最为关键的是，我们一定要摒弃盲目的"崇洋媚外"，重树民族文化的自尊和自信，发挥自身的文化个性和独创性。

二、全球化背景下本土电视文化的身份认定

四大文明古国中唯一连续不断传承了数千年的中华文明，在经受了近现代域外文明的风云激荡之后，正在经受文化全球化的更加全面而深刻的洗礼。把中国文化放入世界文化体系中，把中国电视文化放入跨国传播语境中，已不仅仅是启发我们研究思维、加大阐释力度的问题，而是关乎中国电视文化的自觉和去向的根本问题。这时我们不得不去思考以下问题：中国电视文化是否已经失去"中国性"？如何定位全球化时代的中国电视文化立场？如何确定全球化语境中中国电视文化的身份？

"当信息革命在全球范围进一步深入之时，全球化引起的保护性反应转而增强。这种反应采取了反现代性的形式，将世界扯向两个方向。全球化的加强又使人们在它的不受控制和无法理解的强大力量面前寻求躲避。人们退向熟悉的、可理解的、具保护性的单位，他们渴望认同。世界整合得越快，人们就越挤进自己的宗教、种族、部族的避风港里。"[①] 可以说，各民族面对外来文化袭击的第一反应大多是出于一种本能的退避，然而在全球化时代，任何民族都不可能闭目塞听，不受外来文化影响，而只能在多元文化对话和交流的框架中，一方面力求保持自身文化的相对独立性，另一方面使自身文化保持持续的敞开性和长久的交汇性。这不仅是第三世界国家面对全球文化冲击所能作出的选择，也是当前我国电视文化重新认识自我、进行自我身份界定时应该坚持的基本立场。具体来说，我们可以从以下几个方面阐释

---

① 许征：《从全球化进程看 20 世纪的进步与问题》，《学术月刊》1999 年第 3 期，第 22～28 页。

这种立场。

（一）超越全球化与本土化的对峙

全球化理论通过对当今世界复杂文化关系的揭示，将有助于我们对电视文化现实语境的再认识，并将对中国电视文化价值重建的方向定位提供一个清晰的坐标。在"全球化"和"本土化"的二元对立中，怎样以既具有全球化的眼光去审视当代电视文化问题，又具有本土化的意识对全盘西化、同质化的潜在危险加以警惕，变得相当重要。

事实上，"全球化"和"本土化"是后冷战时期两种相辅相成、相互对立又相互统一的重要现象。我们一方面要看到二者间的差异，另一方面也要看到二者的冲突和融合。本土化和全球化其实从来都是彼此依存的，而作为文明载体的民族的自身发展是在冲突中融合而成的，同时又在融合中产生新的冲突并进而达到更新、更高的融合。所以，从宏观上和微观上说，"文明的冲突"和"文明的融合"具有普遍性，单独抽出任何一维作为未来世界图景来阐释其发展轨迹，认为未来世界是"文明的冲突"或是"天下大同"，无疑都是有盲点的。因此，我们应该抱着一种开放的心态，坚持中西方文化对话的大方向，既不能完全抹杀民族自身的特性，以西方文化为标准，全盘西方化；也不能因为害怕外来文化的影响就闭关自守，追求片面的"本土化"。我们只能通过对话求同存异，在本土化和全球化之间寻找和谐，在冲突与融合之间获得一种良性的参照系。

（二）确立全球化语境中的中国问题意识

几千年来，中国文化一直处于世界领先地位，而正是在近代中国的种种遭遇，从而彻底改写了中国在全球化中的位置，并连带地重新编码了中国文化的心态，即从世界领先的位置降到后发国家的位置，使得国民在文化心态上总是在古今中西之间摇摆，或者崇洋，或者自卑，或者赶超，或者闭关……当然，在新世纪，中国学界对这个问题有了更开放的心态和新的看法：对中学西学的看法不再是二元对立的，而是学不分古今中西；对西方的器物类、制度类的先进体系能够"拿来主义"式地接受；对思想和宗教信仰问题也能够展开多元文化对话。

中国文化和世界文明发展的历史经验都说明，异质文化的交流、碰撞与融合是文化更新、发展的重要契机。文化封闭只能导致僵化、停滞和落后。中国历史上曾经有过两次中外文化大交流。一次是汉唐时期印度佛教的传入，使中国文化曾一度出现"坐集千古之智"、"人耕我获"的佳境；另一次是从 16 世纪末叶开始，至今还在继续进行中的中西文化大交流，它使中国文化遇到深刻危机而转型为近现代文化，这个过程是相当艰难、曲折的，但在各方面所取得的巨大进步也是有目共睹的。由于全球化对中国而言既是一次难得的机会也是一个巨大的挑战，这意味着可能会失去一些东西，甚至是一些难以割舍的东西；同时，又不得不接受一些东西，甚至是一些很难认同的东西。因此，对中国电视而言，全球化问题因为和现代进程的同步而非常复杂，似乎拒绝了全球化也就拒绝了现代化。只有解决了如何从更大的跨国或世界文化视野审视自我的"文化身份"和"精神禀赋"，展示自我的真正存在意义和生命归宿；如何从"自我身体"和"他者身体"入手进行深度描述，即不仅从"自我"的中国人视域去看世界，而且也从"他者"的眼光来看"中国"的问题，才可以真切地查明自我文化身份，并对当今世界东西方问题有新的发现。

（三）坚持全球化语境中的话语身份立场

西方文化话语往往通过扭曲第三世界人性的方式而获得自身的话语中心地位，也就是说，个体必须放弃第三世界民族的语言身份而换取西方发达国家的民族文化身份，这种由被动到主动的姿态使得当代学者不断询问和不断寻找自我身份。这种身份意识的关键就在于受制于西方话语权力秩序而产生的以西方为中心的幻觉，其优越的感觉隐藏着一种跨越的暴力和本土意义解读中深刻的文化危机。

在全球化时代，我们在认真思考多元文化问题的同时，还需进一步对后殖民状态中西方对中国文化身份的凝视和歧视加以拒斥和批判，并对其根本片面性进行认真审理和批判。不妨说，全球化理论和实践的健康发展，取决于一种正常的文化心态，即既不以一种冷战式的二元对立思维去看这个走向多元的世界，也不以一种多元即无元的心态对一切价值加以解构，以致走向绝对的个体欲望和个体差异性，而是在全球文化转型的语境中，在重视民族文化中的差异性和特殊性的同时，又超越这一层面而透视到人类某方面所具有的普适性和共通性，使我们在新理性的指导下，重新阐释被歪曲了的民族寓言，重新确立起被压抑的中国文化形象。在反后殖民话语的同时，过分鼓动民族主义和东西方的差异性，有可能使宽容精神和远景胸怀消失在紧张对峙或者消费性的大众文化中。甚至张扬民族差异而差异却不复存在，张扬民族精神而消费策略却使民族精神隐没不彰。如何避免这种反西化、反现代化导致的第三世界国家的相对贫困，如何在多元历史和多元权力的世界新形式下，使"第三世界"的文化不成为一种"后历史"，并在保持自我相对的差异性的同时，获得具有普遍意义的全球标准的认同，确实是非常值得冷静思考的事情。

民族主义是后殖民时代的热门话题。民族主义在弘扬民族正义和民族精神方面有着重要的功能，它不仅可以在有效的范围内团结民族的知识精英和民众，对西方的文化、政治凝视和种族阶级歧视做出反弹性批判，而且可以对自身的文化策略和话语机制进行有效的改写，对新的世界格局中的中国形象加以定位。但是，如果一味张扬民族主义而对抗世界主义，则有可能走向事情的反面，即对整个世界的发展趋势做出错误的判断，对自身文化形象加以夸张性申述，从而重新走向冷战意识，走向自身的封闭和精神的盲目扩张。因此，对其正负面效应做出公正的评价，是当代知识分子的重要工作。无论是自由主义、保守主义，还是激进主义知识分子，都只能从中国的当代实际出发，面对中国开放的新世纪图景，进行切实的、有效的文化分析，从而确立自身的话语身份立场。

（四）全球化语境中的跨文化对话

在多元文化观念的播撒中，有不少第三世界的文化哲学家和文学理论家以一种跨文化的眼光对民族精神和人类文化远景加以深度思考，积极参加这场深入、广泛的国际性文化对话讨论，探讨多元文化前景和自身文化出路的选择。但问题在于，在东方西方、男性女性、不同阶级、不同民族之间的冲突，是以冲突的矛盾性强调强弱的对比，中心和边缘的消解而达到矛盾的化解呢？还是以和而不同的差异思维，强调不同民族、不同人群、不同国家、不同文化的差异性，从而使得全球冷战后的思维得以消解，使"和谐"、"对话"逐渐取代"冲突"、"斗争"，进而使差异性逐渐渗入人们思维的统一认同中呢？这些关键性问题，绝不是可以轻轻滑过的。

在当前复杂的后冷战文化氛围中，要使倡导全球一体化理论和坚持民族主义观念的人完全达到共识，是不现实的。事实上，在实践中我们既不可能完全走向西方中心主义，又不可能彻底坚持文化相对主义，而只能清醒地对这二者加以审理。多元文化语境中的问题使我们明白，当代的中国问题绝非任何单一模式可以解决，这种呈现交织状态的话语纠缠，使任何问题的解决都变得相当棘手。这使得我们必须既认识到狭隘民族主义的危害，同时也厘清全球化理论的某些误区；既清醒地审理这些日益严重的网状问题，又不是情绪化甚至煽情式地与其决然对立，从而对新世纪的跨国际语境的东西方文化的基本走向，对复杂的文化冲突和对话中的华夏文化策略有着正确的意向性判断。

"无论是跨国关系问题的来源和结果，问题的转移和遮盖，都逃离不了全球化语境。强调差异性、边缘性、少数话语成为第三世界话语向第一世界表达自己思想的基本模式。这种叙事有两个好处，首先获取小话语向大话语的亲近，以此来获取小话语的合法性。同时这种小话语表明了第三世界的空前的失落，希望获取第一世界的话语的支持。抓住历史的契机，把握全球化构成中的处于低势位的'转型期中国'或'发展中的中国'所具有的流动演化性，追问民族身份认同在价值创构中遭遇到的诸多问题，才能使知识者在话语转型中体认到这种境遇所提出的挑战式机遇，并转变僵化观念抵达多元性对话，从而将务实性思考推进到中国问题与全球化问题前沿，进而为新世纪'中国形象'的确定奠定思想基础，使中国文化在全球化语境中的'文化输出'和'多元对话'成为可能。"①

三、电视文化本土化实现的资源和路径

"随着文化殖民流弊的不断揭穿，各民族都在重新发现自己合理的文化内核，并努力彰显自己的文化特色，因为没有差异就没有发展，保存并发扬文化的多样性正是世界文化之幸，亦即人类之幸。"②

人类过去的历史证明，不同的民族和国家不论其存活历史的长短都曾为世界和人类的文明做出了自己的贡献。人类的文化宝库应该是兼容并蓄各国文化、文明的多元化世界，正是不同的文化所具有的不同价值取向和功能铸造了人类文明的丰富多彩，抓住本民族文化的精髓和特色，坚持与不同文化间的对话和交流不仅有利于世界文化的丰富和发展，也有利于本民族文化的延续和进步。正是在这个意义上，我们才可以说，只有民族的才是世界的。中国电视文化在不可能脱离全球化文化的大背景下，必须依靠博大精深的传统文化资源才有望得到发展。

(一) 依托民族文化资源，实现电视文化的本土化战略

对全球化持一种较为乐观的态度的美籍日裔学者福山坚持认为，先进的通信技术和能够向全世界传播的全球性电视文化，和文化的同质化之间的联系不是必然的，而且情况可能恰恰相反：尽管存在着某种由麦当劳、可口可

---

① 王岳川：《全球化与新世纪中国文化身份》，《社会科学战线》2003 年版，第 6 期，第 195～204 页。

② 龚举善、张晓莉：《天人合一：全球化背景下中国文化的应对》，《广播电视大学学报》（哲社版）2002 年第 2 期，第 98～101 页。

乐之类的公司所传播的"全球性消费文化"，但是透过这一表象去考察生活在不同国家的人们在价值层面上忠诚什么，如何看待自己的家庭，如何对待权威，其间的差别巨大。"全球性消费并不能影响人们存在差别的根本原则，因为消费仅仅是文化的最表面形式，真正构成文化的是那些把人们联结起来的更深层次的道德、价值、宗教、语言范式。这些文化的内核构成了种族文化本土认同的关键。"①

英国著名历史学家汤因比说："就中国人来讲，数千年来，比世界任何民族都成功地把几亿民众从政治、文化上团结起来，他们显示这种政治、文化上统一的本领，具有无与伦比的成功经验，这样的统一正是当今世界的绝对要求。由此可见，我们确有必要回眸历史，把握传统，将其作为文化再创造的基本源泉，经过创造性转换，力求在全球化背景下重建具有中国特色的现代新型文化。"②而早在1998年，欧阳宏生教授在《五千年灿烂的中华文化是中国电视文化发展的不竭动力》一文中就指出，中国电视文化的发展必须依托中华民族的优秀传统文化。

那么，我们有哪些传统的民族文化资源可以利用呢？

1. 中华民族"天人合一"的思维方式为电视文化本土化提供了价值观和方法论的指导

华夏文明绵延几千年，在漫长的历史征程中，中国文化积淀了深厚的人文底蕴。和西方文化遵从"天人相分"的原则立场，坚持征服自然、暴烈夺取的方针不同，中国的文化传统最突出的特点是强调人生感悟和人格修炼，始终追求"天人合一"的和谐境界。在数千年的发展过程中，儒、道、释无不注意强调通过人的自省和修为，自觉扩充内在的仁善本性，提升精神境界。"天人合一"，是儒道哲学所期许的道德修养和人类生态的最高境界，也是中国文化综合思维模式的最高、最完整的体现。"天人合一"这一思想的深刻含义，在于它揭示了天人之间的统一法则和变化规律，承认人与天地万物不是敌对关系，而是共生同处的关系，应该和谐相处。这一"天人合一"的思维方式直接造就了中国人与人为善、和平相处、助人为乐的处事态度。"天人合一"作为中国文化的传统根基，在协调人与自然、人与社会方面有着不可替代的现代意义，成为在建构中国电视文化方面最为独特的资源。在

① 王岳川：《全球化与新世纪中国文化身份》，《社会科学战线》2003年第6期，第195～204页。

② 龚举善、张晓莉：《天人合一：全球化背景下中国文化的应对》，《广播电视大学学报：哲社版》2002年第2期，第98～101页。

进入所谓的全球信息共享时代后，世界各国电视业在获得信息的时间差上越来越短，很多时候，全球电视文化面对的往往是同一信息资源，此时电视文化间的竞争只能通过对同一素材的不同处理方法来体现。正如有学者在谈到新闻竞争时所指出的：以前我们可以售卖独家的素材和独家的事实信息，而在今天新闻业的激烈竞争中我们可以比拼的只能是独家的观点和观念。电视文化也是如此，在信息资源日益走向共享的情况下，"天人合一"这一传统而又独特的思维方式和对生活的不同解读方法可能恰恰是中国电视可以贡献给世界的财富。

　　人类学家露丝·本尼迪克特曾经提出，这个世界上谁也不会以一种质朴、原始的眼光来看世界。每个人看世界时，总会受到特定的习俗、风俗和思想方式的剪裁、编排。正是这种源自传统的巨大吸附力，为各国电视文化的本土定位提供了理论的基石。以岛国日本为例，长期生活在四面环海，缺乏自然资源，又多火山、地震和台风的小岛上，日本人对于自然的威力持有宿命论，但他们从自然灾害中站起来重新出发的能力极强，造就了其独特的民族文化心理和电视文化风格。与中国人相比，日本人更崇尚在严酷的自然环境中，勇敢地、坚韧地生活着的人们。同以万里长城为题材的日本 TBS 电视台拍摄的大型纪录片《万里长城》和中方的《望长城》展示出了全然不同的审美价值取向和民族文化认同：当我们在《望长城》中受到了更多的英雄主义教育时，日本的《万里长城》讲述的却是实实在在的普通得不能再普通的中国人的故事。他们认为，正是这些普通人的凝聚，这些普通人的顽强，才能够为更多普通的电视观众提供一种生活的参考，因为英雄毕竟是少数。中方的《望长城》在选材上突出宏大叙事和文化与历史的厚重，日方的《万里长城》却是从小处着眼注重微观叙事。不同地域对电视文化的影响，是一个需要我们探讨的问题。"对不同地域的文化我们应该以怎样的态度、怎样的心境去面对它。我们不应该按照别人的口味去拍我们的纪录片，我们也没有必要跟在别人的后面亦步亦趋。"① 当我们试图以一种科学的态度来看待世界以及我们自己时，其实我们也在做出一种文化上的抉择，不管这种抉择是什么，我们都无法摆脱传统文化的影响。

　　2. 中华民族文化为我们留下了丰富的直接可用的历史文化资源

　　文化是人类历史发展过程中所创造的物质财富和精神财富的标志，而民族传统文化则是特殊意义上的大众文化。民族传统文化作为原生态的民族文

---

　　① 张雅欣：《异文化的撞击——日本电视纪录片的地域性与国际性》，《现代传播》，1996 年第 6 期，第 26～29 页。

化，是祖先留给我们的文化遗产，堪称沉积着自然、社会、经济发展过程的"活化石"。四大古文明中延续时间最长的中华文化在历史的发展、演变中，积累了丰富的物质文化和精神文化资源。四大发明曾经为全世界的进步做出了巨大贡献，我国在医学、天文、航海等方面也曾一度领跑于其他国家。在精神文化方面，我们更是有着很多让世界称羡的文化资源：根据中国古典文学改编的36集电视连续剧《红楼梦》于1987年5月在中央电视台和香港亚洲电视台同时播出，最高收视率达到了70%以上，在内地和香港同时掀起了"红楼热"。此后，中国四部古代经典小说的其余三部——《三国演义》《水浒传》《西游记》——都陆续被改编为电视剧，并成为电视剧市场的经典之作，这些电视作品在普及和弘扬中华民族传统文化的同时向世界人民介绍了中国灿烂的文化遗产，增进了东西方国家的了解和文化交流，在中国电视剧发展史上写下了光辉的篇章。此外，国内还拍摄了一系列根据古代历史典籍和文学记载改编的历史剧，它们在国内一直有着广泛的观众基础，如《官场现形记》《封神榜》《聊斋》《唐明皇》《东周列国志》等；在20世纪90年代形成收视高潮的一些历史题材电视剧（包括帝王戏、宫廷戏、武侠戏和一些经现代历史题材戏）《康熙王朝》《雍正王朝》《宰相刘罗锅》《铁齿铜牙纪晓岚》《汉武大帝》《孝庄秘史》等虽然因其"戏说"而"与历史真实的不符"受到了批评，但是依然创下了很好的收视纪录。而观众之所以对这些电视剧趋之若鹜，最重要的原因在于它们都还是依托在传统文化中丰富的历史文化资源之上的。祖先为我们留下了丰富的历史文化资源，我们所要解决的问题是在电视节目本土化的进程中，如何利用好这些资源为中国电视的崛起做出新的贡献。

3. 传统文化中对情感、伦理的关注点为中国电视文化本土化提供了独特的诉求点

中华民族五千多年的文明史，是中华民族的儿女们奋斗不息地创造文明的过程。中华文化源远流长、博大精深，"但是，从总体上讲，五千年中华文化所形成的文化范式，是一种'伦理型'的文化范式，从而与其他民族的文化形成了明确的区别"①。因此，探讨天道和人道的关系以及对人伦的关注也是中国传统文化的一大特色。老子提出"以人为本"；孔子、孟子认为讲道德的人才是理想的人；荀子根据农业生产的规律，强调发挥人的主体性、自觉能动性；而《易经》则注重人的自强不息、不断发展。相对于个体

---

① 彭吉象：《全球化语境下的中华民族影视艺术》，张凤铸、黄式宪、胡智锋主编：《全球化语境与中国影视的命运》，北京广播学院出版社，2002年版，第7页。

的发展而言，中国传统文化更强调人与人之间的关系。人与人之间的相处、人们之间的情感和伦理关系，在中国文化中有着特殊的分量，这对中国电视文化的发展有着直接的影响。正是这样一种文化传统形成了中国电视观众特殊的收视热点。1990 年播出的电视剧《渴望》作为在社会伦理道德发生重大转型的时期弘扬了传统的优秀道德文化的作品，在社会上产生了强烈的回应，使一些被忽略甚至日益消逝的社会伦理又回到了人们生活当中。《渴望》之后的《牵手》《来来往往》《结婚十年》《中国式离婚》到眼下正热播的《大姐》，这些关注社会与家庭、金钱与精神、亲情、爱情、友情的故事不断掀起电视剧收视的高潮。近两年在中国电视市场热播的韩剧也无不是凭借其对家庭故事的叙述、对传统道德的展示和对都市男女情感的刻画而抢滩中国电视剧市场的。因此，针对中国观众收视上的情感需求，在从自身文化内部出发去挖掘观众的诉求点上，中国的电视工作者们无疑可以从传统文化中找到可以充分开发、加以利用的资源。

（二）电视文化本土化的路径

长期以来，我们在国际信息的传播和交流中，主要采取的是"守"势，力争把不同价值观的东西拒之于国门外。现在，我们应采取更开放、更主动的策略：更加开放，意味着我们要更加深入、更加全面地参与国际竞争，同时也意味着将面临西方文化更强烈的冲击。首先，我国的视听传媒有责任向国内的受众提供来自各国的有用信息和世界的优秀文化，以帮助他们更多地了解世界。要在引进、传播西方的视听产品前对其予以正确区分，防止和抵御不良文化的侵入。在引进优秀文化产品的同时，要加强对中国传统文化的保护和发扬，绝不能丧失它在国内思想文化领域的主导地位和主导权，并尽量将带有我们优秀思想文化内涵的产品向外界展示、传播。其次，电影、广播、电视等视听传媒是进行思想、文化传播和舆论宣传的最主要手段。视听传媒业不但要有强烈的竞争意识，而且要有高度的阵地意识。目前，我国拥有电台、电视台近 2 500 家，但我们在规模经营和综合实力上与西方相比存在着较大的差距。对此，我们要做好充分准备，确保国内舆论阵地的主导地位。再次，要致力于开拓受众市场。对视听传媒市场的争夺实质上是对受众的争夺，在很大程度上取决于我们如何研究受众、贴近受众、服务受众，最终达到吸引受众、团结受众、扩大受众的目的。面对大量西方视听产品的涌入，受众的需求品位会更高，选择的余地会更大，现存的传播环境将发生很大变化，我们的视听传媒必须顺势而动，抢抓先机。

在具体的战术对策上，应做到以下四点：

1. 发挥政府职能部门的作用，采取有效措施保护电视文化产业的发展

通过政府职能部门的介入来加强对电视传媒业的保护和管理是许多国家应对外来文化入侵所采取的有效手段。早在 1989 年欧盟各国就颁布了条例并通过了一项关于"无边界电视"的指导性政策，对电视节目实行配额制度，明确规定对美国影片实行限额播映。在该条例中规定，电影院及电视台需要用不少于 51% 的时间播放欧洲文化产品。法国政府规定，非欧洲产影片不得超过播映时间的 40%，对在法国放映的美国电影的票房收入加收11% 的特别税，并将这部分税收补贴到国产电影的制作中；根据加拿大的法律，60% 的电视节目时间应当播放加拿大本国产品；澳大利亚规定播放外国电视节目的数量不得高于 45%，25% 的音乐广播节目须为本国作品或在澳大利亚领土上演出的作品。我国加入 WTO 后，许多业内人士惊呼"狼来了！"因此如何有效地保护和促进我国电视文化的不断发展，已成为摆在政府相应职能部门面前的一个亟待解决的课题。我们必须不断加强和尽快完善对视听传媒的建章立制工作，建立起一定的保护机制，保护、鼓励民族文化在电视传媒上的传播，大力扶持民族文化在视听传媒上的占有率，用先进的文化占领视听传媒阵地，以保证民族文化的健康发展。

2. 主动、有序地推进文化产业化进程，增强电视文化产业的核心竞争力

文化产业的提法是在《中共中央第十个五年计划纲要》中第一次提出的。《纲要》中说："要完善文化产业政策，加强文化市场建设和管理，推动有关文化产业的发展。"党的十六大报告进一步明确提出"积极发展文化事业和文化产业"的号召。党的十六大报告在谈到发展文化产业的必要性时指出："发展文化产业是市场经济条件下繁荣社会主义文化，满足人民群众精神文化要求的重要途径。"这是在党的正式报告中首次提出文化产业概念，并强调要"完善文化产业政策，支持文化产业发展，增强我国文化产业的整体实力和竞争力"。美国等西方国家之所以能在国际文化舞台上扮演主角，从根本上讲在于它们有强大的经济做后盾。所以我国电视文化产业的当务之急是要利用当前国家给我们创造的良好环境，抓住机遇，借鉴跨国传媒集团在管理机制、经营方略等方面的经验，探索有中国特色的社会主义电视文化产业的发展道路，逐步创建出若干有世界级竞争力的名牌节目，在世界电视传媒体系为自己找到立身之地。有人将 2005 年定义为"传媒产业改革的攻坚年"，因此可以看出，如何提升中国媒体的市场竞争力，促进电视传媒产业的发展，不仅需要在实践层面探索新路，更需要具有指导意义的理论创新。

3. 在文化全球化的进程中加强对民族文化的弘扬和创新

"越是具有民族性特点的文化，往往越具有文化的价值和生命力，就越能走向世界。因而，弘扬民族文化是抵御文化霸权最有力的武器。中国传统文化博大精深，历史悠久，是世界三大文化体系之一，是东方文明的主要组成部分，早在上古时期就已是人类文化的一个独立典型。"① 在社会主义电视文化产业的发展中，我们要发挥自身的优势，积极利用传统文化给我们带来的丰富的智慧经验和巨大的精神动力，在继承传统的同时，更要结合时代需要、观众需要进行文化创新，建设有中国特色的社会主义先进文化的基础。对民族文化的弘扬是一个庞大的系统工程，其包含的内容、涉及的方面十分广泛，这使电视工作者在电视节目的节目内容、文化构成、审美品格与表达方式等多个方面都可以大显身手。当然，民族文化的创新和发展同样具有重大的意义，因此，注意运用新的技术手段和不断扩展的交流环境增强传统文化的活力，不仅可以保存民族文化的独特性，更可以保持我们传统文化的永久魅力。

4. 加快电视产业人才培养，提高电视从业人员素质

2004 年 11 月 28 日国家广播电影电视总局和商务部共同发布了《中外合资、合作广播电视节目制作经营企业管理暂行规定》，明确允许外资公司涉足中国内地的广播电视节目制作、发行领域，前提是中方持股不得少于51%。我国在加入 WTO 后的第三年，毅然对中国广播影视产业采取了加快开放的主动战略。全球化推进下的电视文化竞争将会更加剧烈，而所有的竞争归根到底都是人才的竞争，要使我国的电视文化产业在未来的竞争中具有立足之地，实现可持续性发展，就必须有一大批高素质的从业人员。这些人不仅应该具备切实把握我国的实际情况，能够在自己所从事的领域积极创新的素质，还应该主动运用最新的传播技术手段，强化自身和国际同行竞争、交往的能力。目前不管是学界还是业界都已经把人才培养问题提上了日程：从实践界来看，针对我国电视从业人员的素质在敬业精神、新闻敏感性、知识储备、市场意识等方面的欠缺，从中央电视台到地方电视台都特别强调人才培养和队伍建设；从学界来说，据《中国青年报》报道，清华大学新闻与传播学院从 2005 年起大幅调整了本科生教学方案，确立了以社会科学知识为基础，以新闻专业为核心，国际性、实践性、基础性相结合的教育思路。有了传媒人才培养的危机意识和人才储备意识，相信未来我国的电视文化产

---

① 张冠文：《视听传媒中的西方文化霸权及抵御对策》，《编辑之友》2004 年第 1 期，第 4～8页。

业将会在国际文化市场大有作为。

　　人类社会是一个有机的整体。在"文化全球化"既成事实的情况下，我们所需要做的，不是盲目支持或反对，而是要认真、细致地研究和分析它。在充分把握今日中国电视文化生存处境的前提下，为中国电视文化谋求到一个多元的、公平的文化全球化氛围，为电视文化的本土化、健康发展找到准确的方向和定位。当然，电视作为一种强有力的跨文化传播的电子媒介，不仅需要依靠本土的文化资源，同时也要吸取更加广泛的人类文明，尤其是要分享其他文化的丰硕成果。只有具备了广阔的视角和吸收不同文化的能力，中国的电视文化才能获得不断的活力并征服本国的、世界的观众，实现持续、良性的发展。

第十一章　电视批评：对电视文化的阐释

　　电视批评，作为电视和电视文化的伴生物，从电视诞生伊始，便行使着对电视文化进行阐释的职责，履行着文化选择的功能。一方面，电视实践离不开电视批评，只有在科学的电视批评的指引下，电视传播实践才能少走弯路，迅速发展。另一方面，电视批评对电视理论的研究也具有十分重要的意义，它作为一种电视应用理论，是电视学理论建设的一个重要方面。因此，对于整个电视文化而言，电视批评既像一面镜子，清晰地反映出电视文化的发展状况；又像一面旗帜，引领着电视文化前进的方向。它通过对电视文化进行理性的思考和分析、建设性的评判和阐释，通过冷静、客观、公正、全面、多视角的透视和分析，使电视文化能够在社会中发挥更加积极健康的作用。

第一节　电视批评基本概况

　　电视批评所关注的，是与芸芸众生的日常生活密切相关的电视文化；它所面对的，是众多渴求理论指导的电视从业者以及千千万万的电视观众。既然如此，电视批评的重要性不言而喻的。那么，电视批评究竟有些什么特性，它对电视文化有什么样的影响和作用，这些无疑都是十分值得关注和探讨的问题。在本节中，我们将对这些问题一一阐述，以期对电视批评有一个更为清晰的认识。

一、电视批评的基本属性

　　电视诞生到现在不过几十年，而伴随电视出现而出现的电视批评，与其他批评相比，历史就更加短暂。稚嫩的电视批评在成长的过程中，常常借鉴来自其他文化领域的理论，大量吸收各种批评形式的营养，融会贯通之后为己所用，这就使得电视批评既有各种批评的一些共性，又表现出自己的鲜明特色。要想准确地对电视批评进行界定，我们就必须对电视批评的基本特征加以认识分析。

"批评"一词不仅在西方学术界广泛应用，而且也是传播学者进行媒介批评的一个重要术语。在学术话语中，它指的是一种中性的批判、评论和判断。"批评就是运用价值进行判断"，① "电视批评"，作为一种"批评"而言，和其他批评一样，首先是一种价值判断，而这种价值判断的对象就是"电视"——包括作为电视传播基本内容的各种电视节目和各种电视文化现象，它应该基于对电视节目的观赏和研究的基础上进行，否则，便必然成为无本之木，无水之源，成为缺乏实际内容和价值的空谈。同时，电视批评还应该以相关的电视理论作为指导，因为它绝不仅是个人的主观感受和直觉，而需要更为深刻的理性思维，需要进行深刻的文化内质分析，如果没有相关学术理论的指导，我们便不可能达到一定的理论深度，不可能进行深入的分析和研究，从而作出恰如其分的价值判断。

由此，我们说，所谓电视批评，就是在对电视节目进行欣赏、比较、分析的基础上，以电视理论为指导，以具体的电视节目以及同节目相关的电视理念、电视现象、电视受众、电视创作者等各种电视文化现象为对象的一种。其主要任务是对电视节目等电视文化现象进行分析、判断和评价，对电视文化进行阐释，指明作品在内容和形式方面的文化价值。

这一认识告诉我们，电视批评既是一种科学研究，又是一种艺术研究，因此既有科学研究的特征，又有艺术研究的特征；同时，电视批评以各种电视文化现象为研究对象，因此它具有深刻的内在文化属性。正确认识其独特性质，显然是对电视批评进行准确深入理解的基础。

首先，电视批评具有与生俱来的文化特性。自电视诞生以来，电视已经日益成为一种深刻影响个人和社会生活的文化现象。因此，以电视作为研究客体的电视批评自然也就具有其内在的文化特性。电视批评，本身就是电视文化研究的一个组成部分。电视批评的对象，也就是各种丰富多彩的电视文化现象。对电视文化进行阐释，在各种电视文化中选择出最具生命力的类型与大众分享，最终推动电视文化的健康发展，是电视批评的根本任务和终极目标。如同文学批评使得文学的生命力更加茁壮一样，正是电视批评，才使电视文化得以保持一种理性的张力和蓬勃的朝气。同时，从研究方法上看，电视批评也只有和文化分析相结合，才能找到和拓展自己的生存空间，不管

---

① ［美］斯蒂文·小约翰：《传播理论》，中国社会科学出版社，1999 年版，第 407 页。

是社会学、结构主义、女性主义，还是心理学，文化分析法已经深刻地影响到电视批评的发展，各种文化理论和文化研究的成果被广泛地运用到电视批评之中，成为电视批评的基本理论资源和方法。

第二，电视批评是科学与艺术的统一。电视批评是一种科学研究，这就意味着它需要遵循科学研究的一般原则和规律，运用科学的方法对电视文化进行全方位的客观公正的研究。它要有对证据的收集、对事实的归纳、对研究对象发展规律的总结和探索，这一切都离不开科学的研究方法。例如将以客观、量化为特点的内容分析法用于电视批评中便常常能够具有很强的说服力，收到良好的效果。科学的研究方法能够拓宽电视批评的思路、丰富电视批评的研究手段，对于电视批评工作者而言是一件利器。但同时，电视批评又是一种创造性的文化活动，它绝不能完全等同于科学研究，科学研究的本质特点是崇尚客观性法则和持价值中立立场，强调绝对的客观性和结果的可重复性。电视批评则是以人文精神为核心，以进行最终的价值判断为目标，不可避免地带有研究者的主体价值倾向。因此，作为创造性的精神生产，电视批评要追求审美性与科学性的统一，以科学的分析与审美判断来影响和引导电视观众的思想行为。

第三，电视批评是主观与客观的统一。电视批评作为主观与客观的统一体，既受到批评者本人思想意识的倾向影响，又要以客体——电视文化本身的评价标准来观察具体的研究对象。电视批评不能没有科学客观的电视理论作指导，这就决定了电视批评要有客观公正的评析；但同时电视批评本身就是一种创作，需要有鲜明的观点和个性，如果一味地套用机械固定的标准，就会限制批评思路，扼杀创作的个性和活力。真正的电视批评，应该是科学性与独创性的统一，应该表现为主客观的结合，应该是批评家的评判标准、学术修养、主观能动性与客观存在的电视作品的潜在意义、价值取向的融合而形成的判断。

第四，电视批评在思维方式上是理性和感性的结合、形象思维与逻辑思维的统一。电视批评首先是感受作品，批评者从生动形象的电视画面入手，根据自己的生活感受，体悟共鸣作出印象式的判断。但激情不能代替理性，电视批评绝对不能停留在随意直观的印象式评点上，它的致命缺陷在于：仅仅依赖浮光掠影的感性印象是难以深入地理解和阐释复杂纷繁的电视现象和电视作品的。因此，电视批评应该避免情绪化的宣泄和单一的好坏判断，而要在感性判断之后，再以相关理论为指导，进行冷静深入的思考，把直观的审美感受上升到理性思维的高度，这个过程就是以形象思维为基础，以逻辑思维为主的一种思维活动。

第五，电视批评是具有交流性和互动性的。无论何种领域内的批评，都不应该仅仅是一种自说自话的孤芳自赏或者空洞无聊的文字游戏，电视批评也同样如此，它应该着眼于一种观点的碰撞和文化的交流，以便自己的批评最终能够产生影响，发挥作用。有学者曾经将电视批判分成三个方面：一个是反思的批判，就是对电视文化所表现出的种种问题和优点进行深入的揭示，对电视人和电视文化发展的轨迹进行描述；第二是追问式的批判，对电视所具有的理论价值进行追问，对于电视的学理的探讨进行追问；第三是展望式批判，对电视的未来，对中国电视文化未来的发展进行充分的展望。[①]事实上，无论是反思、追问，还是展望，它们都离不开观点的交流与互动，是以最终达到影响电视文化的建设进程、推动电视文化的良性发展为批评目标的。

简单地说，我们认为：电视批评首先是一种文化选择，是一种对电视文化价值的判断，而在具体运用的时候，要注意科学的方法与艺术的敏感相结合，理性的思辨与感性的体悟相结合，进行一种以互动和交流为基础的建设性批判。电视是目前影响最广泛、受众最多的一种文化形式，而电视文化的积累、创新和发展都有一个选择、扬弃和沉淀的过程。"电视文化选择，是在某一社会中电视媒体及电视人在一定环境下对两种或两种以上的电视文化及其价值取向、思维方式、运作模式、节目形态、制作技巧等方面进行取舍。"[②]这种文化选择，正是通过电视批评的形式来加以实现的，电视批评如同电视文化的过滤器，要从许多文化类型中选择出最有发展潜力的并为其发展助力，因此，批评者的任务不光是替自己和观众进行感性的宣泄，最重要的意义在于帮助实现整个电视文化系统的平衡与和谐。脱离电视文化的电视批评根本失去了存在的基础，不是真正的电视批评；而缺乏批评的电视文化将变得浅薄不堪，没有任何的厚度和深度。对电视批评而言，批评是生命，文化是精神，电视是载体，电视批评通过对电视节目以及相关的电视现象进行研究，评判其思想艺术的价值，进而加以选择，因此，电视批评就是对电视文化的选择，电视批评的过程就是文化选择的过程，正是在评判和选择的过程中，电视文化得以发展，电视荧屏得以繁荣。

二、电视批评：引领电视文化健康和谐的发展

电视文化具有强大的精神张力，但这种穿透力在带来正面效应的同时，

---

① 参见 www.cctv.com.cn《电视批判》栏目三周年特别节目：我们为什么要进行电视批判。
② 刘炘：《电视重构论》，中国广播电视出版社，1999年版，第8页。

也会产生不可忽视的负面效应，为了更好地发挥电视文化的正面作用，更是为了积极地应对电视文化的负面效应，电视批评成为我们在电视文化建设中不可或缺的武器。央视网络的刘连喜主任曾经对电视批评的任务进行过这样的阐释，"对电视文化进行理性思考，对电视文化进行建设性的评判和判断，从理性、文化、思想等角度，对现代最强势的传播媒体进行冷静、客观、公正、全面、多视角的透视和分析，使当代的电视对当代的中国大众和中国社会发挥更大的、积极的、健康的作用，更有力地推动中国社会的文明、进步及其更加健康、更加快速地发展"。① 这段评价十分精辟地阐释了电视批评对于电视文化的发展所具有的重要意义，这种重要性是通过电视文化批评对电视文化整个建设过程的全面参与而实现的。也就是说，无论在电视的创作、传播还是观赏过程中，电视文化批评的参与都能起到积极的作用，从而从整体上参与和改变着我们的电视文化。它在批评的基础上进行建构，通过理性而深刻地剖析，发掘电视传播和文化传播的规律，使电视文化的发展更为理性、更加健康。从某种程度上说，通过对电视文化的评判和选择，电视文化批评正在成为一面引领着中国电视文化发展的旗帜。

首先，电视批评能够对电视的创作起到积极的推动作用。既然电视文化批评是对电视节目和电视文化进行价值评判，那么，通过这种评判指出作品的价值所在，提出意见和建议，必然可以为电视创作提供指导，提升节目质量，从而促进电视创作的发展。不难想象，没有电视批评的电视创作将会因为缺乏有力的监督和鞭策而更加盲目和孤寂。电视批评要推动电视创作的发展，首先必须建立一种平等对话的原则，在对批评对象进行客观分析和深刻理解的基础上，评点其优劣，既要肯定电视创作者优秀独特的创造，又要批驳那些质量平庸的作品，引导电视创作向积极的方向发展。科学的电视批评倡导积极的题材和健康的创作方向；而对那些远离生活现实，空洞虚假的作品，对那些格调低下，思想平庸的作品，电视批评应指出其不足，对它们加以正确的引导。电视批评对电视创作还具有发现新人、推荐新作的作用，对于那些在电视创作中作出成绩的创作者，电视批评能够以专业的眼光加以评点和推介，分析研究他们创作中取得的成就，使得优秀的作品和作者能够更加迅速地为社会所接受。总体来说，电视批评对创作的促进和引导作用表现为一种精神导向，它本着实事求是、客观公正的基本原则，为电视创作树立一种典范，提供一种理想。

其次，电视批评为普通观众提供详尽明确的批评方法和结果，对广大观

---

① 参见 www.cctv.com.cn《电视批判》栏目之：我们需要什么样的电视批评？

众的观赏活动能够起到积极的引导作用。观众对电视节目的欣赏往往带有很强的自发性、随意性，虽然没有批评家的引导，他们也能观赏作品并在一定程度上感受其思想艺术内涵，但要想最大限度地激发电视的思想艺术潜能，发挥电视文化的教育、审美和娱乐等功能，担当起提高人们思想文化素养、培养美好人生理想和人生态度、为社会创造良好的文化氛围的重任，电视批评的引导是不可或缺的。电视批评对观众的引导作用首先表现在引导观众对电视作品及电视现象的认识解读能力上。认识电视作品的思想性，解读电视作品是一种专业的能力，观众对电视作品及其有关电视现象的认知受到自身的限制，即使是同样的节目，不同的观众也会有不同的认识和理解。电视批评能够通过专业评析，帮助一般观众从更合理的角度读解电视，更深入地把握作者的创作意图。同时，通过这种有针对性的解析，电视文化批评还能够提高观众的文化品位和审美趣味，提升审美层次，引导观众追求健康的艺术欣赏。在这种引导中，电视批评主要是帮助观众把握和体会电视语言的内涵，帮助他们掌握同作品相关的背景知识，使他们能够通过对这些审美技巧的把握，进入一种审美创造的境界。总之电视批评以一种专业性的、有启发性的详细解释，使观众能够用新的、不同的方式理解自己观看电视文本、理解电视文化的经验，引导观众的观赏活动。

第三，电视批评能够为观众与创作者提供互动的平台。电视创作的目的就是观众的认可和接受，因此，观众的主体地位是不可忽略的。爱森斯坦说过："谁是最严格的批评家？素来就是那熟悉艺术所反映的对象的人"。[①] 接受美学的理论认为：读者大于作者，意义的可能性大于意义的原生性。观众对电视作品的创作起着极其重要的作用，因此，观众与创作者的主体间互动是不可或缺的，而电视批评便给二者提供了一个极好的互动平台，它是一种有目的的交流行为，既把创作者的信息传达给观众，也把电视观众不同的心理需求、审美倾向等信息传达给创作者，从而有效地缩短双方的距离，共同推动电视文化全面发展。

因此，电视批评的原则并不在于找到某种意义或者确认某种是非，而在于客观的描述与分析、理性的思考与判断、有建设性的批判与反思。能不能将批评者自身的阐释体验成功地传达给读者，引起读者的反思，通过批评推动中国电视文化的发展，是电视文化批评的重要目标和本质任务。

从宏观上来看，电视批评是建设中国电视文化价值观的重要手段。从创

---

① ［苏］尤列涅夫编，魏边实等译：《爱森斯坦论文选集》，中国电影出版社，1962 年版，第98 页。

作到传播再到传受双方的互动，电视批评深入地参与了电视文化建设的各个环节。在这一过程中，我们应该运用电视批评手段，分析研究各种电视文化现象，找出其深层次的原因，以帮助电视创作观念的不断更新；运用电视批评手段，对电视传播当中的种种理念进行分析评价，发展先进的电视传播理念，摒弃落后的电视传播理念；运用电视批评手段研究电视创作者，帮助电视创作者不断在进行创作总结，找出规律性的东西；运用电视批评手段研究电视观众，帮助创作者找到同观众发生共鸣的电视理念，这样，通过一系列的电视批评，全面提升电视的文化品位和文化品质，对重建电视文化价值观发挥积极作用，使电视批评更好地为我们的电视文化建设服务。

三、电视批评的发展历程

电视批评的发展与电视文化的发展是紧密相连的，几十年来，随着中国电视事业的发展，电视理论研究的深入，电视传播内容的不断完善、日益丰富，电视文化也在日新月异地发展，而电视批评也随之不断发展，并经历了四个发展的阶段，即萌芽阶段、起步阶段、发展阶段、自觉阶段。通过对这四个发展阶段的梳理，我们也可以清晰地从中看到，在几十年里，电视批评对于中国的电视文化，扮演了一个忠实的纪录者和引导者的角色。

电视批评发展的第一阶段是萌芽阶段，这一阶段从 20 世纪 50 年代末期到 70 年代后期。这一时期的电视文化处于发展的探索阶段，无论从类型还是数量上都比较单薄。电视批评既缺乏研究的对象，也缺少基础理论的支撑，还处于萌芽状态，没有真正开展和深入起来。表现为电视批评少而浅，缺乏具有普遍意义和学术价值的成果，而且停留在个体、分散的状态上。萌芽阶段的电视批评还存在许多稚嫩和不足的地方，但中国的电视批评就是在这样的基础上，从对电视文化的观察和纪录开始、从最初略显幼稚的现象探讨逐渐探索，在实践中求真知，一步步深入到电视文化的深层内涵之中，从而逐渐发展起来的。

从 20 世纪 70 年代末期到 80 年代中期，是我国电视批评的起步阶段。70 年代末开始的改革开放给中国电视事业提供了快速发展的契机，电视文化开始呈现出繁荣发展的态势，电视批评也随之步入起步阶段：电视刊物和批评文章的数量增多，影响力扩大；各种电视理论研讨活动全面展开；电视节目的评奖活动逐步开展起来。作为一种重要的经验积累过程，这一时期的电视批评朝着未来真正专业化、学理化的道路迈出了重要的一步，电视批评进入了对电视文化进行理性思考的起点。

从 80 年代中期开始，中国电视批评的发展进入了第三个阶段，即发展阶段，这个阶段一直持续到90年代初期。随着改革开放的不断推进和经济建设的快速发展，电视文化在80年代中期得到蓬勃发展，呈现出欣欣向荣的面貌，电视批评也进入了发展阶段。电视批评队伍扩大，学术交流活动加强；电视批评的领域拓宽，涌现出一些具有学术价值的批评成果。这一阶段正是中国电视理论进入全面建设的时期，电视批评的蓬勃开展成为整个电视理论建设的重要环节，大大促进了电视文化的发展。

走过了发展阶段，电视批评从90年代初开始进入自觉阶段。以邓小平1992年南方谈话为起点的，随着新一轮的改革开放，电视事业的腾飞给电视文化的发展带来了新的春天，电视文化初步出现了多元化的态势，与这种发展趋势相适应，电视批评的形式也开始多样化、规模化，争鸣意识和创新意识增强，进入了自觉阶段，电视批评学理论开始逐步形成。开始具有自己主体意识和理论系统的电视批评已经全面介入中国的电视文化建设，从各个环节、各个角度对电视文化的发展担当了观察者、思考者和引领者的角色。

从电视批评的发展阶段可以看到，从1958年电视节目的首次开播以来的近半个世纪，尽管经历了许多困难和波折，但在整个电视文化的发展历程中，中国的电视批评依然扮演了一个重要的角色。电视批评与电视文化的发展相辅相成，一方面正是电视文化的繁荣，带动着电视批评的发展和成熟，电视文化越繁荣，我们的电视批评也就越发丰富和多元；另一方面，它纪录和见证着电视文化的发展轨迹、反思着电视文化的不足和缺憾、展望着电视文化美好的未来，促进电视文化价值的建构，对电视文化的成长发展起到了不可替代的作用。有了电视批评的及时反馈和高屋建瓴的前瞻性指导，我们的电视文化生态才更加健康和完满。

第二节　电视批评的方法

作为一门具体学科，电视批评的方法是一个多层面的、立体化的方法体系。基于电视批评与生俱来的内在文化特性，电视批评的方法势必与文化批评接轨，也就是说，电视批评要注重电视与社会、与文化的整体联系。要从社会学的角度考量电视与社会政治、经济等各方面的关系；同时还需要展开不同电视文化之间的比较，揭示电视文化的地域、民族特征等等。因此，各种文化分析和批评的方法，也就成为了电视批评在具体学科层面所使用的基本方法，如社会学、心理学、比较方法、结构主义等。这些原本在传统文化批评中广泛运用的方法，经过与电视的结合，又成为了电视批评体系中十分重要的研究模式和方法。从整体上看，20 世纪以来的许多电视理论，本身就是对电视进行的文化研究和文化批评，如结构主义的电视理论、电视心理分析理论、女性主义电视理论等，无不带着文化批评之痕迹，是文化批评在电视领域内的具体应用。

一、社会学批评方法

从电视产生以来，社会学研究一直是西方电视研究的一个主流方向。我们今天所理解的文化，在很大程度上来讲，就是构成社会生活方式的过程，因此，以电视文化为客体对象的电视批评，首先关注的，便是从社会学的角度对电视进行观照。运用社会学的方法进行电视批评，是从电视节目产生的社会背景出发，从电视的社会性出发，从社会历史发展的必然性出发，来把握、观察和剖析电视内容和电视文化现象。这一研究方法讲求实证，注重实践性的证据收集、观察和调查，通过客观科学的考量对电视文化进行选择，去粗存精，使得电视文化能够更加健康地发展。

（一）社会学批评方法的作用

社会学方法的运用对电视批评具有重要意义。电视是人类社会发展到一定历史阶段的产物，社会现实和历史的发展制约着电视文化的发生和发展，而随着当代社会的发展，电视在社会中扮演的角色也变得更加多样和重要。"活得最长久的艺术品都是能把那个时代最真实、最实在、最足显出特征的东西，用最完满最有力的方式表达出来"。[①] 这说明艺术作品与时代社会之间有着密切的联系，因此，运用社会学的方法研究电视具有极强的实践意义，是整个批评活动的基础。

运用社会学方法进行电视批评主要是对作品思想内容的考察，就是从社会政治生活的现状和历史的考察为基础来考察作品的真实性、思想性和艺术性。电视批评的一个重要任务，就是分析电视作品同它所反映社会生活的关系。

在对作品内容的考察中，最为重要的是对作品真实性的考察，就是对电视作品所体现的社会生活画面以及所塑造的电视人物形象做出合理的判断，这是社会学批评方法的首要任务。"着重的是事实……批评家应当研究，这样的人物是不是可能，是不是真实的"，[②] 应该说，真实性是衡量电视作品

① 朱光潜：《西方美学史》（下卷），人民文学出版社，1964 年版，第 183 页。
② 辛未艾译：《杜勃罗留波夫文学论文选》，上海译文出版社，1984 年版，第 499 页。

价值不可缺少的必要条件。要注意的是，在考察作品真实性的时候，不能简单用社会内容来求证电视作品的内容，而要尊重电视艺术规律，尊重艺术的真实。从中国的具体情况来看，社会学批评方法的独特评价标准，就是电视的内容和形式，必须坚持"两为"方针和"三贴近"原则，把社会理想和艺术理想紧密结合起来，有利于社会的发展。除了对作品真实性的研究，社会学批评方法还有着更高层面的任务，那就是在考察真实性的基础上，对作品的思想性和艺术性进行研究，从对作品本身的价值判断到对电视的总体运动进行研究。社会学批评方法的一个重要依据就是社会价值观念，这一方法十分强调把社会政治历史同电视的特殊性结合起来，把握电视文化的发展规律，把握作品的思想、艺术根源，在对电视的历史与现状深入分析的基础上来实现对电视作品和电视现象思想性和艺术性的判断。总之，社会学电视批评方法关注表现在文本中的社会角色、关系和过程，关注电视文化的社会作用和效果。

（二）社会学批评方法的具体运用

正确运用社会学批评方法，是了解电视作品思想性、研究创作者思想观念和社会理想、考察作品背景及文化内涵的不可或缺的手段，对于社会学批评方法的具体运用可以从三个方面来阐释。

1. 思想分析批评方法

这是对电视作品和电视现象的思想属性及思想内容进行分析、评价的批评方法。它基于作品自身的思想性而确定，在社会学批评方法中占有重要地位。思想分析方法注重发掘电视作品的思想观念和艺术观念，既要评判内容，又要评价形式，因此，它要求批评家同时具备深刻的思想穿透力和细致的艺术领悟力。值得注意的是，在运用思想分析方法的时候，我们要把握分寸，正确合理地对其加以运用，而不能将其绝对化、扩大化，避免走向极端。

2. 文化心理批评方法

文化心理批评方法是社会学批评中比较常用的一种方法，它是社会学方法与心理学批评的一种融合，将电视活动和电视现象作为文化系统的一个组成部分来考察，同时又对电视现象中的各种文化因素作整体考察，研究其文化背景、内涵，阐明其文化意义。文化心理批评方法的目的在于探询和揭示电视现象中文化的心理建构过程，对积极或消极的文化传统作出价值判断。它能够揭示电视作品中的地域文化特征，在分析电视现象的区域文化方面具有独特优势。批评家合理运用这一方法，就能够顺利找出隐藏在电视作品背后的深刻文化寓意，积极引导受众，有力推动电视文化的发展。

3. 创作主体的批评方法

创作主体的批评方法是用于研究分析电视创作者的创作道路、经历的电视批评方法。这一方法的运用是基于电视创作总是同创作者有着直接或间接的关系，因此从对创作主体的研究和分析中我们可以通过了解作者的创作目的、艺术见解，再根据其创作习惯和特点，进一步了解创作道路以及具体作品的主要内容，以便得到对电视作品更好的说明与解释，使我们的电视批评更具说服力。使用创作主体批评方法的时候，应该注意，创作主体同作品的关系是十分复杂的，不能把作者生平与作品进行简单的一一印证，而要运用联系和发展的观点，用政治、历史、社会的观念来进行具体的阐释和分析。

运用以上的社会学的种种批评方法，对于我们对电视节目的社会价值取向进行判断，从而加以选择具有特别重要的意义。它的任务是站在社会政治历史发展的高度，尊重电视文化发展规律，从电视的真实性考察入手，应用一定的社会价值理念和艺术发展理念来分析电视文化现象的本质及其存在价值，来推动电视向着符合一定社会理想和艺术理想的方向前进。

二、比较电视批评方法

比较电视批评方法是电视批评中一种很有特色的方法体系，它通过对不同电视文化现象之间的比较，来探寻电视的民族文化结构、地域文化特征以及各种电视现象中蕴涵的文化变迁和文化冲突等，对于拓展电视批评的思维空间具有积极作用，尤其在世界电视交流日益频繁，各国电视文化相互依赖与联系日益紧密的当代社会，这种研究方法越来越受到人们的关注，成为推动电视文化发展的重要手段。比较研究方法源于文学领域，包括影响研究和平行研究两种方式，影响研究从实证主义和唯科学主义的立场出发，用历史的考据方法探讨文学间的影响和事实的联系；而平行研究则把研究的范围扩大到没有实际联系和影响的作家、作品，甚至不同学科之间用美学的、批评的方法来进行研究。把比较的方法用于电视批评，同样可以采用这两种方法，把电视放在广阔的世界里和宽泛的民族文化中加以考察，着重揭示其内在结构与价值，以便从更加全面和深层的角度确立电视文化选择的标准。

（一）影响比较批评方法

影响是电视文化交往中较为普遍的现象，它主要体现了电视作品之间、电视创作者之间的风格、倾向和艺术趣味等相互吸引、相互交流、相互作用、相互促进，成为电视创作者与电视作品发展变化的一个十分重要的因素。例如美国的《大富翁》等真人秀节目便对中国的电视节目产生了十分重要的影响，催生了如《金苹果》《星期六大挑战》等中国特色的真人秀节目。而影响比较方法就是要考虑这种联系，研究影响发生的原因、条件以及变化过程。由此出发，电视影响比较中两个基本要素就是研究的主要对象，即影响者和被影响者，所谓的影响比较方法就是通过这两者的关系寻找规律性的内容。

对影响者的分析研究是从影响的起点出发，研究别国电视的创作者、电视作品、电视文化思潮。这种研究既针对宏观电视规律，也可以在作品价值、风格、技巧等细小的微观上做文章；既可以研究影响者对他国电视文化的影响，也可以研究其对本国电视文化的影响。在进行影响者分析研究的时候，需要注意的是，要把影响者的作用看成是一个渐进的过程，而非断裂式的或大跃进式的突然结果。另外必须根据批评的目的和对象来确定或选择比较的基点，包括立足于创作者作品本身价值的探讨；立足于本国电视特点和发展规律，从国外作品在本国的反应着手研究；立足于世界各民族电视相互关系或某些艺术规律而发展某些世界电视交往和艺术融合规律的研究。

对被影响者的分析研究是从终点开始，对创作者、创作流派接受国外电视影响情况的研究。它力求从被影响者的创作里发现和分析一些外来因素的作用，更为深刻而全面地评价创作者作品的价值，从而总结出借鉴、吸收别国电视的经验和规律。对被影响者的分析研究要注意不能局限于某些相似性，而要从现象到本质，从发展的事物间的联系出发，深入地进行艺术与审美的探索，从中获得对于被影响者的本质的把握。

对影响者和被影响者的研究虽然是从不同的角度出发进行影响比较研究，但作为一个成熟的电视批评工作者，必须认识到，影响者和被影响者在电视批评中是不可分离的一个有机统一体。无论是对起点还是终点的考察，都要兼顾影响者与被影响者，根据自己的需要选取不同的侧面和角度进行研究。

（二）平行比较批评方法

平行比较批评方法有两个方面的内容：一是探讨电视作品的类同，也就是指两种没有必然关联的作品在风格、结构、语言或观念上表现出来的类同现象；二是探讨作品的对比，既寻找电视作品的共同点，也寻找各自的不同之处。

相对于影响比较方法而言，平行研究不是对事实进行比较，而是用价值关系代替事实关系，扣住电视的规律与特点，因此少了学究气息，在比较的范围程度和角度上都有独特经营、自由创作的余地，显得灵活而洒脱，很少拖泥带水。但是，也正是因为这一特点，平行比较研究也有其局限性和相当大的难度。首先，它带有形式主义的特点，具有一定的封闭性。结构类型和作品形式都受到局限，只有将社会、政治、经济、文化、历史等因素加以考虑，把民族文化、社会背景的差异纳入自己的研究视野中，才能从宏观上对问题进行全面地把握。其次，由于平行比较是价值的联系，是间接地以思维为中介的关系，因此，在寻找比较点的时候要注意把问题放在恰当的范围内，并确定好比较的尺度，也就是说，要注意事物之间的可比性，并有着明确而独创的价值取向。

平行比较批评方法是一种十分有意义的电视批评方法。它给电视批评拓宽了思维空间，能够提供研究电视作品和电视现象新的角度和新的思维，提供应用和分析作品的方法，把电视作品、电视思维以及电视现象放在更广阔的文化背景里检验，并揭示其内在结构和价值，这正是平行比较批评方法的生命力所在。

在运用比较电视的方法时，电视文化的影响是不可回避的。电视创作的主题、风格以及表现形态中都会渗透着文化的魅力，文化的影响构成了电视创作者的创作心理机制，电视与文化相互作用，互为补充，才会使比较的方法具有分析的深度，使批评具有穿透力，更加客观和理性。而比较分析方法的使用，使得批评者得以在更加全面和宏观的语境中对电视文化进行价值评判和选择，在批评活动中对于电视文化的观照更加深入。

三、心理学批评方法

电视批评的心理学批评方法是一种以心理科学的研究成果，立足于电视活动作为心理精神活动的特殊性，对电视作品中所包含的各种心理现象，如电视创作心理和观众欣赏心理进行分析的方法。它重点研究电视实践的心理机制与心理过程，力求探索和发现各种复杂电视现象的心理活动规律，其具体研究对象是电视活动的主体与客体，也就是电视人与电视观众。这种批评方法重点包括两方面的内容，即电视创作的心理学批评和电视观众的心理学批评。对这两方面的心理学研究可以让批评者全面地把握电视活动中的心理规律和心理特征，通过对创作心理的研究，阐释不同类型电视文化的生产动因，通过对收视心理的研究，选择更加契合观众心理的电视文化，在电视文化从生产到接收的全部过程中进行全面研究，以更加合理地参与电视文化的建设。

（一）创作的心理学批评

电视创作的心理学批评分为两个层面：一是创作者的心理特征，包括创作者的人格与个性创作方式的形成和发展；二是创作者的创作过程，包括过程中各阶段的特点及完整过程的描述、创作过程中各心理因素的功能和它们之间的相互关系。

在对创作者的心理学批评中，应该从无意识的领域和有意识的领域对作者的创作动机和目的分别加以分析。一方面，我们可以借鉴弗洛伊德的精神分析学说，从无意识领域出发来研究创作者的心理活动。这是因为，首先来讲，创作的心理动因往往源于无意识领域，被压抑的本能欲望是推动创作的深层原因；同时创作者创作的基本主题和材料也源于无意识，作品中直接表现的许多内容都是无意识内容的投射和象征。另一方面，我们也必须认识到，仅仅用无意识理论对创作进行研究具有很大的局限性。事实上，在无意识领域本身就包含着许多社会的历史的复杂的心理内容，如果我们把一切的创作动力都视为无意识的原始冲动，就完全忽视了创作者的主观能动性，忽视了创作活动中强烈的创作目的的驱动。美国心理学家西尔格特认为创作动机与目的是限于所给予行为能量，并指引行为的因素。因此，在用无意识理论分析创作心理的同时，我们也要重视心理有意识和潜意识理论，充分认识到创作者内心的责任感和明晰的目标感也是实现成功的电视创作的必要条件。

（二）观众的心理学批评

运用心理学分析方法分析研究观众收视心理状况，是电视批评一个不可忽视的内容。它对于我们不断改进创作，提高收视率具有积极意义。作家吴伯箫说"无论谁写文章，都是给人看的……不写文章则已，只要写文章，就是准备给别人看的"[①]，电视作品同样如此。作为最终要面向广大受众的一种精神产品，电视创作同观众之间是互相依存、互为决定、互相促进、互相补充的，双方各自以对方的存在发展作为自身存在发展的条件，在相互的适应和补充中不断超越和创新，因此，研究电视观众的心理，对于电视批评和电视文化的发展具有非同寻常的意义。

由于受到不同性别、年龄、知识、职业、地域、价值观念的影响，对观众的心理学批评是一个复杂的过程，各种不同类型的受众群体都有自己的收

① 吴伯箫：《文风不是私事》，见《语文学习》1958 年第 4 期。

视心理，对电视节目的需求也不同；而同一类型的受众在收视习惯上往往趋于类同。而对这种心理差异和相似性的分析和研究，正是电视批评的一个重要任务，是提升创作水平，提高收视率的前提和基础。对不同观众的心理学批评能够帮助我们在很大程度上避免传播的盲目性，将受众细分化，对节目进行明确定位，以达到更好的传播效果。另一方面，尽管不同类别的电视观众之间存在和很大的心理差异，但是我们也要看到，观众也有着一些共同的收视心理，这就是求新、求真、求近、求知、求乐的心理。

从根本上讲，心理学的批评方法就是一种解释，通过解释呈现出心理冲突的方式，它能够越过创作者的意识，深入到他的无意识中去。这种方法能够让我们在电视批评的实践中，通过对文化社会心理的研究，超越对节目表层意义的观察，揭示其隐在的深层文化含义，从而使电视批评更加科学化和合理化，具有更深刻的文化内涵。

四、结构主义批评方法

结构主义批评是从电视内部结构入手，将电视现象视为一种独立的封闭的精神活动形式，通过对其内部各种因素运动、变化、组合、分离等问题的考察，来寻找电视发展的普遍规律，建立衡量评价电视创作和电视作品优劣高下的价值尺度，从而形成一整套建立在对电视内在因素分析把握的基础上的批评方法体系。结构主义思潮是 20 世纪初在各个学科领域流行开来的，它认为，不是主体赋予事物思想，而是客体所隶属的系统或结构产生决定它的思想，结构主义的研究方法试图在整体的认识结构上把握事物，在各种形成因素的相互关系中抽象出能够说明解释事物的模式，文化与社会的关系，也正是结构主义所力图要解释的关系。结构主义的方法是一个复杂的体系，当我们将其用于电视批评时，可以从语言学、叙事学、结构变化等不同的角度对电视作品和电视文化进行解析。

（一）语言学的分析方法

结构主义语言学的核心是"二元对立"的原理，而这也是结构主义广泛运用的基本概念之一，原指语言学中子音与母音的关系，后来引申为语言学上的历时性和共时性，相当于事物的矛盾运动中互相对立的两个方面。在形式与内容的关系上，"结构主义者倾向于把一切内容都看成形式，或者至少认为内容是使最后完成形式得以存在的一种技术手段"。[①] 在电视批评中，我们为了认识上的方便，也运用这个概念将电视作品从内容和形式两方面来进行分析。结构主义认为，任何结构都不是单一的，而是复合的。在结构整体当中，可以找到两个对立的基本组合元素，二元构成结构内部各成分间的并列、对立、转换关系。

在电视批评中，二元对立原理主要用于对电视作品的分析，探索电视作品的内结构基本模式。结构主义的批评家强调，人的感觉是从差异中发展，"上"是通过其对立面"下"而感受到的。因此，电视语言表达感觉的结构基本是二元对立的。比如一些叙事性电视作品叙述的内容和表现形式不管多么复杂，总是有基本的对立关系，或者是积极与消极，或者是爱情与背叛，或者是胜利与失败等等。基于这样的规律，在对电视作品的解析中，二元对立的原理可以帮助我们深入到电视作品的内在结构中去，客观细致地分析把握作品内在元素的对立和运动发展，对把握和分析电视作品复杂的内部结构具有很好的效果，能够更好地揭示作品的深层次意义。

二元对立原理也有一定的局限性。在所有的电视节目形态里，并非都包含着二元对立因素，只有从具体的作品出发进行具体分析，而不能生搬硬套。另外，许多电视作品的艺术魅力本身就是同其令人眼花缭乱的外表紧密相连的，如果在使用二元对立原理分析作品时，对其形式视而不见，而只注意作品的深层结构，不去进行体验和艺术感受，也很难认识艺术的真谛。因此，仅仅以机械的二元对立去分析研究电视作品是远远不够的，要将二元对立的方法和其他分析方法结合起来运用，才能达到完整认识作品内容和意蕴的目标。

（二）叙事学理论分析方法

结构主义的叙事理论对电视批评来说也是十分实用的，它是研究叙事性作品的专门理论。法国的结构主义批评家罗兰·巴特是这一理论的代表人物，他借鉴语言学的分层方法，把叙事作品分为功能级、行为级和叙述级三个层次，形成了一整套以语言符号为中心的精细分析体系。

叙事学理论在电视批评中用来对电视语言即画面语言、有声语言、融合语言进行分层次研究有着很好的效果。这是因为许多电视作品都具有很强的叙事性，包括新闻、纪录片、电视剧等等，运用结构主义的叙事学理论研究

---

① 卡勒：《语言学与诗学》，第358页，转引自王春元、钱中文主编：《文学理论方法论研究》，湖南文艺出版社，1987年版，第212页。

这些作品，可以进一步认识作品的复杂结构，体验个中真味。对于长篇叙事性作品如电视连续剧等，叙事学的分析方法尤其具有价值。一部电视叙事作品犹如一个大句子，一个复杂的信息符号系统，其叙事过程就是依靠功能级、行为级和叙述级三个层次来完成的。

在电视批评中从叙事学的角度认识电视作品，首先要重视电视作品的叙事技巧，考察作品是否合理处理"断"与"连"的关系；同时，遵循叙事学规律，认识创作上的叙事手法，厘清作品的叙事方式和顺序，分析作品采用的是顺叙、倒叙、插叙还是交错使用；最后，还应该重视叙述的线索，研究作品在表达故事情节时使用的是单线型、复线型还是网状型的叙述线索。

（三）结构功能分析方法

结构主义的功能研究主要是着重于某类体裁结构功能的模式研究，这种研究是异中求同，把丰富的研究对象结构归纳为一些相对固定的模式。这种结构主义中的功能研究方法虽然有模式生硬和机械化的缺陷，但在电视批评中却具有相当大的潜力，只要我们尊重电视创作的艺术规律，重视电视现象的丰富性特征，注意克服和抛弃某些僵化和机械的认识，结构主义的功能研究就能帮助我们在某一种体裁的综合研究上取得突破。

任何电视作品的结构都具有一定的功能，功能的变化与结构有直接的关系，对一个具体作品而言，由于结构安排的不同，所表现的功能就会大不一样。运用结构主义功能研究方法，可以透过形态的表面直接找到社会审美意识的支配和催化作用。因此，在结构功能研究中，对电视作品社会功能的选择是一个很有价值的批评角度，它能够说明一个时代社会生活的内容和精神特征对电视作品结构的功能是具有选择性的，社会的需要和观众的需要要排斥电视形式不利于自己的功能，而促进和发扬有益于自己的功能，电视节目形态和整个电视文化的结构功能都是随着历史的发展而相应变化的。可以说，电视结构功能的消长，都具有因果关系的形式变化，这些变化中包含着丰富的艺术与生活的复杂关系，潜伏着许多引人深思的艺术经验和教训，这些都为电视批评家提供了广阔的批评天地。

（四）结构意识分析方法

结构主义的研究在电视批评中还可以从电视结构的意识进行分析。这一研究主要是研究和分析电视创作主体的批评方法，也就是通过作品的画面语言、有声语言、融合语言组织结构研究时空结构，对创作主体的哲学意识结构进行分析。

　　电视作品经过创作者的加工，必然打上作者主观意识的烙印，因此，这种主观性就会自然而然地体现在作品的组织结构里，用或显或隐的方式表达作者对社会的感受和认识，从而使电视批评可以从电视作品的各种语言组织结构中探索和把握创作者的思想和意识。对电视结构意识的分析是一种极其有用的方法，因为它能够探索到创作者的深层意识，深入透视到作品丰富的内涵，所以常常会起到出乎意料的效果。

　　研究电视作品的结构意识，关键是要找准其中的中心要素，在复杂的结构意识的内容中发现决定一切的灵魂性核心要素。这种要素决定着整个意识结构的性质和组合方式，影响和推动整个电视节目故事的发展和演进。在着手对一个作品进行意识结构分析的时候，我们可以从作品的实际出发，寻找最恰当的分析研究途径。一方面可以从结构形式分析入手，然后再进入到意识结构中去；另一方面也可以首先把握意识结构中的中心要素，然后再看在作品的形式结构和内容结构上是怎样发展变化的。

　　运用结构主义的意识研究方法时，仅仅就作品谈作品是远远不够的，必须放开眼光，力求使电视批评具有更高的概括力，全面反映创作者的思维规律和艺术特征。总之，结构主义的分析方法运用在电视批评里，能够帮助我们更深刻地理解电视文化的各种构成要素以及它们与社会的关系，更好地结合具体作品的结构表现来探讨当代电视里的文化积淀和阐述方式。

第三节　困惑与思索

　　作为社会文化的一个组成部分，中国的电视文化，与当代的社会语境是分割不开的，而以电视文化作为关注对象的电视文化批评，也注定脱离不开这样一个复杂的社会语境，受到许多历史和现实社会文化因素的制约。在当前这样一个社会转型期，处于复杂的社会语境中的电视批评，一方面滞后于丰富的电视文化实践，缺乏前瞻性的富有建设力量的批评；另一方面，由于环境和人为因素的冲击，电视批评在许多时候无力维系自己的独立文化品格和学术品格，甚至出现了一些违背学术规律和学术道德的现象。可以说，我们的电视批评，在试图对中国的电视文化进行理性反思，推动电视文化发展的过程中，面临着许多的困难和挑战，面对着一种无法走向更高理性和文化层次的困境。只有对这种困境进行冷静的解剖和思索，对电视批评未来的发展方向有清醒的认识，电视批评才能走上良性的发展道路，真正担当起引领中国电视文化前进的重任。

一、电视批评面临的困境

当我们冷静下来认真分析现实中电视批评的种种尴尬现象，种种遗憾时，不能不使人感到电视批评理论建设的重要性和迫切性。苍白的电视批评理论本身先天营养不良，很难担当起引导电视批评健康发展的重任。

应该看到，批评理论的发展正以日新月异的现状改变思想文化建设中的种种观念。中国在 20 世纪 80 年代以后，批评理论已有了较大的发展，这其中包括西方批评思潮的影响，也包括中国文化思想解放不断涌现出来的新成果，形成了一个多元化的批评格局。特别是进入 90 年代以后，批评的空间更进一步地大大拓宽。然而，令人感到奇怪的是，在电视批评领域，却由于种种原因，思路受到限制，难以展开。我们现在的电视批评，急需一种批评哲学层面的创新。目前，电视批评当中的确存在种种遗憾，可以把它概括为电视批评中赞扬的多，批评的少；叙述的多，分析的少；思想批评多，艺术批评少；直观感悟多，逻辑推理少；微观批评多，宏观批评少；模糊的描述多，准确的定位少；既定理论运用多，基本理论创新少。这些现象已经成为电视批评的一种风气，成为电视批评的一个通病，而这样的电视批评，根本无法触及电视文化的深层内涵，谈不上是什么文化批评，因此，在对电视文化的阐释和选择上所能发挥的作用也是微乎其微，甚至由于一些不切实际的批评而产生错误的导向，对电视文化的健康发展产生阻力！

探究产生这些问题的深层次原因：首先，批评理念和方法陈旧是一个现实性的问题，思路难以展开，主要表现为电视批评始终以一以贯之的形象出现在观众面前，使电视批评没有发挥到应有的作用。正如有批评家指出的那样："它的思想根源在哲学认识层面上是庸俗唯物论和本质真实论；在社会意识形态层面是阶级论和人性论以及人道主义的混杂；在方法论层面是社会主义现实主义的典型论和性格论；在艺术审美和趣味层面更多的则是古典主义和浪漫主义。"① 如此这般，即使是面对电视实践的飞速发展，瞬息万变的电视荧屏，电视批评也只好显示出它的无奈。墨守陈规的批评意识、批评方法使其没有发挥出应该发挥的水平。另外，电视批评在理念和方法上的问题还表现为西方批评理论的简单移植和教条式的运用，国外批评理论的本土化问题。有一些批评家在观照中国电视文化的时候，明显缺乏中国意识和中国视角，任何理论其正确性必须依赖于特殊的生存土壤，我们应该从西方批评理论当中寻找灵感和启示，创作出具有原创性的本土批评理论，而不是简

① 解玺璋：《南方电视学刊》1999 年 4 期，第 29 页。

单地移植和嫁接。

第二个方面，市场的冲击使电视批评面临着一个现实的困惑，特别是在当前各种利益交织、各种矛盾突出、物欲横流的情况下，电视批评也常常被人收买。功利主义和实用主义阻碍了电视批评的健康发展，一些浅薄、平庸甚至黑白不分的批评文字除了缺乏学理性的分析外，还有利益所导致的缺乏艺术水准的干巴巴的说教。那种只对个人利益负责而不顾客观的，缺乏公正、科学、客观精神的批评文字，常常混迹于刊物、报纸之中，而这样的批评，根本毫无真正的文化内涵可言，有的只能是"伪文化"甚至文化垃圾，又如何能够担当起对电视文化进行选择，引领电视文化前进的重任呢？

还有一种情况也是应该引起批评界关注的，时下的一些批评企图想强化一种哲学意识，但它们在实践中似乎又失之于抽象、空泛，或失之于概念的搬弄。许多批评者以先在的理论模式机械套用到具体的电视作品和电视文化现象中，作品只是他阐述自己理论的一个靶子，结果往往不能抓住作品最有特色的地方，和普通观众的感受大相径庭；一些电视批评文字洋洋洒洒却不知所云，一些原本很简单明了的问题被弄得高深莫测，这样的批评看起来似乎厚重，其实都是一些没有用的东西，只能是文化垃圾。电视批评需要哲学思考，但哲学不能代替电视批评，批评是电视现象的抽象，既有科学的抽象性，也有电视的具体性。批评是一种理性思维，它所使用的概念应当可以直觉理解。批评应有科学的明晰，它当然应该具有超越意识、探索的意向，但无论如何超越、如何抽象，我们都必须意识到，电视批评对电视文化的选择，本质上还是一个现实的电视实践问题，应该从电视批评的本体机制出发，以此为基础，经过选择的主、客体双向的互动作用，推动选择行为，也就是批评活动的完成。

所有这些都与科学化的批评理论建设有关。电视批评者必须有自己的独立性，绝不为某种个人私利而出卖自己灵魂，同时积极开发和利用新的思想资源，使批评洋溢时代的气息，这种批评态度才是求得电视批评科学化、客观公正性的唯一途径。现实电视批评表现出的浅薄和无力、非学理性、抽象、空泛等滥竽充数现象既是批评者缺乏独立品格导致的批评力量的减损，也是缺乏对新的思想资源开发的表现。因此，加强电视批评的新秩序建设已是当务之急。这种新秩序的建设需要批评家理智的思考、认真的研究。在秩序建设过程中，要注意吸收其他社会科学，特别是其他批评理论的成果。比如怎样从社会学、结构主义、心理学、比较主义、系统科学等找出同电视相关的东西，以更好地分析电视作品、认识电视现象。西方马克思主义理论对大众文化的批判在当代中国批评领域有什么影响，怎样进一步发展它，怎样将其运用到中国电视批评领域中来？目前电视节目复杂的消费现象会不会从根本上动摇电视批评中的审美至上论？怎样认识中国传统文化中的批评理论，哪些是应该继承的，哪些是应该批判地吸收的，哪些是应该抛弃的？在新的世纪，在电视实践已经提出越来越多的新问题的时候我们的电视批评做了哪些事，又能做哪些事呢……都可以提出许多新问题来进行反思。通过这样一场电视批评的思想革命，才可能打破电视批评思维的僵化状况，才有利于电视批评的理论建设，才有利于形成电视批评的新秩序。同时，这个新秩序的建设也是一个确立科学批评标准的过程，批评是应该有标准的，现在电视文化是多元的，因此批评标准也应该是多元的，批评主体、预期受众、以致目的和方法都应当是多元的，但所有的电视文化应该维护国家民族的利益，给大家健康的美的享受，因此，多元不等于混乱。只有建立在国家和人民根本利益基础上，坚持文化的民族走向，提倡丰富多元的电视文化的电视批评，才能够推动电视文化和民族文化健康发展。

二、电视批评的发展方向

虽然也留下了种种遗憾，但谁也不能否认，电视批评在建设健康的中国电视文化方面，起到了举足轻重的作用；谁也不会否认，它在提升人们电视理念、繁荣电视荧屏、推进电视节目不断创新方面所做出的贡献。正如电视节目的内容与形式不断进行创新一样，电视批评已经在批评的实践中不断发展和逐渐完善自己。

在电视文化日益多元化的情况下，我们的电视批评也应该对之作出相应的回应，体现出兼容并蓄的开放姿态，它应该具有吸收不同批评流派的开阔容量，以庄严的社会责任感，严谨缜密而又充满电视活力的激情语汇，纵横捭阖而又从容自如，顺乎世界潮流但又保持自我个性的批评风度。正是这样，电视批评在今后的发展中将不断吸收其他社会科学、自然科学的研究成果，特别是一些西方批评理论，不断开发思想资源，使电视批评朝着更为科学化和现代化的方向发展。

科学化是指批评意识与方法的科学化。这种科学化能够使得我们的电视批评在其文化选择的过程中更加严谨，更具实践性和可行性。批评本身就是一种实践性很强的学科，尽管我们一再提倡批评要富于学理性，甚至将探索的触角伸入哲学与思想领域，但归根结底其使命是为电视实践服务的。学理性、哲学与思想的力量使其对问题的探索进入一种批评的深层次领域。批评的探索总是一种现实的探索，它需要理性思考，借助荧屏形象发表自己的观点，但始终离不开电视创作实践，批评意识与方法科学化是为了使电视批评更加富有科学意义，这是批评家追求的一个目标。这个目标永无止境，因而也促进了电视批评观念的不断更新，加强了同电视实践的关系。电视批评与电视实践之间这种共存共荣、共创荧屏新天地的亲密伙伴关系，使得电视批评加快了自身建设的步伐，在今后，电视批评的主体意识将进一步加强，不是简单地依附于创作，不是跟随在电视创作后面亦步亦趋，批评甚至应该超前于创作，通过对具体作品的分析和评判，使某些创作者得到某种启示，引发对电视文化的规律更深刻的思考。前行中的中国电视批评应该具有顺应世界潮流，保持自我个性的批评风格，今后的电视批评将以更加积极务实的实践精神，吸收各种批评理论精华的基础上，形成自己的独特鲜明的批评风格。一方面是吸收各种西方批评流派中有用的东西，如已经在电视批评领域发挥了巨大作用的西方结构主义、存在主义、后现代主义、比较主义等批评理论；另一方面还要继承我国传统文化中的批评理论，中国几千年积淀、传承下来的灿烂、辉煌的传统文化，在与现代新文化的交融中形成的批评理论，这些具有民族特色的弥足珍贵的精神食粮都是电视批评的理论资源。电视批评可以吸取其特有的思想内涵、思维方式、逻辑范畴、审美眼光，并将其融会贯通，运用于电视批评实践，使我们的批评更具有先进的理论价值，其批评意识与方法更加科学化。正是在这种借鉴和继承的扬弃中，电视批评已经呈现出来的一个明显趋向就是电视审美意识的复杂化和多层次化。建立在电视创作实践基础之上，在富有特色的电视实践当中提炼、加工、选择，并将其升华为自己富有创新意义的电视批评理论，这将是中国电视批评的发展趋势。而建立一种科学批评的诚信原则，使得电视批评具有独立的文化品格，这正是我们追求的目标。

．现代化是指批评手段与形式的现代化，这是电视批评发展的必然趋向，它能够让电视批评在参与电视文化建设的过程中方式更加灵活、手段更加多样、提高其有效性和参与度。电视无论作为传播媒介，还是艺术形式，都是综合力最强的一种。作为传播媒介，它综合了报纸、杂志、广播等传播优势；作为一种艺术形式，它综合了戏剧、电影、音乐、舞蹈、摄影等艺术精华。其传播信息与艺术创造力的特征，使电视每时每刻给人们提供日益丰富多彩的精神愉悦与艺术审美。担负着对电视进行评析、鉴赏、判断任务的电视批评，单一的传统的批评手段显然有它的局限性。电视文化形式的多元性对电视批评形式的多元性已经提出了自己的要求，电视批评需要现代化的手段来满足这种进一步发展的要求。另外一方面，近些年来，西方一些新的批评理念和批评方法对中国批评界有较大影响。这些理念和方法在西方已经不是新的，其中相当部分开始并不是文艺评论和研究方法，而是自然科学或现代科学技术所用的方法，一些学者将其用于进行文艺的研究和批评，成了文艺的批评和研究方法，一些学者将其用于电视的研究和批评，也就使之成为了电视的批评和方法。有的则是从语言方法对电视进行研究，以语言结构方法分析电视现象。它们的共同特点，不是从电视本身研究电视，而是将电视与其他领域有相通或共性的东西进行综合研究，其研究的目的和成果往往不限于电视现象本身。所以这些批评研究方法与传统方法有很大的不同，它拓宽了电视批评思路，以多角度切入给受众提供多种审美艺术的支点，使之呈现出电视批评满盘皆活的势态。特别是诸如"系统论"、"信息论"、"控制论"方法的介入，使之成为一个相互联系、相互补充的批评方法系列。

手段和形式现代化的一个重要趋向就是电视批评已不再局限于某一纸制媒介的批评，而是转入现代化的批评手段，呈现多样化态势，包括电视媒介和网络等。在这个现代化的过程中，发挥电视特有的优势，以电视的手段研究电视受到了人们的欢迎，从目前的批评实践来看，这一批评方法已呈现出良好的发展状态。它使人们通过生动形象的画面、主创人员的解释、嘉宾的分析，进一步认识和理解电视作品所表现的思想性和艺术性。电视批评本身就是电视文化的一个方面，在我们的电视文化节目中，如果丧失了电视批评的声音，丧失了学理性的思辩精神，丧失了有境界的有文化深度的声音，那我们的电视文化就是不完善不完整的。而网络批评的出现和兴盛，进一步使得电视批评的手段进入一个更高的层次。首先，这意味着电视批评阵地的扩大，不但可以通过网上论坛进行电视批评，而且在传统媒介上刊登的电视批评文字也可以通过互联网传播给受众，提高了传播效果，扩大了传播范围。其次，它提高了电视批评的时效性，网上的电视批评几乎与电视作品的播出同步进行，时效性极强。第三，电视批评与网络的结合，提高了电视批评的社会开放度，在一定程度上实现了电视批评话语权的再分配。电视节目是多元化的，电视文化是多元化的，批评家也应该是多元化的，网上的电视批评使观众意见和民间声音获得了传播的渠道，由此产生的多向的批评声音，使得批评主体的多元化成为大势所趋。互联网的开放性、交互性和可阅读的特点使其具备了许多传统批评形态不能具有的优势，对我国电视批评建设和电视文化的发展无疑有着巨大的积极意义和作用，也是电视批评走向现代化的重要标志。

电视批评手段和形式的现代化与电视批评意识与方法的科学化不是割裂的，而是互相影响，互为依存。社会意识、个人意识与审美意识，在当代电视批评中都各自有着生活的依据，共同成为不可忽视的批评内容。这种现实生活的依据从另外一方面也证明，当代生活对电视的发展趋向起到规定和制约作用，电视批评的实践终归是一种现实生活的实践；一个优秀的电视批评家应该重视他同当代政治、经济、文化生活的同步性，这样，无论面对如何复杂的电视现象，他都能够紧密联系而又在一定程度上超越批评对象本身，表现出浓烈的当代意识，这是电视批评发展趋向的具体体现，尤其是随着批评手段与形式的现代化，这种当代意识将愈加浓烈，成为电视批评的一个重要特征和标志。只有这样，电视批评才能够真正具有自己的文化内涵，才能把电视的发展提升到当代文化建设中来，以具有当代精神的批评理论来促进电视文化价值的重建，作为沟通精英文化与大众文化、传统文化与当代文化的共鸣器，为建构高品位的电视文化作出自己的贡献。

第十二章　审美阐释：对电视文化品格的审视

　　电视文化曾经因其大众文化的属性而被拒于审美的殿堂之外，然而，时至今日，电视文化具有审美品格已是不争的事实。且不说电视文化是兼容精英文化、主流文化与边缘文化的丰富场域，因而必定有丰富的审美内涵；即使仅就电视文化的主体——大众文化——而言，它也有自己的审美品格。当下语境中的审美已经从绘画、音乐、高雅文学、舞蹈等纯粹的艺术审美拓展开来，进一步延伸到了日常生活之中，广告、流行服饰与歌曲、电视剧、时尚等等，都已经进入了人们的审美视野，不断地扩充着人们的审美经验。因此，对电视文化的审美阐释，我们也选择这种更广泛意义上的审美界定。在这一章中，我们将探讨电视的载体形态美学价值，包括：电视画面与声音所传达的意蕴和情感，电视作品所凝聚的丰富的审美内涵，电视受众的接受心理以及日常生活审美化与电视文化审美泛化之间的互动及影响，期望以审美的视角，烛照电视文化的幽深一角。

第一节　电视符号美学

　　任何艺术，都是人类建构的一套独特、完整的符号系统。符号是代表某种观念或事物的物质形式。自从人类文明产生以来，人就不再生活在自然事物环境中，而是生活在符号世界中。人类精神和社会生活都建立在符号的产生、使用和交换的基础之上。符号构成了我们所生存的这个世界。德国哲学家卡西尔曾说，人是符号的动物。从这个意义上来说，电视世界实际上就是一个充斥着符号的世界，我们是凭借对符号约定成俗的意义感知来认识这个世界，进而应对现实的。因此，对电视的审美阐释，我们应从最基本的符号入手。

一、电视符号世界及其美学意义

电视最重要的艺术特性在于，它是视听合一的艺术形式。视觉符号与听觉符号的共存让它显示出了独特的魅力。按照麦克卢汉的观点，当人类在原始社会时，由于传播手段尚未技术化，人们只能在有限的时间和空间内交流、传播，因而视觉符号和听觉符号得以共存。当传播技术发达以后，符号类型就有所偏重。比如印刷媒介产生后，视觉符号就占有了优势地位。而到了电子社会（也即麦克卢汉所谓的"地球村"），电影、电视等大众媒体出现，视觉符号和听觉符号又得到了结合，人类的感觉结构也重新得到了平衡发展。电视开创了新的美学意义和审美方式。比如同是《红楼梦》，当读者阅读时，对林黛玉的形象的解读会出现"一千个人有一千个哈姆雷特"的现象；但当电视剧《红楼梦》上演时，我们看到的林黛玉就是陈晓旭扮演的那个人物，她是一个具体的视觉符号和听觉符号的统一，其审美形象就具象化、定型化了。

（一）电视符号的审美特性

如本书前面所说，构成电视内容的符号类别，大致可以划分为视觉符号和听觉符号两大部分。

电视的视觉符号是电视优于广播、印刷媒介的重要方面之一。相较于只有听觉符号的广播而言，电视的视觉符号带给受众审美感受上的具象化、逼真性是无与伦比的；相较于同样具有视觉符号特性的印刷媒介而言，电视中视觉符号的连续性、流动性和丰富性，又是只能展现某一瞬间定格影像的印刷媒体不能望其项背的。

电视的听觉符号同样是受众审美快感的重要来源，甚至在某种程度上，听觉符号在电视中的重要程度超过了视觉符号。阿特曼认为："由于电视的声轨（语言、音乐、音效）决定了观众在什么时候要注视屏幕，因此也可以说电视中的声音主导了影像的可理解度。在一般观众的生活中，看电视与听电视是不相悖的……电视中的声音对观众的影响力丝毫不逊于影像。"① 而阿萨·布里格斯把英国早期的电视描述成"'收音电视时代'，电视被看作是

---

① 转引自赵凤翔、吴炜华、薛华编著：《电视艺术文化学》，中国广播电视出版社，2002年版，第83页。

带图像的收音机。电视对听觉符号的依赖有时候是大于对视觉符号的依赖的"①。不过这并不说明视觉符号不重要，实际上，由于视觉符号的多种阐释的可能性，听觉符号起着使视觉符号的意义明晰化、定型化的作用。但在一定程度上，听觉符号自身也具有极大的审美价值。比如，电视散文中的背景音乐和朗诵者的语言艺术，电视剧中的片头、片尾曲（比如《三国演义》的片尾曲："滚滚长江东逝水，浪花淘尽英雄……古今多少事，都付谈笑中"，引起观众一种悠远而苍凉的审美情感)，都是带给观众审美快感的源泉。

更为重要的是，电视中的视觉符号和听觉符号有着自身独特的审美特性。首先，电视的视听符号打破了时空阻隔，融古今中外于电视屏幕上，令观众在其中体会到一种自由地把握世界的可能性，从而使人性的自由与丰富得到了更好的实现，使人的自我得到了更好地肯定。其次，电视的视听符号融真实和虚幻于一体，创作出了一个虚实相生的丰富审美世界。电视内容所表现的世界既是现实世界的反映，同时也经过了剪辑、蒙太奇等艺术手段的组合，使表现内容又带有虚幻的性质。比如电视剧，它以视听符号的形式建构了一个生活世界并展现给观众，其中固然有真实世界与日常生活的影子，但归根结底，它是创作者经过审美过滤的一个拟态空间，是一个虚幻的审美世界。第三，电视的视听符号是"生命的形式"。苏珊·朗格认为"艺术结构与生命结构相似"，于是，"一幅画，一支歌或一首诗"，都是"一种生命的形式"②。既然纯艺术作品都是生命的表现，那么源于生活之流、且受众的观赏情景也是日常生活的电视则更是生命的投射与化身。在电视节目——特别是纪录片中，原汁原味的生活状态和本真的生命形态得到了呈现，创作者在拍摄时的取景与拍摄角度等主观因素也得展现，从而达到内容与形式的完美统一，创作出富有美感的构图与画面。最后，电视的视听符号是"诗性的智慧"的表现。诗画一家，诗画同源，这是东西方美学的共识。视听符号所构成的画面的"诗性美"是来自它所体现出来的气韵，而画面的"智慧美"则表现为创作者的理性追求和"志于道"的使命意识的结合。

（二）电视文化载体形式的美学意义

我们前面谈到，电视文化的载体大致可分为电视新闻、纪录片、谈话节

---

①　转引自赵凤翔、吴炜华、薛华编著：《电视艺术文化学》，中国广播电视出版社，2002年版，第83页。

②　苏珊·朗格著，腾守尧等译：《艺术问题》，中国社会科学出版社，1983年版，第50页。

目、综艺节目、电视剧、电视广告等形态。那么，这些节目类型体现了怎样的美学形态？给观众带来了何种审美感受？这是我们现在所要探讨的话题。

电视新闻除了具备它最重要的特性——"真"的同时，很多时候也具备"美"的特质。这种"美"表现为通过电视新闻报道而激发出观众对自我的肯定，生发出对国家民族和自我的美好想象。比如国庆大阅兵的新闻报道，观众在观看的同时将体会到喜悦、自豪等美好感情，并进而产生对崇高美的追求。

纪录片最重要的美学特征就在于它的真实美。在纪录片中，创作者一般尽量避免有所偏向，不作出评论，他们最重要的任务在于客观、忠实地纪录现实，以原生态的生活纪录之美来打动观众的心灵。真实是最有力量的。纪录片的真实之美既可以在社会层面上引起对某一社会现象的注意，同时也可以使观众的审美视阈与审美情感得到升华。

谈话类节目的审美魅力在于它的智性之美和情感力量。谈话类节目是一种有深度的智慧交流，比如《对话》；要么是以情动人，比如《艺术人生》。它们通过对话交流这样一种形式，彰显的是人类智慧的魅力与火花。谈话节目是人类情感的深沉与蕴藉，观众通过对谈话类节目的观看，感受到的是人类真挚的情感与奇妙智慧。

综艺类节目可说是共享与大众狂欢的天堂。在巴赫金那里，狂欢节这一民间节日是大众的节日，大众通过这种方式消除了日常生活中存在的等级之分，全民参与其中，从而在对日常生活的暂时颠覆之中得到释放，内心得到宣泄与净化。在某种程度上，综艺类节目正好提供给了大众这样一个狂欢的天堂，比如《开心辞典》《非常6+1》等节目。在这里，审美不再是在一种纯粹而高雅的场合发生，它同样在观众的共同疯狂中发生。

电视剧的审美特征虽然具有多样性的属性，但其最重要的审美特征是"虚"与"实"的有机结合。这里的"实"，即田本相先生所说的现实感和理想感，是电视剧的社会审美特征；而"虚"则是就表现内容和手段而言的。任何电视剧，其实都是以或隐或显的方式传达着对社会现实的描述。现实题材就不用说了，即使是回到历史的所谓"戏说"，又何尝不是在另一层面上对现实的隐晦表现呢？观众在电视剧中寻找的，要么是当下的现实，要么是现实中所缺乏而在电视剧中得到表现的素质。现实感是观众与电视剧连接的纽带，虚幻的形式则保证了观众所获得的形式层面的美感。

电视广告除了其商业价值之外，同时也存在着审美价值。越来越多的广告摒弃了那种"叫卖式"的表达方式，转而将诉求点集中于观众的审美文化心理和内在情感，将产品与人们对更高、更好生活的追求联系在一起，从而使观众产生审美的联想和想象。在形式上，广告模特、音乐、画面意境等，都致力于为观众提供一种美的享受。

二、西方符号学的解析：符号意义与观众的审美感受

符号学关注的是符号的"意义"是如何产生、表达和得到阐释的。就电视符号而言，霍尔认为："电视符号是一个复杂符号。它自身是由两种类型的话语——视觉和听觉话语——结合而成的。此外，用皮尔斯的术语来说，它是图像符号，因为'它拥有所再现的事物的一些特点'。这一点已经引起很多混乱，并为视觉语言的研究提供了激烈争论的场所。因为视觉话语将三维世界转译为二维的层次，它当然不能成为它所指称的对象或者概念……我们所能知道的和所说的一切不得不在话语中并通过话语来产生。话语'知识'不是以语言明晰的再现'真实'而获得的产品，而是就真实的关系和条件准确用语言表述而获得的产品。这样，没有符码的操作就没有明白易懂的话语。因此，图像符号也就是符码化的符号——即使这里符码发挥着不同于其他符号的符码过程的作用。语言没有零度。自然主义和'现实主义'——对所再现的事物或者概念的明显忠诚的再现——就是语言对'真实'的某种明确表述的结果和效果。"① 实际上，对符号意义的表达和解读，需要我们运用符号学的有关知识。

（一）符号意义的产生

在探讨符号意义的产生之前，能指—所指，内涵—外延等这样一些基本概念是我们应该熟悉的。由于本书前面已有相关内容，此处不再赘述。这里要强调的是，符号的解读者对符号意义的产生和形成有极为重要的意义。

换言之，不同的解读者对同一符号会赋予它不同的意义。在符号的"战场"上，也存在着意义的争斗现象。对此，霍尔如此描述："电视符号所谓的外延层次由一定的非常复杂的（但是有限的或者说是'封闭的'）符码固定下来。但其内涵层次虽然也是固定的，但更为开放，服从于利用其多义价值的更为活跃的转换。任何已经如此构成的符号都可能转换为一个以上的内涵建构。然而，多义一定不要与多元论相混淆。各内涵符码之间并不对等。任何社会/文化都有着不同程度的封闭，都倾向于强制推行其社会、文化和政治领域的分类。这些分类构成一个主导文化秩序……它们显现为一系列的

---

① 斯图亚特·霍尔：《编码，解码》，参见罗钢、刘象愚主编：《文化研究读本》，中国社会科学出版社，2000 年版，第 349～350 页。

意义、实践和信仰：如对社会结构的日常知识、'事物如何针对这一文化中所有的实践目的而发挥作用'、权力和利益的等级秩序以及合法性、限制和制裁的结构。"① 可见，虽然对多种内涵意义有多种解读的可能性，但居于主导地位的内涵意义一般与社会内在结构与权力有不可分割的关系。不过，这并不能遮蔽观众潜在的读取意义的多层次性。

（二）符号意义的两个层面与观众的审美心理

电视符号有外延和内涵两个层面的意义。对观众而言，电视符号的这两个层面都能带给他们审美的愉悦感，带去美的享受与审美经验的扩充。只是相对而言，内涵层面更能带给观众历久弥新的审美积淀，更富有韵味。

就符号意义的外延层面而言，由于它直接指向实在之物本身，因此可以直接为观众带来审美愉悦。电视中的种种符号，比如白雪皑皑的群山，潺潺流淌的溪流，倾泻而下的瀑布，以及巍巍的参天古树等，都是首先以其外延意义带给观众美的感受和熏陶。比如，很多电视台会在下午播放《请您欣赏》栏目，里面要么出现的是风景秀丽、如诗如画的大好河山；要么出现的是一个城市的鸟瞰与概略，它的繁华似锦与美妙的夜景……通过对这些符号的观赏，观众体会到的是美丽的风景，充满现代气息与诗意图景的都市，这不仅是一次视觉享受的盛宴，更重要的，它是对观众审美视野的扩展，审美情感的提升。在现实生活中，我们大多数人都为琐碎的生活所缠绕，往往蛰居于自己的城市（或乡村），很难有机会走遍祖国的名山大川，更遑论体验异国风情。而通过对电视符号外延层次的解读，我们得以足不出户而尽情游览风景胜地，从而扩展了自己的审美视野和审美经验。它唤起了观众对美的赞美、欣赏之情，更激起了观众热爱美、创造美的心理感受与冲动。电视符号外延层次的美以其直观性、生动性作用于观众的审美心理，这是符号意义的美学价值的第一个方面。

与外延层次不同，符号意义的内涵层面的审美意义更着重于符号使用者的感受、情感与他的文化、价值观相遇时所产生的互动过程中的深层的审美情感的生发和呈现。内涵层面的审美大都不是直接通过电视符号的外在特性而产生的，它更多的是通过对符号内涵意义的读解而直达心灵，从而获得审美的享受。比如，当观众看见电视中的人物身穿毛衣之时，在毛衣的外延义中，它代表的是毛衣这一衣服种类；而在具体场合中，毛衣的内涵义则可能

---

① 斯图亚特·霍尔：《编码，解码》，参见罗钢、刘象愚主编：《文化研究读本》，中国社会科学出版社，2000年版，第353页。

发生变化。如果是人物身着毛衣在树林中散步，它可能代表的是"浪漫"这一含义。观众自然也从中读解出"浪漫"这一含义，并从中得到审美心理的满足。

（三）象征与电视符号的审美功能

在罗兰·巴特所建立的意义分析的模式系统中，象征处于第二层次的第三种方式。何谓象征？当物体由于传统习惯的用法积淀下来，并进而取代物体的其他意义之时，它便成为象征。比如，"宜家"这一个符号在当下中国象征的是一种小资情调；而电视剧中的人物身穿范思哲时装则象征她的良好经济状况，当她不能再拥有此类服装时，则象征她日渐窘迫，生活困顿，事业失意。

在电视中，象征是经常使用的手法，尤其是在广告中。电视广告将消费路易十三洋酒作为身份、地位的标识，将钻石戒指象征永恒的爱情。在电视剧中，象征是以一种集体意识的形式得到表达的。约翰·弗克思和约翰·哈特莱认为："电视并不是表现我们生活的真实面，而是象征性地反映了我们社会的价值结构和内部关系。中产阶级职业在电视中的高比例，并不是对现实社会的歪曲，而是一种意义明确的象征，它标志着社会对这种职业的推崇和尊敬，它告诉人们，在我们这样的社会里，人们是怎么看待这些职业的，是怎样看待这种地位的拥有者的。"[1] 由此可见，电视是以一种象征的方式对现实社会进行表达的。无论是表现现代题材还是古代题材的电视剧，其背后都是社会现实在潜在地起作用。比如，《包青天》的流行，正是观众不满当下社会中贪污腐败盛行的现状的表现；而《反贪局长》等电视剧，则是从正面表达了这一情感。电视就以这样一种象征的方式折射着社会的社会心理、价值结构及其内部关系，使观众从中得到心理积郁的宣泄，审美心理的满足。

三、中国美学的透视：电视符号的意象、意境之美

中国传统美学有一套自己的评价系统。"气韵生动"、"意象"、"意境"等美学范畴是对艺术美学价值的评价尺度。对电视符号而言，与西方对符号外延、内涵等层面的美学意义探讨不一样，中国美学更侧重于从电视符号所代表的意象，画面所营造出来的意境等范畴进行考察，从中探讨电视符号本身所具有的美感以及带给观众的审美享受等。

---

① 约翰·弗克思、约翰·哈特莱：《电视：内容分析》，《现代传播》，1995 年第 5 期。

中国古典美学认为，"情"、"景"的统一乃是审美意象的基本结构。离开主体的"情"，"景"就不能显现，就成了"虚景"；离开客观的"景"，"情"就不能产生，也就成了"虚情"。只有"情"、"景"的统一、交融，才能构成审美意象。[①] 而意境，则更是需要有"象外之象"、"景外之景"的含蓄蕴藉、思之不竭的韵味。对诗词、书画等传统艺术而言，观者对意象和意境的把玩、揣摩是审美过程的重要一环，也是带给观者审美快感的重要来源。实际上，在电视的视听符号所构成的世界中，意象、意境仍然是观众获得审美快感的重要源泉之一。

虽然由于电视符号有瞬间即逝的特性，使观众不能像对待传统艺术那样对其久久凝视、揣摩，但电视符号中的意象和意境仍未失去传统艺术中意象和意境的韵味。不同的是，电视将意象符号加以具象化了，但其"情景交融"的特性并未改变。比如，电视剧《玉观音》中，玉观音作为全剧的核心意象贯穿始终。它每一次出现，都与主人公浓浓的爱意与思念交织在一起，小小一块玉观音，承载着人类最美好的感情。电视符号所制造出来的意境，往往让人感悟到人生与历史的哲理。比如专题片《话说运河》《话说长江》等，通过视听符号对运河、长江的刻画，建构了一个使观众回味无穷的悠远意境，让人在遨游历史与人文的传统之河中油然生起永恒、历史兴亡之感。这种凝重的富有文化韵味的意境，能带给观众无限的想象和审美心理的满足。

电视符号的审美关照，其实质最终都要回到"人"这一落脚点上。观众的审美活动是为了在此过程中体验人的本质、充实与完满健全的人性，并最终确证人的本质力量。所以，对电视符号的审美研究，实际上最终的目的是为了更好地满足观众的审美需求，是为了使自由、健全的人性得到蓬勃生长。

总体说来，电视符号是组成电视文化这座大厦的奠基之石，是电视文化审美之维的重要组成部分。从中国传统美学和西方符号学的角度对电视符号及电视节目形态所承载的审美品格给予探讨，是解析电视符号美学的首要步骤，也是我们打开电视文化审美大门的钥匙。

---

① 叶朗：《现代美学体系》，北京大学出版社，1999年版，第109页。

第二节　电视接受美学

著名文学批评理论大家艾布拉姆斯在《镜与灯——浪漫主义文论及批评系统》一书中认为，文学作品由创作者、世界、作品、读者四个因素组成，并由此形成了创作—作品—接受三个双向互动的审美过程。对读者的接受研究，是以 20 世纪六七十年代以姚斯、伊塞尔为代表的接受美学的兴起为里程碑的。接受美学一改过去注重创作者与世界之间关系的实证研究，也反对英美新批评、法国结构主义以及俄国形式主义专注于对文本的研究而忽视其他，主张将读者的中心位置确立起来，以读者为本体，使作品和创作得以进入彼此联系的有机状态之中。在电视文化研究中，对读者（受众）的重视是一以贯之的，只是以前要么将受众作为各种意识形态塑造并争取的对象，要么将他们看作是资本主义生产体系中的重要一支（斯迈思的"受众商品论"），而缺少的是从接受美学的角度来探讨受众的审美心理、期待视野和审美阐释。

一、以受众为中心：接受美学的理论重心

接受美学认为，文学作品既非文学活动的终点，也非文学活动的目的。相反，作品总是为读者而创作的。如果说，音乐、绘画、书法等艺术还有可能是创作者自娱自乐或者局限于小范围流传的话，那么电视作为大众传播的性质，在它诞生那一天就已注定，它必须为受众而存在，而不能是无视大众的喃喃自语。同时，电视文化是一种以大众文化为主，兼容主流文化与精英文化等各种文化态势的文化形式，大众文化的特征要求它必须以受众为中心。

接受美学将读者的重要性提高到前所未有的位置。它认为，作品以两种方式存在，一种是"第一文本"，一种是"第二文本"。所谓"第一文本"，即艺术家创作的艺术制品（Artefact），它具有未定性，是未完成的文本。"第二文本"是与读者直接发生关系的审美对象（Aesthetic Object）。当作品作为第一文本时，它没有与读者发生关系，未被读者阅读，只是束之高阁的文本，处于一种"自在"的状态；只有作品进入读者的阅读过程，成为审美对象，作品的意义和价值才得到了真正的实现和释放。伊塞尔认为："文学文本具有两极，即艺术极与审美极。艺术极是作者的文本，审美极是有读者

来完成的一种实现。"①当读者通过阅读参与到审美极之中时，"第二文本"也由此得以形成。第二文本由三种因素构成，首先，它是第一文本，即尚未进入读者阅读视野的自在文本；其次，它是读者的阅读对象，是读者从中感受、体味的审美对象；第三，它是第一文本与读者在阅读活动的互动中交织而形成的新文本，这里面既有原来作者创作的文本，也有读者自己的阅读感受和创造。对这一过程的结晶，鲁迅先生给了很好的说明：一部《红楼梦》，"单是命意，就因读者的眼光而有种种：经学家看见《易》，道学家看见淫，才子看见缠绵，革命家看见排满，流言家看见宫闱秘事"②。电视节目显然也有同样的情形。罗兰·巴特区分了"读者式文本"和"作者式文本"。"读者式文本"是一种相对封闭的文本，易于阅读，读者倾向于将文本的意义作为既成的意义来接受；而"作者式文本"则要求读者积极参与，重新书写文本，并从中创造出意义。受这两个概念启发，费斯克认为，大众文化的文本是"生产者式的文本"，它是一种"大众的作者式文本"③。电视文化作为大众文化的重要组成部分，这一"大众的作者式文本"特征非常明显。众所周知，"大众的作者式文本"需要读者的积极解读与参与。在欧美的电视剧播放中，受众不仅可在观看时对文本作出自己的阐释，他们甚至可以直接干预电视剧情的发展。电视台会根据观众的强烈要求修改电视情节的发展，甚至可能发生这样的情形：某些很受欢迎的电视剧，本来拍摄的是悲剧结局，但由于观众反响强烈，电视台最终改变了原来拍摄的结局，而以光明的前景告终。

在接受美学看来，电视节目意义的最后实现，是在读者的接受过程。姚斯认为读者本身便是一种历史的能动创造力量。文学作品的历史生命如果没有接受者的能动的参与介入是不可想象的。只有通过读者的阅读过程，作品才能够进入一种连续性变化的经验视野之中。因此，读者的接受既然是一种能动的参与过程，那么其接受过程必然不是对电视节目制作人主观意图的全盘接受，而是从自己所处的社会语境及自身的阅读经验中读解出另一种意义。然而，这种解读不可能是脱离文本、天马行空的无尽幻想。于是，这就涉及了接受美学的另一个概念：视界融合。电视节目有制作者本来的意图和视界，处于不同语境及身份的受众也有自己的视界（由他的趣味、立场、观

---

①　伊塞尔：《阅读活动——审美反应理论》，中国社会科学出版社，1991年版，第29页。

②　《鲁迅全集·第八卷》，人民文学出版社，1981年版，第145页。

③　约翰·费斯克著，王晓珏、宋伟杰译：《理解大众文化》，中央编译出版社，2001年版，第127～128页。

点、素养等主观成分决定的知识构成情况），这两种视界由于所持意识形态或者价值立场的差异而有不同，但在接受过程中，受众的接受要顺利进行，就意味着这两种不同的视界要有一个逐渐靠拢、融合的问题。伽达默尔认为，视界融合就是接受者和被接受对象在接受过程中都超越了原来的视界，形成一个新的视界，如此，接受才可能顺利进行。于是，在电视节目中，这使得受众的多种解读成为可能，主导话语的实现必将遭遇障碍。也正是因为这样，电视才成为一个众声喧哗的场域，主导话语与受众的各种不同解读才得以共存。

二、审美解读：文本与受众的互动

意大利史学家克罗齐说过：一切历史都是当代史，意即对历史对象的阐释离不开阐释者所处的社会情境和阐释者自身的当下存在状态。对电视文化的审美阐释也同样如此。受众的差异性与个体性将对同一节目有不同的审美感受；但同时，由于存在审美的相通性与共鸣，又存在不同观众有相同的审美感受的现象。无论相异还是相同，审美阐释的关键还是在文本与受众的互动中产生。著名的阐释学奠基者罗曼·英伽登认为，任何作品的文本只是提供了一种未完成的结构性框架，其中有多个空白点和未定点，这些空白点和未定点只有在观众阅读过程中调动自己的感受和阅读经验才得以具体化，从而实现它们的意义。换言之，电视观众的观赏过程并不是毫无选择的全盘吸收，而是根据自身的实际参与到了意义的生产之中。观众的审美心理、期待视野以及作品的召唤结构形成了合力，加入了电视文化的审美解读之中。

（一）期待视野

期待视野这一概念源于科学哲学家卡尔·波普尔和社会学家卡尔·曼恩海姆的研究，它的原义是指在从事科学研究时，人们以自己的经验为依据，对正在进行的科学研究抱有期望，存在一种期待心理和动机。姚斯把这一概念借用过来，说明读者阅读作品的主动性。在接受美学中，所谓读者期待视野就是指艺术观赏之前及观赏过程中，作为接受主体，基于个人和社会等各方面复杂的原因，心理上存在一种既定图式，这种图式就是观众的期待视野。期待视野决定着读者对接受对象——文本的选择，只有符合读者思维定势和先在结构的作品，才可能进入读者的审美视野。可以说，期待视野既是对电视文化理解的实现，但同时也制约着这一实现的程度和可能性。

不同的观众会有不同的期待视野，这与观众的文化层次、性别身份、年龄以及观众所处地区的经济发展水平等都密切相关。鲁迅先生曾说，贾府里的焦大是断断不会欣赏林妹妹的那种美的。林黛玉是弱柳拂风之质，是一种柔弱的、病态的美，这种美，需要衣食无忧以后才能静心欣赏；而对于焦大而言，温饱是首要问题，在温饱问题的胁迫下，一个健壮的农妇远比弱不禁风的林妹妹可爱多了。这是由于经济地位不同而产生的对美的不同期待。

文化层次的不同也建构了观众迥异的期待视野。比如，文化素养较高的观众会选择文化韵味高的节目，比如《探索》《文化视点》以及《对话》等谈话类节目，他们期待在对这些节目的观看中提升自己的文化品位、丰富人生；而文化层次较低的一般市民和农村居民则期望看到娱乐类节目和资讯类节目，以作为他们枯燥乏味的日常生活的调剂与应对外界变化的参考。

年龄的差异也显示出了审美期待视野的差异。在中国今天的电视受众中，一个70岁的老人与一个20岁的青春正盛的年轻人肯定有着期待视野的极大差异。表现在电视文化中，就是20岁出头的年轻人崇拜电视上的偶像，对各种电视剧明星、娱乐节目主持人如数家珍，他们渴望看见一种激烈的、自我的、个性的电视符号和节目，这与他们青春期的气质相吻合；而年纪大的老人，更渴望看见的是表现温情的、家长里短的人生碎片的电视剧，对他们而言，青春的暴烈已经远离，在经历了人生的风雨之后，家的温暖与安慰，人生琐碎中所发出的温情一瞥，那才是此时他们寂寞与孤独中安慰自己的一个幻梦。可见，不同年龄层次的人的审美期待也有着绝大的差异。

再来看性别所带来的审美差异。女权主义的鼻祖波伏娃曾说，女性不是天生如此的，而是被社会建构的。确实，无论男性气质还是女性气质，都是社会文化建构的结果。电视文化参与了男性气质与女性气质的建构，同时，它又让男性和女性无意识地通过自己的观看活动进一步强化这一气质。表现在审美的期待视野上，就是男性喜欢看《足球世界》等CCTV-5的体育类节目，借以建构起男性是有力的、强壮的性别认同；同时，男性也喜欢看新闻、时事类电视节目，这些节目是与国计民生、世界局势等宏大叙事相联系的，男性得以从对这类电视节目的观看中建构起男性的社会性这一角色。相反，女性喜欢看娱乐的、情感类的电视节目，比如《快乐大本营》的娱乐调侃，《真情》的娓娓述说，这些节目加剧了女性是感性的、易于陷入享乐的这一社会上的"刻板印象"；同时，女性爱看电视剧（电视剧最初在美国被称为"肥皂剧"，顾名思义，即为家庭主妇们在洗衣服的同时作为消遣的节目，从女性与电视剧的这一历史渊源来看，电视剧的女性气质是从诞生开始便被设定的），而电视剧大都以家庭、婚姻作为演绎对象，从而更确认了女性是宜于室家的一种性别。一言以蔽之，电视节目参与了男女两性的性别建构，而男女两性对电视节目的选择和期待视野又在或多或少地加强这种性别建构（当然，实际情形比较复杂，这里仅就一般情形而言）。

总体说来，按照接受美学的观点，观众的期待视野有体裁期待、意象期待、意蕴期待等等。就电视文化而言，观众最重要的期待视野应是体裁期待。体裁期待即观众从对艺术作品的某种类型或形式特征的观看中引发的期待意向。这种意向意味着观众渴望看见某类艺术作品所特有的韵味和情调。这里的体裁，既包括电视与广播、书籍等不同文化载体的体裁差异，也指电视文化内部各种不同样式的体裁，比如电视剧、新闻、谈话类节目等。就前者而言，电视最重要的体征便是它是一种家庭式的视听合一的文化载体。广播满足人们的听觉，书籍满足了人们的视觉，电视作为一种多种媒介手段混合的文化载体，听觉与视觉的同时满足是其最大特征。观众观看电视时，基于电视的体征，预先就对享受视觉与听觉的"盛宴"有了极大期待。再从电视文化内部的体裁而言，针对观众的期待视野，电视剧就得有起因、发展、高潮、结局等阶段，谈话类节目就应该有观点的交锋与深入……这些都是读者预想中的节目形态的必备要素，要获得观众，就不能与观众的期待视野背离太远。

（二）召唤结构

德国阐释学大家伽达默尔认为，艺术存在于读者与本文的对话之中。作品的意义与作者的个人经验没什么联系，它是由观众与作品对话而生成的。作品是一种吁请，一种召唤，它不能自己显明意义，只有通过观众的积极参与，理解本文提出的问题，阐释才得以发生。罗曼·英加登则认为文本存在着"不确定性"和"空白"，这些都有赖于读者用自己的知识、经验、情感主动参与和阐释文本，作品才完满起来，意义才能得到显明。如此，意义不确定性与意义空白就成了文本的基础结构或审美对象的基础结构，伊塞尔将之命名为文本的"召唤结构"。这个召唤结构需要读者通过阅读使之具体化，并根据自身已有的阅读经验、生活经历去填补意义空白，使文本意义进一步明晰化。

召唤结构意味着不同读者对文本会产生不同或相近的看法。造成这一现象的原因，既是因为读者的个体性与差异性，同时也由于文本本身的不确定性与空白点。比如，对同一部电视剧《让爱做主》，有人认为它表现的是真爱永恒——无论这爱是道德庇护还是排斥的；有人认为它表现的是婚姻神圣。西方的"一千个读者有一千个哈姆雷特"之说，就是对此最好的注解。

很明显，这种不确定性和空白在传统的精英艺术中大量存在。而大众文化要求的是文化快餐式的消费，要求的是在困顿与乏味的生活之中带来一些娱乐的放松，因此，模式化、类型化是其突出特点，相较而言，对不确定性和空白的要求也没有传统艺术那样高。电视文化作为一种以大众文化为主的文化，也秉承了这一特征。但同时不可否认的是，召唤结构仍然在观众的观看过程中发挥着重要意义，正是由于电视作品召唤结构的存在，电视意义的众声喧哗才有可能。

三、二律悖反——观众本位与电视文化自律

接受美学确立了观众的中心地位，作品的敞开存在与意义的交流都是因观众而展现的。具体到电视文化，接受美学对电视节目提出了一个重要方向：以受众为中心，受众的需求是第一位的。受众从过去被教化、训导的对象一跃而成为"上帝"，获得了无比尊崇的地位。受众不再是一个失语的喑哑群体，相反，他们是能动的、活生生的意义读解者，他们的期待视野和审美习惯、审美品位制约着电视节目的内容与品位。没有进入受众审视的电视节目，不过是所谓的"第一文本"而已，其意义不能呈现出来。特别是在当下的中国电视语境中，收视率越来越成为万能的指挥棒，一些文化含蕴高、审美格调高的节目因为收视率低的原因而不得不忍痛割爱，比如中央电视台的《文化视点》栏目就因为收视率的原因而出局。在冷冰冰的收视率数字的背后，隐藏的是受众的审美偏好和期待视野。因此，越来越明显的观众本位与电视文化自律之间的矛盾凸现出来。

（一）电视文化自律

任何艺术都有其内在规律与特性，有自己判断本系统内艺术优劣的标准，这是这一艺术得以不为其他艺术所取代的关键所在，也是其自律性的体现。电视文化同样有着自己判断作品优劣的标尺。对电视艺术的创作者而言，他们大都具有良好的文化素养，对电视节目的文化特性与审美品位的追求是情理之中的选择。制作精良而有品位的节目是他们的毕生追求，电视文化自身的美学特性也因此得到突出表现。

电视文化自律具体表现为：电视节目的制作以提高节目水准和审美品位为目标，而非以市场需求为导向；节目内容要充分表现大写的"人"，实现"人"的丰富与精神完满；节目播放效果是要使受众在观看过程中及观看以后能充分内化人的本质，更好地得到"真"、"善"、"美"的体验，使人性得到进一步的扩展和深化。仅就电视文化的内在要求而言，它应该具备这些方面的素质，这也是电视文化的重要使命之一。

实际上，电视不是传统艺术（比如书法、戏曲），传统艺术可以在自家

书房内、花园中自娱自乐，其艺术自律性相对而言也要强得多；而电视文化是一种以大众为接受主体的视听合一的文化样式，它的性质决定了它不能过分囿于自身的艺术殿堂却不顾及观众，既然是面对大众的文化样式，则大众会在一定程度上参与电视文化的建构。如果说，传统艺术在某种程度上以其自律性与大众划开了界限，电视文化则需要在大众与自身的自律性之间找到很好的结合点，使二者融合无间。换言之，电视文化自律只能是相对的自律，而非绝对意义上的自律。

（二）受众本位

受众本位确定了受众在电视节目—世界—受众三者关系之中的核心地位。从审美的角度而言，受众本位强调的是一种服务于受众、满足受众的审美需要的功能理念。受众本位强调电视本质上是与受众审美娱乐的需求分不开的，或者说，受众的审美需求从根本上决定了电视节目的内容与形态。

我们知道，电视的意义生产与接受都离不开受众的能动作用。只有当电视节目与受众的期待视野达到"视界融合"之时，理解才真正发生。然而，当将受众作为电视节目好坏成败的唯一标尺，将受众本位和收视率作为唯一的追求之时，我们是否又将陷入另一个极端——媚俗？借用陈思和教授以"民间"为"藏污纳垢之所"的提法，在很大程度上，"大众"（或者说受众）这个词也是"藏污纳垢之所"。电视受众的组成成分非常复杂，坐在电视机前的每一个人都是现实的受众，在"受众"这个词下面，隐藏的是个性各异的具体个体。不可否认，有相当一部分受众有良好的文化修养和高雅的审美情趣，但同时也不能回避受众的绝大部分都受教育程度较低这一事实。在很多时候，受众这一"藏污纳垢之所"所表现出来的审美旨向就是对本能、无意识、非理性的极度张扬与宣泄，对暴力、色情等低级趣味赤裸裸的宣扬。如果所有的目的都指向受众本位，对受众的上述审美旨向就必然是迎合。于是，媚俗也就正当其时并可肆意横行。于是，某电视台居然也有了"性感气象播报"这一现象，不仅女主持人衣衫性感，更重要的是，居然在播报间内安置了一张床，让人浮想联翩。这一谄媚受众欲望的节目可谓"将媚俗进行到底"。再以星空卫视的电视节目《美人关》为例，严格意义上说来，《美人关》还算不上媚俗的极致，但其中的某些环节却显示出过于粗俗的一面，因而为电视批评论者所批评。

因此，受众本位并不意味着一切都按照受众的口味炮制，对受众亦步亦趋，毫无选择地盲目跟从。实际上，受众本位应该更多的是一种观念上对受众重要性的认识，是在电视文化自律基础上对受众的充分尊重。它充分重视受众在电视意义的生产与接受中的中心地位，充分重视对受众审美取向的满足。尊重受众与满足受众的审美取向，并不意味着电视文化可以放弃自己的社会责任和良知，放弃提高观众审美品位与文化品位的目的。实际上，按照阐释学和接受美学的观点，读者的期待视野会在与作品的接触中得到不断的拓展和延伸，进而为自己建立新的审美标准。正如姚斯所说："作品的期待视野允许由推测的听众对作品的接受的方式与程度来决定它的艺术性格。如果有人把给定的期待视野和新作品出现的期待视野之间的审美距离进行了很不一致的描绘，他的接受通过否认他熟悉的经验或结合新的经验提供意识水平的方法，可能出现一种'视野的变化'，这样，这种审美距离可能在听众的反应与批评的判断的范围内历史地具体化。"[1] 这一新的美学标准是接受更高品位的电视节目的基础。可见，受众的审美品位与电视节目的审美格调之间也是彼此依存的关系，电视节目完全不必屈意迎合观众的某些低俗品位，而应在良性循环之中实现彼此的共生共荣和提高。

（三）雅俗之辩

在很多人看来，电视文化的自律与受众本位之间的这种矛盾实际上是审美趣味的雅与俗的不可调和的表现。我们认为，电视文化的自律并不意味着它摒弃大众文化而片面追求高雅趣味，观众本位也不意味着"唯大众文化（包括低俗文化）是从"，电视文化的自律与受众本位之间并不是简单而绝对的"非此即彼"的二元对立关系，它们之间的联系也同样存在。

对我们而言，在当前将受众视为"上帝"的语境中，在收视率的惘惘威胁中，如何既体现受众的审美品位，同时又将它逐步提高，使雅与俗和谐共生，这才是更为重要的话题。

第三节　电视文化：审美泛化与日常生活

在全球化的境遇里，人们正在经历"当代审美泛化"（Welsch，1997）的质变，它包涵双向运动的过程：一方面是"生活的艺术化"，特别是"日常生活审美化"得以滋生和蔓延；另一方面则是"艺术的生活化"，当代艺术摘掉了头上的"光晕"（Aura）逐渐向日常生活靠近，这便是"审美的日

---

① 姚斯：《试论接受美学》，明尼苏达大学出版社，1982年版，第25页。

常生活化"①。具体说来，所谓"审美的日常生活化"是说在当今社会中，"原先被认为是美的集中体现的小说、诗歌、散文、戏剧、绘画、雕塑、音乐、舞蹈等经典的（古典的）艺术门类，特别是以高雅艺术的形态呈现出来的精英艺术已经不再占据大众文化生活的中心，经典艺术所追求的审美性、文学性则从艺术的象牙之塔中悄然坠落，风光不再，而一些新兴的泛审美/艺术门类或准审美的艺术活动，如广告、流行歌曲、时装、电视连续剧乃至环境设计、城市规划、居室装修等则蓬勃兴起。美不在虚无飘渺间，美就在女士婀娜的线条中，诗意就在楼盘销售的广告间，美渗透到衣食住行等社会生活的方方面面。艺术活动的场所也已经远远逸出与大众的日常生活严重隔离的高雅艺术场馆，而深入到大众的日常生活空间。可以说，今天的审美/艺术活动更多地发生在城市广场、购物中心、超级市场、街心花园以及社区花坛等与其他社会活动没有严格界限的社会空间与生活场所。在这些场所中，文化活动、审美活动与商业活动、社交活动浑然一体，它们之间不存在严格的界限"②。

　　之所以在上面不厌其烦地引用关于"审美泛化"、关于"审美的日常生活化"的种种论述，是为了说明这些问题俨然已经成为我们当下生活的现实，且这些现实已被敏锐的学者们所注意，进入了学术研究的视野。在这一现实中，电视在"审美泛化"、"审美的日常生活化"中扮演了极为重要的角色。电视开始逐步将以往高雅艺术与通俗文化的鸿沟填平：观众不必进入演奏大厅欣赏优雅的交响乐，他在自己舒适安乐的家中通过电视就完全可以身临其境；现实世界的一切艺术，只要经过技术的中介，都可以在电视屏幕上出现。审美活动的发生已经不再局限于展览馆和演奏厅，它就发生在我们的日常生活中，并通过电视这一大众传媒得到播撒。不仅电视对日常生活的审美泛化作用巨大，实际上，我们当下的日常生活也对电视文化的审美形态发生着种种影响。电视文化与日常生活，如同同在一池的鱼与水，彼此息息相关，密不可分。

一、电视文化与审美的日常生活化

　　当代美学的重要转向就是从经典审美转向审美泛化，包括审美的日常生

　　① 刘悦笛：《日常生活审美化与审美的日常生活化——试论"生活美学"何以可能?》，转引自文化研究网（http://www.culstudies.com）。
　　② 金元浦：《别了，蛋糕上的酥皮——寻找当下审美性、文学性变革问题的答案》，转引自文化研究网（http://www.culstudies.com）。

活化。美不再局限于传统的精英艺术与高雅趣味，而是可以同样诞生于日常生活的琐碎与缝隙之中。在当代美学转向中，电视等大众传媒发挥了巨大作用，美从高高的圣坛走下来，走入寻常百姓家，走入日常生活之流中，日常生活与美的界限逐渐消弭，在这一过程中，传媒以其巨大的传播力量促成了这一转向。譬如，集中体现生活之美的流行和时尚都是在传媒的操作中酝酿而成的。于是，电视文化与审美在日常生活这一领域得到了连接和关联。电视文化加入并带来了审美的日常生活化，它对审美形态的改变产生了重要作用。

（一）审美趣味的改变

电视文化是主流文化、大众文化、精英文化与各种边缘文化的糅合，但究其根本而言，大众文化是其文化性质的主流。在电视荧屏上，闪烁的是各种生活用品的广告、流行风和时尚潮，以及各种以"生活美学"的名目出现的视觉形象。以大众文化为主的电视文化的迅速崛起并在某种程度上形成强势文化这一现象，极大地改变了审美领域：电视以其传播的强大力量，影响着大众审美趣味的转变，即从传统的经典审美转向日常生活之美。由此，传统美学中审美现代性与日常生活之间的鸿沟被抹平，同时，经典美学一直以来矢口否认和打压排斥的物质功利性和生理快感，在当代审美语境和审美经验中一跃成为美的代言者和当红主角。总之，当代审美的外延与内涵都得到了明显的扩大与延伸，人们的日常生活之中无处不有美的存在、无时不有美的现身。审美趣味由精神的超越转而为身体的快感，由沉重的形而上的思考转为当下轻飘的生活享受。

在目前的电视节目中，娱乐类、消遣类节目大行其道这一现象，正是观众审美趣味转变的结果。即使是在访谈类节目中，也偏重于对名人生活隐私的窥探，努力将他们在屏幕上的形象还原为日常生活中的平凡个体，《超级访问》等节目正因为采用了这种策略，符合了观众审美趣味的转变，才得以红遍一时。同时，电视节目很少再注重深重的积淀，对日常生活的即时关注与沉醉于日常享乐之中才是它们的核心，于是电视节目对吃、穿、用、住等日常生活细节的刻画也饰以美的光辉，琐碎的生活由此而披上了诗意的面纱。

（二）审美感受方式的转变

与审美趣味的转向密切相关的，便是审美感受方式的改变。电视文化在大众中的巨大影响力，导致了深刻的审美转型：经典美学中不登大雅之堂的诸多现象——比如满足观众感官享受和生理快感的诸多世俗享乐，都已在当下语境中获得了审美的合法性而具有了审美的外衣。康德式的美学要求的是美诉诸于人的心灵存在、超越性的精神努力，这与大众传媒和大众所联合形成的新的美学范式——具有官能诱惑力的实用美学理想——在本质上是两种相反的路径。在今天，人们对美的感受方式，已经从康德追求的"用心体会"的美学愈来愈滑向了"视觉美学"，人的日常生活把精神的美学改写成为一种"眼睛的美学"；康德主张的美的"无功利、无目的的合目的性"更多地被大众文化的物质功利性取代。这其中，电视所起的作用尤巨，它以流动而处身于日常生活场景中的视觉盛宴满足着观众的"视觉美学"要求。视觉感受的扩张不仅造就了人在今天的"审美/艺术"想象，同样也现实地抹平了日常生活与审美/艺术的精神价值沟壑。电视所带来的审美的日常生活化非常具体地从一种理性主义的超凡脱俗的精神理想，蜕变为看得见、摸得着的快乐生活享受：审美不一定得发生在音乐厅、绘画展览厅里，它同样在电视符号所带来的视觉享受中。这即为电视文化等大众文化迅速发展后所带来的审美感受方式的转向。

　　在当下的传播媒介中，电视是"视觉审美"最为典型的范例。在现有的种种传播媒介中，电视以其视听合一的特性而具有独特性，特别是它带给观众的视觉享受：连绵不断的图像信息如滔滔流水一般淌过，观众完全生活在图像的汪洋大海之中。与此相应，像传统的经典艺术的审美方式一样在一幅作品前凝神静思，慢慢体会它带给自己心灵的触动以及内心所得到的超越，在电视图像转瞬即逝的特性面前是不可能的幻梦。于是，观众不再追求传统的"用心体会"的审美感受方式，而是在符号的漂流之中体验"眼睛的美学"。

二、日常生活对电视文化审美形态的影响

　　众所周知，电视的一大特性就是它与日常生活的水乳交融：电视节目与日常生活的关系不言自明；电视的观看方式更是在家庭这一日常生活的核心地带进行；甚至在一向以严肃形象示人的中央电视台，也有一档栏目就叫《生活空间》，其宣传口号和主题就是："讲述老百姓自己的故事。"……日常生活仿佛四处漫渗的流水一般，以其日常性、个人性、琐碎性，开始进入电视文化的肌理，并成为其区别于以往精英艺术的显著特征。

（一）消费时代的"消费"特性与电视文化的审美形态

　　让·波德里亚在《消费社会》中说："今天，在我们的周围，存在着一种

由不断增长的物、服务和物质财富所构成的惊人的消费和丰富现象，它构成了人类自然环境中的一种根本变化。恰当地说，富裕的人们不再像过去那样受到人的包围，而是受到物的包围……我们生活在物的时代。"① 确实，我们今天已经处在商品极度丰富、以消费为特征的消费社会之中。消费社会不仅改变了人们的日常生活，改变了人们的物质生活实践，而且改变了社会关系和人们的生活方式、价值观念。换言之，消费社会改变的不仅是社会经济结构和经济形式，同时也是一种整体性的文化转变，是一种人们的文化心理和审美趋向的转变。

在消费社会的语境中，"消费"是人们活动最重要的特征之一。日常生活最重要的目的，就是满足人们的消费欲求，包括物质消费欲求和精神消费欲求。费瑟斯通通过消费的生产、过程、效果来谈论后现代主义的消费理论：消费的生产强调商品的过剩生产，消费的过程强调消费的方式，消费的效果强调消费之后的快感——一种狂欢式的快感。确实，在这个"消费"占据主导地位的时代，有人甚至戏称人的存在方式已经由"我思故我在"转变为"我买故我在"，"我"的主体性只能借助"消费"这一事实得以彰显。

消费社会中商品的丰富甚至堆积召唤着人们的消费，商品生产的过剩导致人们消费方式的转变。如果说，在过去人们是为了满足生活所必需的物质和精神需求而消费的话，那么，当代的消费特性在于消费已经不再是为了维持生活而进行的物品购买，它更多的是一种为了满足人们内在心理需要的"符号消费"。因此，波德里亚有了那个著名的关于"消费"的定义："消费既不是一种物质实践，也不是一种富裕现象学，它既不是依据我们的食物、服饰及驾驶的汽车来界定的，也不是依据形象与信息的视觉与声音实体来界定的，而是通过把所有这些东西组成意义实体（Substance）来界定的。消费是在具有某种程度连贯性的话语中所呈现的所有物品和信息的真实总体性。因此，有意义的消费乃是一种系统化的符号操作行为。"② 符号彰显意义，买一件貂皮大衣，保暖固然是消费目的之一，但借这种消费方式彰显自己的社会地位和经济实力，才是更重要的目的。否则，一件羽绒大衣也足以达到保暖的目的，但貂皮大衣和羽绒大衣在符号序列上所呈现出来的意义却迥然不同。可见，当代消费已经趋向于满足人们更多的欲望和意义。

在人们进行消费的众多心理需求中，除了前面提及的借消费达到彰显自己的社会地位和经济实力的目的而外，另一更为重要的消费心理是满足人内

---

① 让·波德里亚著，刘成富、全志钢译：《消费社会》，南京大学出版社，2001 年版，第 1 页。

② 马克·波斯特编：《让·鲍德里亚文选》，斯坦福大学出版社，2001 年，英文版，第 25 页。

心的娱乐需求、满足人的生理快感等世俗欲望的需求。在当下语境中，紧张繁忙的生活节奏、人与人之间交流的日益封闭和减少、繁重的生活压力与严峻的现实困境，使得很多人通过消费去寻求放松和娱乐，寻求一种单纯的快乐——甚至只是消费所唤起的生理快感，从而在这些消费活动中重新寻找到诗意的生活：在房地产的广告中寻找到"人，诗意栖居地"；在电视连续剧中寻找到日常生活的琐屑之中所散发出来的温暖光晕；甚至在周星驰的无厘头与各种打斗枪战的影像世界中发泄内心的郁结，获得一时的快感……消费中的日常生活就这样以种种方式抚慰着现代人孤寂、沉闷的心灵。

而电视审美是以一种文化共享的姿态出现在荧屏上的，因此，它与整个社会的文化消费有着最必然的联系。于是，电视审美的当下显现，必然同大众的日常消费方式有着相互依存的目的与价值观方面的一致性，日常生活的消费特性深刻地影响到了电视文化的审美形态：电视需要传达日常生活中的享乐趣味，从而建构一个想象中的诗意世界，以此契合人们的消费心理。于是，电视中充斥着娱乐节目、表现中产阶级或小资情调的电视剧或者电视广告也就不足为奇了。在屏幕上上演的当代电视剧中，白领、小资、中产阶级一度是荧屏宠儿，在这些电视剧中，时尚的服饰、高档购物场所、优雅的咖啡馆以及高级私人会所等视觉形象常常出现在眼前。在这些场所中，人们所得到的是一种源于日常生活，但在某种程度上又异于日常生活的一种视觉享受。因为源于日常生活，观众得以将自己的日常生活与电视里的虚拟世界相认同；因为异于日常生活，它才能带给观众真实生活中少有的诗意光辉。日常生活就这样以视觉呈现的方式进入了电视，在根本上制约着电视文化的审美形态。

（二）私人话语、琐碎生活与电视文化的审美形态

我们每天都处于日常生活之流中，日复一日，年复一年。日常生活是我们生活的真实世界，琐碎与庸常是其常态。在滚滚的日常生活之流中，人更多的是感受到自身的渺小与外界的强大、世界的难以把握之间的矛盾，于是，既然不可能把握整个世界，很自然地，人们开始转而关注私人话语与个人的琐碎生活。个人的悲欢离合、小人物的生活状态，其生活的无奈、挣扎与些微诗意，都是日常生活中触目皆是的图景，也是日常生活的主要内容。而电视观看方式的家庭化和节目内容的日常性是其主要特征，这就导致了电视文化在审美形态上也注重表现个人性、生活性，注重于平凡之中见诗意，善于发现生活中的美。换言之，电视文化的审美形态更贴近于个人的喁喁细语与平凡、真实的生活之美，而远离崇高与悲壮的宏大之美。

　　电视重私人话语、重日常生活的偏向表现在电视文化的审美形态上，就是对人文之美的追求，具有浓厚的人文情怀。电视从诞生之日起，就决定了它不能如传统的精英艺术一般追求精英化、贵族化，相反，它诞生的时代背景以及自身的种种特性，都决定了它必须以平民生活、平民视角为主，如此才可能获得存活的机会——高收视率。这样，对普通百姓日常生活的关注，对他们的情感、生存状态的关注，进而彰显人文关怀与人文之美，就必然是题中应有之意了。近年来轰轰烈烈的"民生新闻"，将普通人的生活形态纳入严肃的新闻这一节目形态中，就正是这种基于普通百姓日常生活的人文之美的体现。而大量的电视剧，比如《贫嘴张大民的幸福生活》、方言剧《山城棒棒军》等，都致力于表现社会底层的生活样态，表现他们的日常生活之中的烦恼与快乐、忧愁与甜蜜，在日常生活中发现生命的意义与对"人"的高度关注。换言之，在这种电视节目的表现内容以及这些播放潮流的背后，隐藏的是对电视文化审美形态的人文之美的追求，是"人"——特别是普通人——在电视文化中的主体位置。正因为电视文化在追寻这样的品格，我们才能看到《生活空间》这样"讲述老百姓自己的故事"的节目，一系列表现普通人日常生活状态的电视剧也才能够在荧屏活跃并受到观众欢迎。

　　与电视文化这种对私人话语、日常生活及人文之美的追求相对应，电视文化审美品格的另一面是对崇高美、悲壮美等宏大叙事的拒斥或者改造。经典美学以高雅艺术中的悲剧为高、喜剧为低，排斥滑稽戏，其总体格调是精制典雅、悲壮严肃，推崇优美和崇高。而在目前电视文化的生存环境中，琐碎的日常生活、生活中的普通人与"高大全"的完美英雄之间的距离太过遥远，特别是在当下的社会语境中，当追求个人生活的舒适与享乐已经具有合法性与道德上的合理性之时，"高大全"的人物形象更被认为是虚假形象而不被认同，与此相连的崇高与悲壮的美学风格也开始逐渐淡出。但是，这并不表明崇高与悲壮的美学风格就不存在于电视文化中，而是它们被"改头换面"——以另外一种方式在普通人身上体现出来。与我国最初电视文化中的崇高、悲壮美的表现不一样，当代电视文化中的崇高与悲壮更多地体现在日常生活中的普通人身上。他们有着人性的种种弱点，有着对适意生活的向往与儿女情长，其崇高与悲壮往往是在某一事件上或某一瞬间体现出来的，但也正因为其日常生活的常态与这一瞬间的崇高与悲壮之间的强烈对比，才使得这些人物形象有了夺人心魄的光辉，从而使观众获得了一种异于日常生活常态的审美感受。譬如近年的"反贪剧"，其中代表正义与道德公平的主人公都在日常生活之中有着一般人所具有的弱点、毛病，他们也会在正义与亲情、爱情、友情之间徘徊思量、游移不定，但他们最终完成了从"小我"向

"大我"的转变，凸现了崇高美、悲壮美的美学风格。

　　日常生活中的一个显著现象是大众的狂欢。日常生活中重直觉、重感性、重体验的文化心理体现在电视文化中，就是大众的狂欢与电视文化的"仪式性"，这一特性鲜明地体现在娱乐类电视节目之中。《幸运 52》《开心辞典》《非常 6＋1》等节目，为大众的狂欢提供了一个展示的场地。一方面，在节目现场，观众随着节目的进行而激动、呼喊、兴奋，陷入一种狂欢状态；另一方面，在电视机前，观众也随着节目而痴狂。丰厚的奖品、最大限度地调动观众参与性的互动手段，这些都使电视成了一个大众狂欢的场地。在某种意义上，这类似于巴赫金所谓的"狂欢节"的性质。巴赫金认为：狂欢节是全民参与的节日，在那里，不存在旁观者。所有人都是全身心投入的演员。因而狂欢节具有宇宙气质，是世界的一种特殊状态，是人人都参与的世界式再生式更新。而这，就是狂欢节的本质。电视节目成了全民狂欢的场域，现实与想象、真实与虚构的界限在其中模糊并趋于消弭。正如狂欢节将现实生活的逻辑与等级秩序打乱一样，在电视的狂欢之中，隐藏着高雅与通俗、精英与大众等二元对立划分的逐渐土崩瓦解。电视文化的审美品格由此也显现为雅俗交融、全民共享这样一种新的审美形态。

　　电视文化所带来的审美泛化与我们的日常生活关联甚大。日常生活以其消费主义的特征影响着电视文化审美形态，以其私人话语和琐碎生活影响了电视文化对平凡人生活的关注，从而体现出温馨的人文之美。在审美形态上，电视文化与日常生活的上述特性相关，体现出了远离崇高与悲壮、注重喜剧与滑稽的美学风格，并且，即使要体现崇高美与悲壮美，也大不同于以前的表现方式。反过来，电视文化对审美的日常生活化这一转向也有着重要作用。它影响了人们审美趣味的改变，使观众由对传统的音乐、绘画等经典艺术之美的审视转向对日常生活之美的审视；它同时也影响了人们审美感受方式的转变，使以前不可调和的审美现代性与日常生活走向统一，使审美的感受方式由以前的"用心体会"转向"眼睛的美学"，由康德式美的纯粹的无功利、无目的转向美可以以物质功利性与生理快感的形式共存。一言以蔽之，电视文化的审美形态与日常生活之间彼此影响，彼此牵连，共同形塑了新的美学范式。

参 考 文 献

中文书目部分：

阿尔都塞．阅读〈资本论〉．伦敦，1970

［英］奥利弗·博伊德－巴雷特、克里斯·纽博尔德编．汪凯、刘晓红译．媒介研究的进路．北京：新华出版社，2004

阿瑟·A·伯杰．社会中的电视．［英］罗杰·西尔弗斯通著，陶庆梅译．电视与日常生活．南京：江苏人民出版社，2004

［美］保罗·莱文森．思想无羁．何道宽译．南京：南京大学出版社，2003

本雅明．映象．纽约，1978

［法］皮埃尔·布尔迪厄．关于电视．许均译．沈阳：辽宁教育出版社，2000

陈刚．大众文化与当代乌托邦．北京：作家出版社，1996

陈龙．在媒介与大众之间：电视文化论．上海：学林出版社，2001

陈默．电视文化学．北京：北京师范大学出版社，2001

陈旭光．当代中国影视文化研究．北京：北京大学出版社，2004

崔文华．全能语言的文化时代．北京：北京师范大学出版社，1998

大卫·麦克卢恩．理解电视．北京：华夏出版社，2003

戴维·莫利著．史安斌主译．电视、受众与文化研究．北京：新华出版社，2005

［美］道格拉斯·凯尔纳、斯蒂文·贝斯特．后现代理论——批判性的质疑．张志斌译．北京：中央编译出版社，1999

高鑫．电视艺术学．北京：北京师范大学出版社，1998

［意大利］葛兰西．狱中札记．北京：人民出版社，1983

郭镇之．中国电视史．北京：中国人民大学出版社，1991

郝雨．当代传媒与人文精神．北京：中央文献出版社，2004

胡智锋．电视传播艺术学．北京：北京大学出版社，2004

胡智锋．影视文化论稿．北京：北京广播学院出版社，2001

霍克海默、阿多诺. 启蒙辩证法. 重庆：重庆出版社，1990

［英］特伦斯·霍克斯. 结构主义和符号学. 瞿铁鹏译. 上海：上海译文出版社，1987

蒋原伦. 媒体文化与消费时代. 北京：中央编译出版社，2004

金丹元. 电视与审美——电视审美文化新论. 上海：学林出版社，2005

李道新. 影视批评学. 北京：北京大学出版社，2002

陆扬、王毅. 大众文化与传媒. 上海：上海三联书店，2000

罗伯特·C·艾伦编. 重组话语频道：电视与当代批评. 北京：中国社会科学出版社，2000

罗钢、刘象愚主编. 文化研究读本. 北京：中国社会科学出版社，2000

罗钢、刘象愚主编. 消费文化读本. 北京：中国社会科学出版社，2000

马尔库塞著. 现代文明与人的困境. 上海：上海三联书店，1989

马克·波斯特. 让·鲍德里亚文选. 斯坦福大学出版社，2001

［加拿大］马歇尔·麦克卢汉. 理解媒介——论人的延伸. 何道宽译. 北京：商务印书馆，2000

［英］迈克·费瑟斯通. 消费文化与后现代主义. 刘精明译. 南京：译林出版社，2000

孟繁华. 众神狂欢——当代中国的文化冲突问题. 北京：今日中国出版社，1997

苗棣、范钟离. 电视文化学. 北京：北京广播学院出版社，1997

［英］尼古拉斯·阿伯克龙比. 电视与社会. 张永嘉、鲍贵、陈光明译. 南京：南京大学出版社，2001

［美］尼克·史蒂文森. 认识媒介文化. 周宪、许钧主译. 北京：商务印书馆

欧阳宏生. 电视批评论. 北京：中国广播电视出版社，2000

欧阳宏生. 电视批评学. 成都：四川大学出版社，2005

欧阳宏生. 广播电视学导论. 成都：四川大学出版社，2002

潘知常、林玮. 大众传媒与大众文化. 上海：上海人民出版社，2000

让·波德里亚. 消费社会. 刘成富、全志钢译. 南京：南京大学出版社，2001

时统宇. 电视批评理论研究. 北京：中国广播电视出版社，2003

［美］斯蒂文·小约翰. 传播理论. 陈德民、叶晓辉译. 北京：中国社会科学出版社，1999

田本相. 电视文化学. 北京：文化艺术出版社，1990

王凤才. 批判与重建——法兰克福学派文明论. 北京：社会科学文献出版社，2004

王甫、谭天. 电视策划学. 北京：中国广播电视出版社，2001

王岳川等. 后现代主义文化与美学. 北京：北京大学出版社，1992

[美] 沃纳·赛佛林、小詹姆斯·坦卡德. 传播理论：起源、方法与应用. 郭镇之等译. 北京：华夏出版社，2000

萧扬、胡志明. 文化学导论. 石家庄：河北教育出版社，1989

徐宏力. 美学与电子文化. 沈阳：春风文艺出版社，1994

姚斯. 试论接受美学. 明尼苏达大学出版社，1982

[美] 约翰·菲斯克. 电视文化. 祁阿红、张鲲译. 北京：商务印书馆，2005

约翰·费斯克. 王晓珏、宋伟杰译. 理解大众文化. 北京：中央编译出版社，2001

约翰·费斯克、约翰·哈特利. 解读电视. 郑明椿译. 台湾远流图书出版公司，1993

[美] 约翰·汤姆林森. 全球化与文化. 郭莫剑译. 南京：南京大学出版社，2002

[美] 约书亚·梅罗维茨. 消失的地域：电子媒介对社会行为的影响. 肖志军译. 北京：清华大学出版社，2002

詹明信. 晚期资本主义的文化逻辑. 北京：三联书店，1997

张凤铸. 中国电视文艺学. 北京：北京广播学院出版社，1999

张锦华. 媒介文化、意识形态与女性——理论与实例. 台湾正中书局，1994

张君昌. 超媒体时代. 北京：新华出版社，2003

赵常林等. 马克思主义文化学. 北京：中国文化书院，1987

郑新森. 社会主义文化新论. 北京：中国青年出版社，1996

郑征予. 电视文化传播导论. 上海：复旦大学出版社，2003

周安华. 现代影视批评艺术. 北京：中国广播电视出版社，1999

周浩然. 经济文化发展研究. 北京：中国社会科学出版社，1995

文森特·莫斯克. 传播政治经济学. 胡正荣等译. 北京：华夏出版社，2000

英文书目部分：

David Pearl、Lorraine Bouthilet、Joyce Lazar，eds.，*Television and Be-*

havior: *Ten years of Scientific Progess and Implication for the Eighties* （Vol.
I) Washington, D. C.: U. S. Government Printing office, 1982.

Jonathan Culler, *The Pursuit of Signs*: *Semiotics Literature and Deconstruction*, London: Routledge and Kegan Paul, 1981

后　记

　　我从 2001 年开始进入电视文化的专题研究，并给"传媒文化"方向的博士生开设"电视文化研究"的必修课。教学相长，几年的研究使我对电视文化有了一定的理解。如何厘清"电视文化"这个既简单又复杂的理论，一直是我近几年思考的问题。说它简单，是因为这一概念被运用得太多了，几乎随时可以信手拈来；说它复杂，是因为在几十年的电视文化研究中，还没有一个对这一概念较为有说服力的界定。在搜索到的几十个关于电视文化的概念中，由于研究视角的不同，其结论也不尽相同。我想，也正是因为它存有争议，才表现出研究这一理论的重要性和必要性，才显示出研究这一理论的学术价值和理论价值。

　　经过四十多年的传播实践和理论积淀，电视文化作为一门学科已基本成熟。建设好电视文化学学科体系是电视理论研究的一项重要任务，它对于我国电视文化的繁荣和发展具有重要意义。建立具有中国特色的电视文化学理论体系，必须具有科学性和学理性，完整性和系统性。也正是如此，《电视文化学》立足于中国电视历史及现状，努力拓宽研究视野，在学理上下工夫，力争在深度上有所突破。《电视文化学》作为一部学术专著，要体现其完整性和系统性的理论框架。研究中，我们从电视文化的定义出发，在对西方电视文化进行研究的基础上，努力吸收其合理成分；重点对中国电视文化理念与电视文化形态，电视文化环境与电视文化责任，电视文化审美与电视文化批评，电视文化消费与电视文化接受等进行了研究，以构成一个较为完整的体系。

从这一认识出发，我确定了研究主题、研究对象和研究方法，拟定了理论框架，主持全书撰写，并撰写了绪论、第一、二、六、八、十、十一章；贺艳参与了提纲的拟定，在理论框架的建立、统稿等方面做了很多具体工作，并参与撰写了第二、十二章；谢明香参与撰写了第一、三章；彭焕萍参与撰写了第九、十章；谭莉莎参与撰写了第四、十一章；伍梅参与撰写了第五、八章；谭玲参与撰写了第六、七章。曾文莉参与了第二次印刷的修订和校正。这是一项集体的劳动成果，撰写中，我们参与了大量相关著述，吸收了他们的研究成果，在此一并感谢。

欧阳宏生

2006 年 2 月于川大花园